Administrative Law
일반행정법

최우정 지음

준커뮤니케이션즈

책을 내면서

책 한 권을 또 세상에 내놓는다. 이미 시중에 많은 행정법 관련 책들이 있지만, 얇은 책 하나를 다시 선보이는 것에는 나름의 이유가 있다.

독일 유학 시절 학부 수업을 들으면서 헌법과 행정법이 공법의 영역에서 상호 교차 강의가 이루어지고 있었고, 학생들은 헌법과 행정법 따로가 아니라, 공법 문제를 헌법과 행정법을 융합해 해결하는 방법을 배우고 있는 것을 보았다. 당시나 지금 우리 현실에서는 조금 생소하지만, 공법 문제를 정확히 해결하려면 이런 융합적인 접근이 이루어지는 것이 좋겠다고 생각했다. 실제 대학에서 학생을 가르치면서 헌법과 행정법 과목을 교차로 강의하면서 단순히 상호 융합되어 강의 및 학습이 이루어졌으면 하는 생각을 경험적으로 느꼈다. 이런 이유에서 비록 얇지만, 행정법의 기본적 내용을 담은 책을 내게 되었다.

책을 내게 된 또 다른 이유는 시중에 있는 기존의 교과서가 그 양이 너무 방대하다는 것이다. 학부생이 알아야 할 내용 이상으로 너무 많은 양을 책에 담았다는 생각했다. 또 행정법 일반에 관한 내용을 이러한 책으로 1학기에 배우기는 사실상 어렵다는 생각이 들었다. 실제 강의하면서 이런 점을 느끼면서 이 책을 계획하게 되었다.

헌법 전공자로서 행정법 책을 출간한다는 것이 어렵고 힘든 일인 것은 누구보다도 잘 알고 있다. 그러나 강의의 필요 상 피할 수 없는 작업이라고 생각하고, 일반 행정법에서 배워야 할 기초적인 개념과 판례를 중심으로 개략적인 내용을 담는 책을 세상에 내놓게 되었다. 앞으로 선·후배 학자들의 도움과 비판을 겸허하게 수용하면서 학생들에게 더 도움이 되는 책으로 거듭날 것을 약속하면서, 「일반 행정법」 초판을 내놓는다.

어려운 출판 사정에도 불구하고 계속해서 저자의 책을 출판해 주시는 준커뮤니케이션즈 박준성 사장과 직원분에게 감사드린다.

2025.2. 봄날을 기다리며

쉐턱관에서 破夢

차례

Ⅰ. 행정법의 대상 ··· 1

Chapter Ⅰ. 행정법의 대상 ·· 2

1. 행정법은 행정에 관한 법··· 5
   1) 행정의 개념 ··· 5
   2) 행정의 개념적인 징표 ··· 6
      (1) 행정은 기본적으로 공익을 목표로 한다. ··························· 6
      (2) 행정은 구체적으로 사회형성적 작용이다. ·························· 8
      (3) 행정은 구체적인 처분이다.·· 8
   3) 통치행위와 행정의 구분 ·· 8
      (1) 통치행위의 개념 ·· 8
      (2) 통치행위의 인정 여부 ·· 9
   4) 행정의 종류 ·· 16
      (1) 법형식에 따른 분류 ·· 16
      (2) 법적 구속의 정도에 따른 분류 ······································· 17
      (3) 법적 효과에 따른 분류·· 17

2. 공법에 근거한 행정으로서의 행정법·· 18
   1) 공법으로서의 행정법 ·· 18
      (1) 종속설(Subordinationstheorie)·· 19
      (2) 신주체설(modifizierte Subjekttheorie) 또는 특별법설(Sonderrechtstheorie) ········ 19
      (3) 이익설(Interessentheorie)··· 19
   2) 행정사법(Verwaltungsprivatrecht) ·· 20
   3) 행정법의 체계 ··· 21
      (1) 행정조직법 ··· 21
      (2) 행정작용법 ··· 21
      (3) 행정구제법 ··· 21

3. 법치행정 ·· 22
   1) 헌법과 행정법 ··· 22
   2) 행정의 합법률성 ··· 23
      (1) 법률의 우위(Vorrang des Gesetzes) ···························· 23
      (2) 법률의 유보(Vorbehalt des Gesetzes) ·························· 23
   3) 행정법의 일반원칙 ··· 28
      (1) 비례의 원칙(Verhältnißmäßigkeitsgrundsatz) ················ 29
      (2) 신뢰보호의 원칙 ··· 36
      (3) 행정의 자기구속의 원칙 ··· 44
      (4) 부당결부금지의 원칙 ·· 45
      (5) 신의성실의 원칙, 권한남용금지의 원칙 ···················· 47

4. 행정법의 법원 ·· 48

5. 행정법의 법원의 효력과 흠결의 보충 ································· 55

Ⅱ. 행정법 관계 ·· 57

Chapter Ⅱ. 행정법 관계 ··· 58

1. 일반론 ·· 59

2. 행정법관계의 당사자 ··· 60
   1) 행정의 주체 ··· 60
   2) 행정의 상대방 ··· 64

3. 행정법관계의 구조 ·· 64

4. 행정법관계의 특성 …………………………………………………… 70

5. 행정법관계의 내용 …………………………………………………… 70
   1) 주관적공권(개인적 공권) ………………………………………… 71
   2) 절차법상의 권리 ………………………………………………… 77
   3) 공의무 …………………………………………………………… 80
   4) 공권·공의무의 승계 …………………………………………… 81
   5) 사인의 공법행위 ………………………………………………… 82

6. 행정법관계의 소멸 …………………………………………………… 85

Ⅲ. 행정입법 …………………………………………………………… 87

Chapter Ⅲ. 행정입법 ………………………………………………… 88

1. 행정입법의 의미와 기능 ……………………………………………… 89

2. 법규명령 ………………………………………………………………… 90
   1) 법규명령의 개념 ………………………………………………… 90
   2) 법규명령의 유효성 전제조건 …………………………………… 91
      (1) 법규명령의 위임 근거 ……………………………………… 91
      (2) 법규명령은 합법적이어야 한다. …………………………… 93
   3) 법규명령에 대한 통제 …………………………………………… 94

3. 행정규칙 ………………………………………………………………… 96
   1) 행정규칙의 개념 ………………………………………………… 96
   2) 행정규칙 유효성의 전제조건 …………………………………… 99
      (1) 행정규칙위임 ………………………………………………… 99

(2) 형식적 합법성 ·· 100
　　　(3) 실질적 합법성 ·· 100
　　3) 행정규칙에 대한 통제 ·· 101

4. 고시, 공고 ·· 106

Ⅳ. 행정계획 ·· 109

Chapter Ⅳ. 행정계획 ··· 110

1. 행정계획의 개념 ··· 111

2. 행정계획의 법적 성질 ·· 112

3. 행정계획의 효과 ··· 112

4. 행정계획의 결정과 절차 ·· 115

5. 행정계획의 통제와 개인의 권리구제 ··· 115

6. 행정계획에 대한 국민의 특정 행위의 요구 ·· 118

V. 행정행위 ··· 121

Chapter V. 행정행위 ·· 122

1. 행정의 핵심적인 행정작용으로서의 행정행위 ···························· 124

2. 행정행위의 특징 ·· 126
1) 일반적인 개념 정의 ··· 126
   (1) 행정청의 행위 ·· 126
   (2) 고권적인 처분 ·· 130
   (3) 개별적이고 구체적인 규제(Regelungen eines Einzelfalls) ············ 133
   (4) 대외적으로 지향된 법적 효과 ······································ 136
2) 실정법상의 행정행위의 개념 ·· 140
3) 행정행위의 종류 ··· 142
   (1) 규제 내용에 따른 분류 ·· 142
   (2) 효과에 따른 분류 ··· 146
   (3) 기속행위, 재량행위, 불확정개념, 판단여지 ·························· 147
   (4) 한국에서의 행정행위의 종류 ······································ 155

3. 행정행위의 효력 ·· 168
1) 행정행위의 성립 ·· 169
2) 행정행위의 발생 시기 ··· 170
3) 행정행위의 소멸 ·· 172
4) 행정행위의 효력 ·· 172
   (1) 구속력(Verbindlichkeit) ··· 172
   (2) 공정력 ··· 172
   (3) 구성요건적 효력 ·· 173
   (4) 존속력 ··· 176
   (5) 강제력 ··· 176

4. 행정행위의 부관(Nebenbestimmungen zum Verwaltungsakt) ·········· 177
   1) 부관의 개념 ··· 178
   2) 부관의 기능 ··· 178
   3) 부관의 종류 ··· 179
      (1) 기한(Befristung) ·· 179
      (2) 조건(Bedingung) ··· 179
      (3) 철회권의 유보(Widerrufsvorbehalt) ·· 180
      (4) 부담(Auflage) ··· 180
      (5) 부담유보(Auflagenvorbehalt) ··· 181
      (6) 변형된 부담(modifizierende Auflage) ···································· 182
      (7) 부담과 조건의 구별 ··· 182
   4) 부관의 허용가능성(Zulässigkeit von Nebenbestimmungen) ············ 183
      (1) 기속적 행정행위의 경우 ·· 183
      (2) 재량적 행정행위의 경우 ·· 184
      (3) 부관의 한계 ··· 184
   5) 부관에 대한 법적 보호 ·· 185
      (1) 학자들의 견해 ·· 185
      (2) 일반론 ··· 185

5. 행정행위의 적법성(Rechtsmäßigkeit des Verwaltungsakt) ············ 187
   1) 하자 있는 행정행위 ·· 188
      (1) 일반 ·· 188
      (2) 하자의 종류와 소송의 유형 ··· 188
      (3) 행정행위 하자의 판단 시점 ··· 189
   2) 특별한 위임이 있는 경우 ·· 190
      (1) 형식적 법의 근거의 필요 ·· 190
      (2) 실질적 법적 근거의 필요 ·· 191
   3) 행정행위의 형식적 합법성 ·· 191
   4) 행정행위의 실질적 합법성(Materielle Rechtsmäßigkeit des Verwaltungsakt) ········· 192

(1) 행정행위의 실질적 합법성 ·· 192
　　(2) 위임입법의 구성요건 ·· 192
　　(3) 법적 효과의 결정과 재량··· 193
　　(4) 무하자재량행사(fehlerfreie Ermessensausübung) ························· 193
　　(5) 여론 : 불확정개념 및 판단여지 ··· 195
　　(6) 행정행위의 명확성(Bestimmtheit des Verwaltungsakt)················· 195
　　(7) 불가능성(Unmöglichkeit) ··· 196
　5) 하자의 효과 – 위법성과 무효 ·· 196

6. 행정행위의 취소와 철회, 소멸 ··· 201
　1) 일반론 ··· 201
　2) 위법한 침해적 행정행위의 취소 ··· 203
　3) 위법한 수익적 행정행위의 취소 ··· 203
　4) 적법한 침해적 행정행위의 철회 ··· 203
　5) 적법한 수익적 행정의 철회 ·· 203
　6) 제3자 침해적인 행정행위의 취소·· 204
　7) 하자 있는 행정행위의 치유 ·· 204
　8) 하자 있는 행정행위의 전환 ·· 205
　9) 행정행위의 하자의 승계 ·· 205

Ⅵ. 행정작용의 다른 형태들 ·· 209

Chapter Ⅵ. 행정작용의 다른 형태들 ································ 210

1. 공법상 계약 ·· 211
  1) 공법상 계약의 개념과 의의 ·· 211
  2) 개념적인 특징과 공법상 계약의 유형 ·· 212
  3) 공법상 계약의 법적 전제조건 ·· 213
    (1) 공법상 계약 형식의 가능성 ·· 213
    (2) 공법상 계약의 형식적 적법성 ·· 214
    (3) 공법상 계약의 실질적 적법성 ·· 214
  4) 하자의 효과 – 공법상 계약의 무효 ·· 215
  5) 계약의 이행 ·· 215

2. 사실행위 ·· 217
  1) 행정상 사실행위 ·· 217
  2) 행정지도 ·· 218

3. 확약 ·· 222

4. 사법적인 형태의 행정작용 ·· 224
  1) 행정의 국고행위(Fiskalische Tätigkeit der Verwaltung) ················ 225
  2) 행정사법(Verwaltungsprivatrecht) ·· 225

5. 비공식적 행정작용과 행동의 자동결정 ·· 226
  1) 비공식적 행정작용 ·· 226
  2) 행정의 자동결정 ·· 226

VII. 행정절차와 정보공개 ··· 227

Chapter VII. 행정절차와 정보공개 ···································· 228

1. 행정절차 ·· 228

2. 정보공개 ·· 233
   1) 행정정보공개의 의미 ·· 233
   2) 공개 원칙과 예외 ·· 237
      (1) 원칙 ·· 237
      (2) 예외 ·· 238

VIII. 행정의 실효성 확보 수단 ··· 243

Chapter VIII. 행정의 실효성 확보 수단 ······························· 244

1. 행정의 실효성 확보 수단의 의미 ··· 244

2. 직접적 수단 ··· 244
   1) 행정상 강제집행 ·· 244
      (1) 개념 ·· 244
      (2) 근거 ·· 245
      (3) 종류 ·· 245

3. 간접적 수단 ··· 253
   1) 행정상 즉시강제(sofortiger Vollzug) ·· 253
   2) 행정벌 ·· 255

(1) 행정형벌 ··· 256
　　(2) 행정질서벌 ·· 258

4. 새로운 의무이행 확보 수단 ································ 259
　1) 금전상의 제재 ··· 259
　　(1) 가산세 ··· 259
　　(2) 과징금 ··· 260
　　(3) 부과금 ··· 262
　　(4) 범칙금 ··· 262
　2) 비금전적 제재 ··· 262
　　(1) 공급거부 ··· 262
　　(2) 행정상 공표 ·· 262
　　(3) 관허사업의 제한 ··· 264

　판례색인 ··· 265
　사항색인 ··· 268

I 행정법의 대상

1. 행정법은 행정에 관한 법
2. 공법에 근거한 행정으로서의 행정법
3. 법치행정
4. 행정법의 법원
5. 행정법의 법원의 효력과 흠결의 보충

Chapter I 행정법의 대상

사례 1

D에 살고 있는 건축가는 자기 가족들이 살고 있는 집을 증축했다. 그런데 D시에는 이 증축에 따른 허가를 요하는 법규가 존재한다. 여기에서 건축가는 허가받지 않았기에 D시는 증축을 불법으로 간주하고 증축한 부분에 대해 철거명령을 했다. 법적으로 타당한가?

여기에서 건축가가 취할 수 있는 행동은(취소소송 제기는 가능한가)?

만약 건축가가 자진 철거를 하지 않았다면 D시는 어떤 조치를 취할 수 있는가?

이 경우에 D시는 일단 증축을 묵인하기로 했다. 그런데 증축된 건물의 이웃집에 살고 있는 사람이 증축된 건물이 자신 소유 집의 미관과 경제적 가치를 해한다고 시에 대해 민원을 제기했다. 이웃 주민의 민원은 정당성을 가지는가?

사례 2

지방자치단체인 G군은 조례로 특정 지역에 거주하는 주거의 소유자는 특정 지역을 통합적으로 관리하는 난방시설을 이용하도록 강제하고 있다. 여기에 특정 집의 소유자인 A씨는 지역 난방시스템이 아니라 자기 집만을 위한 전용 기름 난방시스템을 설치하려고 한다. 과연 A씨는 군을 상대로 적절한 주장을 펼 수 있는가? 또는 자신이 설치한 난방시설에 대한 보상을 G군을 상대로 청구할 수 있는가?

사례 3

D시 시장은 청소년보호를 위해 콜라의 섭취를 자제하라는 발표를 했다. 이러한 자제 발표에 대한 법적 이의 제기는 가능할까?

사례 4

미국과 영국은 2003. 3. 20. 이라크에 대한 대규모 공습으로 전쟁(이하 '이라크 전쟁'이라고 한다)을 시작하였다. 그러자 피청구인 대통령은 대국민담화를 통해 미국과 영국의 위 공격에 대한 지지입장을 표명하였고, 같은 달 21. 소집된 임시 국무회의에서 미국 및 동맹국군의 기지 운용 및 진료에 필요한 지원을 위하여 600여명 규모의 1개 건설공병지원단과 100여명 이내의 1개 의료지원단을 이라크 현지에 파견하는 내용의 "국군부대의 이라크전쟁 파견동의안"을 의결하여 파병결정을 하였다. 국회는 2003. 4. 2. 정부가 국무회의를 거쳐 국회에 제출한 파견동의안에 대하여 출석의원 256명 중 찬성 179표, 반대 68표, 기권 9표로 의결하여 동의하였다. 이에 민주사회를위한변호사모임, 참여연대 등 시민단체의 간부 및 그 밖의 일반 국민으로 구성된 청구인 최병모 외 16인은 피청구인 대통령의 위 2003. 3. 21.자 국군부대의 이라크전쟁 파견결정과 피청구인 국회의 2003. 4. 2.자 국군부대의 이라크전쟁 파견동의로 말미암아 같은 청구인들의 인간으로서의 존엄과 가치·행복추구권을 침해당하였다고 주장하며 2003. 4. 3. 그 위헌확인을 구하는 이 사건 헌법소원심판을 청구하였다 이 헌법소원청구는 인정될 수 있는가?

―――― 사례 5 ――――

먹는 샘물을 판매하는 A는 행정청으로부터 1976.1.23.부터 1987.6.23.까지 사이에 전량 수출 또는 주한 외국인에 대한 판매에 한함이라는 조건 하에 각 보존 음료수 제조업의 허가를 받았다. 또한 A가 먹는 샘물을 외국에 수출 또는 국내에 거주하는 주한 외국인에게 팔아야 한다는 조건은 관할 행정청의 고시에 정해져 있다. A는 1990.7.경 각기 위 허가조건을 위반하여 그가 제조한 보존 음료수를 내국인에게 판매하다가 적발되었고, A의 음료 주식회사는 같은 해 6월경 실시된 수질검사 결과 그 제조 판매한 보존 음료수에서 일반세균수가 허용 기준치인 1ml당 100마리 이하보다 많이 검출되었으며, 이에 따라 행정청은 1990.8.30. 원고들에 대하여 각기 영업정지 4월에 갈음하여 과징금을 부과하는 이 사건 과징금 부과처분을 하였다. 행정청의 처분은 정당한가?

―――― 사례 6 ――――

신청인 A는 경남 창원시 ○○동에서 ○○자동차운전전문학원을 운영하고 있다. 경남지방경찰청장은 위 학원의 2003년도 졸업생 한 명이 교통사고를 일으켜 한 사람을 사망케 하였다는 이유로 2004. 6. 25. 도로교통법 제71조의15 제2항 제8호에 근거, 위 학원의 운영을 2004. 7. 12.부터 14일간 정지하는 처분을 하였다. 위 법률은 운전면허를 받은 학원의 출신자가 대통령령으로 정한 일정 비율 이상의 교통사고를 낼 경우, 학원의 면허취소와 학원의 영업정지를 규정하고 있다. 이에 대해 A는 법원에 경남지방경찰청장을 상대로 위 정지처분의 취소를 구하는 소송을 제기한 후, 위 처분의 근거 법률인 도로교통법 제71조의15 제2항 제8호가 헌법에 위반된다며 위헌여부 심판의 제청신청을 하였고, 제청법원은 이를 받아들여 위헌 여부의 심판을 제청하였다.

―――― 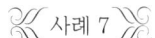 ――――

개인택시 운송사업자인 A는 음주운전 중 교통사고를 내고 사망했고 관할행정청은 A의 사고원인이 음주운전이라는 점에 근거해 A의 운전면허를 취소하고 이에 근거해 A의 개인택시

운전면허를 또한 취소하였다. 이에 그 배우자인 B는 A의 음주운전을 이유로 취소한 개인택시 운전면허는 직접적인 법규정이 없는 위법한 것이라고 판단해 취소를 구하는 소송을 제기하였다. B의 주장은 정당한가?

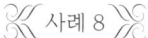

전라북도는 조례를 제정해 전라북도에서 생산되는 우수 농수축산물과 이를 재료로 사용하는 가공식품을 '우수농산물'이라고 정의한 다음, 전라북도의 초·중·고등학교에서 실시하는 학교급식에 우수농산물을 사용하도록 지도·지원함으로써 급식의 안정성과 질을 높여 성장기 학생의 건전한 심신의 발달을 도모함은 물론 전통 식문화에 대한 이해의 증진과 식생활 개선 및 전라북도 지역 농산물의 소비촉진과 안정된 수급조절에 이바지함을 그 목적으로 하고, 이를 위하여 교육감은 안전하고 질 높은 학교급식을 위해 우선적으로 우수농산물을 사용하도록 하되, 도지사와 교육감은 학교급식에 우수농산물을 사용하는 지원대상자에게 식재료의 일부를 현물로 지급하거나 식재료 구입비의 일부를 지원하도록 하며, 지원금을 교부받은 지원대상자는 지원금을 지원교부결정 내용에 따라 우수농산물 구입에 사용하여야 하고, 교육감은 지원대상자가 지원금을 지원목적 외에 사용한 경우 즉시 그에 상응하는 조치를 취하는 등 지도·감독의무를 이행하도록 하고 있다.

그러나 전라북도 교육감은 이 조례안이 '1994년 관세 및 무역에 관한 일반협정'(General Agreement on Tariffs and Trade 1994, 이하 'GATT'라 한다) 제3조 제1항, 제4항 등에 위반된다는 이유로 전라북도 의회에게 재의를 요구하였으나, 전라북도의회는 같은 해 12. 16. 이 사건 조례안을 원안대로 재의결함으로써 이 사건 조례안은 확정되었다. 이 조례의 효력은?

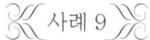

천성산 공사와 환경파괴의 문제(비례의 원칙)

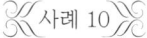

운송영업인 A는 보세 운송 영업을 하고 있었고 이 영업에 대해서는 당연히 보세 운송 면허세의 부 과근거인 지방세법 시행령에 따라 부과할 수 있었다. 그러나 관할 행정청은 이 법적 근거가 1973.10.1에 제정되었다가 1977.9.20에 폐지될 때까지 4년 동안에 그 면허세를 부과할 수 있는 점을 알면서도 피고가 수출확대라는 공익상 필요에서 한 건도 이를 부과한 일이 없었다. 그러나 그 후 관할 행정청은 근거 법규 자체가 폐지된 지도 1년 3개월이나 지난 1978.12.16에 이르러서 이미 지나간 4년 동안에 보세 운송한 도합 4,749건에 대한 면허세 돈 48,168,800원을 일시에 부과처분했다. 이러한 면허세 부과처분에 대해 A는 부당하다고 주장하며 면허세 부과처분을 취소해달라는 소송을 제기했다. A의 주장은 받아들여질 것인가?

사례 11

주식회사 ○○시네마는 2005. 11. 18. 영상물등급위원회에 카르로스 레이가다스(Carlos Reygadas) 감독의 '천국의 전쟁'(Battle in Heaven, 이하 '이 사건 영화'라 한다)에 대하여 등급분류 신청을 하였다. 이에 대해 영상물등급위원회는 2005. 11. 24. 이 사건 영화의 내용 중 '발기된 남성 성기의 구강섹스, 속까지 보여주는 여성 성기 및 발기된 남성 성기의 노골적 노출, 발기된 남성 성기 확대장면, 예수 그림 속의 음모노출, 남녀가 나체로 누워 있는 장면 등 섹스 장면의 리얼함이 여과 없이 묘사되어 있고, 전례 없이 노골적인 표현으로 판단된다'는 이유로 제한상영가등급 판정처분을 하였다. 이에 대해 주식회사 ○○시네마는 영화진흥법이 제한상영가 상영등급분류의 구체적 기준을 영상물등급위원회의 규정에 위임하고 있는 것이 포괄위임금지원칙에 위배되며 위헌이라고 주장하고 있다. 주식회사 ○○시네마의 주장은 정당한가?

1. 행정법은 행정에 관한 법

1) 행정의 개념

행정법은 말 그대로 행정과 법의 합성어이다. 따라서 행정법은 행정에 관한 법이다. 따라서 행정의 개념을 파악하는 것인 행정법의 연구 대상을 확정하는 것이다. 그러나 행정의 개념을 한마디로 정의하는 것은 그리 쉽지 않다.

행정의 개념을 국가행정조직으로 파악하기도 하고(조직적 의미의 행정), 행정기관이 행하는 모든 활동으로 보기도 한다(형식적 의미의 행정).

그러나 행정법의 대상으로서의 행정은 다양한 모습을 가지고 있기에 단순히 조직적, 형식적 의미로 파악하는데 그쳐서는 안 된다.

인간은 태어나면서부터 출생신고, 의료보험, 양육비 등과 같은 행정과 연관을 맺고 죽어서도 시립공원 및 장례 절차, 사망신고와 같은 행정 처리와 연관되어 있다. 이러한 행정은 기본적으로 국가적인 업무와 연관되어 있다는 것에서 행정의 개념으로 포섭하기는 어려움이 없으나 문제는 민간에서 행하는 업무가 행정인가라는 문제다. 행정청을 위한 컴퓨터 구입, 전기와 가스의 공급, 수돗물의 공급 등과 같은 것이 행정의 개념에 포섭될 수 있을 것인지의 문제가 발생한다.[1] 따라서 행정의 개념을 실질적으

---

1) H. W. Erichsen/ D. Ehlers(Hrsg.), Allgemeine Verwaltungsrecht, 13 Aufl., 2005, S. 4

로 파악하는 것이 필요하다.

　행정의 개념을 파악하는 것은 학자마다 상당히 다른 견해를 취하기도 하고 행정의 대상과 그 범위가 넓어 한마디로 정의하기는 어렵다. 학자에 따라 행정의 개념을 적극적으로 정의하거나 소극적으로 정의하는 경우가 있는데[2] 하나의 학설로 정의하는 것보다는 행정의 개념적 징표를 파악하고 행정법의 연구 대상으로서의 행정을 파악하는 것이 타당하다.

　역사적으로는 전제군주의 자의에 의한 국가권력이 행정으로 인식되었으나 근대 이후 법치주의의 발전과 더불어 행정은 국가 내에서의 법치행정의 의미로 발전하였고 현대국가에서 행정은 다른 국가작용보다 그 중요성과 범위가 넓게 인정되고 있다. 실제로 일반 국민이 입법부나 사법부를 대상으로 어떤 업무를 처리하는 것은 그리 흔한 일은 아니지만, 행정부를 상대로 처리하는 일은 점점 더 증가하고 있다. 심하게는 행정국가라는 새로운 모습을 보이기도 한다.[3]

　이처럼 행정이란 기본적으로 국가가 수행하는 영역 중에서 미래지향적인 법률을 형성하는 입법부와 무엇이 법인지를 판단하는 사법작용을 제외한 국가의 영역이다.

　국가 생활영역을 크게 공법의 영역과 사법의 영역으로 나눌 수 있고 공법의 영역은 다시 입법, 행정, 사법 그리고 통치행위의 영역으로 나눌 수 있다. 공법의 영역은 국가의 규제가 정도의 차이가 있으나 원칙적으로 존재하는 영역이고 사법의 영역은 원칙적으로 자치의 원칙 즉 사적자치원칙이 인정되는 부분이다.[4]

2) 행정의 개념적인 징표

(1) 행정은 기본적으로 공익을 목표로 한다.

　행정의 목적은 국가 그 자체가 아니라 국민을 위한 공익의 실현이다.[5] 이러한 국가의 공익실현은 기본적으로 사적자치의 영역에서 행하는 사적자치 원칙과는 다르며

---

[2] 홍정선, 행정법원론(상), 2024, 4쪽 이하 참조.
[3] 실제 입법부에 의해 형성된 법률이 아니라, 법률에 의해 위임된 하위법령 즉 시행령, 시행규칙을 통해 일반적인 국민 생활이 규제된다는 점에서 행정부에 대한 법적 통제가 중요한 시점이다.
[4] 그러나, 문제해결이 법학의 과제라는 측면에서 바라볼 때 과거 대륙법계의 전통인 공사법의 양분론은 많은 비판을 받고 있다.
[5] H. W. Erichsen/ D. Ehlers(Hrsg.), Allgemeine Verwaltungsrecht, 13 Aufl., 2005, S. 19.

각 국가기관에 법적으로 주어진 권한 내에서만 권력사용으로 허용되는 것이지 법규범이 있다고 해서 무한정 가능한 것은 아니다. 즉 법규범으로 제한된 범위 내에서 기본권 기속적인 사항에서 공익을 위한 행위가 행정이다.

공익의 개념은 기본적으로 특정 단체 또는 특정 개인의 이익을 위하는 것이 아니라 전체를 위하는 이익이어야 하며 그 개념은 일의적으로 정의될 수 없고 개방적이고 유동적으로 해석되어야 한다. 그러나 단순히 자의적인 판단에 의하는 것이 아니라 현 상황에서 고려될 수 있는 모든 상황을 고려한 개념 정의가 이루어져야 한다. 일반적으로 공익의 실현은 국가조직을 통해 이루어지나 반드시 국가기관에 의해서만 이루어지는 것이 아니라 공법상의 영조물법인(öffentlich-rechtliche Anstalten)을 통해 이루어지기도 한다. 민간에 의한 행정은 국가권력의 위임(흔히 공무수탁사인이라고 하며 법령의 규정 또는 계약 관계를 통해 형성됨)을 통해 이루어져야 한다. 예를 들어 도로 건설과 아파트건축을 위한 토지수용, 수도의 민영화, 민간 조사(탐정)의 도입 등과 같은 것은 법률의 규정을 통해 이루어져야 한다.

또한 공익의 개념은 시대의 상황에 적합하게 해석되어야 한다. 환경보호나 도시계획과 같은 것은 기본적으로 공익으로 인정되지만, 국가의 예산이 지원되는 국립 오페라하우스의 건설과 같은 것은 전체 국민을 위하는 것이 아니라 오페라에 관심 있는 국민에게만 혜택이 된다는 차원에서 공익인지의 문제가 발생할 수도 있다.[6]

공익실현을 위한 국가의 작용은 단지 경제적, 산업적인 목적인 이윤추구와는 구별되어야 한다. 국가가 기업과 경쟁적으로 이윤추구를 하거나 산업적인 경쟁을 하는 것은 허용되지 않는다. 그러나 이것은 국가가 일차적으로 또는 전적으로 이러한 경쟁적 행위를 하는 것이지 부가적인 경우는 가능하다.[7]

또한 공익은 국가가 독점적으로 행하는 것은 아니다. 오히려 일부의 영역에서는 국가의 독점이 아니라 사회적 세력에 의한 공익의 실현(신문·방송)이 바람직하다.[8]

---

[6] 과거에는 소수의 사람만이 오페라를 즐겼으나 다수의 사람이 즐기는 지금 시점에서 국립오페라의 건설이 공익성을 가지고 있는가의 문제는 시대적인 상황을 고려해서 사안별로 검토되어야 한다. H. W. Erichsen/ D. Ehlers(Hrsg.), Allgemeine Verwaltungsrecht, 13 Aufl., 2005, S. 20.
[7] H. W. Erichsen/ D. Ehlers(Hrsg.), Allgemeine Verwaltungsrecht, 13 Aufl., 2005, S. 21.
[8] 흔히 국익과 공익을 혼재해 사용하는 경우가 많은데 이것은 국가와 공공의 이익을 같은 의미로 파악하는 상태에서 발생하는 것이다. 그러나 사회의 다양성이 보장되는 민주사회에서 국익과 공익을 동일한 개념으로 파악하는 것은 곤란하다. 이런 의미에서 국가의 이익(국익)과 공공의 이익(공익)이라는 개념은 학문적으로 규명되어야 한다.

국가가 행정목적을 달성하기 위한 행위의 기준은 합법성, 합목적성, 과잉금지·과소금지원칙, 경제성원칙(예산의 집행과 관련하여), 미래지향성을 고려해야 한다.

또한 헌법과의 관계도 또한 논해야 한다. 특히 독일의 공법학자인 Fritz Werner의 경우 "행정법은 헌법의 구체화법이다."라고 칭하듯 헌법의 기본원리하에서 행정법의 운용이 이루어져야 한다.

(2) 행정은 구체적으로 사회형성적 작용이다.

사법작용은 법적 분쟁을 전제로 소송이 제기된 경우에, 소극적으로 법을 선언하여 법적 분쟁을 종결하는 작용이라는 점에서 소극적인 성격을 가지지만, 행정은 행정청이 미래의 공익을 추구하는 작용을 적극적으로 추진한다는 측면에서 적극적인 작용이며 미래지향적인 작용이다.

물론 사법부도 규칙제정을 통해 일반적인 법규제정 행위를 하지만 작용이 사법부의 본질적인 작용은 아니다.

(3) 행정은 구체적인 처분이다.

입법이 일반적·추상적인 법규범의 정립 작용이라면, 행정은 이러한 법규범을 구체적으로 집행, 법규범에 근거한 처분을 부과하는 작용이다. 예를 들어 음주운전을 규제하는 것은 도로교통법 제42조에 그 근거를 두고 있지만(입법 작용), 음주운전을 통한 위험 발생의 방지를 목적을 단속하고 과태료, 벌금 등을 부과하는 행위는 도로교통법상의 음주운전에 관한 규정을 구체적으로 집행하는 것이다(행정작용).

3) 통치행위와 행정의 구분

(1) 통치행위의 개념

통치행위란 고도의 정치적인 행위로 통상적으로 사법심사의 대상에서 제외되는 국가작용을 의미한다. 이러한 통치행위는 일반적으로 정부에 의해 발생하나, 입법부에 의해 이루어지기도 한다.

종래 넓은 의미의 행정은 정부의 모든 작용을 의미하는 것이었고 통치행위의 개념을 포함하는 개념이었다. 그러나 법치행정이 강조되는 시점에서 과연 통치행위의 개념을 인정해야 하는가에 대한 논란이 있다.

(2) 통치행위의 인정 여부

통치행위의 개념은 프랑스에서 발전했으며, 그 근거는 법 정책적 및 사법 자제적 입장에서 발전하였다. 독일의 경우 통치행위의 개념을 인정하는 것이 다수설 및 판례다.[9]

미국에서는 1849년의 Luther v. Borden 판결에서 정치문제(political question)로 인정하였다.[10]

영국의 경우는 '왕은 제소되지 아니한다.'라는 원칙에 근거해 국가의 승인, 선전포고, 강화, 조약체결 등에서 통치행위를 인정하고 있다.

우리나라의 경우 학자들은 학설의 대립이 있다. 통치행위를 긍정하는 학설은 권력분립설(내재적 한계설), 재량행위설, 사법자제설, 독자성설을 주장하고 있으며 부정설도 있다.[11]

현재 대법원은 통치행위의 개념은 인정하고 있으나 사법심사의 배제를 제한적으로 인정하고 있다.

 대법원 1997.4.17. 선고 96도3376 전원합의체 판결.

[1] [다수의견] 우리나라는 제헌헌법의 제정을 통하여 국민주권주의, 자유민주주의, 국민의 기본권보장, 법치주의 등을 국가의 근본이념 및 기본원리로 하는 헌법질서를 수립한 이래 여러 차례에 걸친 헌법개정이 있었으나, 지금까지 한결같이 위 헌법질서를 그대로 유지하여 오고 있는 터이므로, 군사 반란과 내란을 통하여 폭력으로 헌법에 의하여 설치된 국가기관의 권능행사를 사실상 불가능하게 하고 정권을 장악한 후 국민투표를 거쳐 헌법을 개정하고 개정된 헌법에 따라 국가를 통치하여 왔다고 하더라도 그 군사반란과 내란을 통하여 새로운 법질서를 수립한 것이라고 할 수는 없으며, 우리나라의 헌법질서 아래에서는 헌법에 정한 민주적 절차에 의하지 아니하고 폭력에 의하여 헌법기관의 권능행사를 불가능하게 하

---

9) 홍정선, 행정법원론(상), 2024, 12쪽.
10) 이 사건은 로오드 아일랜드주에 있는 구정부와 혁명에 의한 신정부의 어느 편에 합법성을 인정할 것인가에 대한 것을 내용으로 한다. 이에 대해 법원은 이 문제를 정치적 문제(political question)로 파악했으며 어느 정부가 합법적인 가의 판단만이 아니라 증거조사도 거부하였다. 상세한 것은, 문홍주, 기본적 인권연구, 해암사, 1991, 77쪽.
11) 홍정선, 행정법원론(상), 2024, 12쪽 이하.

거나 정권을 장악하는 행위는 어떠한 경우에도 용인될 수 없다. 따라서 그 군사반란과 내란행위는 처벌의 대상이 된다.

[반대의견] 군사반란 및 내란행위에 의하여 정권을 장악한 후 이를 토대로 헌법상 통치체제의 권력구조를 변혁하고 대통령, 국회 등 통치권의 중추인 국가기관을 새로 구성하거나 선출하는 내용의 헌법개정이 국민투표를 거쳐 이루어지고 그 개정헌법에 의하여 대통령이 새로 선출되고 국회가 새로 구성되는 등 통치권의 담당자가 교체되었다면, 그 군사반란 및 내란행위는 국가의 헌정질서의 변혁을 가져온 고도의 정치적 행위라고 할 것인바, 그와 같이 헌정질서 변혁의 기초가 된 고도의 정치적 행위에 대하여 법적 책임을 물을 수 있는지 또는 그 정치적 행위가 사후에 정당화되었는지 여부의 문제는 국가사회 내에서 정치적 과정을 거쳐 해결되어야 할 정치적·도덕적 문제를 불러일으키는 것으로서 그 본래의 성격상 정치적 책임을 지지 않는 법원이 사법적으로 심사하기에는 부적합한 것이고, 주권자인 국민의 정치적 의사형성과정을 통하여 해결하는 것이 가장 바람직하다. 따라서 그 군사반란 및 내란행위가 비록 형식적으로는 범죄를 구성한다고 할지라도 그 책임 문제는 국가사회의 평화와 정의의 실현을 위하여 움직이는 국민의 정치적 통합과정을 통하여 해결되어야 하는 고도의 정치문제로서, 이에 대하여는 이미 이를 수용하는 방향으로 여러 번에 걸친 국민의 정치적 판단과 결정이 형성되어 온 마당에 이제 와서 법원이 새삼 사법심사의 일환으로 그 죄책 여부를 가리기에는 적합하지 아니한 문제라 할 것이므로, 법원으로서는 이에 대한 재판권을 행사할 수 없다.

대법원 2004.3.26. 선고 2003도7878 판결.

입헌적 법치주의국가의 기본원칙은 어떠한 국가행위나 국가작용도 헌법과 법률에 근거하여 그 테두리 안에서 합헌적·합법적으로 행하여질 것을 요구하며, 이러한 합헌성과 합법성의 판단은 본질적으로 사법의 권능에 속하는 것이고, 다만 국가행위 중에는 고도의 정치성을 띤 것이 있고, 그러한 고도의 정치행위에 대하여 정치적 책임을 지지 않는 법원이 정치의 합목적성이나 정당성을 도외시한 채 합법성의 심사를 감행함으로써 정책결정이 좌우되는 일은 결코 바람직한 일이 아니며, 법원이 정치문제에 개입되어 그 중립성과 독립성을 침해당할 위험성도 부인할 수 없으므로, 고도의 정치성을 띤 국가행위에 대하여는 이른바 통치행위라 하여 법원 스스로 사법심사권의 행사를 억제하여 그 심사대상에서 제외하는 영역이 있으나, 이와 같이 통치행위의 개념을 인정한다고 하더라도 과도한 사법심사의 자제가 기본권을 보장하고 법치주의 이념을 구현하여야 할 법원의 책무를 태만히 하거나 포기하는 것이 되지 않도록 그 인정을 지극히 신중하게 하여야 하며, 그 판단은 오로지 사법부만에 의하여 이루어져야 한다.

남북정상회담의 개최는 고도의 정치적 성격을 지니고 있는 행위라 할 것이므로 특별한 사정이 없는 한 그 당부를 심판하는 것은 사법권의 내재적·본질적 한계를 넘어서는 것이 되어 적절하지 못하지만, 남북정상회담의 개최과정에서 재정경제부장관에게 신고하지 아니하거나 통일부장관의 협력사업 승인을 얻지 아니한 채 북한측에 사업권의 대가 명목으로 송금한 행위 자체는 헌법상 법치국가의 원리와 법 앞에 평등원칙 등에 비추어 볼 때 사법심사의 대상이 된다.

그러나 헌법재판소는 국민의 기본권과 관련이 없는 경우는 사법심사의 배제를 인정하는 통치행위의 개념을 인정하고 있으나, 국민의 기본권과 관련이 있는 경우는 통치행위의 개념을 인정하지 않고 사법심사에 적극적으로 임하고 있다.

 헌법재판소 1996.2.29, 93헌마186.
대통령의 긴급재정경제명령은 국가긴급권의 일종으로서 고도의 정치적 결단에 의하여 발동되는 행위이고 그 결단을 존중하여야 할 필요성이 있는 행위라는 의미에서 이른바 통치행위에 속한다고 할 수 있으나, 통치행위를 포함하여 모든 국가작용은 국민의 기본권적 가치를 실현하기 위한 수단이라는 한계를 반드시 지켜야 하는 것이고, 헌법재판소는 헌법의 수호와 국민의 기본권보장을 사명으로 하는 국가기관이므로 비록 고도의 정치적 결단에 의하여 행해지는 국가작용이라고 할지라도 그것이 국민의 기본권 침해와 직접 관련되는 경우에는 당연히 헌법재판소의 심판대상이 된다.

헌법재판소 2004.4.29, 2003헌마814.
외국에의 국군의 파견 결정은 파견군인의 생명과 신체의 안전뿐만 아니라 국제사회에서의 우리나라의 지위와 역할, 동맹국과의 관계, 국가안보문제 등 궁극적으로 국민 내지 국익에 영향을 미치는 복잡하고도 중요한 문제로서 국내 및 국제정치관계 등 제반 상황을 고려하여 미래를 예측하고 목표를 설정하는 등 고도의 정치적 결단이 요구되는 사안이다. 따라서 그와 같은 결정은 그 문제에 대해 정치적 책임을 질 수 있는 국민의 대의기관이 관계 분야의 전문가들과 광범위하고 심도 있는 논의를 거쳐 신중히 결정하는 것이 바람직하며 우리 헌법도 그 권한을 국민으로부터 직접 선출되고 국민에게 직접 책임을 지는 대통령에게 부여하고 그 권한행사에 신중을 기하도록 하기 위해 국회로 하여금 파병에 대한 동의 여부를 결정할 수 있도록 하고 있는바, 현행 헌법이 채택하고 있는 대의민주제 통치구조 하에서 대의기관인 대통령과 국회의 그와 같은 고도의 정치적 결단은 가급적 존중되어야 한다.

현재 대통령의 비상계엄선포, 이라크 파병결정, 사면행위, 남북정상회담의 개최를 통치행위로 인정하고 있다.

대법원 1964.7.21. 선고 64초3 판결. [재판권쟁의에대한재정신청]

(1) 1964.6.3.자 대통령의 비상계엄 선포는 요건불비의 무효의 행정처분이므로 동 계엄선포의 유효를 근거로 한 계엄보통군법회의는 재판권이 없는 것이다. 국법질서에서의 행정처분이 법에 근거를 두어야 함은 우리헌법의 법치주의 요청으로 보아 너무나 당연하며 여기에는 헌법의 명문규정이 없는 한 계엄선포 처분일지라도 예외로 인정할 수 없는 것이다. 6.3계엄선포 당시는 전쟁 또는 전쟁에 준할 사변도 없었으며 계엄선포지역인 서울특별시는 적의 포위하에 있었든 것도 아니었음은 현저하게 명백한 사실이므로 위 계엄선포의 행정처분은 계엄법 제4조의 요건을 구비하지 못한 것이 명백하여 위 처분의 하자가 명백 중대하므로 당연 무효이고 무효인 계엄 선포로 인하여 설치한 위 군법회의는 본건에 관하여 재판권이 있을 수 없다. (2) 계엄법 제16조는 비상계엄지역 내에 있어서는 전조 또는 좌기의 죄를 범한자는 군법회의에서 재판한다라고 규정하고 있는바 「비상계엄지역내」를 합리적으로 해석하면 비상계엄선포 이후의 범죄에 대해서만 계엄군법회의가 재판권이 있다고 할 것이다. 왜냐하면 계엄하에서는 사회질서가 극도로 교란될 것을 예기하고 선포한 것인 만큼 계엄선포 후에 범죄를 범하는 자는 군법회의에서 엄벌한다는 것을 예고하므로써 범죄예방을 하자는 것이 군법회의 설치 목적이라고 할 것이므로 계엄선포 이전의 범죄에 대하여는 재판권이 없다고 볼 것이다. 따라서 본건은 모두 계엄선포이전의 행위로서 군법회의는 재판권이 없는 것이다. (3) 피고인 1, 피고인 2, 피고인 3은 내란죄를 범한 사실이 없으므로 군법회의에 재판권이 없다. 설사 공소장 기재사실이 전부 진실하다고 하더라도 이는 내란죄를 구성할 사실을 포함하고 있지 아니하므로 군법회의가 재판권을 행사 할 수 없는 것이라는데 있다. 우리나라 현정세가 북한집단과 정전상태에 있고 북한 집단이 휴전선이북에 막대한 병력을 집중하여 호시탐탐 남침을 노리고 있을 뿐 아니라 가진 방법으로 간첩을 남파하여 치안교란과 파괴공작을 감행하고 있는 현대전적인 양상을 이루고 있는 이지음 1964.3월 이후 접종하는 데모로 말미암아 민심불안으로 인한 치안상태가 문란하여 오던 중 특히 1964.6.3 데모로 서울특별시 일원의 경찰에 의한 치안유지가 극도로 곤난하게 된 상황아래 같은 날 대통령이 그 재량에 의하여 서울지역에 선포한 비상계엄은 헌법 제75조나 계엄법 제4조, 같은법 시행령 제4조에 규정한 법정 요건을 명백히 가추지 못하여 위 비상계엄의 선포가 당연히 무효라고는 볼 수 없으며 당연무효로 판단할 수 없는 계엄에 대하여서는 그 계엄의 선포가 옳고 그른 것은 국회에서 판단하는 것이고 법원에서 판단할 수 없다고 해석하는 것이 헌법 제75조 제4, 5항의 규정 취지에 부합된다 할 것이므로 금번 비상계엄이 법률상 성립될 수 없고 따라서 이 계엄에 기인하여 설치된 수도경비사령부 계엄보통군법회의는 적법한 군법회의라 할 수 없으니 같은 군법회의는 피고인에 대한 재판권이 없다는 취지의 재정신청이유는 이유없음에 돌아간다 할 것이고 계엄법 제11조, 제12조의 규정에 의하면 비상계엄의 선포와 동시에 계엄사령은 계엄지역내의

모든 행정사무와 사법사무를 관장하며 같은 지역내의 행정 기관과 사법기관은 지체없이 계엄사령관의 지휘감독을 받아야 된다고 되어 있어서 같은 법 제16조에 비상계엄지역 내에 있어서는 같은 법 제15조에 규정한 죄를 범한 자와 같은 법 제16조에 열거하는 죄를 범한 자는 군법회의에서 이를 재판한다라고 함은 같은 법 제15조의 경우를 제외하고는 범죄시일이 계엄선포 전후임을 막론하고 일반인에게 대하여서도 적용된다고 할 것이므로 피고인에 대한 기소사실이 금번의 비상계엄선포이전의 것이고 민간인 학생이므로 군법회의에 재판권이 없다는 재정신청이유는 이유없다고 할 것이다.

헌법재판소 2004.4.29. 2003헌마814.

1.외국에의 국군의 파견결정은 파견군인의 생명과 신체의 안전뿐만 아니라 국제사회에서의 우리나라의 지위와 역할, 동맹국과의 관계, 국가안보문제 등 궁극적으로 국민 내지 국익에 영향을 미치는 복잡하고도 중요한 문제로서 국내 및 국제정치관계 등 제반상황을 고려하여 미래를 예측하고 목표를 설정하는 등 고도의 정치적 결단이 요구되는 사안이다. 따라서 그와 같은 결정은 그 문제에 대해 정치적 책임을 질 수 있는 국민의 대의기관이 관계분야의 전문가들과 광범위하고 심도 있는 논의를 거쳐 신중히 결정하는 것이 바람직하며 우리 헌법도 그 권한을 국민으로부터 직접 선출되고 국민에게 직접 책임을 지는 대통령에게 부여하고 그 권한행사에 신중을 기하도록 하기 위해 국회로 하여금 파병에 대한 동의여부를 결정할 수 있도록 하고 있는바, 현행 헌법이 채택하고 있는 대의민주제 통치구조 하에서 대의기관인 대통령과 국회의 그와 같은 고도의 정치적 결단은 가급적 존중되어야 한다.

2.이 사건 파견결정이 헌법에 위반되는지의 여부 즉 국가안보에 보탬이 됨으로써 궁극적으로는 국민과 국익에 이로운 것이 될 것인지 여부 및 이른바 이라크전쟁이 국제규범에 어긋나는 침략전쟁인지 여부 등에 대한 판단은 대의기관인 대통령과 국회의 몫이고, 성질상 한정된 자료만을 가지고 있는 우리 재판소가 판단하는 것은 바람직하지 않다고 할 것이며, 우리 재판소의 판단이 대통령과 국회의 그것보다 더 옳다거나 정확하다고 단정짓기 어려움은 물론 재판결과에 대하여 국민들의 신뢰를 확보하기도 어렵다고 하지 않을 수 없다.

3.이 사건 파병결정은 대통령이 파병의 정당성뿐만 아니라 북한 핵 사태의 원만한 해결을 위한 동맹국과의 관계, 우리나라의 안보문제, 국·내외 정치관계 등 국익과 관련한 여러 가지 사정을 고려하여 파병부대의 성격과 규모, 파병기간을 국가안전보장회의의 자문을 거쳐 결정한 것으로, 그 후 국무회의 심의·의결을 거쳐 국회의 동의를 얻음으로써 헌법과 법률에 따른 절차적 정당성을 확보했음을 알 수 있다. 그렇다면 이 사건 파견결정은 그 성격상 국방 및 외교에 관련된 고도의 정치적 결단을 요하는 문제로서, 헌법과 법률이 정한 절차를 지켜 이루어진 것임이 명백하므로, 대통령과 국회의 판단은 존중되어야 하고 헌법재판소가 사법적 기준만으로 이를 심판하는 것은 자제되어야 한다. 이에 대하여는 설혹 사법적 심사의 회

피로 자의적 결정이 방치될 수도 있다는 우려가 있을 수 있으나 그러한 대통령과 국회의 판단은 궁극적으로는 선거를 통해 국민에 의한 평가와 심판을 받게 될 것이다.

통치행위와 관련해 국가의 손해배상책임과 손실보상책임을 인정할 것인가의 논란이 있으나 사법심사배제의 사유로서의 통치행위의 경우 위법성의 판단이 어렵다는 측면에서 사실상 국가배상책임이 어렵다. 손실보상의 경우도 개별법적인 근거가 없다면 손실보상의 문제도 어렵다.

헌법재판소 전원재판부 2000.6.1.97헌바74.

우리 헌법 제79조 제1항은 "대통령은 법률이 정하는 바에 의하여 사면·감형 또는 복권을 명할 수 있다"고 대통령의 사면권을 규정하고 있고, 제3항은 "사면·감형 또는 복권에 관한 사항은 법률로 정한다"고 규정하여 사면의 구체적 내용과 방법 등을 법률에 위임하고 있다. 그러므로 사면의 종류, 대상, 범위, 절차, 효과 등은 범죄의 죄질과 보호법익, 일반국민의 가치관 내지 법감정, 국가이익과 국민화합의 필요성, 권력분립의 원칙과의 관계 등 제반사항을 종합하여 입법자가 결정할 사항으로서 광범위한 입법재량 내지 형성의 자유가 부여되어 있다.

선고된 형의 전부를 사면할 것인지 또는 일부만을 사면할 것인지를 결정하는 것은 사면권자의 전권사항에 속하는 것이고, 징역형의 집행유예에 대한 사면이 병과된 벌금형에도 미치는 것으로 볼 것인지 여부는 사면의 내용에 대한 해석문제에 불과하다 할 것이다.

대법원 1997.4.17.자 96도3376 판결.

대통령의 비상계엄의 선포나 확대 행위는 고도의 정치적·군사적 성격을 지니고 있는 행위라 할 것이므로, 그것이 누구에게도 일견하여 헌법이나 법률에 위반되는 것으로서 명백하게 인정될 수 있는 등 특별한 사정이 있는 경우라면 몰라도, 그러하지 아니한 이상 그 계엄선포의 요건 구비 여부나 선포의 당·부당을 판단할 권한이 사법부에는 없다고 할 것이나, 비상계엄의 선포나 확대가 국헌문란의 목적을 달성하기 위하여 행하여진 경우에는 법원은 그 자체가 범죄행위에 해당하는지의 여부에 관하여 심사할 수 있다.

그러나 남북정상회담의 개최 과정에서 대북자금송금은 통치행위가 아니라고 보고 있으며 한미연합 군사훈련 결정, 서훈 취소와 같은 경우는 통치행위의 개념에 포섭되지 않는다고 보고 있다.

대법원 2004.3.26. 선고 2003도7878 판결. [외국환거래법위반·남북교류 협력에관한법률위반·특정경제범죄가중처벌등에관한법률위반(배임)]

[1] 입헌적 법치주의국가의 기본원칙은 어떠한 국가행위나 국가작용도 헌법과 법률에 근거하여 그 테두리 안에서 합헌적·합법적으로 행하여질 것을 요구하며, 이러한 합헌성과 합법성의 판단은 본질적으로 사법의 권능에 속하는 것이고, 다만 국가행위 중에는 고도의 정치성을 띤 것이 있고, 그러한 고도의 정치행위에 대하여 정치적 책임을 지지 않는 법원이 정치의 합목적성이나 정당성을 도외시한 채 합법성의 심사를 감행함으로써 정책결정이 좌우되는 일은 결코 바람직한 일이 아니며, 법원이 정치문제에 개입되어 그 중립성과 독립성을 침해당할 위험성도 부인할 수 없으므로, 고도의 정치성을 띤 국가행위에 대하여는 이른바 통치행위라 하여 법원 스스로 사법심사권의 행사를 억제하여 그 심사대상에서 제외하는 영역이 있으나, 이와 같이 통치행위의 개념을 인정한다고 하더라도 과도한 사법심사의 자제가 기본권을 보장하고 법치주의 이념을 구현하여야 할 법원의 책무를 태만히 하거나 포기하는 것이 되지 않도록 그 인정을 지극히 신중하게 하여야 하며, 그 판단은 오로지 사법부만에 의하여 이루어져야 한다.

[2] 남북정상회담의 개최는 고도의 정치적 성격을 지니고 있는 행위라 할 것이므로 특별한 사정이 없는 한 그 당부를 심판하는 것은 사법권의 내재적·본질적 한계를 넘어서는 것이 되어 적절하지 못하지만, 남북정상회담의 개최과정에서 재정경제부장관에게 신고하지 아니하거나 통일부장관의 협력사업 승인을 얻지 아니한 채 북한측에 사업권의 대가 명목으로 송금한 행위 자체는 헌법상 법치국가의 원리와 법 앞에 평등원칙 등에 비추어 볼 때 사법심사의 대상이 된다.

헌법재판소 2009.5.28. 2007헌마369.
한미연합 군사훈련은 1978. 한미연합사령부의 창설 및 1979. 2. 15. 한미연합연습 양해각서의 체결 이후 연례적으로 실시되어 왔고, 특히 이 사건 연습은 대표적인 한미연합 군사훈련으로서, 피청구인이 2007. 3.경에 한 이 사건 연습결정이 새삼 국방에 관련되는 고도의 정치적 결단에 해당하여 사법심사를 자제하여야 하는 통치행위에 해당된다고 보기 어렵다.

대법원 2015.4.23. 선고 2012두26920 판결. [독립유공자서훈취소처분의취소]
구 상훈법(2011. 8. 4. 법률 제10985호로 개정되기 전의 것) 제8조는 서훈취소의 요건을 구체적으로 명시하고 있고 절차에 관하여 상세하게 규정하고 있다. 그리고 서훈취소는 서훈수여의 경우와는 달리 이미 발생된 서훈대상자 등의 권리 등에 영향을 미치는 행위로서 관련 당사자에게 미치는 불이익의 내용과 정도 등을 고려하면 사법심사의 필요성이 크다. 따라서 기본권의 보장 및 법치주의의 이념에 비추어 보면, 비록 서훈취소가 대통령이 국가원수로서 행하는 행위라고 하더라도 법원이 사법심사를 자제하여야 할 고도의 정치성을 띤 행위라고 볼 수는 없다.

―――――― **사례 해결** ――――――

사례 4의 경우 우리 헌법재판소는 "해외분쟁지역에 대한 국군의 파견결정은 파견국군의 생명과 신체의 안전뿐만 아니라 국제사회에서의 우리나라의 지위와 역할, 안보문제 등에도 영향을 미칠 수 있는 복잡하고도 중요한 문제로서 국제정치관계 등 관계되는 제반상황들에 대한 당시의 종합적 분석과 함께 향후의 국제관계의 변화와 그 속에서의 우리나라의 바람직한 위치, 앞으로 나아가야 할 방향 등 미래를 예측하고 목표를 설정하는 시각과 판단이 절실히 필요하다. 따라서 그 결정은 관계 분야의 전문가들과 이러한 문제에 대해 정치적 책임을 질 수 있는 국민의 대의기관에 의해 광범위하고 심도 있는 검토와 논의를 거쳐서 신중히 이루어지는 것이 바람직하며 우리 헌법이 국민으로부터 직접 선출되고 국민에게 직접 책임을 지는 대통령과 국회에게 이 문제를 맡겨서 상호 견제하는 가운데 토론과 숙고를 통해 결정하도록 하는 것이 타당"하다고 결정하였다. 즉 국민의 기본권과 관련이 없는 경우 통치행위의 개념을 인정하고 있다.

그러나 이와는 달리 금융실명제와 관련한 결정에서는 "대통령의 긴급재정경제명령은 국가긴급권의 일종으로서 고도의 정치적 결단에 의하여 발동되는 행위이고 그 결단을 존중하여야 할 필요성이 있는 행위라는 의미에서 이른바 통치행위에 속한다고 할 수 있으나, 통치행위를 포함하여 모든 국가작용은 국민의 기본권적 가치를 실현하기 위한 수단이라는 한계를 반드시 지켜야 하는 것이고, 헌법재판소는 헌법의 수호와 국민의 기본권보장을 사명으로 하는 국가기관이므로 비록 고도의 정치적 결단에 의하여 행해지는 국가작용이라고 할지라도 그것이 국민의 기본권 침해와 직접 관련되는 경우에는 당연히 헌법재판소의 심판대상이 된다." 결정하였다.

―――――― ◆ ――――――

4) 행정의 종류

(1) 법형식에 따른 분류

행정이 이루어지는 법적 근거가 공법이면 공법상 행정, 사법인 경우는 사법상 행정이라고 한다. 공법상 행정은 다시 권력행정(조세, 국방, 경찰), 단순고권행정(수도, 전기, 도로건설과 유지)으로 나누어지고, 사법상 행정은 행정사법(급부와 지도, 전기, 수도, 가스공급, 보조금 지급 등), 국고행정(Fiskus, 물품매매계약, 건설도급계약 체결 등)으로 나누어진다. 이러한 구분이 필요한 이유는 권리구제, 공·사법의 적용문제에서 구별의 필요성이 있다. 공법상 행정의 경우에는 행정심판, 행정소송, 국가배상, 자력집행력이 가능하지만, 사법상 행정의 경우는 민사소송, 민법에 의한 손해배상,

법의 집행명령이 있어야 강제집행이 가능하다.

　예를 들어 전염병 확산을 막기 위해 백신접종을 국민에게 강제해서 접종한 국민에게 손해가 발생한 경우에는 행정소송, 국가배상 등을 통한 구제가 가능하다. 그러나 조달청이 물품에 대한 조달계약을 민간업자와 체결한 경우, 이에 관한 법적 문제는 민사소송, 민법 제750조 이하에 근거한 손해배상책임을 묻게 된다. 행정지도의 경우는 사실행위에 불과함으로 주로 당사자 소송에 의해 해결된다.

(2) 법적 구속의 정도에 따른 분류

　행정작용을 펼치는 경우 그 집행자인 행정청이 얼마만큼 법규범을 따라야 하는가의 정도에 따라 법률 종속적 행정과 법률로부터 자유로운 행정으로 나눈다. 법률 종속적 행정이란 행정작용의 발동 요건과 그 효과가 모두 법률에 규정되어 행정청은 이를 무조건으로 따라야 하는 것을 말하며, 법률로부터 자유로운 행정이란 행정작용을 펼칠 때, 행정청이 무한대의 자유가 아니라 법의 일반원칙에 구속받는 행정을 의미한다.

(3) 법적 효과에 따른 분류

　행정청이 행정작용을 펼침에 따라 그 상대방이 이익을 받거나(권리를 획득하거나 의무가 경감되는 경우)를 수익적 행정이라고 하고, 반대로 행정의 대상자가 불이익을 받는 경우(권리를 박탈 또는 제한받거나 새로운 의무가 생기거나 의무의 정도가 더 커지는 경우)를 침익적 행정이라고 한다. 이 구별의 실익은 법률에 대한 기속 정도 차에 있다.

　또한 행정작용의 상대방이 권리와 의무를 동시에 가지는 경우, 즉 행정작용으로 인해 수익과 침해를 동시에 받는 경우 복효적 행정이라고 한다.

　예를 들어 조세를 새롭게 부과하는 행위는 침익적 행정, 노인 복지를 늘리는 행위는 수익적 행위, 대규모 아파트 단지 건축허가 내 주면서 허가의 조건으로 출퇴근 시간의 아파트 입구 쪽의 혼잡을 방지하기 위해 도로증설을 조건으로 허가 내 주는 경우는 복효적 행정작용이라고 볼 수 있다. 한편 복효적 행정이 동일인에게 두 가지의 효과가 동시에 나타나는 것을 의미하는데 비해, 제3자효 행정은 일방에게는 이익이 되나 제3자에게는 침익이 되는 개념이라는 점에서 이 둘을 구별하기도 한다.

2. 공법에 근거한 행정으로서의 행정법

1) 공법으로서의 행정법

국가의 영역은 민간의 영역과는 다른 가치관을 지향한다. 민간의 영역에서는 실질적 조화와 균형을 지향하기 위해 사적자치원칙을 지향하지만, 국가영역은 공적 이익이라는 가치를 지향한다. 따라서 행정을 실시하는 과정에서 이러한 공적 가치를 시련하기 위해 공공행정에 관한 법적 절차와 규제를 형성하고 있고 이러한 범위 내에서 행정의 주체는 법적 규제를 따라야 한다. 즉 행정법은 행정의 조직과 작용을 규율하는 법규범이다.

공공행정 실현을 주된 목적으로 하는 행정법은 우선적으로 공법의 한 부분이다. 따라서 공법으로서의 행정법은 기본적으로 공법과 사법의 구분을 전제로 한다.

공·사법의 구별

공법과 사법의 구별 필요성은 침해된 법익의 구제와 관련되어 있다.

기본적으로 헌법소송의 대상이 안 되는 영역의 공법적인 영역의 소송은 행정소송으로 해결이 되고 행정법원이 담당한다.

이런 소송의 종류를 정하기 위한 전제적 문제로 공법과 사법의 구별에 관한 기준이 이론적으로 발달했다. 그러나 이 이론은 상대적인 것에 불과하고 어느 하나의 이론이 절대적인 것은 아니다.

현대사회에서는 공법과 사법의 구별은 절대적인 것이 아니라 공법의 사법화 및 사법의 공법화가 이루어지며 특히 자유무역과 자유경쟁 체제하에서는 공익적인 성격을 가진 공법의 영역이 사법의 영역으로 이전하는 경향성이 나타난다(교도소의 민영화, 우체국의 민영화, 철도의 민영화).

한편 영미법계의 전통을 고려한 공법과 사법의 구별 부인론이 제기되기도 하나 전통적으로 대륙법계의 체계를 가지고 있는 우리나라의 경우 구별 부인론은 시기상조의 성격을 가진다.

공법과 사법의 구별 기준에 대해서 몇 가지 학설이 있다.

(1) 종속설(Subordinationstheorie)

종속설에 따르면 소송의 당사자가 상하관계의 지위일 때 공법이라고 파악한다. 이 학설은 기본적으로 행정관청이 명령과 강제를 통한 행정의 수행이라는 점에서 볼 때 탁월한 이론이고 앞선 사례에서 주민이 행정청의 명령에 대한 원고로서 다툼이 있을 때 행정소송이 된다.

(2) 신주체설(modifizierte Subjekttheorie) 또는 특별법설(Sonderrechtstheorie)

신주체설 또는 특별법설에 따르면 특별법이 행정의 수행자에게 배타적으로 부여되어 있거나 의무지워진 경우에 공법으로 파악하는 견해다. 이 학설이 실제적으로 가장 타당하고 지배적인 견해이다.

특히 건축법, 경찰법 그리고 지방자치법에서 공공행정의 수행자에게 특별한 권한이 부여될 때 더 타당하다. 다만 이 학설의 경우 문제점은 사실행위(Realakten)와 같은 법집행이 아닌 경우에는 조금 의심스럽고, 특히 관청의 단순한 경고 같은 경우에는 이 학설이 타당할 것인지에 대해서는 의문이다(위 사례3에서 D시장의 콜라 섭취 금지에 대한 발언).

(3) 이익설(Interessentheorie)

국가 또는 공공기관의 복지에 관련된 것은 공법이고 개개인의 이익과 관련된 것은 사법이라고 한다.

위의 경우처럼 사례3에서 D시장의 사실적인 발언의 경우 신주체설이나 특별법설은 타당하지 못하나 공익을 수행하는 행정작용을 공익이라고 파악하고 이것을 수행하는 행정작용의 영역을 공법이라고 파악하는 견해다. 이 학설에 의할 때 위 D시장의 발언은 행정법의 적용 영역인 공법상의 영역에 속하고 공법의 대상이다.

공법과 사법의 구별기준은 이상과 같이 이익설, 종속설, 주체설(구주체설, 신주체설) 등이 있으나 어느 하나의 학설이 절대적인 것이 아니라 종합적인 검토가 필요하고 공법의 특성을 고려한 구별이 필요하다.

공적인 시설물 특히 지방자치단체의 시설물은 공법과 사법의 적용에 대해 곤란한 경우가 발생하나 공법적인 허가가 필요한 경우에는 공법의 규제 대상이고 공법적인 소송의 해결 방법으로 이루어져야 한다.

⟨판례에 나타난 공법관계와 사법관계[12]⟩

공법관계	사법관계
국유 일반재산의 대부료 등의 강제징수 기부채납 받은 행정재산에 대한 공유재산 관리청의 사용, 수익허가 중학교 의무교육의 위탁관계 국가나 지방자치단체에 근무하는 청원경찰의 근무관계 행정재산을 사용 수익하는 자에 대한 사용료 부과 국유재산의 무단 점유자에 대한 변상금 부과 도시재개발조합에 대하여 조합원이 자격확인을 구하는 법률관계 공무원연금관리공단의 급여에 관한 결정 도시 및 주거환경정비법상 주택재건축정비사업조합을 상대로 관리처분계획안에 대한 조합총회결의의 효력 등을 다투는 법률관계 농지개량조합과 그 직권과의 관계	예산회계법(현 국가를 당사자로 하는 계약에 관한 법률)상 입찰보증금의 국고귀속조치 국유잡종재산에 관한 대부료의 납부고지 한국공항공단이 무상사용허가를 받은 행정재산에 대하여 하는 전대행위 토지보상법령상 협의취득계약 지방자치단체가 일반재산을 입찰이나 수의계약을 통해 매각하는 행위 서울특별시지하철공사의 임원과 직원의 근무관계 양도소득세 환급청구권 국가계약법에 따라 지방자치단체가 당사자가 되는 공공계약 수돗물공급관계

2) 행정사법(Verwaltungsprivatrecht)

행정사법이란 행정 목적을 공법의 규제하에서 하는 것이 아니라 사법의 형식을 빌려서 하는 것이다. 예를 들어 행정주체(국가, 지방자치단체, 공공기관 그리고 수탁사인)와 행정객체 간의 계약을 통한 형식 즉 공법상 계약을 통한 행정 목적의 달성을 추구할 수 있다. 예를 들어, 국민주택 임대차, 추곡 수매 등이 이에 해당한다.

그러나 행정 목적을 사법의 형태로 수행하는 것이 가능하지만 특별한 경우에는 공법적인 규제에 얽매이는 경우가 있는데 특히 국민의 기본권이 관계될 때 더 그렇다. 따라서 경찰행정, 조세 행정의 영역에서는 행정사법이 적절한 수단이 될 수는 없다. 다만 이 경우 소송의 경우에는 사법의 수단에 의해 구제가 이루어진다.

 대법원 1986.12.23. 선고 83누715 판결. [제2차납세의무자지정처분취소]
조세채권은 국가재정수입을 확보하기 위하여 국세징수법에 의하여 우선변제권 및 자력집행권이 인정되는 권리로서 사법상의 채권과는 그 성질을 달리하므로 조세

---

12) 이동식/전훈/김성배/손윤석, 행정법총론, 제12판, 2023, 10-11쪽 인용.

채권의 성립과 행사는 오직 법률에 의해서만 가능한 것이고 조세에 관한 법률에 의하지 아니한 사법상의 계약에 의하여 조세채무를 부담하게 하거나 이를 보증하게 하여 이들로부터 조세채권의 종국적 만족을 실현하는 것은 허용될 수 없다.

3) 행정법의 체계

행정법의 체계는 크게 행정조직, 행정작용 그리고 행정구제로 나눌 수 있으나 이 영역은 모두 분리된 것이 아니라 상호 연관되어 있으며 궁극적으로는 행정구제의 차원으로 모두 연결이 되어 해결되어야 한다.

(1) 행정조직법

행정조직법은 행정을 행하는 법주체인 행정주체의 조직에 관한 법체계를 의미하며 구체적으로는 정부조직법, 지방조직법, 공무원법, 교육기본법, 교육공무원법, 경찰법 등이 있다.

(2) 행정작용법

행정작용법은 행정주체의 대외적인 활동에 관한 법의 총체를 의미한다. 경찰, 보건, 교육, 군사, 세무, 환경, 재정 등 개별적인 행정작용은 특별행정법의 영역에서 다루고 이 중 공통된 사항만 일반행정법에서 다룬다.

특히 일반행정법의 영역에서는 어떻게 행정작용을 실현할 것인지의 문제인 행정작용의 방법에 대해 살피게 된다. 구체적으로는 행정입법, 행정행위, 행정조사, 행정계획, 행정지도, 공법상 계약 등과 같은 내용을 다룬다.

(3) 행정구제법

행정구제법은 행정작용의 과정에서 발생하는 손실, 손해에 대한 내부적 구제(행정심판)와 사법부를 통한 구제(행정소송)를 다룬다.

3. 법치행정

행정법은 헌법의 구체화를 의미하는데, 이런 행정법은 법치국가원리와 국민의 기본권보호라는 입장을 고려해서 이해해야 하며 특히 행정작용을 펼침에 있어서 행정작용이 헌법에 부합되게 이루어져야 하며, 이 경우 명확성의 원칙, 과잉금지원칙 그리고 사법적 구제 절차를 고려한 해석이 이루어져야 한다.

1) 헌법과 행정법

헌법은 국가 법규범체계의 최상위규범으로서의 성격을 가지며 헌법의 가치질서를 모든 국가의 영역에 투영하는 규범력을 가진다. 따라서 행정법은 행정조직과 운영이라는 그 자체의 목적이 아니라 헌법 제10조의 인간으로서의 존엄과 가치라는 최고의 가치를 실현하기 위한 수단으로 기능하여야 한다.

행정조직의 경우 단순히 그 자체의 효율성만을 위해 조직되어서는 안 되고 국민의 기본권 실현을 위한 적합한 조직으로 형성되어야 하며 행정작용 역시 국민의 기본권을 구체적이고 실질적으로 실현하기 위한 방향으로 이루어져야 한다. 이러한 행정의 방향지향성은 단순히 행정의 재량으로 인정되는 것이 아니라 헌법적인 명령이다. 국가의 모든 행정조직과 운영은 국민의 기본권을 위해 형성되어야 한다.

이러한 행정조직의 운영은 헌법의 기본원리인 국민주권원리, 민주주의원리, 법치국가원리, 사회국가원리, 평화국가원리, 문화국가원리 등에 구속되어 구체적인 제도로 이루어져야 한다(Grundrechtswirkung durch Organisation, Verfahren und Institution).[13]

다만 헌법이 기본적인 가치를 지향하는 점과는 달리 행정법은 헌법적 가치를 구체화하는 수단, 즉 실현 수단으로서의 성격을 강하게 가진다. 독일 행정법의 아버지라고 하는 오토 마이어(Otto Mayer)는 "헌법은 변하여도 행정법은 변하지 않는다."라고 언급하기도 했다.

---

[13] 과거 법치국가의 파악을 국민의 대표기관인 의회에서 만든 법을 통한 통치라는 측면만이 강조되었던 것과는 달리, 현대국가에서는 단순히 법에 의한 통치가 아니라 정의추구에 입각한 정당한 내용의 법률과 국민의 기본권 및 권리를 보호하기에 필요충분한 절차 및 제도를 구축한 상태가 법치주의라고 파악해야 한다.

2) 행정의 합법률성

행정의 합법률성에 대한 법적 근거로는 먼저 독일의 경우 독일 기본법 제20조에 명문으로 규정되어 있다. 독일기본법 제20조 제3항은 "입법은 헌법질서에, 행정 및 사법은 법률 및 법에 구속된다."라고 규정되어 있다.

우리 헌법의 경우 헌법상의 기본원리인 법치국가원리의 한 내용으로 인정되고 있다.

행정의 합법률성의 구체적인 내용은 법률우위의 원칙(Vorrang des Gesetzes)과 법률의 유보원칙(Vorbehalt des gesetzes)으로 나뉜다. 종래에는 행정의 합법률성의 내용으로 법률우위의 원칙과 법률의 유보원칙 외에도 법률의 법규창조력[14]을 인정했으나 사실상 역사적인 연혁에 불과하고 그 내용상 법률우위의 원칙과 중복되어 특별히 별도로 인정될 필요성은 없다. 그러나, 현대국가에서 다양한 행정수요에 대응하기 위한 필요성에 의해 법률의 법규창조력의 범위는 점점 더 줄어들고 있다. 다만 이러한 추세에서 위임입법의 한계와 포괄위임금지가 나름의 중요성을 가진다.

(1) 법률의 우위(Vorrang des Gesetzes)

법률의 우위란 합헌적 절차에 따라 제정된 법률은 헌법을 제외한 그 밖의 모든 국가의사에 우월하고 행정은 법률에 반할 수 없으며 그 법률의 내용은 당연히 헌법에 합치되는 것이어야 한다는 것이다.

행정이 법률에 따라 이루어져야 한다는 것은 당연한 사실로 특별히 문제 될 것이 없다.

독일의 경우 기본법 제20조 제3항에 명문으로 규정되어 있고, 법치국가원리를 헌법의 기본원리의 하나로 인정되는 우리 헌법 체계상에서도 문제없는 것이다.

위법한 행정작용의 효력은 행위형식에 따라 다르며 손해가 발생한 경우에 손해배상이 인정될 수 있다.

(2) 법률의 유보(Vorbehalt des Gesetzes)

법률의 유보란 행정작용의 발동 시에 반드시 법적 근거 하에 발동이 되어야 한다는

---

14) 법률의 법규창조력이란 국가작용 중 국민의 권리의무에 관한 새로운 규율을 정하는 법규를 정립하는 입법은 모두 의회가 행하여야 한다는 것이다.

원칙이다. 법적 근거라 함은 일차적으로 국회가 제정한 법규범의 형식인 법률에 의한 행정을 의미하지만, 이차적으로 법률에 근거한 행정입법(명령, 규칙)에 의한 행정도 포함하는 개념이다.

「행정기본법」 제2조는 "법령 등의 개념에 법률, 대통령령, 총리령, 부령, 국회규칙, 대법원규칙, 헌법재판소규칙, 중앙선관위규칙, 감사원규칙, 지방자치단체의 자치법규 등을 의미한다"고 규정하고 있어 이들 법령에 의한 행정도 법률유보의 개념에 포섭된다.

법률의 우위의 문제는 법의 단계 질서의 문제인 반면 법률의 유보의 문제는 입법과 행정의 권한 사이의 문제다.

법률의 유보는 우선 침해행정의 경우에 있어서는 여전히 적용된다. 행정권발동의 대상자들이 일정의 의무나 작위를 행해야 하는 그런 부담적 행정의 영역인 침해행정의 영역에서는 여전히 중심적인 지위를 차지한다.

위의 사례에서 보듯이 사례 1과 사례 2의 경우는 기본적으로 침해행정에 대한 문제이다.

이런 침해행정의 영역에서 행정권발동의 위임적인 근거가 있는가를 살피는 것이 일차적인 문제이다. 이 근거는 일차적으로 형식적인 의미의 법률이어야 하고 원칙적으로 독자적인 법률하위의 명령, 규칙은 행정권발동의 근거규범이 되지 못한다.

이런 측면에서 볼 때 사례 2에서 G군의 의회에서 만든 조례는 충분한 강제력을 가진 행정권발동의 근거가 되지 못한다. 따라서 개인 가정에 특정 보일러 시설의 강제설치는 법률에 근거해야 한다. 물론 법률에 근거를 두고 그 구체적인 시행 또는 법률의 범위 내에서 인정되는 조례의 제정도 가능하다(위임입법의 한계 속에서).

특히 입법을 할 때, 법률의 유보와 관련되어 생각해야 할 것은 입법자 스스로가 입법시에 본질적인 사항은 스스로 결정해야 한다는 본질성유보이론(Wesentlichkeitsvorbehalt)이다.[15] 흔히 이를 법률의 유보와 구별하여 의회유보(Vorbehalts des Parlaments)라고도 한다. 특히 이 문제는 대의민주주의국가에서 입법자의 입법형성의 한계와 깊은 연관을 맺고 있다.

---

15) 한국방송공사의 방송수신료에 관한 헌법재판소의 판결. 헌법재판소 1999. 5. 27. 선고 98헌바70 결정.

헌법재판소 1999.5.27. 98헌바70.
오늘날 법률유보원칙은 단순히 행정작용이 법률에 근거를 두기만 하면 충분한 것이 아니라, 국가공동체와 그 구성원에게 기본적이고도 중요한 의미를 갖는 영역, 특히 국민의 기본권실현과 관련된 영역에 있어서는 국민의 대표자인 입법자가 그 본질적 사항에 대해서 스스로 결정하여야 한다는 요구까지 내포하고 있다(의회유보원칙). 그런데 텔레비전방송수신료는 대다수 국민의 재산권 보장의 측면이나 한국방송공사에게 보장된 방송자유의 측면에서 국민의 기본권실현에 관련된 영역에 속하고, 수신료금액의 결정은 납부의무자의 범위 등과 함께 수신료에 관한 본질적인 중요한 사항이므로 국회가 스스로 행하여야 하는 사항에 속하는 것임에도 불구하고 한국방송공사법 제36조 제1항에서 국회의 결정이나 관여를 배제한 채 한국방송공사로 하여금 수신료금액을 결정해서 문화관광부장관의 승인을 얻도록 한 것은 법률유보원칙에 위반된다.

헌법재판소 2011.8.30. 2009헌바128등.
토지등소유자가 도시환경정비사업을 시행하는 경우 사업시행인가 신청시 필요한 토지등소유자의 동의는 개발사업의 주체 및 정비구역 내 토지등소유자를 상대로 수용권을 행사하고 각종 행정처분을 발할 수 있는 행정주체로서의 지위를 가지는 사업시행자를 지정하는 문제로서 그 동의요건을 정하는 것은 국민의 권리와 의무의 형성에 관한 기본적이고 본질적인 사항이므로 국회가 스스로 행하여야 하는 사항에 속하는 것임에도 불구하고 사업시행인가 신청에 필요한 동의정족수를 토지등소유자가 자치적으로 정하여 운영하는 규약에 정하도록 한 것은 법률유보원칙에 위반된다.

법률의 유보와 관련해서 고민되는 부분은 급부행정의 영역이다. 이에 대해 학설은 침해유보설, 전부유보설, 급부행정유보설, 권력행정유보설, 중요사항유보설 그리고 의회유보설 등의 대립은 있으나[16] 급부행정의 영역에서 다수의 학자는 법률유보가 필요 없다고 한다. 그러나 일반적으로 특정 학설 선택의 문제가 아니라 구체적인 경우 헌법의 평등원칙, 기본권보장과 관련한 문제와 결부시켜 개별적인 검토가 이루어져야 한다.

헌법재판소와 대법원은 일치하지는 않지만 대체로 중요사항유보설의 입장에서 판단하고 있다.

---

16) 구체적인 학설의 내용은, 홍정선, 행정법원론(상), 2024, 88쪽 이하 참조.

대법원 1985.2.28. 선고 85초13 판결.
병의 복무기간은 국방의무의 본질적 내용에 관한 것이어서 이는 반드시 법률로 정하여야 할 입법사항에 속한다고 풀이할 것인바 육군본부 방위병소집복무해제규정(육군규정 104-1) 제23조가 질병휴가, 청원휴가, 각종사고(군무이탈, 구속, 영창, 징역, 유계결근), 1일 24시간 이상 지각, 조퇴한 날, 전속 및 보직변경에 따른 출발일자부터 일보변경 전일까지의 기간 등을 복무에서 제외한다고 규정하여 병역법 제25조 제3항이 규정하지 아니한 구속 등의 사유를 복무기간에 산입하지 않도록 규정한 것은 병역법에 위반하여 무효라고 할 것이다.

일반적으로 급부행정의 영역은 단지 법을 통해 확정된 예산을 집행한다는 증거만 있으면 족하고[17] 침해행정의 영역처럼 엄격한 요건과 효과에 대한 유보가 필요한 것은 아니다.

그러나 신문법의 영역에서 정부의 보조금 교부는 언론의 자율성에 대한 침해의 문제가 발생하기 때문에 반드시 법적 근거가 필요하다.[18]

정리하면 침해행정의 영역에서는 엄격한 법률의 유보가 필요하나, 급부행정의 영역은 완화되어 적용될 수 있다. 또한 행정조직법의 영역에서도 과거에는 행정조직의 내부에 관한 법은 법치주의 적용의 배제라고 하였으나 국민의 기본권과 관련된 내부의 조직법규의 경우에는 법률의 유보가 필요하다.

법률유보는 또한 기본권본질성(Grundrechtswesentlichkeit)을 강화한다.

국가적 조치의 경우에 있어서는 당연히 국가 스스로가 본질적인 것에 대한 입법적인 근거를 마련해야 한다, 특히 전통적으로 법치행정이 미치지 않은 영역, 소위 특별권력관계 또는 특별신분관계, 특별지위관계의 경우에 있어서 더욱 기본권 침해에 대한 본질성이론(Wesentlichkeitstheorie)을 고려해야 한다.

사례 해결

사례 5의 경우는 먹는 샘물사업을 하는 사업자에 대한 불이익한 처분은 어떠한 근거에 가능한 것인가의 문제와 허가의 조건을 규정한 고시(告示)가 과연 타당한 법적 근거가

---

[17] 이 학설의 경우 우리의 현실과 일치하는지에 대해서는 검토해야 한다. 왜냐하면 독일의 입법 중 예산 수반의 입법은 반드시 예산을 첨부하게 되어 있어 법률의 통과는 예산을 필수적으로 겸비하게 되지만 우리는 현재 입법과정에서 예산을 필수적인 수반 사항으로 파악하지 않는다.
[18] C. Degenhart, Staatsrecht I, 1996, Rn. 290.

될 수 있는가의 문제이다.

이 사건에 대해 대법원은,

식품제조영업허가기준이라는 고시는 공익상의 이유로 허가를 할 수 없는 영업의 종류를 지정할 권한을 부여한 구 식품위생법 제23조의3 제4호에 따라 보건사회부장관이 발한 것으로서, 실질적으로 법의 규정내용을 보충하는 기능을 지니면서 그것과 결합하여 대외적으로 구속력이 있는 법규명령의 성질을 가진 것으로 파악하고 있다.

또한 위 고시가 헌법상 보장된 기본권을 침해하는 것으로서 헌법에 위반될 때에는 위 고시는 효력이 없는 것으로 볼 수밖에 없으므로, 원고들이 위 고시에 따라서 지게 되는 의무를 이행하지 아니하였다는 이유로 원고들에 대하여 과징금을 부과하는 제재적 행정처분을 하는 것은 위법하다 할 것이고, 국민의 모든 자유와 권리는 국가안전보장 질서유지 또는 공공복리를 위하여 필요한 경우에 한하여 법률로써 제한할 수 있으며, 제한하는 경우에도 자유와 권리의 본질적인 내용을 침해할 수 없음은 헌법 제37조 제2항(위 고시가 시행될 당시 시행중이던 구 헌법 제35조 제2항도 같다)이 규정하고 있는 바인데, 위 고시는 공익을 위하여 필요한 경우에는 영업 등의 허가를 제한할 수 있다는 구 식품위생법의 관계규정에 따라 발하여진 것이므로, 보존음료수제조업의 허가를 제한할 수 있는 법률상의 근거는 있다고 할 것이지만, 위 고시가 국민의 기본권을 제한하는 것으로서 국가안전보장 질서유지 또는 공공복리를 위하여 필요한 것이 아니거나, 또는 필요한 것이라고 하더라도 국민의 자유와 권리를 덜 제한하는 다른 방법으로 그와 같은 목적을 달성할 수 있다든지, 위와 같은 제한으로 인하여 국민이 입게 되는 불이익이 그와 같은 제한에 의하여 달성할 수 있는 공익보다 클 경우에는 이와 같은 제한은 비록 자유와 권리의 본질적인 내용을 침해하는 것이 아니더라도 헌법에 위반되는 것이라고 판단하였다. 이러한 의미에서 생수를 판매하면서 국민의 위화감을 조성하여 그 국내판매를 금지하는 것이 정당하다는 주장은 직업의 자유, 재산권의 보장과 비교형량하여 볼 때 인정될 수 없다는 결정을 내렸다.[19]

사례 7과 관련하여도 음주운전으로 인한 일반적인 운전면허의 취소는 도로교통법에 근거한 것이어서 운전면허 취소의 정당성은 존재하지만, 개인택시운송사업면허의 경우에는 관련 법령, 즉 여객자동차운수사업법과 그 하위 법령에 단순한 운전면허 취소가 개인택시운송사업면허의 취소로 이어지는 명문의 규정이 없기 때문에 개인택시운송사업면허의 취소는 정당한 법적 근거를 가지지 못한다.[20]

이 사건에 대해 대법원은,

[1] 구 여객자동차운수사업법(2007. 7. 13. 법률 제8511호로 개정되기 전의 것) 제76조 제1항 제15호, 같은 법 시행령 제29조에는 관할관청은 개인택시운송사업자의 운전면허

---

19) 대법원 1994.3.8. 선고 92누1728 판결.
20) 대법원 2008.5.15. 선고 2007두26001 판결.

가 취소된 때에 그의 개인택시운송사업면허를 취소할 수 있도록 규정되어 있을 뿐 그에게 운전면허 취소사유가 있다는 사유만으로 개인택시운송사업면허를 취소할 수 있도록 하는 규정은 없으므로, 관할관청으로서는 비록 개인택시운송사업자에게 운전면허 취소사유가 있다 하더라도 그로 인하여 운전면허 취소처분이 이루어지지 않은 이상 개인택시운송사업면허를 취소할 수는 없다.

[2] 개인택시운송사업자가 음주운전을 하다가 사망한 경우 그 망인에 대하여 음주운전을 이유로 운전면허 취소처분을 하는 것은 불가능하고, 음주운전은 운전면허의 취소사유에 불과할 뿐 개인택시운송사업면허의 취소사유가 될 수는 없으므로, 음주운전을 이유로 한 개인택시운송사업면허의 취소처분은 위법하다.

[3] 개인택시운송사업자가 음주운전을 하다가 사망한 후 상속인이 그 지위를 승계하기 위하여 상속 신고를 한 경우에, 망인의 음주운전은 운전면허의 취소사유에 불과할 뿐 개인택시운송사업면허의 취소사유가 될 수 없고, 개인택시운송사업의 양도·양수 인가의 제한에 관한 규정이 개인택시운송사업의 상속 신고에도 적용된다고 볼 근거도 없으므로, 관할관청이 망인의 음주운전을 이유로 상속 신고의 수리를 거부하는 것은 위법하다.

◆

3) 행정법의 일반원칙

행정법의 일반원칙은 전통적으로 인식되기에는 비록 행정법의 형태로 입법화되지는 않았으나 부분적으로는 관습법에서 부분적으로는 헌법에서 직접적으로 나오는 원칙을 의미한다. 비록 일부에서 독일의 경우 행정소송법에서 입법화되기는 했지만, 여전히 실질적 행정법의 불문법적인 일반원칙이다.

흔히 행정법의 일반원칙의 경우 성문 법규범에 대해 보충적인 성격을 가지고 이차적인 적용의 법원으로 인식하고 있으나 행정법의 일반원칙은 단순히 이차적인 적용의 성격만이 아니라 성문 법규범의 해석과 그 적용에 있어서 요구되는 법 원리적인 성격을 동시에 내포한다.

그러나 현대국가에서는 이미 많은 개별법률에서 과거 행정법의 일반원칙을 실정법으로 입법하고 있어 이제는 단순히 일반원칙을 넘어서 실정법규범으로서의 강제성을 가진다. 특히 「행정기본법」과 「행정절차법」은 과거 불문법상의 일반원칙을 성문법으로 제정한 것이다.

(1) 비례의 원칙(Verhältnißmäßigkeitsgrundsatz)

행정권의 발동은 법률의 유보에 의해 법률의 근거 하에서만 발동될 수 있다. 그러나 법률의 규정은 그 속성상 일반적 · 추상적인 성격을 가지므로 구체적인 경우 행정청은 어떤 수단을 통해 구체적인 처분을 할 것인가는 행정청의 영역에 맡겨지고 행정청이 결정하게 된다. 이 경우 비록 행정청에 구체적으로 어떤 처분을 할 것인가, 어떤 방법을 동원할 것인지의 문제는 행정청의 완전한 자유로운 결정에 맡겨져 있는 것이 아니라 일정한 원리에 기속이 되는데, 이 원칙이 비례의 원칙이다.

비례의 원칙은 행정권이 발동될 때 행정 목적을 달성할 수 있는 적합하고 필요한 방법에 의해 이루어져야 하며, 이 경우 행정권의 발동으로 침해받게 되는 개인의 이익보다 행정권의 발동으로 얻는 공익이 더 큰 경우에만 인정된다는 원칙이다. 즉 비례의 원칙은 행정의 목적과 그 목적을 실현하기 위한 수단의 관계에서 그 수단은 목적을 실현하는데 적합하고 또한 최소침해를 가져와야 하고 수단의 도입으로 인한 침해가 의도하는 이익 및 효과를 능가하여서는 안 된다는 것이다.

비례의 원칙은 독일 행정법학의 아버지라고 하는 오토 마이어(Otto Mayer)에 의해 정립되었으며 연혁적으로는 경찰권의 발동에 있어서 한계 문제로 적용되었으나, 현재는 행정법 전역에 걸친 일반법원리로 작용한다. 즉 비례의 원칙은 초기에는 단순히 기본권의 보호 또는 법치국가의 원칙에서 그 법적 근거를 찾는다고 독일연방헌법재판소는 판단했지만, 현재 비례의 원칙은 그 자체로 하나의 원칙으로 인정되고 있다.[21) 22)]

즉 단순한 헌법, 행정법상의 법원칙으로 기능하는 것이 아니라 법질서 전체에 대한 원칙으로 기능한다.[23)]

현재 비례의 원칙은 헌법 제37조 제2항, 「행정기본법」 제10조, 「경찰관직무집행법」

---

21) B. Schlink, Der Grundsatz der Verhältnismäßigkiet, in: FS. für 50 Jahre Bundesverfassungsgericht (Hrsg. P. Badura/H. Dreier), 2er Bd., 2001, S. 446. 비례의 원칙의 요소로 적합성, 필요성 그리고 협의의 비례의 원칙(이익형량의 원칙)을 언급하지만 독일연방헌법재판소는 이에 대한 구체적인 설명을 하지 못한다. 그 이유는 부분적으로는 헌법이론에 의존하려고 하는 것이고 부분적으로는 입법으로서 해결을 하려는 것이다.
22) 이에 대해 전 기본권에 대해 비례의 원칙의 적용이 아니라 일부의 기본권 즉 독일기본법 제5조 제3항의 경우에만 엄격한 비례의 원칙이 적용되고 나머지 기본권에는 다소 완화된 비례원칙이 심사기준으로 적용되어야 한다고 주장하기도 한다. F. Raue, Müssen Grundrechtsbeschränkungen wirklich verhältnismäßig sein?, AöR, 2006, S. 79ff.
23) B. Schlink, Der Grundsatz der Verhältnismäßigkiet, in: FS. für 50 Jahre Bundesverfassungsgericht (Hrsg. P. Badura/H. Dreier), 2er Bd., 2001, S. 445.

제1조, 「식품위생법」 제79조 등에 실정법으로 규정되어 있다.

행정기본법
제10조(비례의 원칙) 행정작용은 다음 각 호의 원칙에 따라야 한다.
1. 행정목적을 달성하는 데 유효하고 적절할 것
2. 행정목적을 달성하는 데 필요한 최소한도에 그칠 것
3. 행정작용으로 인한 국민의 이익 침해가 그 행정작용이 의도하는 공익보다 크지 아니할 것

비례의 원칙은 침해행정의 영역에서 보다 핵심적인 의미를 가진다. 행정이 시민의 권리를 침해할 때에는 반드시 그 행정발동의 필요성을 고려해야 한다.

비례의 원칙은 세부적으로 적합성의 원칙($\substack{\text{Angemesenheit,} \\ \text{Geeignetheit}}$), 필요성의 원칙($\substack{\text{Erforderlichkeit,} \\ \text{Notwendigkeit}}$), 그리고 좁은 의미의 비례의 원칙[24] ($\substack{\text{Verhältnismäßigkeit in engerem} \\ \text{Sinne, Güterabwägung}}$)으로 나눌 수 있다.[25]

적합성의 원칙은 법률에 규정된 처분이 법률에서 추구하는 목적을 달성할 수 있는 유효한 수단이어야 한다. 수단의 적합성은 입법목적이 완전히 실현되는 것을 의미하지는 않고 부분적으로 실현을 가지고 오는 경우에도 적합성의 원칙은 인정된다. 따라서 헌법재판의 사법적 통제에서는 수단이 전혀 부적합한 것인지[26] 아니면 근본적으로 부적합한 것[27] 인지를 심사한다.[28] 비례의 원칙에 적합한 것인지 그리고 이 수단을 통해서 목적의 결과를 달성할 수 있을 것인지의 문제는 미래에 대한 예측의 문제이고 이것이 과학적인 측면을 가지고 있지만, 과연 비례의 원칙에 합당한 수단인가의 판단은 주관적인 것이며 정치적·정책적인 성격을 가진다. 따라서 학문으로서의 합리성을 인정받기 위해서는 법학 이외의 다른 학문과의 연대적인 방법으로 판단이 이루어져야 한다.[29] 판단은 단순히 주관적인 가치관에 의해서 이루어져서는 안 되며 특히 법

---

24) 이익형량의 원칙이라고도 한다.
25) 권영성교수는 기본권제한의 방법과 정도를 언급하면서 과잉금지의 원칙의 내용으로 목적정당성의 원칙, 방법적정성의 원칙, 제한최소성의 원칙, 법익균형성의 원칙 등을 언급하고 있는데 이것은 독일헌법학계와 우리 헌법학계에서 일반적으로 언급하는 비례의 원칙의 구체적인 내용과 다른 것이 없다(권영성, 헌법학원론, 2005, 352쪽 이하).
26) BVerfGE 19, 119(127); 83, 90(109).
27) BVerfGE 70, 1(26); 81, 156(192).
28) 계희열, 헌법학(중), 2004, 156쪽.
29) B. Schlink, Der Grundsatz der Verhältnismäßigkiet, in: FS. für 50 Jahre Bundesverfassungsgericht (Hrsg. P. Badura/H. Dreier), 2er Bd., 2001, S. 456; B. Schlink, Abwägung im Verfassungsrecht, 1976, S. 127ff.

관과 행정청의 주관적인 가치개입은 이루어져서는 안 된다. 따라서 목적에 이르는 수단은 사실적으로 피할 수 없고 포기할 수 없는 정도의 객관성을 가져야 한다(tatsächlich unvermeidlich und unverzichtbar ist).[30] 사실적으로 피할 수 없고 포기할 수 없을 정도의 객관성에 대한 발견은 확정적인 것이 아니라 잠재적인 필요성 심사에 의해 이루어진다.[31]

필요성의 원칙은 법률에서 규정한 처분이 합헌적인 목적을 달성하기위해 개인의 자유영역에 대한 침해가 불가피한 것을 의미하고 개인의 자유영역에 대한 제한을 할 경우 최소침해가 되어야 한다는 것을 의미한다. 필요성의 원칙은 최소침해의 원칙이라고도 한다.

비례의 원칙에 대한 심사에서 필요성의 기준은 시민의 부담이 아니라 국가의 부담으로 이어지는 수단을 채택함으로써 정당성을 가진다. 필요성에 대한 심사는 주관적인 의미에서의 평가나 이익형량에 의해 이루어지는 것이 아니라 목적에 대한 수단의 결정에서 시민에게 도움이 되는 방향으로의 국가에 대한 의무를 결정하는 정도에서 그친다.[32]

또 하나 필요성의 원칙에서 고려해야 하는 것은 평등원칙에 입각한 심사다.

결국 필요성의 원칙에 대한 심사는 객관성과 확실성을 겸비한 잠재적인 심사가 되어야 한다. 그러나 실질적으로 입법부의 경우 정치적인 성격이 강하다는 측면에서 헌법재판에 의한 판단은 법과 정치의 경계확정의 문제다. 결국 헌법학의 임무는 정치와 법규범의 경계선을 확정하는 것이다.[33]

좁은 의미의 비례의 원칙 또는 이익형량의 원칙이란 목적과 수단과의 관계가 적절한 비례관계에 있을 것을 의미하고 법률에 의한 제한이 예상 밖의 제한일 것을 요구

---

30) B. Schlink, Der Grundsatz der Verhältnismäßigkiet, in: FS. für 50 Jahre Bundesverfassungsgericht (Hrsg. P. Badura/H. Dreier), 2er Bd., 2001, S. 456; 이러한 관점에서 보면 사형제도의 위헌성을 결정함에 있어서 우리 헌법재판소가 사형제도의 일반 예방효과가 일반적으로 범죄학에서 인정되고 있다는 것을 근거로 합헌성을 인정한 것은 문제가 있다. 왜냐하면 범죄학에서 사형제도가 일반 예방효과가 있다는 것이 실증적으로 검증되지 않았기 때문이다. 결국 헌법재판소의 이러한 결정은 헌법학의 과학화에 대한 역행이라고 밖에 볼 수 없다. 이상돈, 헌법재판과 형법정책, 2005, 104쪽.

31) B. Schlink, Der Grundsatz der Verhältnismäßigkiet, in: FS. für 50 Jahre Bundesverfassungsgericht (Hrsg. P. Badura/H. Dreier), 2er Bd., 2001, S. 457; R. Alexy, Theorie der Grundrechte, 3. Aufl., 1996, S. 149; P. Lerche, Übermaß und Verfassungsrecht, 2 Aufl., 1999, S. VIIff.

32) B. Schlink, Der Grundsatz der Verhältnismäßigkiet, in: FS. für 50 Jahre Bundesverfassungsgericht (Hrsg. P. Badura/H. Dreier), 2er Bd., 2001, S. 458.

33) B. Schlink, Der Grundsatz der Verhältnismäßigkiet, in: FS. für 50 Jahre Bundesverfassungsgericht (Hrsg. P. Badura/H. Dreier), 2er Bd., 2001, S. 465.

하지 않는다.

이 세 가지 원칙의 적용에 있어서 상관관계에 대해 독일연방헌법재판소는 초기의 경우 필요성의 원칙, 적합성의 원칙 그리고 이익형량의 원칙을 적용했으나 그 후 판례를 변경해 적합성의 원칙, 필요성의 원칙 그리고 이익형량의 원칙이 적용된다고 판시하고 있다.

구체적인 헌법 사건의 경우 비례심사의 원칙을 적용하면 우선 법률적인 처분이 적합성을 가져야 한다. 적합한 방법에 해당해야 필요성의 원칙심사로 나아갈 수 있다. 그러나 필요한 것이라도 적합하지 않을 수도 있다는 것이다.[34] 하나의 목적을 달성하는 방법이 하나가 아니라 또 다른 방법이 존재한다고 할 때 두 방법 모두가 최소 침해가 되는 것이 아니라 하나의 방법만이 최소 침해를 일으키고 필요성의 원칙에 부합되는 것이다.[35]

그러나 적합성의 원칙, 필요성의 원칙이 적용되어 심사되었다고 완전한 합헌적인 성격을 가지는 것이 아니라 다시 좁은 의미의 이익형량의 원칙이 심사되어야 한다.[36]

그러나 문제는 과연 어느 기준에 의해 이익형량의 원칙이 심사되어야 하는가 하는 문제와 과연 헌법 조문에서 이런 기준을 찾아낼 수 있을 것인가 하는 문제가 등장한다.[37] 이런 심사의 기준은 어느 한 측면에서, 예를 들어 헌법재판소에 의해서만 이루어지는 것이 아니라 부분적으로는 헌법에서[38], 헌법재판소의 결정에서[39] 그리고 국민의 합의에서 그 기준을 찾을 수밖에 없다.

결론적으로 비례의 원칙이란 목적에 이르는 수단은 적합하고 필요한 것이어야 하고 이것은 궁극적으로는 기본권에 구속이 된다.[40] 비례의 원칙에 수인 가능성이 하나

---

34) Pieroth/Schlink, Grundrechte Staatsrecht Ⅱ, 1995, 11 Aufl., Rn. 309f.
35) B. Schlink, Der Grundsatz der Verhältnismäßigkiet, in: FS. für 50 Jahre Bundesverfassungsgericht (Hrsg. P. Badura/H. Dreier), 2er Bd., 2001, S. 453.
36) 학자에 따라서는 좁은 의미의 비례의 원칙, 이익형량의 원칙, 기대가능성의 원칙 등으로 불리기도 한다. Pieroth/Schlink, Grundrechte Staatsrecht Ⅱ, 1995, 11 Aufl., Rn. 310; K. Stern, Das Staatsrecht der Bundesrepublik Deutschland, 1980, Bd. Ⅲ/2, S. 782ff.
37) B. Schlink, Der Grundsatz der Verhältnismäßigkiet, in: FS. für 50 Jahre Bundesverfassungsgericht (Hrsg. P. Badura/H. Dreier), 2er Band, 2001, S. 454; 독일에서는 이 문제에 대해 60년대부터 90년대까지 이에 대한 토론이 계속되어 왔었다.
38) Wendt, Der Garantiegehalt der Grundrechte und das Übermaßverbot, in; AöR, 1979, S. 415(467).
39) Dechsling, Das Verhältnismäßigkeitsgebot, 1989, S. 17ff.
40) B. Schlink, Der Grundsatz der Verhältnismäßigkiet, in: FS. für 50 Jahre Bundesverfassungsgericht (Hrsg. P. Badura/H. Dreier), 2er Bd., 2001, S. 451.

의 요소인가에 대한 의문이 발생할 수 있으나 수인 가능성의 일반적인 비례의 원칙의 내용으로 이해되기도 하고 좁은 의미의 비례의 원칙으로 인정되기도 한다. 즉 수인 가능성은 독자적인 요소로서 비례의 원칙의 내용으로 인식되지 않는다.[41]

비례의 원칙에 반하는 명령, 처분 등은 위헌·위법을 면할 수 없고 항고소송의 대상이 되며 때에 따라서는 국가의 손해배상책임이 발생한다.

사례 해결

사례 9에 대해서 우리 대법원은 "신청인들의 주장과 같이 여전히 활성 단층과 관련하여 공사의 안전성 및 지하수 유출 가능성, 무제치늪과 화엄늪 기타 천성산 일원의 여러 습지들 보호 등의 문제가 제기될 수는 있으나, 피신청인은 위 신청인들이 주장하는 바와 같은 환경 침해에 관한 우려를 해소하기 위하여 비록 법령상의 환경영향평가절차는 아니지만 사단법인 대한지질공학회에 의뢰하여 자연변화 정밀조사를 실시하였고, 그 조사 결과 및 환경부의 의뢰로 이루어진 한국환경정책평가연구원 등의 검토의견에 의하면, 이 사건 터널공사가 천성산의 환경에 별다른 영향을 미치지 않는 것으로 조사된 사정 등을 모두 종합하여 보면, 현재로서는 이 사건 터널공사로 인하여 위 신청인들의 환경이익이 침해될 수 있는 개연성에 관한 소명이 부족하다고 인정된다." 고 결정하여 비례의 원칙에 학제간의 객관적인 연구를 기초로 하고 있다.[42]

 헌법재판소 2011.6.30. 2009헌마406.

이 사건 통행제지행위는 서울광장에서 개최될 여지가 있는 일체의 집회를 금지하고 일반시민들의 통행조차 금지하는 전면적이고 광범위하며 극단적인 조치이므로 집회의 조건부 허용이나 개별적 집회의 금지나 해산으로는 방지할 수 없는 급박하고 명백하며 중대한 위험이 있는 경우에 한하여 비로소 취할 수 있는 거의 마지막 수단에 해당한다. 서울광장 주변에 노무현 전 대통령을 추모하는 사람들이 많이 모여 있었다거나 일부 시민들이 서울광장 인근에서 불법적인 폭력행위를 저지른 바 있다고 하더라도 그것만으로 폭력행위일로부터 4일 후까지 이러한 조치를 그대로 유지해야 할 급박하고 명백한 불법·폭력 집회나 시위의 위험성이 있었다고 할 수 없으므로 이 사건 통행제지행위는 당시 상황에 비추어 필요최소한의 조치였

---

41) B. Schlink, Der Grundsatz der Verhältnismäßigkeit, in: FS. für 50 Jahre Bundesverfassungsgericht (Hrsg. P. Badura/H. Dreier), 2er Bd., 2001, S. 452; R. K. Albrecht, Zumutbarkeit als Verfassungsmaßstab, 1995; BVerfGE 102, 1(20ff.); 101, 54(96); 100, 1(40); 92, 262(274f); 89, 120(130).
42) 대법원 2006.6.2. 자 2004마1148,1149.

다고 보기 어렵고, 가사 전면적이고 광범위한 집회방지조치를 취할 필요성이 있었다고 하더라도, 서울광장에의 출입을 완전히 통제하는 경우 일반시민들의 통행이나 여가·문화 활동 등의 이용까지 제한되므로 서울광장의 몇 군데라도 통로를 개설하여 통제 하에 출입하게 하거나 대규모의 불법·폭력 집회가 행해질 가능성이 적은 시간대라든지 서울광장 인근 건물에의 출근이나 왕래가 많은 오전 시간대에는 일부 통제를 푸는 등 시민들의 통행이나 여가·문화활동에 과도한 제한을 초래하지 않으면서도 목적을 상당 부분 달성할 수 있는 수단이나 방법을 고려하였어야 함에도 불구하고 모든 시민의 통행을 전면적으로 제지한 것은 침해의 최소성을 충족한다고 할 수 없다.
또한 대규모의 불법·폭력 집회나 시위를 막아 시민들의 생명·신체와 재산을 보호한다는 공익은 중요한 것이지만, 당시의 상황에 비추어 볼 때 이러한 공익의 존재 여부나 그 실현 효과는 다소 가상적이고 추상적인 것이라고 볼 여지도 있고, 비교적 덜 제한적인 수단에 의하여도 상당 부분 달성될 수 있었던 것으로 보여 일반시민들이 입은 실질적이고 현존하는 불이익에 비하여 결코 크다고 단정하기 어려우므로 법익의 균형성 요건도 충족하였다고 할 수 없다.
따라서 이 사건 통행제지행위는 과잉금지원칙을 위반하여 청구인들의 일반적 행동자유권을 침해한 것이다.

행정처분의 경우 그 처분의 적합성과 필요성이 존재한다고 하더라도 그 결과가 침해되는 이익보다 더 작은 경우 그 행정처분은 합법적이지 못하다.
비례의 원칙은 조정이니 중재가 이루어지지 않고 다양한 처분에 대한 선택적인 문제가 있을 때 적용되는 것이다. 예를 들어 경찰행정의 경우 선택적인 사항이 존재할 때 가능한 것이다. 이러한 처분이 법적으로 강제적으로 주어지게 된다면 그 법은 비례의 원칙에 어긋나게 되고 결국 위헌적인 법률이 된다.

● 참고 | 비례의 원칙이 적용된 구체적인 사례의 적용(인질사건)

지난 6일 밤 10시께 경남 양산시 남부동의 한 편의점에서 김모(40)씨가 흉기를 휘두르며 종업원 김모(28·여)씨와 장모(43·여)씨를 붙잡고 인질극을 벌이다, 신고를 받고 출동한 양산경찰서 중앙지구대 소속 오모(37) 경장이 쏜 실탄 두 발을 허벅지에 맞았다. 김씨는 부산백병원으로 옮겨져 치료를 받았으나, 7일 저녁 과다출혈로 끝내 숨졌다.

김씨는 울산, 언양 두 곳의 편의점에서 강도행각을 하고 1톤 화물 차량을 탈취 도주 중에 양산시 남부동 삼거리에서 4중 추돌사고를 내고 들고 있던 흉기에 자신이 찔려 인근 편의점에 들어가 인질극을 벌이다 출동한 경찰(중앙지구대)과 대치 중 인질의 위험을 줄이기 위해 총기관리규칙에 의거 발포 검거하였다.

사례 해결

사례 6의 논점은 운전면허학원에 대한 허가취소와 영업정지에 관한 규정이 비록 법령에 근거가 있다고 하더라도 지나친 것이 아닌가, 즉 비례의 원칙과 과잉금지원칙에 반하는 것이 아닌가 하는 문제이다.

이에 대해 헌법재판소는

'교통사고'는 이 사건 조항에서 행정제재의 기준이 되는 비율의 계산에 있어서 중요한 변수이나, 이 사건 조항은 대통령령에 규정될 '교통사고'가 어떤 종류나 범위의 것이 될 것인지에 관한 대강의 기준을 제시하지 않고 있으며 도로교통법의 전반적 체계와 관련 규정을 보아도 이를 예측할만한 단서가 없다. 따라서 '교통사고' 부분의 위임은 지나치게 포괄적인 것으로서 예측가능성을 주지 못하며 위임입법에서 요구되는 구체성·명확성 요건을 충족하지 못하고 있다. 또한 '사고 운전자의 비율'은 행정제재의 핵심적인 기준이므로 그 위임에 있어서는 법률에서 구체적 기준을 정하여야 한다. 그런데 이 사건 조항이나 도로교통법의 다른 조항들을 살펴보아도 그 비율의 대강이나 상하한선을 예상할 수 없다. 따라서 이 사건 조항은 운전전문학원 졸업자의 교통사고 비율을 대통령령에 너무 포괄적으로 위임한 것이라고 판단하여 헌법 제75조의 포괄위임입법금지원칙에 위배된다고 결정하였다. 또한 비례의 원칙과 관련하여

"교통사고는 본질적으로 우연성을 내포하고 있고 사고의 원인도 다양하며, 이는 운전기술의 미숙함으로 인한 것일 수도 있으나, 졸음운전이나 주취운전과 같이 운전기술과 별다른 연관이 없는 경우도 있다. 이 사건 조항이 운전전문학원의 귀책사유를 불문하고 수료생이 일으킨 교통사고를 자동적으로 운전전문학원의 법적 책임으로 연관시키고 있는 것은 운전전문학원이 주체적으로 행해야 하는 자기책임의 범위를 벗어난 것이며, 교통사고율이 높아 운전교육이 좀더 충실히 행해져야 하며 오늘날 사회적 위험의 관리를 위한 위험책임제도가 필요하다는 사정만으로 정당화될 수 없다. 또한 운전교육

과 기능검정이 철저하더라도 교통사고는 우연적 사정과 운전자 개인의 부주의로 발생할 수 있다는 것을 감안하면, 교통사고를 예방하고 운전교육과 기능검정을 철저히 하도록 한다는 입법목적은 이 사건 조항으로 인하여 효과적으로 달성된다고 할 수 없다. 운전교육 및 기능검정의 내실화 및 이를 통한 교통사고 예방은 이 사건 조항이 아니더라도 운전전문학원의 지정 요건과 교육내용, 기능검정 등에 관하여 마련되어 있는 도로교통법과 동법시행령·시행규칙의 구체적이고 자세한 규정들이 제대로 집행된다면 가능하다. 이 사건 조항은 입법목적을 달성하기 위한 수단으로서 부적절하며, 운전전문학원의 영업 내지 직업의 자유를 필요 이상으로 제약하는 것이므로 이 사건 조항은 법익의 균형성 원칙에 위배된다. 그러므로 이 사건 조항은 비례의 원칙에 어긋나 직업의 자유를 침해한다."고 결정하였다.[43]

◆

(2) 신뢰보호의 원칙

신뢰보호의 원칙은 행정기관이 적극적으로 일정한 선행행위를 하거나 소극적으로 부작위를 한 상태에서, 그에 기초하여 국민이 보호할 가치가 있는 신뢰를 형성하고 있다면 그 신뢰는 원칙적으로 행정기관의 다른 사후행위로 인해 침해되어서는 안 된다는 것을 말한다.[44]

즉 신뢰보호의 원칙이란 행정청의 행위의 존속이나 정당성을 사인이 신뢰한 경우, 보호할 가치있는 사인의 신뢰는 보호되어야 한다는 것을 의미한다.

과거 신뢰보호의 원칙은 행정법의 일반원칙으로 인정되었으나 행정기본법 제12조에 실정법으로 명문화하고 있다.

행정기본법
제12조(신뢰보호의 원칙) ① 행정청은 공익 또는 제3자의 이익을 현저히 해칠 우려가 있는 경우를 제외하고는 행정에 대한 국민의 정당하고 합리적인 신뢰를 보호하여야 한다.
② 행정청은 권한 행사의 기회가 있음에도 불구하고 장기간 권한을 행사하지 아니하여 국민이 그 권한이 행사되지 아니할 것으로 믿을 만한 정당한 사유가 있는 경우에는 그 권한을 행사해서는 아니 된다. 다만, 공익 또는 제3자의 이익을 현저히 해칠 우려가 있는 경우는 예외로 한다.

신뢰보호의 원칙은 자칫 행정청의 위법한 행위에 대한 신뢰를 보호함으로써 법치

---
43) 헌법재판소 2005.07.21, 2004헌가30.
44) 이동식.전훈/김성배/손윤석, 행정법총론, 2023, 41쪽.

국가원리와 배치되는 것이 아니냐는 문제가 발생한다. 그러나 법질서의 목적 중의 하나가 법적 안전성인 것을 고려한다면 신뢰보호의 원칙은 국민이 행정청의 행위에 대한 신뢰를 보호함으로써 국민의 법적안정성을 지향한다는 점에서 법치국가원리를 보충하는 것이지 침해하는 것은 아니라고 보는 것이 타당하다.

신뢰보호의 원칙은 법적안정성설, 신의칙설, 기본권설 그리고 독자성설이 근거가 되어 인정되고 있으나 법적안정설에 근거한다고 파악될 수 있다.[45] 대법원의 판례도 신뢰보호의 원칙은 법치국가원리에서 도출되는 것으로 파악하고 있다.[46]

그러나 신뢰보호의 원칙은 단순히 불문법원상의 원칙만이 아니라 성문화되기도 하는데 「행정절차법」 제4조 제2항, 「국세기본법」 제18조 제3항 등에 규정되기도 한다. 또한 행정법의 기본법 역할을 수행하는 「행정기본법」 제12조에서는 신뢰보호의 원칙을 명문으로 규정하고 있다.

그러나 「행정기본법」 제12조에 명문의 규정을 두고 있는 현재는 단순히 이론적인 측면에서 법치국가원리에서 법적 근거를 도출하기보다는 「행정기본법」 제12조에서 법적 근거를 찾는 것이 타당하다.

신뢰보호의 원칙은 단순히 이론적인 법규범만이 아니라 이제는 실정법에서 규정하고 있는 법규사항이며, 이에 근거해 법원과 헌법재판소에서도 인정하고 있는 법규범이다.

 대법원 1985.4.23. 선고 84누593 판결.

국세기본법 제15조는 납세자가 그 의무를 이행함에 있어서는 신의에 좇아 성실히 하여야 한다.세무공무원이 그 직무를 수행함에 있어서도 또한 같다고 규정하고 있다.이러한 신의성실의 원칙은 자기의 언동을 신뢰하여 행동한 상대방의 이익을 침해하여서는 안된다는 것을 의미하여, 일반적으로 조세법률관계에서 과세관청의 행위에 대하여 신의성실의 원칙이 적용되는 요건으로서는 첫째로, 과세관청이 납세자에게 신뢰의 대상이 되는 공적인 견해표명을 하여야 하고 둘째로, 과세관청의 견해표명이 정당하다고 신뢰한데에 대하여 납세자에게 귀책사유가 없어야 하며 셋째로, 납세자가 그 견해표명을 신뢰하고 이에 따라 무엇인가 행위를 하여야 하고 넷째로, 과세관청이 위 견해표명에 반하는 처분을 함으로써 납세자의 이익이

---

45) 홍정선, 행정법원론(상), 2024, 114쪽 이하 참조.
46) 일부에서는 대법원의 신뢰보호의 원칙은 법적안정설에 근거한다고 하지만, 실제 법적 안정설은 법치국가의 한 내용이라는 점에서 차이가 없다. 윤우혁, 행정법총론, 2024, 41쪽.

침해되는 결과가 초래되어야 한다는 점을 들 수 있으며, 이러한 요건을 모두 충족할 때에는 과세관청의 처분은 신의성실의 원칙에 위반되는 행위로서 위법하다고 보게 되는 것이다.

행정기본법
제12조(신뢰보호의 원칙) ① 행정청은 공익 또는 제3자의 이익을 현저히 해칠 우려가 있는 경우를 제외하고는 행정에 대한 국민의 정당하고 합리적인 신뢰를 보호하여야 한다.
② 행정청은 권한 행사의 기회가 있음에도 불구하고 장기간 권한을 행사하지 아니하여 국민이 그 권한이 행사되지 아니할 것으로 믿을 만한 정당한 사유가 있는 경우에는 그 권한을 행사해서는 아니 된다. 다만, 공익 또는 제3자의 이익을 현저히 해칠 우려가 있는 경우는 예외로 한다.

사인이 신뢰보호의 원칙에 의해 보호받기 위해서는 몇 가지 요건이 필요한데, 그 요건은 ①행정청의 선행조치, ②보호가치 있는 사인의 신뢰, ③사인의 처리, ④행정청의 선행조치와 사인의 처리사이의 인과관계, ⑤행정청의 선행조치에 반하는 처분이다.
첫째, 행정청의 선행조치는 법률행위, 사실행위, 권력적 행위, 비권력적 행위 모두를 포함하며 무효에 해당하지 않는 위법한 행정행위도 포함한다.
선행조치는 통상 공적인 의견표명으로 나타나는데 대법원은 공적인 의견표명에 한정시키는 입장이다.

 대법원 2008.10.9. 선고 2008두6127 판결.
시의 도시계획과장과 도시계획국장이 도시계획사업의 준공과 동시에 사업부지에 편입한 토지에 대한 완충녹지 지정을 해제함과 아울러 당초의 토지소유자들에게 환매하겠다는 약속을 했음에도, 이를 믿고 토지를 협의매매한 토지소유자의 완충녹지지정해제신청을 거부한 것은, 행정상 신뢰보호의 원칙을 위반하거나 재량권을 일탈·남용한 위법한 처분이다.

대법원 1997.9.12. 선고 96누18380 판결.
도시계획구역 내 생산녹지로 답인 토지에 대하여 종교회관 건립을 이용목적으로 하는 토지거래계약의 허가를 받으면서 담당공무원이 관련 법규상 허용된다 하여 이를 신뢰하고 건축준비를 하였으나 그 후 토지형질변경허가신청을 불허가 한 것이 신뢰보호의 원칙에 반한다.

대법원 2006.6.9. 선고 2004두46 판결.

개발이익환수에 관한 법률에 정한 개발사업을 시행하기 전에, 행정청이 민원예비심사에 대하여 관련부서 의견으로 '저촉사항 없음'이라고 기재하였다고 하더라도, 이후의 개발부담금부과처분에 관하여 신뢰보호의 원칙을 적용하기 위한 요건인, 신뢰의 대상이 되는 공적인 견해표명을 한 것이라고는 보기 어렵다.

공적인 의견표명을 할 수 있는 행정청은 원칙적으로 일정한 책임있는 지위에 있는 공무원에 의해 이루어져야 한다.

대법원 1996.1.23. 선고 95누13746 판결.

[1] 일반적으로 조세 법률관계에서 과세관청의 행위에 대하여 신의성실의 원칙이 적용되기 위하여는 첫째, 과세관청이 납세자에게 신뢰의 대상이 되는 공적인 견해를 표명하여야 하고, 둘째, 납세자가 과세관청의 견해표명이 정당하다고 신뢰한 데 대하여 납세자에게 귀책사유가 없어야 하며, 셋째, 납세자가 그 견해표명을 신뢰하고 이에 따라 무엇인가 행위를 하여야 하고, 넷째, 과세관청이 위 견해표명에 반하는 처분을 함으로써 납세자의 이익이 침해되는 결과가 초래되어야 하고, 과세관청의 공적인 견해표명은 원칙적으로 일정한 책임 있는 지위에 있는 세무공무원에 의하여 이루어짐을 요한다.

[2] 신의성실의 원칙 내지 금반언의 원칙은 합법성을 희생하여서라도 납세자의 신뢰를 보호함이 정의, 형평에 부합하는 것으로 인정되는 특별한 사정이 있는 경우에 적용되는 것으로서 납세자의 신뢰보호라는 점에 그 법리의 핵심적 요소가 있는 것이므로, 위 요건의 하나인 과세관청의 공적 견해표명이 있었는지의 여부를 판단하는 데 있어 반드시 행정조직상의 형식적인 권한분장에 구애될 것은 아니고 담당자의 조직상의 지위와 임무, 당해 언동을 하게 된 구체적인 경위 및 그에 대한 납세자의 신뢰가능성에 비추어 실질에 의하여 판단하여야 한다.

[3] 보건사회부장관이 "의료취약지 병원설립운영자 신청공고"를 하면서 국세 및 지방세를 비과세하겠다고 발표하였고, 그 후 내무부장관이나 시·도지사가 도 또는 시·군에 대하여 지방세 감면조례제정을 지시하여 그 조례에 대한 승인의 의사를 미리 표명하였다면, 보건사회부장관에 의하여 이루어진 위 비과세의 견해표명은 당해 과세관청의 그것과 마찬가지로 볼 여지가 충분하다고 할 것이고, 또한 납세자로서는 위와 같은 정부의 일정한 절차를 거친 공고에 대하여서는 보다 고도의 신뢰를 갖는 것이 일반적이다.

둘째, 보호가치 있는 사인의 신뢰가 존재해야 한다. 이 경우 사인은 사기, 강박, 고의, 중과실과 같은 귀책사유가 없어야 한다. 귀책사유는 적극적인 귀책사유 만이 아니라 소극적인 귀책사유도 포함한다.

 대법원 2014.7.24. 선고 2013두27159 판결.
근로복지공단이, 출장 중 교통사고로 사망한 갑의 아내 을에게 요양급여 등을 지급하였다가 갑의 음주운전 사실을 확인한 후 요양급여 등 지급결정을 취소하고 이미 지급된 보험급여를 부당이득금으로 징수하는 처분을 한 사안에서, 요양급여 등 지급결정은 취소해야 할 공익상의 필요가 중대하여 을 등 유족이 입을 불이익을 정당화할 만큼 강하지만, 이미 지급한 보험급여를 부당이득금으로 징수하는 처분은 공익상의 필요가 을 등이 입게 된 불이익을 정당화할 만큼 강한 경우에 해당하지 않는다.

셋째, 신뢰에 기초한 상대방의 행위가 있어야 한다.
넷째, 행정청의 조치와 상대방의 일정한 행위는 인과관계가 존재해야 한다.
다섯째, 행정청의 선행조치에 반하는 후행조치가 있어야 한다.
여섯째, 공익 또는 제3자의 이익을 현저히 해치지 않는 경우일 때 신뢰보호의 원칙이 적용될 수 있다.

신뢰보호의 원칙의 인정에서 문제시되는 것은 행정청의 위법한 선행 조치를 신뢰한 사인의 이익을 보호할 것인지의 문제가 발생한다. 이 문제는 행정의 법률적합성의 원칙과 관련된 문제이기도 하다. 이 경우 일률적으로 결정할 수는 없을 것이며 구체적인 사례에 따라 비례의 원칙에 따라 해결되어야 한다. 따라서 신뢰보호의 원칙은 절대적인 것이 아니며 처분시의 사정이 변경되면 신뢰보호의 원칙은 제한될 수 있다(사정변경).

신뢰보호의 원칙은 행정청이 공적인 견해를 표명할 당시의 사정이 그대로 유지됨을 전제로 적용되는 것이 원칙이므로, 사후에 그와 같은 사정이 변경되었을 때 그 공적 견해가 더 이상 개인에게 신뢰의 대상이 된다고 보기 어려운 만큼, 특별한 사정이 없으면 행정청이 그 견해 표명에 반하는 처분을 하더라도 신뢰보호의 원칙에 위반된다고 할 수 없다.

 대법원 2020.6.25. 선고 2018두34732 판결.
한편 재건축조합에서 일단 내부 규범이 정립되면 조합원들은 특별한 사정이 없는 한 그것이 존속하리라는 신뢰를 가지게 되므로, 내부 규범 변경을 통해 달성하려는 이익이 종전 내부 규범의 존속을 신뢰한 조합원들의 이익보다 우월해야 한다. 조합 내부 규범을 변경하는 총회결의가 신뢰보호의 원칙에 위반되는지를 판단하기 위해서는, 종전 내부 규범의 내용을 변경하여야 할 객관적 사정과 필요가 존재하는지, 그로써 조합이 달성하려는 이익은 어떠한 것인지, 내부 규범의 변경에 따라 조합원들이 침해받은 이익은 어느 정도의 보호가치가 있으며 침해 정도는 어떠한지, 조합이 종전 내부 규범의 존속에 대한 조합원들의 신뢰 침해를 최소화하기 위하여 어떤 노력을 기울였는지 등과 같은 여러 사정을 종합적으로 비교·형량해야 한다.

대법원 2019.2.14. 선고 2017두62587 판결.[47]

2018. 9. 18. 법률 제15757호로 개정된 소년법(이하 '소년법'이라 한다)은 제67조 제1항 제2호로 '소년이었을 때 범한 죄에 의하여 형의 선고유예나 집행유예를 선고받은 경우, 자격에 관한 법령을 적용할 때 장래에 향하여 형의 선고를 받지 않은 것으로 본다.'는 규정을 신설하였다. 아울러 소년법 부칙(2018. 9. 18.) 제2조는 "제67조의 개정규정은 이 법 시행 전 소년이었을 때 범한 죄에 의하여 형의 집행유예나 선고유예를 받은 사람에게도 적용한다."라고 정하여 개정된 소년법 제67조 제1항 제2호를 소급하여 적용하도록 하고 있다.

따라서 과거 소년이었을 때 죄를 범하여 형의 집행유예를 선고받은 사람이 장교·준사관 또는 하사관으로 임용된 경우에는, 구 군인사법 제10조 제2항 제5호에도 불구하고 소년법 제67조 제1항 제2호와 부칙 제2조에 따라 그 임용이 유효하게 된다.

사례 해결

사례 10의 논점은 법적 근거에 기초를 둔 면허세부과처분이 납세자의 신뢰보호를 침해한다면 그 취소가 가능한가이다. 이에 대해 대법원은 국세기본법 제18조 제2항의 규정은 납세자의 권리보호와 과세관청에 대한 납세자의 신뢰보호에 그 목적이 있는 것이므로 이 사건 보세운송면허세의 부과근거이던 지방세법시행령이 1973.10.1 제정되어 1977.9.20에 폐지될 때까지 4년 동안 그 면허세를 부과할 수 있는 정을 알면서도 피고가 수출확대라는 공익상 필요에서 한 건도 이를 부과한 일이 없었다면 납세자인 원고는 그것을 믿을 수 밖에 없고 그로써 비과세의 관행이 이루어졌다고 보아도 무방하다고 판결하였다(다수의견).[48]

---

47) 이 판결은 과거 대법원이 임용 당시 법률에 따라 임용결격사유가 있는 경우에 그 임용행위는 당연무효라는 기존의 판결과는 대비되는 판결이다.
48) 대법원 1980.6.10. 선고 80누6 전원합의체 판결.

신뢰보호의 원칙을 위반한 행정처분은 행정처분의 성격에 따라 각각 다르게 나타날 수 있다. 기본원칙은 행정행위의 대상자에게 이익이 되는 경우로 신뢰보호의 원칙의 효과가 나타나야 한다는 것이다.

먼저 위법한 수익적 행정처분의 경우 행정청은 스스로 직권취소하는 것이 제한된다. 또한 적법한 수익적 행정처분에 대한 철회권도 제한된다. 도시계획과 같은 행정계획의 경우 행정청에서 내부 검토 중인 경우는 자유롭게 행정청이 변경 또는 철회할 수 있으나, 일단 도시계획 자체가 일반에게 공고가 된 경우에는 폐지나 변경이 제한된다. 또한 확약과 같은 경우도 행정청은 자기구속적 효력을 가져 자의로 폐기 또는 변경하지 못한다.

행정절차법
제40조의2(확약) ① 법령등에서 당사자가 신청할 수 있는 처분을 규정하고 있는 경우 행정청은 당사자의 신청에 따라 장래에 어떤 처분을 하거나 하지 아니할 것을 내용으로 하는 의사표시(이하 "확약"이라 한다)를 할 수 있다.
② 확약은 문서로 하여야 한다.
③ 행정청은 다른 행정청과의 협의 등의 절차를 거쳐야 하는 처분에 대하여 확약을 하려는 경우에는 확약을 하기 전에 그 절차를 거쳐야 한다.
④ 행정청은 다음 각 호의 어느 하나에 해당하는 경우에는 확약에 기속되지 아니한다.
   1. 확약을 한 후에 확약의 내용을 이행할 수 없을 정도로 법령등이나 사정이 변경된 경우
   2. 확약이 위법한 경우
⑤ 행정청은 확약이 제4항 각 호의 어느 하나에 해당하여 확약을 이행할 수 없는 경우에는 지체 없이 당사자에게 그 사실을 통지하여야 한다.

소급입법에 의해 신뢰보호의 원칙이 깨어질 수 있는가에 대해서도 논란이 있으나, 소급입법을 예상할 수 있었거나 신뢰보호보다 더 중요한 공익이 있는 경우(사정변경)에는 신뢰보호의 원칙이 적용되지 않을 수 있다.

 대법원 2011.5.13. 선고 2009다26831,26848,26855,26862 판결.
[1] '일제강점하 반민족행위 진상규명에 관한 특별법' 제2조 제6호 내지 제9호 행위를 한 자를 친일반민족행위자의 하나로 정의하고 있는 '구 친일반민족행위자 재산의 국가귀속에 관한 특별법'(2011. 5. 19. 법률 제10646호로 개정되기 전의 것)

제2조 제1호 (가)목 본문은 조문 구조 및 어의에 비추어 의미를 넉넉히 파악할 수 있고, 설령 어느 정도 애매함이 내포되어 있다 하더라도 이는 다른 규정들과 체계조화적인 이해 내지 당해 법률의 입법 목적과 제정 취지에 따른 해석으로 충분히 해소될 수 있으므로, 위 정의조항의 의미는 명확성 기준에 어긋난다고 볼 수 없고 적어도 건전한 상식과 통상적인 법감정을 가진 사람은 의미를 대략적으로 예측할 수 있다고 보인다. 따라서 위 정의조항은 명확성 원칙에 위배되지 않는다.

[2] '친일반민족행위자 재산의 국가귀속에 관한 특별법' 제2조 제2호 제2문은 러·일 전쟁 개전 시부터 1945. 8. 15.까지 친일반민족행위자가 취득한 재산은 친일행위 대가로 취득한 재산으로 추정하고 있는데, 친일재산의 국가귀속이라는 과거사청산 작업이 해방 이후 오랜 시간이 경과한 상황에서 이루어지고 있고, 그 사이에 한국전쟁 등이 발발하여 부동산 소유관계를 증명할 수 있는 많은 자료들이 멸실됨으로써 어떠한 재산이 친일협력 대가로 취득한 재산인지를 국가 측이 일일이 증명하는 것은 심히 곤란한 상태인 반면, 일반적으로 재산 취득자 또는 후손들은 재산 취득과 관련된 자료를 보관하고 있다거나 재산 취득 내역을 가장 잘 알고 있을 개연성이 높다고 할 수 있으므로, 재산의 취득자 측에게 재산 취득 경위를 증명하도록 하는 것이 현저히 부당하다고 볼 수 없고, 또한 이와 같이 추정조항의 현실적 필요성은 상당한 데 비해 추정을 통해 친일반민족행위자 측에 전가되는 증명책임의 범위는 여러 사정에 비추어 과도하다고 보기 어려우므로, 위 추정조항이 일정한 증명책임을 친일반민족행위자 측에 분담시키고 있다는 사정만을 두고 입법자가 자신의 재량을 일탈하거나 남용하여 재판청구권을 침해하고 적법절차 원칙을 위반하였다고 볼 수 없다.

[3] 친일재산은 취득·증여 등 원인행위 시에 국가의 소유로 한다고 규정하고 있는 '친일반민족행위자 재산의 국가귀속에 관한 특별법' 제3조 제1항 본문은 진정소급입법에 해당하지만, 진정소급입법이라 하더라도 예외적으로 국민이 소급입법을 예상할 수 있었거나 신뢰보호 요청에 우선하는 심히 중대한 공익상 사유가 소급입법을 정당화하는 경우 등에는 허용될 수 있는데, 친일재산의 소급적 박탈은 일반적으로 소급입법을 예상할 수 있었던 예외적인 사안이고, 진정소급입법을 통해 침해되는 법적 신뢰는 심각하다고 볼 수 없는 데 반해 이를 통해 달성되는 공익적 중대성은 압도적이라고 할 수 있으므로 진정소급입법이 허용되는 경우에 해당하고, 따라서 위 귀속조항이 진정소급입법이라는 이유만으로 헌법 제13조 제2항에 위배된다고 할 수 없다. 또한 위 귀속조항은 일본제국주의에 저항한 3·1 운동의 헌법이념을 구현하기 위한 것으로 입법 목적이 정당하고, 민법 등 기존 재산법 조항의 해석 및 적용에 의존하는 방법만으로는 친일재산의 처리가 어려운 점에 비추어 적절한 수단이며, 사안이 중대하고 범위가 명백한 네 가지 친일반민족행위를 한 자의 친일재산으로 귀속대상을 한정하고 있을 뿐만 아니라 친일반민족행위 후에 독립운동에 적극 참여한 자 등으로 친일반민족행위자재산조사위원회가 결정한 자에 대하여는 다시 예외를 인정하여 귀속대상에서 제외하고 있으며, 친일반민

족행위자 측은 그 재산이 친일행위의 대가로 취득한 것이 아니라는 점을 증명하여 국가귀속을 막을 수 있고 선의의 제3자에 대한 보호 규정도 마련되어 있어 피해의 최소성 원칙에 반하지 않고, 법익의 균형성도 충족하므로 재산권을 침해하지 아니한다. 나아가 친일재산 보유를 보장하는 것 자체가 정의에 반하므로 위 귀속조항이 평등의 원칙에 반한다고 볼 수 없고, 친일반민족행위자의 후손 자신의 경제적 활동으로 취득하게 된 재산이나 친일재산 이외의 상속재산 등을 국가에 귀속시키는 것은 아니므로 연좌제 금지 원칙에 반한다고 할 수도 없다.

(3) 행정의 자기구속의 원칙

행정의 자기구속의 원칙이란 행정권의 행사를 통해 이미 행한 행정 결정 또는 행정규칙에 근거하여 미래에 예견되는 행정 결정의 체계에 행정청이 구속받는다는 원칙을 말한다. 특히 이 경우 행정청의 결정재량이 없는 기속행정의 경우 문제가 될 것이 논의의 필요조차 없으나, 행정청의 재량이 인정되는 기속재량행위 또는 재량행위의 경우에 인정되어야 한다. 독일과 우리나라의 헌법재판소도 행정의 자기구속의 원칙을 법원으로 인정하고 있다.

행정의 자기구속의 원칙은 평등원칙 또는 신뢰보호의 원칙에 근거하여 인정된다.

그러나 행정의 자기구속의 원칙은 절대적인 것이 아니라 이 원칙을 파기할 만한 중대한 공익이 존재할 때는 자기구속에서 벗어날 수 있다. 따라서 행정의 자기구속의 원칙은 탄력적이다.

행정의 자기구속의 원칙이 성립하려면 ①재량영역에서의 행정작용일 것, ②행정선례의 존재, ③행정관행이 적법할 것, ④동일한 행정청일 것, ⑤침해행정 또는 수익행정 모두에 적용된다.

 헌법재판소 2001.5.31. 99헌마413.

가. 행정규칙은 일반적으로 행정조직 내부에서만 효력을 가지는 것이나, 행정규칙이 법령의 규정에 의하여 행정관청에 법령의 구체적 내용을 보충할 권한을 부여한 경우나 재량권행사의 준칙인 규칙이 그 정한 바에 따라 되풀이 시행되어 행정관행이 이룩되게 되면, 평등의 원칙이나 신뢰보호의 원칙에 따라 행정기관은 그 상대방에 대한 관계에서 그 규칙에 따라야 할 자기구속을 당하게 되는 경우에는 대외적인 구속력을 가지게 되는바, 이러한 경우에는 헌법소원의 대상이 될 수도 있다.

나. 경기도교육청의 1999. 6. 2.자 「학교장·교사 초빙제 실시」는 학교장·교사 초

빙제의 실시에 따른 구체적 시행을 위해 제정한 사무처리지침으로서 행정조직 내부에서만 효력을 가지는 행정상의 운영지침을 정한 것이어서, 국민이나 법원을 구속하는 효력이 없는 행정규칙에 해당하므로 헌법소원의 대상이 되지 않는다.

행정규칙이라도 재량권행사의 준칙으로서 그 정한 바에 따라 되풀이 시행되어 행정관행을 이루게 되면, 행정기관은 평등의 원칙이나 신뢰보호의 원칙에 따라 상대방에 대한 관계에서 그 규칙에 따라야 할 자기구속을 당하게 되는바, 이 경우에는 대외적 구속력을 가진 공권력의 행사가 된다.

지방노동관서의 장은, 사업주가 이 사건 노동부 예규 제8조 제1항의 사항을 준수하도록 행정지도를 하고, 만일 이러한 행정지도에 위반하는 경우에는 연수추천단체에 필요한 조치를 요구하며, 사업주가 계속 이를 위반한 때에는 특별감독을 실시하여 제8조 제1항의 위반사항에 대하여 관계 법령에 따라 조치하여야 하는 반면, 사업주가 근로기준법상 보호대상이지만 제8조 제1항에 규정되지 않은 사항을 위반한다 하더라도 행정지도, 연수추천단체에 대한 요구 및 관계 법령에 따른 조치 중 어느 것도 하지 않게 되는바, 지방노동관서의 장은 평등 및 신뢰의 원칙상 모든 사업주에 대하여 이러한 행정관행을 반복할 수밖에 없으므로, 결국 위 예규는 대외적 구속력을 가진 공권력의 행사가 된다.[49]

(4) 부당결부금지의 원칙

부당결부금지의 원칙이란 행정작용과 사인이 부담하는 급부(사실상 혹은 법적 근거의 급부를 불문함)는 부당한 내적 관련을 가져서는 안 되고 부당하게 상호 결부되어서는 안 된다는 것을 의미한다. 특히 부당결부금지의 원칙은 행정행위의 부관, 공법상 계약 그리고 행정의 실효성 확보 수단과 관련하여 문제가 되고 있다.

과거 부당결부금지의 원칙은 행정법의 일반원칙으로 인정되어 왔으나, 「행정기본법」 제13조에서 명문화하였다. 또한 개별법률인 주택법에서도 부당결부금지를 규정하고 있다.

---

49) 헌법재판소 2007.08.30., 2004헌마670.

행정기본법
제13조(부당결부금지의 원칙) 행정청은 행정작용을 할 때 상대방에게 해당 행정작용과 실질적인 관련이 없는 의무를 부과해서는 아니 된다.

주택법
제17조(기반시설의 기부채납) ① 사업계획승인권자는 제15조제1항 또는 제3항에 따라 사업계획을 승인할 때 사업주체가 제출하는 사업계획에 해당 주택건설사업 또는 대지조성사업과 직접적으로 관련이 없거나 과도한 기반시설의 기부채납(寄附採納)을 요구하여서는 아니 된다.

부당결부인지에 대한 판단은 행정작용과 사인의 급부 사이의 목적적 관련성을 기준으로 평가되어야 한다.[50]

사인이 행정청에 행한 기부채납이 부당결부로 확인되면 기부채납한 재산의 반납이 가능한가의 문제가 있는데 판례는 기부채납행위를 사법상의 행위로 파악하고 중요 부분의 착오에 의한 법리로 그 취소를 인정한다. 다만 위법한 기부채납 부관의 효력이 유지되고 있다면 중요 부분의 착오가 있어도 부당이득은 성립하지 않아 반납이 안 된다고 결정하고 있다.

 대법원 1997.3.11. 선고 96다49650 판결.
[1] 민법 제104조가 규정하는 현저히 공정을 잃은 법률행위라 함은 자기의 급부에 비하여 현저하게 균형을 잃은 반대급부를 하게 하여 부당한 재산적 이익을 얻는 행위를 의미하는 것이므로, 기부행위와 같이 아무런 대가관계 없이 당사자 일방이 상대방에게 일방적인 급부를 하는 법률행위는 그 공정성 여부를 논의할 수 있는 성질의 법률행위가 아니다.
[2] 수익적 행정행위에 있어서는 법령에 특별한 근거규정이 없다고 하더라도 그 부관으로서 부담을 붙일 수 있으나, 그러한 부담은 비례의 원칙, 부당결부금지의 원칙에 위반되지 않아야만 적법하다.
[3] 지방자치단체장이 사업자에게 주택사업계획승인을 하면서 그 주택사업과는 아무런 관련이 없는 토지를 기부채납 하도록 하는 부관을 주택사업계획승인에 붙인 경우, 그 부관은 부당결부금지의 원칙에 위반되어 위법하지만, 지방자치단체장이 승인한 사업자의 주택사업계획은 상당히 큰 규모의 사업임에 반하여, 사업자가 기부채납한 토지 가액은 그 100분의 1 상당의 금액에 불과한데다가, 사업자가 그 동안 그 부관에 대하여 아무런 이의를 제기하지 아니하다가 지방자치단체장이 업

---

50) 홍정선, 행정법원론(상), 2024, 126쪽 이하 참조.

무착오로 기부채납한 토지에 대하여 보상협조요청서를 보내자 그 때서야 비로소 부관의 하자를 들고 나온 사정에 비추어 볼 때 부관의 하자가 중대하고 명백하여 당연무효라고는 볼 수 없다.

(5) 신의성설의 원칙, 권한남용금지의 원칙

신의성설의 원칙과 권한남용금지의 원칙도 행정법의 일반 법원칙으로 인정된다.

행정기본법
제11조(성실의무 및 권한남용금지의 원칙)
① 행정청은 법령등에 따른 의무를 성실히 수행하여야 한다.
② 행정청은 행정권한을 남용하거나 그 권한의 범위를 넘어서는 아니 된다.

과거 신의성실원칙과 권한남용금지의 원칙은 행정법의 불문법상의 원칙으로 인정되었으나 「행정기본법」에 명문화된 현시점에서는 실정법상의 법원칙으로 인정된다. 따라서 신의성실원칙이나 권한남용금지의 원칙을 위반할 때는 위반 공무원에 대한 징계책임, 위반행위로 인해 국민이 손해를 입었을 때 국가배상책임, 그리고 구체적인 행정처분에 대해서는 무효 또는 취소를 구하는 행정소송이 가능하다. 물론 행정심판의 청구도 당연히 인정된다.

4. 행정법의 법원

근대국가의 성립 이후 국민의 대표기관인 의회에 의해 형성된 법규범, 즉 법률에 의해 국가작용이 기속되고 제한받아 시행되는 것이 일반적이다. 이처럼 과거 군주나 절대자에 의해 자의적으로 국가작용이 이루어져 국민의 권리가 침해되거나 새로운 의무가 부과되는 것을 막고 국민의 대표기관인 의회가 제정한 법률에 의해 국가작용이 이루어져야 한다는 것을 법치행정이라고 한다.

법치행정은 헌법의 기본원리 중의 하나인 법치국가원리에서 행정영역에서 적용되는 원칙이다. 법치행정에 대한 헌법적 근거는 헌법 제37조 제2항에서 찾을 수 있으나, 「행정기본법」 제8조에서는 명문의 규정으로 인정하고 있다.

헌법
제37조 제2항 ①국민의 자유와 권리는 헌법에 열거되지 아니한 이유로 경시되지 아니한다.
②국민의 모든 자유와 권리는 국가안전보장·질서유지 또는 공공복리를 위하여 필요한 경우에 한하여 법률로써 제한할 수 있으며, 제한하는 경우에도 자유와 권리의 본질적인 내용을 침해할 수 없다.

행정기본법
제8조(법치행정의 원칙) 행정작용은 법률에 위반되어서는 아니 되며, 국민의 권리를 제한하거나 의무를 부과하는 경우와 그 밖에 국민생활에 중요한 영향을 미치는 경우에는 법률에 근거하여야 한다.

행정법의 법원이란 행정권의 발동될 때 준수되어야 하는 행정법의 인식근거를 의미하고 그 종류로는 상위법 순위로 헌법, 법률, 명령, 규칙, 조례가 있다. 또한 단순히 국내법만이 아니라 외국과 체결한 조약도 행정법의 법원이 각각의 국내법적 효력에 따라 행정법의 법원이 된다.

그러나 행정법의 경우 다른 개별법과는 달리 통일된 법전을 가지지 못하며 산재된 개별법만을 그 법원으로 있어 흔히 '모자이크법'이라고 불리기도 한다. 그러나 1996년에 입법된 「행정절차법」은 행정법의 일반법으로서 기능을 수행하고 있다. 또 2022년

시행된 「행정기본법」은 비록 행정법 전반을 통괄하는 일반적 내용, 즉 총칙, 절차, 구제를 망라하는 내용을 갖추지 못했으나, 행정법의 일반법으로서 어느 정도 작용을 할 수 있을 것으로 보인다. 종전의 이론적으로 논의되던 부분이 「행정기본법」에는 명문으로 규정으로 도입된 것이다.

독일과 같은 연방국가의 경우에는 연방법과 지방법의 충돌의 경우가 발생하나 우리의 경우 단지 법률과 조례의 권한에 대한 다툼이 지방자치와 관련하여 문제가 발생한다.[51]

여기서 법률이란 형식적 의미의 법률을 의미한다. 처분적 법률이 가능할 것인가에 대해 논란이 있으나 예외적으로 가능하며 헌법재판소도 이를 인정하고 있다.

법률의 구체적 위임하에 형성된 행정입법도 행정법의 근거가 된다.[52] 행정입법은 법령에 근거하고 법령의 범위 내에서 발령되며 원칙적으로 발령청을 포함하여 모든 자를 구속하는 법규인 법규명령과 행정조직의 내부에서 조직이나 절차 또는 행정기관의 사항적인 행위영역을 상세히 규율하거나 상급행정청이 하급행정청에 대해 그것을 설정하는 행정규칙(행정명령)으로 나눌 수 있다.

행정규칙(준칙, 지시)은 지배적인 견해에 의하면 법규범이 아니다.[53] 이런 행정규칙은 행정 내부에만 적용되는 효력을 가지기 때문에 그 법규성은 인정이 되지 않는다. 다만 국민의 기본권에 직접적인 적용이 있는 경우에는 간접적으로 법규성이 인정될 수 있다.

또한 자치법규(조례, 규칙) 역시 행정법의 법원이 되는데 이 경우 자치법규는 자치사무에 한하여 인정되며, 국민의 기본권에 침해되는 경우에는 법률의 근거 하에 제정되어야 한다. 통상적으로 조례가 법률의 범위 안에서 제정되어 국민의 권리를 제한하거나 새로운 의무를 부과하는 경우는 가능하나, 법률의 위임없이 국민의 권리제한 또는 새로운 의무부과는 불가능하다. 다만 조례를 통해 급부 내지 수익이 되는 경우는 엄격한 법률의 위임 없이도 가능하다.

---

51) 대표적으로 지방의회가 제정한 조례가 법률과의 충돌 문제를 들 수 있다.
52) 행정입법에 관한 상세한 것은, Ⅲ.행정입법 부분 참조.
53) 자세한 것은, Ⅲ장 참조.

헌법재판소 1995.4.20. 92헌마264등.
1. 조례는 지방자치단체가 그 자치입법권에 근거하여 자주적으로 지방의회의 의결을 거쳐 제정한 법규이기 때문에 조례 자체로 인하여 직접 그리고 현재 자기의 기본권을 침해받은 자는 그 권리구제의 수단으로서 조례에 대한 헌법소원을 제기할 수 있다.
2. 조례의 제정권자인 지방의회는 선거를 통해서 그 지역적인 민주적 정당성을 지니고 있는 주민의 대표기관이고 헌법이 지방자치단체에 포괄적인 자치권을 보장하고 있는 취지로 볼 때, 조례에 대한 법률의 위임은 법규명령에 대한 법률의 위임과 같이 반드시 구체적으로 범위를 정하여 할 필요가 없으며 포괄적인 것으로 족하다.
3. 자동판매기를 통한 담배판매는 구입자가 누구인지를 분별하는 것이 곤란하여 청소년의 담배구입을 막기 어렵고, 또 그 특성상 판매자와 대면하지 않는 익명성, 비노출성으로 인하여 청소년으로 하여금 심리적으로 담배구입을 용이하게 하고, 주야를 불문하고 언제라도 담배구입을 가능하게 하며, 청소년이 쉽게 볼 수 있는 장소에 설치됨으로써 청소년에 대한 흡연유발효과도 매우 크다고 아니할 수 없으므로, 청소년의 보호를 위하여 자판기설치의 제한은 반드시 필요하다고 할 것이고, 이로 인하여 담배소매인의 직업수행의 자유가 다소 제한되더라도 법익형량의 원리상 감수되어야 할 것이다.
4. 기존의 담배자동판매기를 조례 시행일로부터 3개월 이내에 철거하도록 한 조례의 부칙 규정은 이 사건 조례들의 시행일 전까지 계속되었던 자판기의 설치·사용에 대하여는 규율하는 바가 없고, 장래에 향하여 자판기의 존치·사용을 규제할 뿐이므로 그 규정의 법적 효과가 시행일 이전의 시점에까지 미친다고 할 수가 없어 헌법 제13조 제2항에서 금지하고 있는 소급입법이라고 할 수 없다.

대법원 2017.12.5. 선고 2016추5162 판결.
[1] 지방의회에 의하여 재의결된 사항이 법령에 위반된다고 판단되면 주무부장관이 지방자치단체의 장에게 대법원에 제소를 지시하거나 직접 제소할 수 있다(지방자치법 제172조 제4항). 다만 재의결된 사항이 둘 이상의 부처와 관련되거나 주무부장관이 불분명하면 행정안전부장관이 재의요구 또는 제소를 지시하거나 직접 제소와 집행정지결정을 신청할 수 있다(지방자치법 제172조 제8항). 이는 주무부처가 중복되거나 주무부장관이 불분명한 경우에 행정안전부장관이 소송상의 필요에 따라 재량으로 주무부장관의 권한을 대신 행사할 수 있다는 것일 뿐이고, 언제나 주무부장관의 권한행사를 배제하고 오로지 행정안전부장관만이 그러한 권한을 전속적으로 행사하도록 하려는 취지가 아니다.
[2] 지방자치단체는 주민의 복리에 관한 사무를 처리하고 재산을 관리하며, 법령의 범위 안에서 자치에 관한 규정을 제정할 수 있다(헌법 제117조 제1항). 지방자치법 제22조, 제9조에 따르면, 지방자치단체가 조례를 제정할 수 있는 사항은 지

방자치단체의 고유사무인 자치사무와 개별 법령에 따라 지방자치단체에 위임된 단체위임사무에 한정된다. 국가사무가 지방자치단체의 장에게 위임되거나 상위 지방자치단체의 사무가 하위 지방자치단체의 장에게 위임된 기관위임사무에 관한 사항은 원칙적으로 조례의 제정범위에 속하지 않는다. 법령상 지방자치단체의 장이 처리하도록 규정하고 있는 사무가 자치사무인지 기관위임사무인지를 판단할 때 그에 관한 법령의 규정 형식과 취지를 우선 고려하여야 하지만, 그 밖에도 사무의 성질이 전국적으로 통일적인 처리가 요구되는 사무인지 여부나 그에 관한 경비부담과 최종적인 책임귀속의 주체 등도 아울러 고려하여야 한다.

[3] 지방자치법 제22조, 행정규제기본법 제4조 제3항에 따르면 지방자치단체가 조례를 제정할 때 내용이 주민의 권리 제한 또는 의무 부과에 관한 사항이나 벌칙인 경우에는 법률의 위임이 있어야 한다. 법률의 위임 없이 주민의 권리를 제한하거나 의무를 부과하는 사항을 정한 조례는 효력이 없다.

그러나 법률에서 조례에 위임하는 방식에 관해서는 법률상 제한이 없다. 조례의 제정권자인 지방의회는 선거를 통해서 지역적인 민주적 정당성을 지니고 있는 주민의 대표기관이다. 헌법 제117조 제1항은 지방자치단체에 포괄적인 자치권을 보장하고 있다. 따라서 조례에 대한 법률의 위임은 법규명령에 대한 법률의 위임과 같이 반드시 구체적으로 범위를 정하여 할 필요가 없다. 법률이 주민의 권리의무에 관한 사항에 관하여 구체적으로 범위를 정하지 않은 채 조례로 정하도록 포괄적으로 위임한 경우에도 지방자치단체는 법령에 위반되지 않는 범위 내에서 주민의 권리의무에 관한 사항을 조례로 제정할 수 있다.

[4] 조례안 일부가 법령에 위반되어 위법한 경우에 의결 일부에 대한 효력을 배제하는 것은 결과적으로 전체적인 의결 내용을 변경하는 것으로 의결기관인 지방의회의 고유권한을 침해하는 것이 된다. 뿐만 아니라 일부만의 효력 배제는 자칫 전체적인 의결 내용을 지방의회의 당초 의도와는 다른 내용으로 변질시킬 우려가 있다. 또한 재의요구가 있는 때에는 재의요구에서 지적한 이의사항이 의결 일부에 관한 것이더라도 의결 전체가 실효되고 재의결만이 새로운 의결로서 효력이 생긴다. 따라서 의결 일부에 대한 재의요구나 수정 재의요구는 허용되지 않는다. 이러한 점들을 종합하면, 재의결 내용 전부가 아니라 일부만 위법한 경우에도 대법원은 의결 전부의 효력을 부인하여야 한다.

[5] 교육부장관이 전자파 취약계층의 보호를 위해 경기도 내 유치원 및 초등학교 등을 전자파 안심지대로 지정하고 그곳에서는 누구든지 기지국을 설치할 수 없도록 하는 내용의 '경기도교육청 전자파 취약계층보호 조례안'에 대하여 법령에 반한다는 이유로 재의결을 요구하였으나 경기도의회가 원안대로 재의결한 사안에서, 위 조례안 중 지방자치단체의 공유재산이 아니고 초·중등교육법의 적용대상도 아닌 '사립유치원과 개인이 소유하거나 관리하는 복합 건물'에 관한 부분은 기지국 설치와 관련하여 기지국 설치자가 가지는 영업의 자유와 그 상대방이 가지는 계약의 자유를 제한할 수 있도록 조례에 위임하는 법령 규정이 존재하지 않으므

로, 사립유치원과 복합 건물에 관하여 법률의 위임 없이 주민의 권리 제한에 관한 사항을 규정하다는 이유로 효력을 인정할 수 없다고 한 사례.

헌법에 의해 체결·공포된 조약과 일반적으로 승인된 국제법규는 국내법과 같은 효력을 가진다고 규정하고 있다. 따라서 이들 국제법규는 각각 헌법, 법률, 행정입법의 효력을 가지게 된다. 일반적으로 국회의 동의를 요하는 조약은 법률의 효력을 가지며, 국회의 동의를 필요로 하지 않는 정부 간의 협정은 행정입법의 효력을 가진다.

따라서 위의 사례에서 법률의 효력을 가지는 조약에 위반한 조례는 효력을 상실한다. 헌법에 위반되는 조약은 국내적으로는 무효이지만, 국제법적으로는 유효하다.

―――――――――――― **사례 해결** ――――――――――――

사례 8에 대해서 우리 대법원은 "GATT는 1994. 12. 16. 국회의 동의를 얻어 같은 달 23. 대통령의 비준을 거쳐 같은 달 30. 공포되고 1995. 1. 1. 시행된 조약인 WTO협정(조약 1265호)의 부속 협정(다자간 무역협정)이고, '정부조달에 관한 협정'(Agreement on Government Procurement, 이하 'AGP'라 한다)은 1994. 12. 16. 국회의 동의를 얻어 1997. 1. 3. 공포·시행된 조약(조약 1363호, 복수국가간 무역협정)으로서 각 헌법 제6조 제1항에 의하여 국내법령과 동일한 효력을 가지므로 지방자치단체가 제정한 조례가 GATT나 AGP에 위반되는 경우에는 그 효력이 없다고 할 것이다."[54] 고 결정하였다.

――――――――――――◆――――――――――――

행정법의 법원은 헌법, 법률, 행정입법 그리고 자치입법과 같은 성문법원에 그치는 것이 아니라 불문법원을 포함한다. 불문법원은 관습법, 판례법과 행정법의 일반원칙[55]을 들 수 있는데 행정법의 일반원칙은 행정의 자기구속의 원칙, 비례원칙, 신뢰보호의 원칙, 부당결부금지의 원칙, 등을 그 내용으로 한다.

관습법이란 일정 사실이 장기간 반복되고(관행) 아울러 그것이 민중의 법적확신을 가지는 사회생활의 관습을 의미한다. 일반적으로 사실인 관습과 법규범으로서의 관습법은 구별이 되어야 하고 현실적으로 관습법으로서의 인정은 법원의 판례에 의해 인정이 된다.

---

54) 대법원 2005. 9. 9. 선고 2004추10 판결(전라북도학교급식조례재의결무효확인).
55) 흔히 조리라고 하고 동일시 취급된다.

관습법은 행정청이 사무처리 상의 관행이 법적인 규범으로 굳어지는 행정선례법[56]과 민중들 사이의 법적인 규범력이 인정되는 민중관습법이 있다. 예를 들어 하천 용수에 관한 관습법과 입어권(入漁權) 등을 들 수 있다. 전통적인 법치행정의 문제와 관련해 관습법의 인정을 부정하는 경우도 있으나 법적안정성의 측면에서 일반적으로 인정하고 있다.

수산업법
제2조 (정의) 이 법에서 사용하는 용어의 뜻은 다음과 같다. 〈개정 2007.7.27〉
10. "입어자(入漁者)"란 제46조에 따라 어업신고를 한 자로서 마을어업권이 설정되기 전부터 해당 수면에서 계속하여 수산동식물을 포획·채취하여 온 사실이 대다수 사람들에게 인정되는 자 중 대통령령으로 정하는 바에 따라 어업권원부(漁業權原簿)에 등록된 자를 말한다.

판례법이란 법원의 판례를 하나의 법원으로 인정한다는 것을 의미하는데 판례법이 법원으로서의 규범력을 가지는가에 대해서는 논란이 있다.

판례에 대해 법원성, 즉 법적구속력을 인정하는 법체계(영미법체계)가 있는 반면에 법원성을 부인하는 대륙법 체계가 있다. 영미법 체계의 국가에서는 판례의 법적 구속력을 인정해서 선례구속의 원칙이 재판의 일반적인 원칙이지만, 우리나라는 원칙적으로 대륙법 체계를 취하고 있기에 원칙적으로 판례의 법원성을 인정하지는 않는다.

일반적으로 대법원 판례의 경우는 동일 사건에 대해서만 하급심을 구속할 뿐 다른 사건에 대해서 법적으로 구속력을 가지지 않는다. 그러나 사실상 승진, 재임용, 인사조치 등의 관료조직으로 이루어진 법원에서 상급심의 판례는 하급심을 사실적으로 구속하기는 하지만 법적 규범력을 인정하는 것은 아니다. 특히 법원조직법 제8조는 이에 대해 명확히 규정하고 있다.

법원조직법
제8조(상급심 재판의 기속력) 상급법원 재판에서의 판단은 해당 사건에 관하여 하급심(下級審)을 기속(羈束)한다.

---

[56] 행정선례법은 신뢰보호의 관념이 뒷받침되고 있다. 홍정선, 행정법원론(상), 2024, 61쪽 이하 참조.

그러나 헌법재판소의 결정은 헌법재판소법 제47조에 따라 국가와 지방자치단체를 구속하는 힘을 가지고 법적인 규범력이 존재한다.

헌법재판소법
제47조(위헌결정의 효력) ① 법률의 위헌결정은 법원과 그 밖의 국가기관 및 지방자치단체를 기속한다.

사법(私法)이 행정법의 법원이 될 수 있는가에 대해 논란이 있을 수 있으나 행정법의 흠결 시에는 가능하나 일반적으로 사법은 행정법의 법원은 아니다.

―――――――――――――― **사례 해결** ――――――――――――――

사례 11의 쟁점은 위임입법의 헌법적 한계이다. 위임입법의 한계는 포괄적 위임입법금지와 포괄적 재위임금지 및 본질적 내용에 대한 위임금지와 법률로 규정될 것을 헌법으로 규정한 사항은 위임입법금지사항이다. 그러나 무엇이 포괄적 위임인지의 문제는 구체적이고 개별적으로 고찰해야 한다. 이에 대해 헌법재판소는 "한편, 영진법 제21조 제7항 후문 중 '제3항 제5호' 부분의 위임 규정은 영화상영등급분류의 구체적 기준을 영상물등급위원회의 규정에 위임하고 있는데, 이 사건 위임 규정에서 위임하고 있는 사항은 제한상영가 등급분류의 기준에 대한 것으로 그 내용이 사회현상에 따라 급변하는 내용들도 아니고, 특별히 전문성이 요구되는 것도 아니며, 그렇다고 기술적인 사항도 아닐 뿐만 아니라, 더욱이 표현의 자유의 제한과 관련되어 있다는 점에서 경미한 사항이라고도 할 수 없는데도, 이 사건 위임 규정은 영상물등급위원회 규정에 위임하고 있는바, 이는 그 자체로서 포괄위임금지원칙을 위반하고 있다고 할 것이다. 나아가 이 사건 위임 규정은 등급분류의 기준에 관하여 아무런 언급 없이 영상물등급위원회가 그 규정으로 이를 정하도록 하고 있는바, 이것만으로는 무엇이 제한상영가 등급을 정하는 기준인지에 대해 전혀 알 수 없고, 다른 관련 규정들을 살펴보더라도 위임되는 내용이 구체적으로 무엇인지 알 수 없으므로 이는 포괄위임금지원칙에 위반된다 할 것이다."라고 결정하였다.[57]

◆

---

57) 헌법재판소 2008.7.31. 선고 2007헌가4.

5. 행정법의 법원의 효력과 흠결의 보충

행정법의 법원의 효력은 시적, 인적 그리고 공간적인 적용 범위를 가진다.

행정법의 법원의 효력 발생 시기는 헌법과 법률이 정하는 바에 따라 공포 또는 그 후의 일정한 날 즉 시행일이다. 따라서 헌법, 법률 그리고 시행될 법령에서 특별히 부칙에서 그 시행일을 규정하고 있지 않으면 「법령등공포에관한법률」에 따라 공포한 날로부터 20일이 지난 후 그 효력이 발생한다. 그러나 국민의 권리 제한 또는 의무 부과와 직접 관련되는 법률·대통령령·총리령 및 부령은 긴급히 시행하여야 할 특별한 사유가 있는 경우를 제외하고는 공포일로부터 적어도 30일이 경과한 날로부터 시행되도록 하여야 한다.

법원의 효력은 법령의 폐지, 상위법과의 충돌, 헌법재판소 및 법원에 의한 위헌, 위법 결정 등에 의해 그 효력이 상실된다.

행정법원은 민법과 상법과 같이 하나의 단일한 법조문으로 구성된 것이 아니라 여러 개별 법령이 모여 하나의 체계를 이루는 모자이크법이다. 따라서 법적용의 흠결이 발생할 수가 있다. 이 경우 어떻게 해결할 것인지의 문제가 있는데, 이를 행정법의 흠결 보충 또는 행정법 관계에 사법의 적용이라고 한다.

「행정기본법」 제5조의 규정을 보면 행정에 관한 법적용에 있어서는 첫째 행정에 관한 특별법, 둘째 「행정기본법」이 적용되나 「행정기본법」에 흠결이 있는 경우에 대해서는 명확한 규정이 없다는 것이다. 이 경우에 행정법에 사법의 적용이 가능한가의 문제이다. 특히 「행정기본법」 제5조 제2항의 규정에 따라 행정법에 적용되는 사법의 범위를 설정할 수 있고 그 한계를 도출할 수 있다.

행정기본법
제5조(다른 법률과의 관계) ① 행정에 관하여 다른 법률에 특별한 규정이 있는 경우를 제외하고는 이 법에서 정하는 바에 따른다.
② 행정에 관한 다른 법률을 제정하거나 개정하는 경우에는 이 법의 목적과 원칙, 기준 및 취지에 부합되도록 노력하여야 한다.

행정법관계에 사법의 적용을 인정할 것인가에 대해 긍정과 부정의 의견이 대립하고 있으나 특히 공익적인 성격이 필요한 경우가 아닌 때에는 사법의 적용을 인정할 수 있을 것이다. 이러한 범위와 한계는 「행정기본법」 제5조 제2항에 의한 해석에서 도출된다.

예를 들어 권력관계에 있어서는 공익의 성격과는 무관한 기술적, 법원리적인 규정이 적용될 수 있는데 신의성실, 권리남용금지, 자연인·법인의 개념, 행위능력, 주소, 물건의 개념, 법률행위, 의사표시, 대리, 무효, 취소, 조건, 기한 등을 들 수 있다. 비권력적 관계에서는 일반적으로 사법의 적용이 가능하다.

 대법원 1985.9.10. 선고 85다카571 판결. [부당이득금]
구 관세법(1983. 12. 29 법률 제3666호로 개정되기 전의 것) 및 동법시행령(1983.12.29 대통령령 제11286호로 개정되기 전의 것)에는 과오납관세의 환급에 있어서 국세기본법 제52조 등과 같은 환급가산금(이자)에 관한 규정이 없으나, 부당하게 징수한 조세를 환급함에 있어서 국세와 관세를 구별할 합리적인 이유가 없고 과오납관세의 환급금에 대하여만 법의 규정이 없다 하여 환급가산금을 지급치 아니한다는 것은 심히 형평을 잃은 것이라 할 것이므로(따라서 현행관세법에는 환급가산금에 관한 규정을 신설하였다) 국세기본법의 환급가산금에 관한 규정을 유추적용하여 과오납관세의 환급금에 대하여도 납부한 다음날부터 환급가산금(이자)을 지급하여야 한다.

대법원 2004.12.23. 선고 2002다73821 판결. [손해배상(기)]
[1] 사업시행자가 손실보상의무를 이행하지 아니한 채 공유수면에서 허가어업을 영위하던 어민들에게 피해를 입힐 수 있는 공유수면매립공사를 시행함으로써 어민들이 더 이상 허가어업을 영위하지 못하는 손해를 입게 된 경우에는, 어업허가가 취소 또는 정지되는 등의 처분을 받았을 때 손실을 입은 자에 대하여 보상의무를 규정하고 있는 수산업법 제81조 제1항을 유추적용하여 그 손해를 배상하여야 할 것이고, 이 경우 그 손해액은 공유수면매립사업의 시행일을 기준으로 삼아 산정하여야 한다.

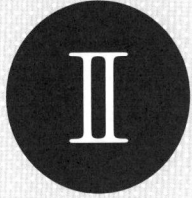

행정법 관계

1. 일반론
2. 행정법관계의 당사자
3. 행정법관계의 구조
4. 행정법관계의 특성
5. 행정법관계의 내용
6. 행정법관계의 소멸

Chapter II 행정법 관계

사례 1

청구인은 1998. 10.경 사기 등으로 징역 5년을 선고받고 그 형이 확정되어 전주교도소에 수감 중이던 2002. 3.경 '전북평화와인권연대'라는 인권단체 소속 활동가 전ㅇ형에게 서신을 발송하려고 하였으나, 위 교도소가 이를 불허하자, 위 전ㅇ형과의 접견을 통해 "변호사를 선임하여 위 불허처분에 대하여 소송을 진행하고 싶다"는 의견을 전하여 동인이 변호사를 선임하여 소송을 준비하던 중이던 같은 해 4. 26. 안양교도소로 이송되었다.

청구인이 안양교도소로 이송된 직후, 피청구인은 청구인에 대하여 부정물품을 은닉하였다는 등의 이유로 2개월의 금치처분을 하고 청구인의 가족인 김ㅇ미에게 금치처분 사실과 금치처분 집행 기간 중 청구인을 접견하거나 청구인과 서신수발을 할 수 없다는 내용의 통지를 하였다. 또한 전ㅇ형이 안양교도소에 청구인과의 접견 가능 여부를 전화로 확인하였으나 청구인이 금치처분 중에 있기 때문에 접견을 할 수 없다는 답변을 받았다. 한편, 청구인은 금치 집행 기간이 종료된 후 청구인을 접견한 전ㅇ형에게 전주교도소의 위 서신발송불허처분과 관련한 소송을 제기하기 위한 변호사선임을 요청하여 전ㅇ형이 이상희 변호사에게 청구인의 사건을 의뢰하자, 위 변호사는 사건 수임을 위하여 2002. 6. 29. 청구인과의 접견을 시도하였으나, 피청구인은 청구인이 월 접견 횟수 4회를 전부 채웠다는 이유로 접견을 허가하지 아니하였다.

이에 청구인은 피청구인이 위 금치처분 집행 기간(2002. 4. 일자불상경부터 2002. 5. 일자불상경까지) 중에 제3자와의 접견, 서신수발 및 운동을 금지한 행위 및 그 근거법령인 행형법시행령(2000. 3. 28. 대통령령 제16759호로 개정된 것, 이하 같다) 제145조 제2항, 그리고 2002. 6. 29.자 이상희 변호사와의 접견을 불허한 처분 및 그 근거법령인 행형법시행령 제56조로 말미암아 헌법상 보장된 청구인의 인격권·건강권·통신의 자유·재판청구권 등의 기본권을 침해당하였다고 주장하면서 2002. 7. 19. 이 사건 헌법소원심판을 청구하였다.

사례 2

도시계획법에 따라 주거지역으로 지정된 청주시 우암동 402의 2 지상에 청주시장이 1972.7.12자로 삼화물산주식회사에 대하여 원동기를 사용하여 연탄 제조를 목적으로 하는 세멘벽돌조 스레트집 공장 1동 건평 100평의 건축을 허가하였고 이 공장으로부터 70센치미터 사이에 연접한 같은 주거지역내인 우암동 406의 8 소재 A의 소유가옥(세멘벽돌조 세멘기와집 주택 15.19평)에서는 이 공장에서의 원동기(25마력 3개, 30마력 4대)의 가동으로 인한 소음때문에 "일상 대화에 지장"이 있고 또 원동기의 진동으로 "통상적인 주거의 안녕을 영위하기가 곤란" 하고 이로 인하여 같은 원고는 그 소유가옥의 가치가 하락되고 임대가 어려워 재산권의 침해를 받고 있다. 그러나 청주시장은 A가 주거지역내에 건물을 소유하고 있고 이러한 주거지역에는 건축법상 건축물의 제한이 있으므로서 현실적으로 어떤 이익을 받고 있는 것이 사실이라 하더라도 이는 그 지역 거주의 개개인에게 보호되는 개인적인 이익이 아니고 단지 공공복리를 위한 건축법규의 제약의 결과로서 생기는 반사적 이익에 불과한 것이므로 이러한 이익이 침해된다 하여 행정처분의 상대자가 아닌 A가 위 삼화물산 주식회사에 대한 행정처분의 취소를 소구할 수는 없는 것이라고 판단하였다. 과연 청주시장의 판단은 정당한 것인가?

1. 일반론

행정법관계란 행정 목적을 달성하기 위해 행정주체와 행정객체 간의 구체적인 내용을 행정법관계라고 하며 일반적으로 법에 근거해 이루어지나, 반드시 법률관계로 이루어지는 것은 아니다. 예를 들어 부당이득, 불법관계 등과 같은 특정 사실에 근거해 행정법관계가 형성되기도 한다.

행정법관계는 당사자 간에 적용되는 내용에 따라 공법관계, 사법관계로 분류되어 법규가 적용되나, 특수한 경우에는 행정사법관계로 분류되기도 한다.

공법관계는 전형적인 행정법관계로 권력관계와 비권력관계로 나눌 수 있는데, 병무, 조세, 경찰 등의 영역은 권력관계, LH공사와 같이 공영 또는 국영으로 운영되어 수익적 활동하는 경우는 비권력관계로 파악된다.

사법관계는 행정주체와 행정객체가 각각 사적자치에 의해 법률관계를 형성하는 것이며, 예를 들어 조달행위를 들 수 있다.

행정사법관계는 행정주체가 전통적인 행정작용의 방식 즉 강압적이고 명령적인 처분의 형태로 행정목적을 달성하는 것이 아니라 계약과 같은 사법 형식을 빌려서 행정목적을 달성하는 경우다. 예를 들면 쓰레기 처리 업무, 하수위생 처리 업무 등과 같은 것이다.

행정법관계에서 논의되어야 할 사항은 행정법관계의 당사자, 행정법관계의 종류, 행정법관계의 특질, 행정법관계의 내용(권리와 의무), 그리고 행정법관계의 소멸 등을 살펴

보아야 하고 행정법관계의 구체적인 형성의 방식인 행정입법, 행정행위, 공법상 계약, 행정확약, 행정지도에 대한 것은 개별적으로 살펴보아야 한다.[1]

2. 행정법관계의 당사자

행정법관계는 행정법관계의 형성의 주체와 객체로 구성된다.

1) 행정의 주체

행정주체는 국가, 지방자치단체, 공법인 그리고 공무수탁사인이 있다. 행정주체와 행정청의 개념은 구별되어야 한다. 국가, 지방자치단체, 공법인과 같은 행정주체는 행정작용의 권리와 의무가 귀속되며 법인격이 존재하나 대통령, 장관, 지방자치단체장, 경찰서장과 같은 행정청은 이를 인정할 수 없다는 점에서 구별된다. 가장 큰 문제는 공권력의 행사를 사인인 공무수탁사인이 행사할 수 있는지의 문제이며 과연 그 한계와 국민의 권리침해 시 그 구제를 어떻게 할 것인 가의 문제가 발생한다.

국가는 시원적이고 근원적인 행정주체이다.

지방자치단체 역시 행정주체가 된다. 영미법계의 지방자치단체의 자치권이 전래적인 것과는 달리 우리의 경우 헌법과 법률에 의해 국가의 권한이 지방자치단체에 전래된 것이기에 지방자치단체는 전래적인 행정주체이다. 다만 문제점은 과연 지방자치단체가 가지는 고유한 자치사무의 범위를 어떻게 정할 것인 가의 문제가 있다.[2]

공법상의 법인 역시 법률에 의해 그 행정 주체성이 인정되는 전래적 행정주체이다. 공법상의 법인은 도시정비사업조합, 주택재개발조합, 한국농어촌공사 등과 같은 공법상 사단과 한국전력공사, 한국방송공사, 한국교통안전공단, 한국은행, 한국수출입은행 등과 같은 영조물법인이 있다. 또한 한국학술진흥재단, 한국학중앙연구원 등과 같은 공법상 재단도 있다.

---

[1] 이상의 행정형식은 행정작용을 달성하는 행정법관계의 형식이라고 볼 수 있으며 이하에서 개별론으로 논하기로 한다.
[2] 이 문제는 지방자치법의 핵심적인 문제이며 지방자치단체와 중앙정부와의 권한 획정의 문제이기도 하다.

공무수탁사인(公務受託私人)은 법률이나 법률에 근거한 행위로 특정의 공적인 임무를 자기의 이름으로 수행하도록 권한이 주어진 사인을 의미한다. 예를 들어 경찰권이 부여된 비행기의 기장과 선박의 선장, 변호사 또는 의사협회의 회원에 대한 징계권 행사와 신입회원 등록 수리행위, 한국자산관리공사가 체납액 징수 업무를 수행하는 경우, 별정우체국을 운영하는 사인 등을 들 수 있다. 비행기 기장과 선박 선장의 경우 '사법경찰관리의 직무를 수행할 자와 그 직무범위에 관한 법률(특사경법)' 제7조에 근거해 기내에서 경찰권을 행사할 수 있다.

사법경찰관리의 직무를 수행할 자와 그 직무범위에 관한 법률
제7조(선장과 해원 등) ① 해선(海船)[연해항로(沿海航路) 이상의 항로를 항행구역으로 하는 총톤수 20톤 이상 또는 적석수(積石數) 2백 석 이상의 것] 안에서 발생하는 범죄에 관하여는 선장은 사법경찰관의 직무를, 사무장 또는 갑판부, 기관부, 사무부의 해원(海員) 중 선장의 지명을 받은 자는 사법경찰리의 직무를 수행한다.
② 항공기 안에서 발생하는 범죄에 관하여는 기장과 승무원이 제1항에 준하여 사법경찰관 및 사법경찰리의 직무를 수행한다.

그러나 사법상 계약으로 단순히 경영위탁을 받은 경우와 자동차 사고 현장에서 경찰을 돕는 작업을 수행하는 행정의 보조자와는 구별되어야 한다. 따라서 불법주차 견인업자와 단순히 범죄자 체포현장에서 경찰에 사실적으로 조력한 자는 공무수탁사인이 아니다.

공무수탁사인은 공권력의 행사가 사인에게 이전되기 때문에 반드시 법적인 근거가 있어야 한다. 또 모든 국가의 사무가 위탁 대상이 되는 것이 아니라 그 성질상 사인에게 위탁이 가능한 성질의 사무만이 위탁 가능하고 공무수탁사인은 공권력 전체를 이전받는 것(임무설)이 아니라 공권력 수행의 법적인 지위만을 이전 받는다(법적지위설).[3]

공무수탁사인의 법적인 지위가 문제 되는 데 기본적으로 공법상의 위임관계로 파악해야 하고 국가와 공무수탁사인 간에는 국가의 감독과 상호 간의 권리·의무 관계가 형성된다. 그러나 수탁받는 사무가 민간사무인 경우에는 「행정권한의위임및위탁에관한규정」에 의해 규율이 된다.

---
3) 홍정선, 행정법원론(상), 2024, 135쪽 이하 참조.

공무수탁사인이 공무를 집행하는 과정에서 권리침해와 불법행위의 경우 행정소송과 국가배상이 가능하며 이 경우 국가나 지방자치단체에 손해배상을 청구할 수 있다.

공무수탁사인은 사망, 파산, 기간 경과, 유죄 선고에 의해 그 지위가 소멸한다.

 부산고등법원 2017.5.10.자 2016나55042 판결.

2014학년도 대학수학능력시험(이하 '수능시험'이라 한다) 실시 직후 세계지리 문제에 대하여 이의신청이 제기되었으나 한국교육과정평가원(이하 '평가원'이라 한다)이 문제의 출제 및 정답결정에 오류가 없음을 전제로 응시자들의 과목 성적 및 등급을 결정하였는데, 세계지리 과목을 선택하여 응시한 갑 등이 평가원을 상대로 '세계지리 과목에 대한 등급 결정 처분' 취소소송을 제기하여 승소 확정 판결을 받은 후 평가원과 국가를 상대로 손해배상을 구한 사안에서, 수능시험의 출제위원 및 검토위원들이 명백하게 틀린 지문이 포함된 문제를 출제하고 정답을 결정하는 오류를 범한 잘못은, 부적절한 문제의 출제 및 채점을 방지함으로써 출제나 채점의 잘못으로 응시자가 잘못된 성적을 받지 않도록 노력해야 할 주의의무가 있는 평가원이 재량권을 일탈 또는 남용한 것으로 평가할 수 있고, 수능시험 실시 직후 문제에 대한 이의가 제기되었는데도 평가원이 이의처리 과정에서 요구되는 주의의무를 다하지 아니한 과실이 있으므로, 평가원의 등급 결정 처분은 갑 등에 대한 불법행위를 구성하고, 이른바 '공무수탁사인'의 지위에 있는 평가원은 공무를 수행하는 범위 내에서는 국가배상법 제2조 제1항의 '공무원'이므로, 갑 등이 입은 손해에 대한 전보책임은 국가에게도 부담시키는 것이 상당하다는 이유로, 평가원과 국가는 공동하여 갑 등의 정신적 손해를 배상할 책임이 있다고 한 사례.

행정주체는 자신의 업무를 스스로 처리하는 경우도 있지만 업무를 다른 행정기관에 위탁, 대리 또는 대행해 업무를 처리하기도 한다. 이 경우 행정청은 자의적으로 자신의 업무를 위탁, 대리하게끔 하지 못하고 법적 근거 하에 가능하다. 현재는 「행정권한의위임및위탁에관한규정」에 따라서 이루어지고 있다.

행정권한의위임및위탁에관한규정

제1조(목적) 이 영은 「정부조직법」 제6조 제1항 및 그 밖의 법령에 따라 행정능률의 향상, 행정사무의 간소화와 행정기관의 권한 및 책임의 일치를 위하여 법률에 규정된 행정기관의 권한 중 그 보조기관 또는 하급행정기관의 장에게 위임하거나 다른 행정기관의 장 또는 지방자치단체의 장에게 위임 또는 위탁할 권한을 정하고, 「정부조직법」 제6조 제3항 및 그 밖의 법령에 따라 행정 간여(干與)의 범위를 축소하여 민간의 자율적인 행정 참여의 기회를 확대하기

위하여 법률에 규정된 행정기관의 소관 사무 중 지방자치단체가 아닌 법인·단체 또는 그 기관이나 개인에게 위탁할 사무를 정함을 목적으로 한다.

행정권한의위임및위탁에관한규정
제2조(정의) 이 영에서 사용하는 용어의 뜻은 다음과 같다.
1. "위임"이란 법률에 규정된 행정기관의 장의 권한 중 일부를 그 보조기관 또는 하급행정기관의 장이나 지방자치단체의 장에게 맡겨 그의 권한과 책임 아래 행사하도록 하는 것을 말한다.
2. "위탁"이란 법률에 규정된 행정기관의 장의 권한 중 일부를 다른 행정기관의 장에게 맡겨 그의 권한과 책임 아래 행사하도록 하는 것을 말한다.
3. "민간위탁"이란 법률에 규정된 행정기관의 사무 중 일부를 지방자치단체가 아닌 법인·단체 또는 그 기관이나 개인에게 맡겨 그의 명의로 그의 책임 아래 행사하도록 하는 것을 말한다.
4. "위임기관"이란 자기의 권한을 위임한 해당 행정기관의 장을 말하고, "수임기관"이란 행정기관의 장의 권한을 위임받은 하급행정기관의 장 및 지방자치단체의 장을 말한다.
5. "위탁기관"이란 자기의 권한을 위탁한 해당 행정기관의 장을 말하고, "수탁기관"이란 행정기관의 권한을 위탁받은 다른 행정기관의 장과 사무를 위탁받은 지방자치단체가 아닌 법인·단체 또는 그 기관이나 개인을 말한다.

권한의 위임에는 법적 근거가 필요하나 구체적이고 개별적인 경우가 아니고 포괄적인 경우도 가능하다. 권한의 위임에는 민법의 위임에 관한 법리가 적용된다.

권한의 위탁은 행정청이 자신의 권한을 자신의 감독하에 있지 않은 기관에 업무를 이전하는 경우로 민간교도소에 교정업무 위탁, 지방자치단체가 설립한 어린이집을 민간복지법인에 위탁하는 경우를 들 수 있다. 권한의 위탁에 관한 것은 위임의 법리와 동일하다.

권한의 대리는 행정기관 권한의 전부 또는 일부를 다른 행정기관이 대신 행사하고 그 행위의 법적 효과는 대리하는 행정기관이 아니라 원래 그 행정권한을 법률로부터 부여받은 기관에게 귀속되는 것을 말한다. 민법상 대리의 법리와 유사하다.

권한의 대행은 일반적으로 행정권을 사실상 독립적으로 행사할 수 있는 권한이 권한대행자에게 이전되지만 법적으로 권한이 이전되지 않은 경우를 의미하는데 실제 대리, 특히 법정대리와 동일한 경우이다. 예를 들어 여권의 발급업무를 대행기관이

하지만 그 발급청은 외교통상부가 되는 것과 같은 경우이다.

 대법원 1996.9.6. 선고 95누12026.
성업공사에 의한 공매의 대행은 세무서장의 공매권한의 위임으로 보아야 하고 따라서 성업공사는 공매권한의 위임에 의하여 압류재산을 공매하는 것이므로, 성업공사가 공매를 한 경우에 그 공매처분에 대한 취소 또는 무효확인 등의 항고소송을 함에 있어서는 수임청으로서 실제로 공매를 행한 성업공사를 피고로 하여야 하고, 위임청인 세무서장은 피고적격이 없다.

2) 행정의 상대방

행정의 상대방이란 행정주체와 법률관계를 구성하는 상대방을 의미한다. 행정객체라고 하기도 하며 지방자치단체, 공법상의 법인과 사인을 들 수 있다.

3. 행정법관계의 구조

행정법관계는 행정주체와 행정객체와의 관계인 대외적인 관계와 행정조직 내부의 관계로 나누어 살필 수 있다. 행정주체와 행정객체와의 관계를 대외적인 관계로 파악하고 전통적으로 권력관계, 관리관계와 단순고권행정 그리고 국고행정으로 파악한다. 한편 행정조직 내부의 관계는 전통적으로 법치주의의 적용을 받지 않는 내부의 관계로 파악되어져 왔고, 이 경우 과거 독일 공법학계의 유물인 특별권력관계 이론이 적용된다고 파악돼 왔다(행정조직 내부의 관계 및 국가와 특정 시민의 관계). 그러나 현재 행정조직 내부의 관계는 공무원법 관계로 파악하고 이 관계 역시 법치주의의 배제가 인정되는 영역이 아니라 법치주의가 적용되는 영역으로 파악되어야 한다.

권력관계란 행정주체가 우월한 지위에서 일방적으로 행정법관계를 형성·변경·소멸시키는 관계를 의미하고 고권관계라고 하기도 한다.

관리관계 또는 단순고권행정관계란 행정주체가 전통적인 공권력의 주체가 아니라 공적 재산이나 사업의 관리주체로서 사인과의 관계에서 성립되는 법률관계를 의미한다.

국고관계는 행정법관계가 아니라 사법관계에 불과하다. 이 경우 예외적으로 사법행위에 특별한 제한이 있는 경우도 있지만, 그 본질은 사법적이고 사법의 규율 대상이다.

특별권력관계란 국가와 특정 시민 간의 관계에 대해서는 기본권의 배제, 사법심사의 배제 그리고 행정의 법률적합성이 배제되는 관계를 의미한다. 특별권력관계가 국가와 특정 시민과의 관계를 전제로 하므로 특별신분관계라고 지칭하기도 한다. 예를 들어 공무원의 근무관계, 교도소, 국립대학의 재학관계, 군대, 특허기업 또는 공공조합에 대한 국가의 감독관계 등과 같은 관계이다.

특별권력관계는 과거 국가를 하나의 유기체로 파악하는 시대에 오토 마이어(Otto Mayer)를 중심으로 주장되었으며 국가의 내부 관계에는 법이 침투할 수 없다는 논리를 전제로 하고 있다.[4]

특별권력관계의 성립은 법률의 규정, 당사자의 동의 등에 의해 성립되며 목적의 달성, 탈퇴, 일방적 배제 등에 의해 소멸 된다.

특별권력관계의 내용은 포괄적 명령권과 징계권으로 구성되어 있어 법률의 근거 없이도 상대방에 대한 필요한 조치를 명할 권한을 가진다는 것이 주된 내용이다.

그러나 이러한 특별권력관계는 법치주의를 헌법상의 기본원리로 인정되는 법체계에서 여전히 타당성을 가질 것인가에 대한 논의가 독일과 우리나라에서 지속적으로 이어져 왔다.

우선 독일의 경우 전통적인 특별권력관계의 인정은 1972년 수형자판결을 통해 교도소 내에서 수형자에게는 기본권과 법률적합성의 원칙이 제한 없이 효력을 가진다고 인정되었고 이를 계기로 특별권력관계는 와해되기 시작하였고 현재는 하나의 연혁적인 이론에 불과하게 되었다.[5]

우리나라의 경우 과거 권위주의 정부 체제하에서 폭넓게 인정되었으나 1970년대 이후에 이에 대한 강한 비판이 제기되고 점차 부정하는 경향으로 변하고 있다. 물론 일부의 학설은 특별권력관계를 인정하기도 하지만 인정한다고 해도 전면적인 인정이 아니라 제한적으로 인정하고 있다. 그러나 현실적으로 특별권력관계가 부분적으

---

4) 오토 마이어는 종래의 옐리네크 등이 주장하는 국가법인론에서 벗어나 하나의 유기체로 파악했다. 이러한 유기체의 운영은 군주에 의해 운영되는 것이 선호된다고 하면서 군주의 통치권력의 정당화로서 특별권력관계이론을 제시했다. 박정훈, 공법학과 오토 마이어, 공법학의 형성과 개척자, 2007, 18쪽.
5) BVerfGE 33, 1(9ff.).

로 인정되어야 한다는 측면은 있지만 법치주의를 지향한다는 점에서 과거 법치주의의 배제로 이어져 국민의 기본권을 자의적으로 짓밟았다는 시대적인 오류를 시정하기 위해서 부정하는 것이 타당하다.

 대법원 1991.11.22. 선고 91누2144 판결. [퇴학처분취소]

가. 행정소송의 대상이 되는 행정처분이란 행정청이 행하는 구체적 사실에 관한 법집행으로서의 공권력의 행사 또는 그 거부와 그 밖에 이에 준하는 행정작용을 말하는 것인바, 국립 교육대학 학생에 대한 퇴학처분은, 국가가 설립·경영하는 교육기관인 동 대학의 교무를 통할하고 학생을 지도하는 지위에 있는 학장이 교육목적실현과 학교의 내부질서유지를 위해 학칙 위반자인 재학생에 대한 구체적 법집행으로서 국가공권력의 하나인 징계권을 발동하여 학생으로서의 신분을 일방적으로 박탈하는 국가의 교육행정에 관한 의사를 외부에 표시한 것이므로, 행정처분임이 명백하다.

나. 학생에 대한 징계권의 발동이나 징계의 양정이 징계권자의 교육적 재량에 맡겨져 있다 할지라도 법원이 심리한 결과 그 징계처분에 위법사유가 있다고 판단되는 경우에는 이를 취소할 수 있는 것이고, 징계처분이 교육적 재량행위라는 이유만으로 사법심사의 대상에서 당연히 제외되는 것은 아니다.

다. 국립 교육대학의 학칙에 학장이 학생에 대한 징계처분을 하고자 할 때에는 교수회의 심의·의결을 먼저 거쳐야 하도록 규정되어 있는 경우, 교수회의 학생에 대한 무기정학처분의 징계의결에 대하여 학장이 징계의 재심을 요청하여 다시 개최된 교수회에서 학장이 교수회의 징계의결내용에 대한 직권 조정권한을 위임하여 줄 것을 요청한 후 일부 교수들의 찬반토론은 거쳤으나 표결은 거치지 아니한 채 자신의 책임 아래 직권으로 위 교수회의 징계의결내용을 변경하여 퇴학처분을 하였다면, 위 퇴학처분은 교수회의 심의·의결을 거침이 없이 학장이 독자적으로 행한 것에 지나지 아니하여 위법하다.

⟨전통적 특별권력관계론에 따른 행정법관계[6]⟩

비교	일반권력관계	특별권력관계
권력적 기초	일반통치권	특별권력
법치주의	전면적 적용	적용배제 또는 제한적 적용
관계	외부관계 (행정주체와 국민의 관계)	특별한 내부관계 (특별권력주체와 구성원의 관계)
목적	일반적 행정목적	특별한 행정목적
권력관계	일반적 권리, 의무관계	포괄적 복종관계
성립	당연 성립	법률규정 또는 임의적 동의(계약)
제재	행정벌	징계벌
행정규칙	행정규칙의 법규성 부인	특별명령이론에 따라 법규성 긍정
사법심사	전면적 사법심사	사법심사 배제 또는 제한적 심사

 대법원 1991.11.22. 선고 91누2144 판결.
행정소송의 대상이 되는 행정처분이란 행정청이 행하는 구체적 사실에 관한 법집행으로서의 공권력의 행사 또는 그 거부와 그 밖에 이에 준하는 행정작용을 말하는 것인바, 국립 교육대학 학생에 대한 퇴학처분은, 국가가 설립·경영하는 교육기관인 동 대학의 교무를 통할하고 학생을 지도하는 지위에 있는 학장이 교육목적 실현과 학교의 내부질서유지를 위해 학칙 위반자인 재학생에 대한 구체적 법집행으로서 국가공권력의 하나인 징계권을 발동하여 학생으로서의 신분을 일방적으로 박탈하는 국가의 교육행정에 관한 의사를 외부에 표시한 것이므로, 행정처분임이 명백하다.

대법원 1992.5.8. 선고 91부8 판결.
구속된 피고인 또는 피의자의 타인과의 접견권이 헌법상의 기본권이라 하더라도 국가안전보장, 질서유지 또는 공공복리를 위하여 필요한 경우에는 법률로 제한할 수 있음은 헌법 제37조 제2항의 규정에 의하여 명백하며 구체적으로는 접견을 허용함으로써 도주나 증거인멸의 우려 방지라는 구속의 목적에 위배되거나 또는 구금시설의 질서유지를 해칠 현저한 위험성이 있을 때와 같은 경우에는 구속된 피고인 또는 피의자의 접견권을 제한할 수 있을 것이지만, 그와 같은 제한의 필요가 없는데도 접견권을 제한하거나 또는 제한의 필요가 있더라도 필요한 정도를 지나친

---
6) 이동식/전훈/김성배/손윤석, 행병법총론, 2023, 97쪽.

과도한 제한을 하는 것은 헌법상 보장된 기본권의 침해로서 위헌이라고 하지 않을 수 없다.

대법원 2018.8.30. 선고 2016두60591 판결.
[1] 사관생도는 군 장교를 배출하기 위하여 국가가 모든 재정을 부담하는 특수교육기관인 육군3사관학교의 구성원으로서, 학교에 입학한 날에 육군 사관생도의 병적에 편입하고 준사관에 준하는 대우를 받는 특수한 신분관계에 있다(육군3사관학교 설치법 시행령 제3조). 따라서 그 존립 목적을 달성하기 위하여 필요한 한도 내에서 일반 국민보다 상대적으로 기본권이 더 제한될 수 있으나, 그러한 경우에도 법률유보원칙, 과잉금지원칙 등 기본권 제한의 헌법상 원칙들을 지켜야 한다.
[2] 육군3사관학교 설치법 및 시행령, 그 위임에 따른 육군3사관학교 학칙 및 사관생도 행정예규 등에서 육군3사관학교의 설치 목적과 교육 목표를 달성하기 위하여 사관생도가 준수하여야 할 사항을 정하고 이를 위반한 행위에 대하여는 징계를 규정할 수 있고 이러한 규율은 가능한 한 존중되어야 한다.
[3] 육군3사관학교 사관생도인 갑이 4회에 걸쳐 학교 밖에서 음주를 하여 '사관생도 행정예규'(이하 2015. 5. 19. 개정되기 전의 것을 '구 예규', 2016. 3. 3. 개정되기 전의 것을 '예규'라 한다) 제12조(이하 '금주조항'이라 한다)에서 정한 품위유지의무를 위반하였다는 이유로 육군3사관학교장이 교육운영위원회의 의결에 따라 갑에게 퇴학처분을 한 사안에서, 첫째 사관학교의 설치 목적과 교육 목표를 달성하기 위하여 사관학교는 사관생도에게 교내 음주 행위, 교육·훈련 및 공무 수행 중의 음주 행위, 사적 활동이더라도 신분을 나타내는 생도 복장을 착용한 상태에서 음주하는 행위, 생도 복장을 착용하지 않은 상태에서 사적 활동을 하는 때에도 이로 인하여 사회적 물의를 일으킴으로써 품위를 손상한 경우 등에는 이러한 행위들을 금지하거나 제한할 필요가 있으나 여기에 그치지 않고 나아가 사관생도의 모든 사적 생활에서까지 예외 없이 금주의무를 이행할 것을 요구하는 것은 사관생도의 일반적 행동자유권은 물론 사생활의 비밀과 자유를 지나치게 제한하는 것이고, 둘째 구 예규 및 예규 제12조에서 사관생도의 모든 사적 생활에서까지 예외 없이 금주의무를 이행할 것을 요구하면서 제61조에서 사관생도의 음주가 교육 및 훈련 중에 이루어졌는지 여부나 음주량, 음주 장소, 음주 행위에 이르게 된 경위 등을 묻지 않고 일률적으로 2회 위반 시 원칙으로 퇴학 조치하도록 정한 것은 사관학교가 금주제도를 시행하는 취지에 비추어 보더라도 사관생도의 기본권을 지나치게 침해하는 것이므로, 위 금주조항은 사관생도의 일반적 행동자유권, 사생활의 비밀과 자유 등 기본권을 과도하게 제한하는 것으로서 무효인데도 위 금주조항을 적용하여 내린 퇴학처분이 적법하다고 본 원심판결에 법리를 오해한 잘못이 있다고 한 사례.

헌법재판소 2004.12.16. 2002헌마478.
위 사례 1에 대해 우리 헌법재판소는

1. 수형자의 기본권 제한에 대한 구체적인 한계는 헌법 제37조 제2항에 따라 법률에 의하여, 구체적인 자유·권리의 내용과 성질, 그 제한의 태양과 정도 등을 교량하여 설정하게 되며, 수용 시설 내의 안전과 질서를 유지하기 위하여 이들 기본권의 일부 제한이 불가피하다 하더라도 그 본질적인 내용을 침해하거나, 목적의 정당성, 방법의 적정성, 피해의 최소성 및 법익의 균형성 등을 의미하는 과잉금지의 원칙에 위배되어서는 안 된다.
2. 금치 징벌의 목적 자체가 징벌실에 수용하고 엄격한 격리에 의하여 개전을 촉구하고자 하는 것이므로 접견·서신수발의 제한은 불가피하며, 행형법시행령 제145조 제2항은 금치 기간 중의 접견·서신수발을 금지하면서도, 그 단서에서 소장으로 하여금 "교화 또는 처우상 특히 필요하다고 인정되는 때"에는 금치 기간 중이라도 접견·서신수발을 허가할 수 있도록 예외를 둠으로써 과도한 규제가 되지 않도록 조치하고 있으므로, 금치 수형자에 대한 접견·서신수발의 제한은 수용시설 내의 안전과 질서 유지라는 정당한 목적을 위하여 필요·최소한의 제한이다.
3. 실외운동은 구금되어 있는 수형자의 신체적·정신적 건강 유지를 위한 최소한의 기본적 요청이라고 할 수 있는데, 금치 처분을 받은 수형자는 일반 독거 수용자에 비하여 접견, 서신수발, 전화통화, 집필, 작업, 신문·도서열람, 라디오청취, 텔레비전 시청 등이 금지되어(행형법시행령 제145조 제2항 본문) 외부세계와의 교통이 단절된 상태에 있게 되며, 환기가 잘 안 되는 1평 남짓한 징벌실에 최장 2개월 동안 수용된다는 점을 고려할 때, 금치 수형자에 대하여 일체의 운동을 금지하는 것은 수형자의 신체적 건강뿐만 아니라 정신적 건강을 해칠 위험성이 현저히 높다.
따라서 금치 처분을 받은 수형자에 대한 절대적인 운동의 금지는 징벌의 목적을 고려하더라도 그 수단과 방법에 있어서 필요한 최소한도의 범위를 벗어난 것으로서, 수형자의 헌법 제10조의 인간의 존엄과 가치 및 신체의 안전성이 훼손당하지 아니할 자유를 포함하는 제12조의 신체의 자유를 침해하는 정도에 이르렀다고 판단된다.
4. 형이 확정되어 자유형의 집행을 위하여 수용되어 있는 수형자는 미결수용자의 지위와 구별되므로 접견의 빈도 등이 상당 정도 제한될 수밖에 없고, 수형자와 변호사와의 접견을 일반 접견에 포함시켜 제한하더라도 접견 횟수에 대한 탄력적 운용, 서신 및 집필문서 발송, 전화통화에 의하여 소송준비 또는 소송수행을 할 수 있으므로 피청구인의 접견 불허 처분이 헌법 제27조의 재판청구권 등 청구인의 헌법상 보장된 권리를 침해하는 것이라고 보기는 어렵다.
라고 결정하였다.

4. 행정법관계의 특성

행정법관계는 다른 사법관계와는 달리 공익의 달성이라는 행정 목적을 위해 일반적인 사법관계와는 다른 특성을 발견할 수 있다. 이러한 특성은 행정작용, 행정집행, 행정구제 등과 같은 행정법 전반에 걸쳐서 이루어진다.[7]

① 행정의사의 법률적합성은 권력행정과 단순 관리행정의 영역에도 필요하다.

② 행정의사는 권력관계에 있어서는 내용적 구속력, 공정력, 구성요건적 효력, 존속력(불가쟁력과 불가변력을 포함), 강제력과 같이 우월적인 지위를 가진다.[8]

③ 사법관계의 권리·의무관계가 당사자의 임의적인 처분에 의존하는 것과는 달리 행정법관계의 권리·의무는 공공성, 상대성 그리고 불융통성을 가진다.

④ 행정작용으로 인한 개인에 대한 손해는 적법한 행위와 더불어 불법한 행위에서 발생하며 이에 대해 손실보상(사법관계에서는 존재하지 아니함), 손해배상의 문제가 발생한다.

⑤ 권리구제의 단계에서 행정심판과 행정소송을 통한 구제가 이루어진다.

5. 행정법관계의 내용

행정법관계의 내용이란 행정법관계에서 발생하는 행정주체와 행정객체와의 권리·의무를 의미한다. 행정객체가 행정주체에 대해 가지는 권리를 개인적 공권 또는 주관적공권이라고 하고[9] 의무를 공의무라고 한다.

개인적 공권은 헌법, 법률에 의해 도출되기도 하고 관습법과 공법상의 법규명령, 조리에 의해서도 성립이 된다.

사법상의 권리·의무관계가 법률의 규정에 의해 그 내용의 명확성이 담보되는 것과는 달리 행정법관계에서 권리·의무관계는 시대의 흐름에 따라 상대적으로 변해가

---

7) 상세한 것은, Ⅴ장 행정행위 참조.
8) 구체적인 내용은 행정행위의 효력과 관련하여 언급한다.
9) 물론 행정주체가 행정객체에 대해 가지는 권리를 국가적공권이라고 지칭하기도 하나 이것은 하나의 권리가 아니라 권력에 불과하다. 다만 국가적 공권의 문제는 행정객체와의 행정계약을 통한 경우에는 가능한 개념이다. 홍정선, 행정법원론(상), 2024, 166쪽.

고 있으며 대체적인 경향은 행정객체의 권리의 강화라는 방향으로 흐르고 있다. 특히 현행 행정소송법은 권리라는 용어를 사용하는 것이 아니라 법률상 이익이라는 개념을 사용하여 그 보호받을 이익의 범위를 넓히고 있다. 이런 경향 하에 환경, 복지 등의 영역에서의 권리의 개념이 확대되고 있다. 특히 이러한 권리개념의 확대는 단순히 실체법적인 것에 그치는 것이 아니라 절차법적인 영역으로 확대되어 가는 경향이다. 다만 문제점은 그 한계가 무엇인가에 대한 논의이며 여기서 법률상 이익의 개념과 반사적 이익의 구별이 논의되어야 한다.

행정소송법
제1조 (목적) 이 법은 행정소송절차를 통하여 행정청의 위법한 처분 그 밖에 공권력의 행사·불행사 등으로 인한 국민의 권리 또는 이익의 침해를 구제하고, 공법상의 권리관계 또는 법적용에 관한 다툼을 적정하게 해결함을 목적으로 한다.

행정소송법
제12조 (원고적격) 취소소송은 처분 등의 취소를 구할 법률상 이익이 있는 자가 제기할 수 있다. 처분 등의 효과가 기간의 경과, 처분 등의 집행 그 밖의 사유로 인하여 소멸된 뒤에도 그 처분 등의 취소로 인하여 회복되는 법률상 이익이 있는 자의 경우에는 또한 같다.

1) 주관적공권(개인적 공권)

주관적공권이란 사인이 행정주체에 대하여 갖는 권리를 의미하고 실체법상의 권리이다.

주관적공권이 성립하려면 첫째 강행법규가 존재해야 하며, 둘째 사익보호성이 인정되어야 하며, 셋째 소송을 제기할 수 있는 경우(소구가능성)여야 한다. 이를 3요소설이라고 하고 이중 소구가능성을 제외한 것을 2요소설이라고 한다.

 헌법재판소 2011.7.28. 2009헌마408.
헌법 제32조 제1항이 규정하는 근로의 권리는 사회적 기본권으로서 국가에 대하여 직접 일자리를 청구하거나 일자리에 갈음하는 생계비의 지급청구권을 의미하는 것이 아니라 고용증진을 위한 사회적·경제적 정책을 요구할 수 있는 권리에 그치며, 근로의 권리로부터 국가에 대한 직접적인 직장존속청구권이 도출되는 것도 아니다. 나아가 근로자가 퇴직급여를 청구할 수 있는 권리도 헌법상 바로 도출되는 것이 아니라 퇴직급여법 등 관련 법률이 구체적으로 정하는 바에 따라 비로소 인정될 수 있는 것이므로 계속근로기간 1년 미만인 근로자가 퇴직급여를 청구할 수 있는 권리가 헌법 제32조 제1항에 의하여 보장된다고 보기는 어렵다.
그리고, 헌법 제32조 제3항은 "근로조건의 기준은 인간의 존엄성을 보장하도록 법률로 정한다."라고 규정하는바, 인간의 존엄에 상응하는 근로조건의 기준이 무엇인지를 구체적으로 정하는 것은 일차적으로 입법자의 형성의 자유에 속한다고 할 것이다. 이 사건 법률조항이 '계속근로기간 1년 이상인 근로자인지 여부'라는 기준에 따라 퇴직급여법의 적용 여부를 달리한 것에는 앞서 본 바와 같이 합리적 이유가 있다고 인정되고, 그 기준이 인간의 존엄성을 전혀 보장할 수 없을 정도라고도 보기 어려우므로 이 사건 법률조항은 헌법 제32조 제3항에 위반된다고 할 수 없다.

문제는 이러한 주관적공권의 개념이 권리의 개념과 같은 것인지의 문제이다. 왜냐하면 우리 「행정심판법」 제9조, 「행정소송법」 제12조는 원고적격과 관련하여 법률상 이익을 규정하고 있다. 이에 대해 법률상 이익이 권리와 같은 것인가에 대해 긍정설과 부정설이 대립하고 있다.[10] 법률상 이익의 개념을 주관적공권이란 개념과 동일시 한다면 원고적격의 범위가 좁아지게 되어 환경, 복지의 영역에서 개인의 권리의 확대화 경향이란 측면과 부합되지 않는다. 따라서 우리나라 법원 판례의 견해와 같이 주관적공권의 개념은 권리와 법률상 이익을 합한 범위로 파악하는 것이 타당하다.

다만 주관적공권은 반사적 이익과 구별되어야 한다. 반사적 이익은 법규가 단순히 개인에게 이익을 줄 뿐 그 이익을 보호하려는 의도가 없을 때의 이익을 의미하는데 반사적 이익은 법률상의 이익을 의미하는 것이 아니라 단순히 사실관계에서 얻어지는 이익을 의미한다는 점에서 구별되어야 하며 구체적인 구별의 실익은 반사적 이익은 소송을 통해 그 이익을 주장하지 못한다는 점이다. 예를 들어 목욕장의 운영, 도로 사용상 이익, 의사의 진료 거부에서 나오는 이익 등을 들 수 있다.[11] 그러나 주류제조 면허로 인한 이익은 주세법상의 이익에 해당하므로 법률상 보호받는 이익으로 보고 있으며 담배소매 판매의 지정 행위는 단순한 반사적 이익이 아니라 법률상 보호받는 이익으로 보고 있다(경업자 소송).

---

10) 홍정선, 행정법원론(상), 2024, 167쪽.
11) 홍정선, 행정법원론(상), 2024, 169쪽.

대법원 2008.3.27. 선고 2007두23811 판결.

행정처분의 직접 상대방이 아닌 제3자라 하더라도 당해 행정처분으로 인하여 법률상 보호되는 이익을 침해당한 경우에는 그 처분의 취소나 무효확인을 구하는 행정소송을 제기하여 그 당부의 판단을 받을 자격이 있다 할 것이며, 여기에서 말하는 법률상 보호되는 이익이라 함은 당해 처분의 근거 법규 및 관련 법규에 의하여 보호되는 개별적·직접적·구체적 이익이 있는 경우를 말하고, 일반적으로 면허나 인·허가 등의 수익적 행정처분의 근거가 되는 법률이 해당 업자들 사이의 과당경쟁으로 인한 경영의 불합리를 방지하는 것도 그 목적으로 하고 있는 경우, 다른 업자에 대한 면허나 인·허가 등의 수익적 행정처분에 대하여 미리 같은 종류의 면허나 인·허가 등의 수익적 행정처분을 받아 영업을 하고 있는 기존의 업자는 경업자에 대하여 이루어진 면허나 인·허가 등 행정처분의 상대방이 아니라 하더라도 당해 행정처분의 취소를 구할 원고적격이 있다(대법원 2006. 7. 28. 선고 2004두6716 판결 등 참조).

구 담배사업법(2007. 7. 19. 법률 제8518호로 개정되기 전의 것)과 그 시행령 및 시행규칙의 관계 규정에 의하면, 담배의 제조 및 판매 등에 관한 사항을 정함으로써 담배산업의 건전한 발전을 도모하고 국민경제에 이바지하게 하는 데에 담배사업법의 입법 목적이 있고, 담배의 제조·수입·판매는 일정한 요건을 갖추어 허가 또는 등록을 한 자만이 할 수 있으며 담배에 관한 광고를 금지 또는 제한할 수 있고 담배의 제조업자 등으로 하여금 공익사업에 참여하게 할 수 있는 규정을 두고 있으며, 담배소매인과 관련해서는 소정의 기준을 충족하여 사업장 소재지를 관할하는 시장·군수·구청장으로부터 소매인의 지정을 받은 자만이 담배소매업을 영위할 수 있고 소매인으로 지정된 자가 아니면 담배를 소비자에게 판매할 수 없으며 소매인의 담배 판매방법과 판매가격을 제한하면서 각 이에 위반하거나 휴업기간을 초과하여 휴업한 소매인을 처벌하고 있다. 또 시장·군수·구청장은 일정한 경우 소매인에 대하여 영업정지를 명할 수 있거나 청문을 거쳐 소매인지정을 취소하도록 하고 있으며, 필요한 경우 소매인에게 업무에 관한 보고를 하게 하거나 소속직원으로 하여금 소매인에 대하여 관계 장부 또는 서류 등을 확인 또는 열람하게 할 수 있는 규정을 두고 있는 한편, 소매인의 지정기준으로 같은 일반소매인 사이에서는 그 영업소 간에 군청, 읍·면사무소가 소재하는 리 또는 동지역에서는 50m, 그 외의 지역에서는 100m 이상의 거리를 유지하도록 규정하고 있다.

위와 같은 규정들을 종합해 보면, 담배 일반소매인의 지정기준으로서 일반소매인의 영업소 간에 일정한 거리제한을 두고 있는 것은 담배유통구조의 확립을 통하여 국민의 건강과 관련되고 국가 등의 주요 세원이 되는 담배산업 전반의 건전한 발전 도모 및 국민경제에의 이바지라는 공익목적을 달성하고자 함과 동시에 일반소매인 간의 과당경쟁으로 인한 불합리한 경영을 방지함으로써 일반소매인의 경영상 이익을 보호하는 데에도 그 목적이 있다고 보이므로, 일반소매인으로 지정되어 영업을 하고 있는 기존업자의 신규 일반소매인에 대한 이익은 단순한 사실상의 반사적 이익이 아니라 법률상 보호되는 이익이라고 해석함이 상당하다.

주관적공권은 그 요건으로 법률 규정에 의해 성립이 되고(행정청의 의무 존재, 이익 보호 목적의 존재) 기본적으로 행정주체와 행정객체와의 관계에서 발생한다.

그러나 주관적공권의 확대 경향과 관련되어 제3자의 행정법관계 당사자가 아닌 제3자에게 주관적공권을 인정할 것인 지의 문제가 발생한다.

기존의 사업자가 신규 사업자에게 행해진 특허나 허가처분을 소송으로 다툴 수 있는지가 문제가 될 수 있는데 흔히 이를 경업자 소송이라고 한다. 예를 들어, 기존의 노선을 가지고 운영하는 자동차 사업의 노선을 행정청이 변경하여 제3자에게 노선을 배분한 경우, 기존의 노선자는 행정법관계의 당사자가 아니더라도 법률상 보호이익을 가지며(경업자 소송), 선박운행사업 면허처분에 대해 기존업자는 신규업자에게 내려진 면허의 취소를 구할 법률상 이익이 있다고 본다(경업자 소송).

한편 특정 사업자에 대한 허가나 특허 등이 다른 사업자에 대한 거부로 귀결될 수밖에 없는 경우에 허가나 특허받지 못한 사업자에게도 법률상 이익을 인정하는 데 이를 흔히 경원자 소송이라고 한다. 행정청이 바닷모래 제염 처리시설의 허가를 다수의 지원자 중 하나의 지원자에게 허가하는 경우가 이에 해당한다.

전통적으로 사업허가권자의 이웃은 사업자에 대해 법률상 다툴 이익이 없다고 하였으나 제3자 이익의 확대 경향으로 이를 인정하는 경우가 늘고 있다. 이를 흔히 인인소송(隣人訴訟, 이웃 소송)이라고 한다. 예를 들어, 화장장의 허가 및 LPG 자동차충전소의 설치 등의 경우에는 제3자에게도 주관적공권이 인정된다.

한편 행정객체의 주관적공권 확대화의 경향과 함께 과거 법적으로 보호되지 못했던 반사적 이익이 점차 상대화되어 가고 있다. 예를 들어 도로의 사용(북성로의 공구점의 화물하차를 위한 도로 사용), 제3자효 있는 행정행위(환경공해 배출업체에 대한 단속으로 이익을 누리던 주민의 이익), 생존권적 기본권의 구체화(독일 연방행정재판소의 최저생계비 판결) 등으로 나타나고 있다.

경쟁자(競爭者) 소송
대법원 2006.7.28. 선고 2004두4716 판결.
[1] 행정처분의 직접 상대방이 아닌 제3자라 하더라도 당해 행정처분으로 인하여 법률상 보호되는 이익을 침해당한 경우에는 그 처분의 취소나 무효확인을 구하는 행정소송을 제기하여 그 당부의 판단을 받을 자격이 있으며, 여기에서 말하는 법률상 보호되는 이익은 당해 처분의 근거 법규 및 관련 법규에 의하여 보호되는 개별적·직접적·구체적 이익을 말한다.
[2] 일반적으로 면허나 인·허가 등의 수익적 행정처분의 근거가 되는 법률이 해당 업자들 사이의 과당경쟁으로 인한 경영의 불합리를 방지하는 것도 그 목적으로 하고 있는 경우, 다른 업자에 대한 면허나 인·허가 등의 수익적 행정처분에 대하여 이미 같은 종류의 면허나 인·허가 등의 수익적 행정처분을 받아 영업을 하고 있는 기존의 업자는 경정자에 대하여 이루어진 면허나 인·허가 등 행정처분의 상대방이 아니라 하더라도 당해 행정처분의 취소를 구할 원고적격이 있다.
[3] 구 오수·분뇨 및 축산폐수의 처리에 관한 법률(2002. 12. 26. 법률 제6827호로 개정되기 전의 것)과 같은 법 시행령(2003. 7. 25. 대통령령 제18065호로 개정되기 전의 것)상 업종을 분뇨와 축산폐수 수집·운반업 및 정화조 청소업으로 하여 분뇨 등 관련 영업허가를 받아 영업을 하고 있는 기존 업자의 이익이 법률상 보호되는 이익이라고 보아, 기존 업자에게 경업자에 대한 영업허가처분의 취소를 구할 원고적격이 있다고 한 사례

경원자(競願者) 소송
대법원 1992.5.8. 선고 91누13274 판결.
행정소송법 제12조는 취소소송은 처분 등의 취소를 구할 법률상 이익이 있는 자가 제기할 수 있다고 규정하고 있는바, 인·허가 등의 수익적 행정처분을 신청한 수인이 서로 경쟁관계에 있어서 일방에 대한 허가 등의 처분이 타방에 대한 불허가 등으로 귀결될 수밖에 없는 때(이른바 경원관계에 있는 경우로서 동일대상지역에 대한 공유수면매립면허나 도로점용허가 혹은 일정지역에 있어서의 영업허가 등에 관하여 거리제한 규정이나 업소개수제한규정 등이 있는 경우를 그 예로 들 수 있다) 허가 등의 처분을 받지 못한 자는 비록 경원자에 대하여 이루어진 허가 등 처분의 상대방이 아니라 하더라도 당해 처분의 취소를 구할 당사자적격이 있다 할 것이고, 다만 구체적인 경우에 있어서 그 처분이 취소된다 하더라도 허가 등의 처분을 받지 못한 불이익이 회복된다고 볼 수 없을 때에는 당해 처분의 취소를 구할 정당한 이익이 없다고 할 것이다.

이웃소송, 인인소송(隣人訴訟)(원자력발전소 사건)
대법원 1998.9.4. 선고 97누19588 판결.
원자력법 제12조 제2호(발전용 원자로 및 관계 시설의 위치 · 구조 및 설비가 대통령령이 정하는 기술수준에 적합하여 방사성물질 등에 의한 인체 · 물체 · 공공의 재해방지에 지장이 없을 것)의 취지는 원자로 등 건설사업이 방사성물질 및 그에 의하여 오염된 물질에 의한 인체 · 물체 · 공공의 재해를 발생시키지 아니하는 방법으로 시행되도록 함으로써 방사성물질 등에 의한 생명 · 건강상의 위해를 받지 아니할 이익을 일반적 공익으로서 보호하려는 데 그치는 것이 아니라 방사성물질에 의하여 보다 직접적이고 중대한 피해를 입으리라고 예상되는 지역 내의 주민들의 위와 같은 이익을 직접적 · 구체적 이익으로서도 보호하려는 데에 있다 할 것이므로, 위와 같은 지역 내의 주민들에게는 방사성물질 등에 의한 생명 · 신체의 안전침해를 이유로 부지사전승인처분의 취소를 구할 원고적격이 있다.

상수도원설치사건
대법원 1995.9.26. 선고 94누14544 판결.
가. 행정처분의 직접 상대방이 아닌 제3자라도 당해 행정처분의 취소를 구할 법률상의 이익이 있는 경우에는 원고적격이 인정되는데, 여기서 말하는 법률상의 이익은 당해 처분의 근거 법률에 의하여 보호되는 직접적이고 구체적인 이익이 있는 경우를 말하고, 다만 공익보호의 결과로 국민 일반이 공통적으로 가지는 추상적, 평균적, 일반적인 이익과 같이 간접적이나 사실적, 경제적, 이해관계를 가지는데 불과한 경우는 여기에 포함되지 않는다.
나. 상수원보호구역 설정의 근거가 되는 수도법 제5조 제1항 및 동 시행령 제7조 제1항이 보호하고자 하는 것은 상수원의 확보와 수질보전일 뿐이고, 그 상수원에서 급수를 받고 있는 지역주민들이 가지는 상수원의 오염을 막아 양질의 급수를 받을 이익은 직접적이고 구체적으로는 보호하고 있지 않음이 명백하여 위 지역주민들이 가지는 이익은 상수원의 확보와 수질보호라는 공공의 이익이 달성됨에 따라 반사적으로 얻게 되는 이익에 불과하므로 지역주민들에 불과한 원고들에게는 위 상수원보호구역변경처분의 취소를 구할 법률상의 이익이 없다.
다. 도시계획법 제12조 제3항의 위임에 따라 제정된 도시계획시설기준에관한규칙 제125조 제1항이 화장장의 구조 및 설치에 관하여는 매장및묘지등에관한법률이 정하는 바에 의한다고 규정하고 있어, 도시계획의 내용이 화장장의 설치에 관한 것일 때에는 도시계획법 제12조 뿐만 아니라 매장및묘지등에관한법률 및 같은법시행령 역시 그 근거 법률이 된다고 보아야 할 것이므로, 같은법시행령 제4조 제2호가 공설화장장은 20호 이상의 인가가 밀집한 지역, 학교 또는 공중이 수시 집합하는 시설 또는 장소로부터 1,000m 이상 떨어진 곳에 설치하도록 제한을 가하고, 같은법시행령 제9조가 국민보건상 위해를 끼칠 우려가 있는 지역, 도시계획법 제17조의 규정에 의한 주거지역, 상업지역, 공업지역 및 녹지지역 안의 풍치지구 등에의 공설화장장 설치를 금지함에 의하여 보호되는 부근 주민들의 이익은 위 도시계획결정처분의 근거 법률에 의하여 보호되는 법률상 이익이다.

2) 절차법상의 권리

행정객체의 권리는 단순히 실체법상의 권리로만 존재하는 것이 아니라 절차법상의 권리로 확대 되어가는 경향이고 이 과정에서 주민의 행정절차에의 참가, 무하자재량행사청구권, 행정개입청구권 등이 논의가 되고 있다.

행정객체의 절차법상의 권리는 민주주의원리의 요구로 행정에 대한 주민 참가 차원에서 넓게 인정되었고 개별법적으로 행정절차법을 통해 인정되게 되었다. 행정절차법상의 의견제출권, 청문권, 공청회 참여권 들이 규정되어 있다. 또한 행정청이 보유하는 자기관련 정보에 대한 정보공개청구권도 「공공기관의정보공개에관한법률(약칭: 정보공개법)」에 규정되어 있다.

무하자재량행사청구권은 주관적공권을 가진 행정객체가 행정청에 대하여 특정행위를 발령함에 있어 하자 없는 결정을 요구하는 권리를 의미한다.

전통적으로 행정청의 기속행위의 경우에 행정객체는 주관적공권을 가지며 행정청이 행정작용을 할 것인가(ob), 한다면 어떤 방식으로 할 것인지(wie)의 문제인 재량행위의 경우에는 행정객체가 권리를 가지지 않는다는 것이 전통적인 견해이다. 그러나 행정청의 재량행위 영역이라고 하더라도 하자 있는 재량행위는 위법한 행위로 인정되기에 하자 없는 재량행위의 인정을 학계에서 주장하게 되었다.

무하자재량행사청구권의 성격을 독자성을 가진 청구권인가 아니면 독자성이 부인되는 실체법상의 권리에 수반되는 권리인가에 대해 학설의 다툼이 있으나 판례는 무하자재량행사청구권의 독자성을 부인하고 있다.[12]

 대법원 1991.2.12. 선고 90누5825 판결.
임용거부처분의 항고소송대상으로서의 처분성 행정청이 국민의 신청을 거부하는 처분은 국민이 행정청에 대하여 그 신청에 따른 행정행위를 해줄 것을 요구할 권리가 있는 때에 한하여 항고소송의 대상이 된다는 것이 당원의 견해임은 원심판시와 같은 바, 검사의 임용여부는 임용권자가 합목적성과 공익적합성의 기준에 따라

---
12) 홍정선, 행정법원론(상), 2024, 190쪽.

판단할 자유재량에 속하는 사항으로서 원고의 임용요구에 기속을 받아 원고를 임용하여야 할 의무는 없는 것이고 원고로서도 자신의 임용을 요구할 권리가 있다고 할 수 없는 것이다.

그러나 이 사건과 같이 임용권자가 동일한 검사신규임용의 기회에 원고를 비롯한 다수의 검사지원자들로부터 임용신청을 받아 전형을 거쳐 자체에서 정한 임용기준에 따라 이들 중 일부만을 선정하여 검사로 임용하는 경우에 있어서, 법령상 검사임용신청 및 그 처리의 제도에 관한 명문규정이 없다고 하여도 조리상 임용권자는 임용신청자들에게 전형의 결과에 대한 응답, 즉 임용여부의 응답을 해줄 의무가 있다고 보아야하고 원고로서는 그 임용신청에 대하여 임용여부의 응답을 받을 권리가 있다고 할 것이며, 응답할 것인지의 여부조차도 임용권자의 편의재량사항이라고는 할 수 없다(그러므로 아무런 응답이 없을 때에는 그 부작위의 위법확인을 소구할 수 있을 것이다).

그런데 임용권자가 임용여부에 관하여 어떠한 내용의 응답을 할 것인지는 앞에서 본 바와 같이 임용권자의 자유재량에 속하므로 일단 임용거부라는 응답을 한 이상 설사 그 응답내용이 부당하다고 하여도 사법심사의 대상으로 삼을 수 없는 것이 원칙이나, 다만 자유재량에 속하는 행위일지라도 재량권의 한계를 넘거나 남용이 있을 때에는 위법한 처분으로서 항고소송의 대상이 되는 것이므로(행정소송법 제27조), 적어도 이러한 재량권의 한계일탈이나 남용이 없는 위법하지 않은 응답을 할 의무가 임용권자에게 있고 이에 대응하여 원고로서도 재량권의 한계일탈이나 남용이 없는 적법한 응답을 요구할 권리가 있다고 할 것이며, 원고는 이러한 응답신청권에 기하여 재량권남용의 위법한 거부처분에 대하여는 항고소송으로서 그 취소를 구할 수 있다고 보아야 한다.

이 사건에서 원고는 이 사건 임용거부처분이 재량권을 남용한 위법한 처분이라고 주장하면서 그 취소를 구하고 있는 것이므로 원심으로서는 재량권남용여부를 심리하여 본안에 관한 판단으로서 원고청구의 인용여부를 가렸어야 함에도 불구하고, 이에 이름이 없이 항고소송의 대상이 되는 처분이 아니라는 이유로 각하하고 말았음은 자유재량에 속하는 거부처분의 처분성에 관한 법리를 오해한 것으로서 이 점에 관한 논지는 이유 있다.

행정청의 재량행위임에도 불구하고 일정한 경우에는 행정청의 재량행위는 그 재량이 0으로 축소되는 영역이 있고 이를 재량권의 0으로의 수축이론이라고 한다. 예를 들어「경찰관직무집행법」상의 경찰권의 발동은 그 발동과 행사의 방식이 경찰관의 재량사항으로 규정되어 있으나 사람의 생명, 신체 등에 대한 회복할 수 없는 위기의 상황에서는 경찰권발동은 필수적인 기속행위로 판단되어야 하고 경찰권발동의 방식에서도 생명 및 신체에 대한 중대한 침해가 방지될 수 있는 방식에 기속되게 된다.

> **● 참고 | 실제 사례[13]**
>
> 새벽에 술에 취한 남성을 자택 문앞까지 데려다줬지만, 집안까지 들어가는 것을 확인하지 않아 결국 이 취객이 사망한 사건과 관련해 현장에 나갔던 경찰관 2명이 벌금형을 선고 받았다.
> 14일 뉴시스 보도에 따르면 최근 서울북부지법은 업무상과실치사 혐의를 받는 강북경찰서 미아지구대 소속 A경사와 B경장에게 각각 벌금 500만원과 400만원의 약식명령을 내렸다.
> 이들은 2022년 11월30일 새벽 주취자가 있다는 신고를 받고 출동해 오전 1시28분께 술에 취한 60대 남성 C씨를 자택인 강북구 수유동에 위치한 다세대주택 문 앞까지 데리고 갔다. 경찰들은 C씨가 집 안에 들어가는 것을 확인하지 않고 현장에서 철수했고, 6시간 넘게 한파 속에 방치된 C씨는 같은 날 오전 7시께 숨진 채 발견됐다. 당시 서울에는 한파 경보가 발령돼 최저 기온은 영하 8.1도를 기록했다.
> 경찰은 C씨의 상태와 당시 기온 등을 근거로 사망 예견 가능성이 충분했던 만큼 구호조치 의무를 위반했다고 보고 업무상과실치사 혐의로 A경사와 B경장을 검찰에 넘겼다. 당시 피해자 유족들은 이들에 대한 처벌불원서를 냈지만 검찰은 지난해 9월 A경사와 B경장을 약식 기소했다. 이들은 벌금형을 선고받은 후 최근 경징계를 받은 것으로 파악됐다.

  행정개입청구권이란 자기 또는 제3자에게 행정권의 발동을 청구하는 권리를 의미한다.[14] 예를 들어 자신을 생활보장 대상자로 지정해 줄 것을 청구하거나 이웃이 불법 건축을 하여 일조권 등을 침해할 때 건축행정청이 이웃에게 불법 건축을 철거하라는 명령을 발동하는 것 등이다. 독일의 경우 연탄공장 띠톱 사건이 대표적인 사건이다.[15]
  행정개입청구권을 인정할 것인가에 대해 학설의 다툼이 있으나 행정객체의 주관적 공권의 확대라는 차원에서는 긍정할 만하다. 판례는 인정하는 것과 부인하는 것으로 일관되지 않는다.

---

13) https://v.daum.net/v/20240114150301430, 2024년 1월 24일 검색.
14) 홍정선 교수는 행정개입청구권을 절차법상의 주관적공권이 아니라 실체법상의 주관적공권이라고 한다. 홍정선, 행정법원론(상), 2024, 198쪽.
15) BverwGE 11, 95.

대법원 1975.5.13. 선고 73누96,97 판결.

사례 2는 유명한 청주시 연탄공장 사건이다. 이 사건의 쟁점은 과거 행정법관계에서 당사자의 문제로 국한되어 인정되었으나 복효적 행정행위의 증가로 인해 이해관계를 가지는 제3자의 경우 법률상 보호받을 이익을 인정해 비록 행정처분의 상대방은 아니더라도 소송청구적격을 인정할 수 있을 것인가이다.

이 사건에서 대법원은 "주거지역안에서는 도시계획법 19조 1항과 개정전 건축법 32조 1항에 의하여 공익상 부득이 하다고 인정될 경우를 제외하고는 거주의 안녕과 건전한 생활환경의 보호를 해치는 모든 건축이 금지되고 있을뿐 아니라 주거지역내에 거주하는 사람이 받는 위와 같은 보호이익은 법률에 의하여 보호되는 이익이라고 할 것이므로 주거지역내에 위 법조 소정 제한면적을 초과한 연탄공장 건축허가처분으로 불이익을 받고 있는 제3거주자는 비록 당해 행정처분의 상대자가 아니라 하더라도 그 행정처분으로 말미암아 위와 같은 법률에 의하여 보호되는 이익을 침해받고 있다면 당해행정 처분의 취소를 소구하여 그 당부의 판단을 받을 법률상의 자격이 있다."고 판시하였다.

대법원 2017.11.9. 선고 2017다228083 판결.

경찰은 범죄의 예방, 진압 및 수사와 함께 국민의 생명, 신체 및 재산의 보호 기타 공공의 안녕과 질서유지를 직무로 하고 있고, 직무의 원활한 수행을 위하여 경찰관 직무집행법, 형사소송법 등 관계 법령에 의하여 여러 가지 권한이 부여되어 있으므로, 구체적인 직무를 수행하는 경찰관으로서는 제반 상황에 대응하여 자신에게 부여된 여러 가지 권한을 적절하게 행사하여 필요한 조치를 취할 수 있는 것이고, 그러한 권한은 일반적으로 경찰관의 전문적 판단에 기한 합리적인 재량에 위임되어 있는 것이나, 경찰관에게 권한을 부여한 취지와 목적에 비추어 볼 때 구체적인 사정에 따라 경찰관이 권한을 행사하여 필요한 조치를 취하지 아니하는 것이 현저하게 불합리하다고 인정되는 경우에는 그러한 권한의 불행사는 직무상의 의무를 위반한 것이 되어 위법하게 된다.

3) 공의무

공의무란 공권에 대응하는 개념으로 타인의 이익을 위해 의무자의 의사에 가해진 공법상의 구속을 의미한다.[16]

그러나 공의무는 사법관계에서 발생하는 의무와는 달리 포기와 이전이 제한되기도 하고 의무의 불이행할 때 강제 수단과 행정벌이 가해지기도 한다.

---

16) 홍정선, 행정법원론(상), 2024, 202쪽.

4) 공권 · 공의무의 승계

공권 및 공의무의 승계는 자의적인 승계가 가능한 것이 아니라 제한을 받는다. 행정주체의 경우 행정권한법정주의 원칙에 의해 법률에 의해 승계 및 주체의 변경이 가능하다.

사인이 공권 및 공의무를 승계할 수 있는가에 대해서 일반법적인 규율이 없다. 이론적으로 해결되어야 한다. 권리와 의무가 이전에 적합한 성질이면 이전이 가능하고 일신전속적인 사항이라면 공권의 이전은 곤란하다.

「행정절차법」에 의하면 상속, 합병과 같은 포괄 승계의 경우에는 행정청의 승인 없이도 당연히 권리, 의무가 승계되지만, 권리만의 양수와 같은 특정승계에는 행정청의 승인을 요한다.

 대법원 2005.8.19. 선고 2003두9817 판결.

[1] 구 산림법(2001. 5. 24. 법률 제6477호로 개정되기 전의 것) 제90조의2 제1항, 구 산림법 시행규칙(2001. 11. 10. 농림부령 제1405호로 개정되기 전의 것) 제95조의2는 채석허가를 받은 자(이하 '수허가자'라 한다)의 지위를 승계한 자는 단독으로 관할 행정청에의 명의변경신고를 통하여 수허가자의 명의를 변경할 수 있는 것으로 규정하고, 같은 법 제4조는 법에 의하여 행한 처분 등은 토지소유자 및 점유자의 승계인에 대하여도 그 효력을 미치도록 규정하고 있는 점, 채석허가는 수허가자에 대하여 일반적 · 상대적 금지를 해제하여 줌으로써 채석행위를 자유롭게 할 수 있는 자유를 회복시켜 주는 것일 뿐 권리를 설정하는 것이 아니라 하더라도, 대물적 허가의 성질을 아울러 가지고 있는 점 등을 감안하여 보면, 수허가자가 사망한 경우 특별한 사정이 없는 한 수허가자의 상속인이 수허가자로서의 지위를 승계한다고 봄이 상당하다.

[2] 구 산림법(2001. 5. 24. 법률 제6477호로 개정되기 전의 것) 제90조 제11항, 제12항이 산림의 형질변경허가를 받지 아니하거나 신고를 하지 아니하고 산림을 형질변경한 자에 대하여 원상회복에 필요한 조치를 명할 수 있고, 원상회복명령을 받은 자가 이를 이행하지 아니한 때에는 행정대집행법을 준용하여 원상회복을 할 수 있도록 규정하고 있는 점에 비추어, 원상회복명령에 따른 복구의무는 타인이 대신하여 행할 수 있는 의무로서 일신전속적인 성질을 가진 것으로 보기 어려운 점, 같은 법 제4조가 법에 의하여 행한 처분 · 신청 · 신고 기타의 행위는 토지소유자 및 점유자의 승계인 등에 대하여도 그 효력이 있다고 규정하고 있는 것은 산림의 보호 · 육성을 통하여 국토의 보전 등을 도모하려는 법의 목적을 감안하여 법에 의한 처분 등으로 인한 권리와 아울러 그 의무까지 승계시키려는 취지인 점 등에

비추어 보면, 산림을 무단형질변경한 자가 사망한 경우 당해 토지의 소유권 또는 점유권을 승계한 상속인은 그 복구의무를 부담한다고 봄이 상당하고, 따라서 관할 행정청은 그 상속인에 대하여 복구명령을 할 수 있다고 보아야 한다.

5) 사인의 공법행위

행정법 영역에서는 행정주체가 공법적 효과를 발생시키는 행위를 하지만, 사인도 공법상 효과를 발생시키는 행위를 할 수 있다. 예를 들어 일반음식점을 하기 위해 영업 신고하거나, 대부업을 하기 위해 법률에 따라 사인이 행정기관에 등록하는 경우를 들 수 있는데 이를 사인의 공법행위라고 한다. 사인의 공법행위는 일반적으로 신고의 형태로 나타나나 때에 따라서는 등록이라는 용어를 사용하기도 한다.

사인의 공법행위에 대한 일반법적인 규정은 없다. 「행정절차법」과 「민원 처리에 관한 법률」에 일부 규정이 있을 뿐이다.

사인의 공법행위에도 기본적으로 의사능력이 있어야 하고 의사능력이 없는 자의 행위는 무효다. 행위능력에 대해 공법에 특별한 규정이 있는 경우에는 이에 따르지만, 별다른 규정이 없는 경우에는 민법의 규정이 준용된다.

사인의 공법상 행위는 신고, 등록 등의 형태로 나타난다.

신고란 사인이 공법적 효과의 발생을 목적으로 행정주체에 대하여 일정한 사실을 알리는 행위를 말한다. 예를 들어 음식점 영업 신고가 있다.

등록이란 사인이 일정한 공법적 효과 발생을 목적으로 법률이 요구하는 사항을 행정기관에 보고하여 공적 장부에 기재하는 행위다. 예로, 대부업을 하려고 하는 사람이 법률에서 요구하는 사항을 행정기관에 보고하는 등록하는 경우다.

 대법원 2018.6.28. 선고 2013두15774 판결.

[1] '무용'이나 '댄스스포츠'를 교습하는 학원이 학원의 설립·운영 및 과외교습에 관한 법률(이하 '학원법'이라 한다)에서 규율하는 학원에 해당함은 분명하다. 초·중등교육법 제23조에 따른 학교교육과정에 포함되어 있는 '무용'이나 '댄스스포츠'를 교습하는 학원은 학원법상 학교교과교습학원으로서 예능 분야 내 예능 계열에서 무용을 교습하는 학원에 해당한다. 학교교과교습학원 외에 평생교육이나 직업교육을 목적으로 '무용'이나 '댄스스포츠'를 교습하는 학원은 학원법상 기예 분야 내 기예 계열의 평생직업교육학원에 해당한다.

학원의 설립·운영 및 과외교습에 관한 법률 시행령 제3조의3 제1항 [별표 2] 학원의 종류별 교습과정 중 평생직업교육학원의 교습과정에 속하는 댄스에 관하여 '체육시설의 설치·이용에 관한 법률에 따른 무도학원업 제외'라는 단서 규정은 그 규정의 체계와 위치를 고려하면, 댄스를 교습하는 평생직업교육학원의 범위만을 제한하고 있을 뿐이고 무용을 교습하는 학교교과교습학원의 범위는 제한하지 않고 있다고 볼 수 있다. 따라서 국제표준무도를 교습하는 학원을 설립·운영하려는 자가 학원법상 학교교과교습학원으로 등록하려고 할 때에, 관할 행정청은 그 학원이 학원법에 따른 학교교과교습학원의 등록 요건을 갖춘 이상 등록의 수리를 거부할 수 없다고 보아야 한다.

사인의 공법행위는 여러 종류로 나눌 수 있다. 첫째 건축 허가신청과 같이 행위 자체가 공법적 효과를 발생시키는 법률행위인 경우도 있고 쓰레기 분리배출과 같은 사실행위도 있다. 둘째 공법행위를 하는 사인의 수에 따라 단독행위($^{건축허가}_{신청}$), 계약($^{전문직\ 공무원의\ 개방직\ 직제를\ 통한\ 계약}$) 그리고 주택의 소유자 등이 재건축조합을 결성하는 합동행위가 있다. 셋째 사인의 공법행위가 그 자체가 바로 효력을 발생하는 자기완결적 사인의 공법행위와 사인의 행위($^{혼인신고,\ 출생신고,}_{사망신고}$)가 단지 하나의 동기 또는 요건이 되는 사인의 공법행위($^{행정요건적\ 사인의\ 공법행위,\ 예를\ 들어\ 건축}_{허가의\ 신청\ 또는\ 유흥음식점의\ 허가신청\ 등}$)로 나눌 수 있다.

자기완결적 사인의 공법행위와 행정요건적 사인의 공법행위의 구별실익은 ①행위효력의 발생 시기, ②신고수리행위의 법적성격($^{사실행위와}_{처분}$), ③행정기관이 신고수리를 거부할 수 있는 권한이 있는지 여부, ④사인의 신고에 대한 수리거부의 처분성의 문제($^{행정소송의\ 대상이}_{되는지\ 여부}$) 등에서 있다.

행정기본법
제34조(수리 여부에 따른 신고의 효력) 법령등으로 정하는 바에 따라 행정청에 일정한 사항을 통지하여야 하는 신고로서 법률에 신고의 수리가 필요하다고 명시되어 있는 경우(행정기관의 내부 업무 처리 절차로서 수리를 규정한 경우는 제외한다)에는 행정청이 수리하여야 효력이 발생한다.

건축법상 건축신고를 과거에는 자기완결적 신고로 파악했으나[17], 이후 법원은 판례를 변경해 수리를 요하는 신고로 파악하였다.

---
17) 대법원 1999.4.27. 97누6780판결.

대법원 2010.11.18.자 2008두167 판결.

[1] 행정청의 어떤 행위가 항고소송의 대상이 될 수 있는지의 문제는 추상적·일반적으로 결정할 수 없고, 구체적인 경우 행정처분은 행정청이 공권력의 주체로서 행하는 구체적 사실에 관한 법집행으로서 국민의 권리의무에 직접적으로 영향을 미치는 행위라는 점을 염두에 두고, 관련 법령의 내용과 취지, 그 행위의 주체·내용·형식·절차, 그 행위와 상대방 등 이해관계인이 입는 불이익과의 실질적 견련성, 그리고 법치행정의 원리와 당해 행위에 관련한 행정청 및 이해관계인의 태도 등을 참작하여 개별적으로 결정하여야 한다.

[2] 구 건축법(2008. 3. 21. 법률 제8974호로 전부 개정되기 전의 것) 관련 규정의 내용 및 취지에 의하면, 행정청은 건축신고로써 건축허가가 의제되는 건축물의 경우에도 그 신고 없이 건축이 개시될 경우 건축주 등에 대하여 공사 중지·철거·사용금지 등의 시정명령을 할 수 있고(제69조 제1항), 그 시정명령을 받고 이행하지 않은 건축물에 대하여는 당해 건축물을 사용하여 행할 다른 법령에 의한 영업 기타 행위의 허가를 하지 않도록 요청할 수 있으며(제69조 제2항), 그 요청을 받은 자는 특별한 이유가 없는 한 이에 응하여야 하고(제69조 제3항), 나아가 행정청은 그 시정명령의 이행을 하지 아니한 건축주 등에 대하여는 이행강제금을 부과할 수 있으며(제69조의2 제1항 제1호), 또한 건축신고를 하지 않은 자는 200만 원 이하의 벌금에 처해질 수 있다(제80조 제1호, 제9조). 이와 같이 건축주 등은 신고제하에서도 건축신고가 반려될 경우 당해 건축물의 건축을 개시하면 시정명령, 이행강제금, 벌금의 대상이 되거나 당해 건축물을 사용하여 행할 행위의 허가가 거부될 우려가 있어 불안정한 지위에 놓이게 된다. 따라서 건축신고 반려행위가 이루어진 단계에서 당사자로 하여금 반려행위의 적법성을 다투어 그 법적 불안을 해소한 다음 건축행위에 나아가도록 함으로써 장차 있을지도 모르는 위험에서 미리 벗어날 수 있도록 길을 열어 주고, 위법한 건축물의 양산과 그 철거를 둘러싼 분쟁을 조기에 근본적으로 해결할 수 있게 하는 것이 법치행정의 원리에 부합한다. 그러므로 건축신고 반려행위는 항고소송의 대상이 된다고 보는 것이 옳다.

    사인의 공법행위는 행정 관련 법에 명확히 규정되어 있는 것이 없으므로 의사능력, 행위능력, 대리, 행위형식, 의사표시의 발생 시기, 의사표시의 흠결, 부관, 보완 및 철회 등은 민법의 규정을 준용하여 적용할 수 있다.

    사인의 공법행위의 효력은 법률에 특별한 규정이 있는 경우에는 법률의 규정에 따르나 별도의 처리 또는 수리에 관한 규정이 없으면 자기완결적 신고로 간주하여 신고 시에 효력이 발생한다.

    그러나 행정요건적 사인의 공법행위에 하자가 있는 경우에는 그 하자가 단순한 행정처분의 동기인 경우에는 별 영향을 미치지 않으나, 요건에 해당하는 사인의 공법행위에 무효의 하자 또는 적법한 철회가 있는 경우 행정처분은 무효가 된다.

 대법원 1997.12.12. 선고 97누13962 판결.
[1] 공무원이 사직의 의사표시를 하여 의원면직처분을 하는 경우 그 사직의 의사표시는 그 법률관계의 특수성에 비추어 외부적·객관적으로 표시된 바를 존중하여야 할 것이므로, 비록 사직원제출자의 내심의 의사가 사직할 뜻이 아니었다고 하더라도 진의 아닌 의사표시에 관한 민법 제107조는 그 성질상 사직의 의사표시와 같은 사인의 공법행위에는 준용되지 아니하므로 그 의사가 외부에 표시된 이상 그 의사는 표시된 대로 효력을 발한다.
[2] 사직서의 제출이 감사기관이나 상급관청 등의 강박에 의한 경우에는 그 정도가 의사결정의 자유를 박탈할 정도에 이른 것이라면 그 의사표시가 무효로 될 것이고 그렇지 않고 의사결정의 자유를 제한하는 정도에 그친 경우라면 그 성질에 반하지 아니하는 한 의사표시에 관한 민법 제110조의 규정을 준용하여 그 효력을 따져보아야 할 것이나, 감사담당 직원이 당해 공무원에 대한 비리를 조사하는 과정에서 사직하지 아니하면 징계파면이 될 것이고 또한 그렇게 되면 퇴직금 지급상의 불이익을 당하게 될 것이라는 등의 강경한 태도를 취하였다고 할지라도 그 취지가 단지 비리에 따른 객관적 상황을 고지하면서 사직을 권고·종용한 것에 지나지 않고 위 공무원이 그 비리로 인하여 징계파면이 될 경우 퇴직금 지급상의 불이익을 당하게 될 것 등 여러 사정을 고려하여 사직서를 제출한 경우라면 그 의사결정이 의원면직처분의 효력에 영향을 미칠 하자가 있었다고는 볼 수 없다.

6. 행정법관계의 소멸

행정법관계의 발생과 소멸의 사유는 다양하여서 일률적으로 말하기 곤란하다. 발생 원인으로 중요한 것은 행정주체에 의한 공법행위(행정입법, 행정계획, 행정행위, 공법상 계약 등)와 사인의 공법행위(주민등록 이전 신고)가 있다.

행정법관계의 소멸은 급부의 종료, 권리의 포기와 소멸시효의 완성, 실효, 대상의 소멸, 사망 등으로 이루어진다.

행정입법

1. 행정입법의 의미와 기능
2. 법규명령
3. 행정규칙
4. 고시, 공고

Chapter III 행정입법

─── ❋ 사례 1 ❋ ───

금융감독위원회는 ○○생명에 대하여, ① 금융산업의구조개선에관한법률 제2조 제3호 가목을 근거로 '경영상태를 실사한 결과 1999. 6. 말 기준으로 부채가 자산을 2조 6,753억 원 초과하여 정상적 경영이 어려울 것이 명백하다'라는 이유로 ○○생명을 부실금융기관으로 결정하고, ② 아울러 같은 법 제10조 제1항 내지 제5항, 제12조 제1항 내지 제4항·제7항 내지 제9항을 근거로 '○○생명이 해약의 증가, 수입보험료의 감소, 영업조직의 동요와 이탈 및 유동성 부족 등으로 영업의 지속이 어려워 그 조기정상화를 위한다'는 이유로 예금보험공사가 1,000만주의 신주를 인수할 수 있도록 하는 자본증가와 위 증자에 의거 예금보험공사에서 출자한 금액을 제외한 기존 주식 전부를 소각하는 자본감소를 명령하였다. 한편 금융감독위원회가 기업의 부실여부를 결정하는 구체적인 기준은 금융산업의구조개선에관한법률의 규정에 의해 금융감독위원회의 고시로 규정하도록 하고 있었고 금융감독위원회는 이에 따라 고시를 정해 그 기준을 설정하였고 이에 따라 위와 같은 조치를 하였다.

한편 이 사건 처분에 의하면, 증자명령 및 감자명령은 예금보험공사의 출자결정일로부터 효력이 발생하고 아울러 증자 및 감자는 위 출자결정일로부터 9일 이내에 효력이 발생하는데, 이와 관하여 예금보험공사는 같은 해 9. 14. 출자를 결정하였다.

그러자, ○○생명은 서울행정법원에 이 사건 처분의 취소를 구하는 소송을 제기한 다음, 그 소송에 적용될 수 있는 금융산업의구조개선에관한법률 제2조 제3호 가목, 제10조 제1항 제2호, 제2항 및 제12조 제2항 내지 제4항의 위헌 여부가 재판의 전제가 된다는 이유로 위헌심판제청신청(서울행정법원 99아667)을 하였다. 그런데, 위 법원에서는 1999. 9. 30. 이 사건 처분의 상대방인 ○○생명이 제기한 소에 대하여 그 청구를 기각하였고 ○○생명은 항소를 하면서(서울고등법원 99누13408), 헌법재판소법 제68조 제2항에 따라 1999. 10. 13. 이 사건 헌법소원심판을 청구하였다.[1] ○○생명의 청구는 정당한가?

---

1) 헌법재판소 2004. 10. 28. 99헌바91.

1. 행정입법의 의미와 기능

행정작용은 법치행정 원리하에서 법규범에 근거해 이루어진다. 법 단계상 행정은 헌법, 법률에 근거해 이루어진다. 그러나 실제 행정실무에서는 국회가 제정한 법률에 근거해 이루어지는 것보다는 법률에 근거해 형성된 행정입법에 의해 이루어진다. 행정입법은 구체적으로 법규명령(Rechtsverordnungen)과 행정규칙(Satzungen)을 통해 나타난다.

법규명령은 법률위임에 의해 행정부에 의해 제정된다. 이러한 법규명령은 의회입법의 법률보다 더 세밀한 규정으로 형성되고 행정영역의 명령절차에서 보다 더 융통성 있게 적용된다.

행정규칙은 행정청의 자기행정의 원리에 의해 형성이 되며 기본적으로 행정청 내부의 사항을 규정한다. 그러나 법규명령이나 행정규칙 역시 법률의 유보를 고려해야 한다.

그러나 침해행위에 대해서는 반드시 형식적인 법률에 의한 위임이 있어야 하고 기본권적인 사항은 입법자 스스로 결정해야 한다(의회유보의 원칙).

행정기본법
제2조(정의) 이 법에서 사용하는 용어의 뜻은 다음과 같다.
1. "법령등"이란 다음 각 목의 것을 말한다.
가. 법령: 다음의 어느 하나에 해당하는 것
    1) 법률 및 대통령령 · 총리령 · 부령
    2) 국회규칙 · 대법원규칙 · 헌법재판소규칙 · 중앙선거관리위원회규칙 및 감사원규칙
    3) 1) 또는 2)의 위임을 받아 중앙행정기관(「정부조직법」 및 그 밖의 법률에 따라 설치된 중앙행정기관을 말한다. 이하 같다)의 장이 정한 훈령 · 예규 및 고시 등 행정규칙
나. 자치법규: 지방자치단체의 조례 및 규칙

2. 법규명령

1) 법규명령의 개념

법규명령이란 법령상의 수권에 근거하여 행정권이 정립하는 규범으로 국민과의 관계에서 일반구속적인 규범을 의미한다.

수권의 근거와 범위(효력)에 따라서 헌법대위명령, 법률대위명령, 법률종속명령으로 나눌 수 있다. 법률종속명령은 위임명령과 집행명령으로 나타난다. 법규명령에는 법률이나 상위명령에서 구체적으로 범위를 정하여 위임하는 경우에 제정되는 위임명령과 법률이나 상위명령의 집행을 위한 집행명령이 있다. 집행명령의 경우 집행에 필요한 세칙을 정하는 범위에서 가능하고 새로운 권리나 의무를 규정할 수는 없다.

헌법에 의해 인정되는 법규명령은 대통령령, 총리령, 부령 대법원규칙, 헌법재판소규칙, 중앙선거관리위원회규칙 등이 있다.

법규명령은 일반적으로 대통령령, 총리령, 부령의 형식으로 제정되며 훈령의 형식으로 제정되는 경우도 있다.[2]

대통령령과 총리령의 효력에 대해 논란이 되나 일반적으로 대통령령이 더 상위의 효력을 가진다고 보고 총리령은 부령에 우월한 효력을 가진다고 본다.[3] 헌법에 규정되어 있는 감사원의 규칙은 명칭과는 상관없이 대국민 구속력 및 영향력을 가지기 때문에 법규명령의 성격을 가진다.[4]

 헌법재판소 1993.5.13. 92헌마80.

당구장 경영자인 청구인에게 당구장 출입문에 18세 미만자에 대한 출입금지 표시를 하게 하는 이 사건 심판대상규정은 법령이 직접적으로 청구인에게 그러한 표시를 하여야 할 법적 의무를 부과하는 사례에 해당하는 경우로서, 그 표시에 의하여 18세 미만자에 대한 당구장 출입을 저지하는 사실상의 규제력을 가지게 되는 것이므로 이는 결국 그 게시의무규정으로 인하여 당구장 이용고객의 일정범위를 당구장 영업대상에서 제외시키는 결과가 된다고 할 것이고 따라서 청구인을 포함한 모

---

[2] 홍정선 교수는 정부조직법에 근거한 중앙행정기관의 보조기관에 대해서 대통령령으로 정한 '행정기관의 조직과 정원에 관한 통칙'을 직제라고 하며 법규명령이나 대국민 구속력을 가지지 않는다고 한다. 홍정선, 행정법원론(상), 2024, 255쪽.
[3] 홍정선, 행정법원론(상), 2024, 256쪽.
[4] 홍정선, 행정법원론(상), 2024, 257쪽.

든 당구장 경영자의 직업종사, 직업수행의 자유가 제한되어 헌법상 보장되고 있는 직업선택의 자유가 침해된다.

체육시설의설치·이용에관한법률 및 동시행령에서 당구장영업에만 유독 18세 미만자 출입금지표시 규정을 두어 영업의 대상범위에 일정한 제한을 가하는 것은 위 법률에 명시되어 있는 국회의 입법의지에 비추어 볼 때 합리적이라 하기가 어렵고 대국가적 기속성에 기인하는 입법에 있어서의 평등의 원칙에 대한 적합한 예외사유로 판단되기 어렵다.

당구장에 대한 출입규제 내지 봉쇄는 법률(또는 법률이 구체적으로 명확히 범위를 정하여 위임한 경우의 법규명령)에 의하여서만 비로소 가능하다고 할 것인바, 이 사건 심판대상규정은 모법의 위임이 없는 사항을 규정하고 있어 결국 위임의 범위를 일탈한 것이라고 하지 않을 수 없다.

도로교통법 제11조 제2항은 "앞을 보지 못하는 사람(이에 준하는 사람을 포함한다. 이하 같다)의 보호자는 그 사람이 도로를 보행하는 때에는 흰색지팡이를 가지도록 하거나 앞을 보지 못하는 사람에게 길을 안내하는 행정안전부령이 정하는 개[이하 "맹도견"(맹도견)이라 한다]를 동반하도록 하여야 한다."라고 규정하였고 이를 집행하기위하여 도로교통법 시행령 제8조는 1. 듣지 못하는 사람, 2. 신체의 평형기능에 장애가 있는 사람, 3. 의족 등을 사용하지 아니하고는 보행을 할 수 없는 사람을 규정하고 있는데 이 경우 도로교통법 제8조는 도로교통법 제11조 제2항을 집행하기 위한 집행명령이라고 볼 수 있다.

2) 법규명령의 유효성 전제조건

법규명령이 유효하기 위해서 다음의 사항을 고려해야 한다.

(1) 법규명령의 위임 근거

법규명령의 위임이 헌법적으로 정당한가를 살펴야 한다. 국회전속 입법권과 행정입법의 관할 사항이 아닌 것은 위임되지 못한다. 예를 들어 국민이 되는 요건은 법률인 국적법에 의하고 조세와 종목과 세율은 반드시 법률로 규정하여야 하지 행정입법으로 규정해서는 안 된다.

행정입법이 헌법적인 정당성을 가진 위임입법 하에서 이루어진다고 하더라도 포괄적 위임금지, 포괄적 재위임의 금지, 처벌규정의 위임제한, 의회유보에 의한 제한을 받는다.

대법원 2007.10.26. 선고 2007두9884 판결.
조세나 부담금의 부과요건과 징수절차를 법률로 규정하였다고 하더라도 그 규정 내용이 지나치게 추상적이고 불명확하면 부과관청의 자의적인 해석과 집행을 초래할 염려가 있으므로 법률 또는 그 위임에 따른 명령·규칙의 규정은 일의적이고 명확해야 할 것이나, 법률규정은 일반성, 추상성을 가지는 것이어서 법관의 법보충작용으로서의 해석을 통하여 그 의미가 구체화·명확화될 수 있으므로, 조세나 부담금에 관한 규정이 관련 법령의 입법 취지와 전체적 체계 및 내용 등에 비추어 그 의미가 분명해질 수 있다면 이러한 경우에도 명확성을 결여하였다고 하여 위헌이라고 할 수는 없다.
[2] 위임입법의 경우 그 한계는 예측가능성인바, 이는 법률에 이미 대통령령으로 규정될 내용 및 범위의 기본사항이 구체적으로 규정되어 있어서 누구라도 당해 법률로부터 대통령령 등에 규정될 내용의 대강을 예측할 수 있어야 함을 의미하고, 이러한 예측가능성의 유무는 당해 특정조항 하나만을 가지고 판단할 것은 아니고 관련 법조항 전체를 유기적·체계적으로 종합 판단하여야 하며 각 대상법률의 성질에 따라 구체적·개별적으로 검토하여 법률조항과 법률의 입법 취지를 종합적으로 고찰할 때 합리적으로 그 대강이 예측될 수 있는 것이라면 위임의 한계를 일탈하지 아니한 것이다.

대법원 2015.1.15. 선고 2013두14238 판결.
위임명령은 법률이나 상위명령에서 구체적으로 범위를 정한 개별적인 위임이 있을 때에 가능하고, 여기에서 구체적인 위임의 범위는 규제하고자 하는 대상의 종류와 성격에 따라 달라지는 것이어서 일률적 기준을 정할 수는 없지만, 적어도 위임명령에 규정될 내용 및 범위의 기본사항이 구체적으로 규정되어 있어서 누구라도 당해 법률이나 상위법령으로부터 위임명령에 규정될 내용의 대강을 예측할 수 있어야 하나, 이 경우 그 예측가능성의 유무는 당해 위임조항 하나만을 가지고 판단할 것이 아니라 그 위임조항이 속한 법률의 전반적인 체계와 취지 및 목적, 당해 위임조항의 규정형식과 내용 및 관련 법규를 유기적·체계적으로 종합하여 판단하여야 하며, 나아가 각 규제 대상의 성질에 따라 구체적·개별적으로 검토함을 요한다.
또한 법률에서 위임받은 사항을 전혀 규정하지 않고 재위임하는 것은 복위임금지 원칙에 반할 뿐 아니라 위임명령의 제정 형식에 관한 수권법의 내용을 변경하는 것이 되므로 허용되지 않으나 위임받은 사항에 관하여 대강을 정하고 그 중의 특정사항을 범위를 정하여 하위법령에 다시 위임하는 경우에는 재위임이 허용된다. 이러한 법리는 조례가 지방자치법 제22조 단서에 따라 주민의 권리제한 또는 의무부과에 관한 사항을 법률로부터 위임받은 후, 이를 다시 지방자치단체장이 정하는 '규칙'이나 '고시' 등에 재위임하는 경우에도 마찬가지이다.

(2) 법규명령은 합법적이어야 한다.

법규명령은 형식적 및 실질적으로 합법적이어야 한다.

법규명령은 형식적으로 입법자가 제정한 법률에 의해 위임되어야 하고 이 경우 관할권 있는 행정청에 위임이 되어야 한다. 특히 지방자치단체의 경우 조례제정은 지방자치단체의 사무에 한정이 된다. 그러나 급부적 행정 또는 침해적 행정의 경우 그 위임의 정도는 달리 고려되어야 한다.

법규명령은 또한 절차적으로도 입법예고제, 조직 내부적인 각종 심의 등을 거쳐야 한다.

또한 법규명령은 대국민 구속력이 존재하기 때문에 관보에 게재되어야 그 효력이 발생한다.

법규명령은 또한 실질적으로도 합법성을 가져야 하는데 상위법인 헌법상의 기본권 및 일반적 법치국가원리와 고려할 때 부합되어야 하고 반해서는 안 된다.

일반적으로 법규명령이 적법요건에 흠이 있으면 위법한 것이 되고 하자 있는 행정행위의 효력과는 달리 법규명령의 하자는 중대한 하자가 되고 외관상 그 하자가 명백하게 존재하면 무효가 된다.

위법한 법규명령의 효력에 대해서는 학설이 나뉘어져 있다. 법규명령의 위법성의 정도가 중대하고 명백한 경우에 무효이고 그 외의 경우는 취소의 대상이 된다는 설, 위법한 법규명령은 항상 무효라는 설, 위법한 법규명령이라도 취소되지 않는 한 유효하다는 설이 있다. 판례는 위임근거 없는 법규명령은 무효라고 보고 있다. 다만 이 경우에도 구체적 규범통제의 경우 당해 사건에 법규명령이 적용되지 않는다는 의미이며 법규명령 자체의 일반적 무효를 의미하는 것은 아니다. 일반적인 무효는 헌법재판소에 의한 위헌결정에 의해서만 가능하다.

 대법원 2007.6.14. 선고 2004두619 판결.
하자 있는 행정처분이 당연무효로 되려면 그 하자가 법규의 중요한 부분을 위반한 중대한 것이어야 할 뿐 아니라 객관적으로 명백한 것이어야 하고, 행정청이 위헌이거나 위법하여 무효인 시행령을 적용하여 한 행정처분이 당연무효로 되려면 그 규정이 행정처분의 중요한 부분에 관한 것이어서 결과적으로 그에 따른 행정처분의 중요한 부분에 하자가 있는 것으로 귀착되고, 또한 그 규정의 위헌성 또는 위법성이 객관적으로 명백하여 그에 따른 행정처분의 하자가 객관적으로 명백한 것으로 귀착되어야 하는바, 일반적으로 시행령이 헌법이나 법률에 위반된다는 사정은 그 시행령의 규정을 위헌 또는 위법하여 무효라고 선언한 대법원의 판결이 선고되지 아니한 상태에서는 그 시행령 규정의 위헌 내지 위법 여부가 해석상 다툼의 여지가 없을 정도로 명백하였다고 인정되지 아니하는 이상 객관적으로 명백한 것이라 할 수 없으므로, 이러한 시행령에 근거한 행정처분의 하자는 취소사유에 해당할 뿐 무효사유가 되지 아니한다.

3) 법규명령에 대한 통제

대외적 구속력을 가지는 법규로서의 법규명령에 대한 통제는 행정 내부적 통제, 국회, 사법부, 헌법재판소 그리고 국민에 의한 통제가 있다.

행정내부에 의한 통제는 행정입법과정절차상의 통제, 감독권에 의한 통제, 공무원·행정기관의 법령심사권 그리고 행정심판법에 의한 국무총리행정심판위원회에 의한 법령 등의 개선점에 관한 통제를 들 수 있다.

국회에 의한 법규명령의 통제는 국회의 동의(긴급명령), 행정부의 개정 법규명령에 대한 국회에 보고 등과 같은 직접통제와 국정조사, 국정감사, 공무원에 대한 해임건의 등과 같은 간접적인 방법이 있다. 또 하나의 방법은 법규명령에 수반되는 예산을 통제함으로써 실효성 있는 통제를 할 수 있다.

법원에 의한 법규명령에 대한 통제는 구체적 규범통제이다. 따라서 법규명령이 구체적인 사건에서 재판의 전제가 된 경우에 한하여 각급 법원이 위법 결정을 하게 되며(구체적 규범통제), 이 경우 그 법규명령의 효력은 당해 사건에서 그 적용을 배제한다는 견해가 있으나 법원은 명령·규칙에 대한 일반적인 무효결정을 하고 있다. 다만 법규명령 자체가 처분적 성격이 있거나 지방자치법 제120조 제3항과 같이 법률에 명시적으로 규범통제가 가능한 경우에는 추상적 규범통제도 가능하다. 무효인 법규명령에 근거한 행정행위는 취소(법원에 의해 무효가 되기 전의 행정행위) 또는 무효가 된다.

한편 법규명령의 입법부작위인 경우에는 국가배상소송, 헌법재판을 통한 구제가 가능하지만, 항고소송의 경우 현행법상 입법부작위가 아니라 처분부작위에 대해서만 무효확인소송이 가능하다.[5]

---

5) 이동식/전훈/김성배/손윤석, 행정법총론, 2023, 128쪽.

지방자치법
제120조(지방의회의 의결에 대한 재의 요구와 제소) ① 지방자치단체의 장은 지방의회의 의결이 월권이거나 법령에 위반되거나 공익을 현저히 해친다고 인정되면 그 의결사항을 이송받은 날부터 20일 이내에 이유를 붙여 재의를 요구할 수 있다.
② 제1항의 요구에 대하여 재의한 결과 재적의원 과반수의 출석과 출석의원 3분의 2 이상의 찬성으로 전과 같은 의결을 하면 그 의결사항은 확정된다.
③ 지방자치단체의 장은 제2항에 따라 재의결된 사항이 법령에 위반된다고 인정되면 대법원에 소(訴)를 제기할 수 있다. 이 경우에는 제192조 제4항을 준용한다.

 대법원 2007.4.12. 선고 2005두15168 판결.
항고소송의 대상이 되는 행정처분은 행정청의 공법상의 행위로서 특정사항에 대하여 법률에 의하여 권리를 설정하고 의무를 명하며, 기타 법률상 효과를 발생케 하는 등 국민의 권리의무에 직접 관계가 있는 행위이어야 하고, 다른 집행행위의 매개 없이 그 자체로서 국민의 구체적인 권리의무나 법률관계에 직접적인 변동을 초래케 하는 것이 아닌 일반적, 추상적인 법령 등은 그 대상이 될 수 없다(대법원 1994. 9. 10. 선고 94두33 판결 등 참조).
원심이 같은 취지에서, 의료법 시행규칙(2003. 10. 1. 보건복지부령 제261호) 제31조가 의료기관의 명칭표시판에 진료과목을 함께 표시하는 경우 그 글자의 크기를 의료기관 명칭을 표시하는 글자 크기의 2분의 1 이내로 제한하고 있지만, 위 규정은 그 위반자에 대하여 과태료를 부과하는 등의 별도의 집행행위 매개 없이는 그 자체로서 국민의 구체적인 권리의무나 법률관계에 직접적인 변동을 초래하지 아니하므로 항고소송의 대상이 되는 행정처분이라고 할 수 없다고 하여, 주위적으로는 위 규정의 무효확인을 구하고, 예비적으로는 그 취소를 구하는 이 사건 소를 부적법하다고 판단한 것은 정당하고, 거기에 상고이유로 주장하는 바와 같은 행정처분에 관한 법리오해 등의 위법이 있다고 볼 수 없다.
그리고 원심이 원고들의 이 사건 소를 부적법 각하한 제1심판결을 그대로 유지한 이 사건에 있어서는 본안의 당부와 관련된 주장은 적법한 상고이유가 될 수 없다.

헌법재판소는 법원이 명령·규칙에 대한 위법심사권을 가지고 있다는 헌법의 명문 규정에도 불구하고 논리적으로 볼 때 법률의 하위규범인 명령·규칙에 대한 위법심사권을 또한 가진다. 이에 대해 법원은 반대의 견해를 가지고 있지만 법체계의 통일성이란 측면에서 헌법재판소에게 명령·규칙심사권은 인정하는 것이 타당하다. 헌법재판소는 위법한 명령·규칙에 대해 그 효력을 무효로 하는 일반적인 효력을 선언한다. 또한 헌법재판소는 단순히 입법화된 행정입법의 위헌·위법만을 결정하는 것이 아니라, 법률에 의해 입법의무가 주어진 경우와 행정입법의 진정입법부작위 형식의 행정입법이 기본권을 중대하게 침해하는 경우에는 위헌·위법을 선언할 수 있다.

> **헌법재판소 1990.10.15. 89헌마178.**
> 1. 가. 헌법 제107조 제2항이 규정한 명령·규칙에 대한 대법원의 최종심사권이란 구체적인 소송사건에서 명령·규칙의 위헌여부가 재판의 전제가 되었을 경우 법률의 경우와는 달리 헌법재판소에 제청할 것 없이 대법원이 최종적으로 심사할 수 있다는 의미이며, 명령·규칙 그 자체에 의하여 직접 기본권이 침해되었음을 이유로 하여 헌법소원심판을 청구하는 것은 위 헌법규정과는 아무런 상관이 없는 문제이다.
> 나. 따라서 입법부·행정부·사법부에서 제정한 규칙이 별도의 집행행위를 기다리지 않고 직접 기본권을 침해하는 것일 때에는 모두 헌법소원심판의 대상이 될 수 있는 것이다.
> 2. 가. 이 사건에서 심판청구의 대상으로 하는 것은 법원행정처장의 법무사시험 불실시 즉 공권력의 불행사가 아니라 법원행정처장으로 하여금 그 재량에 따라 법무사시험을 실시하지 아니해도 괜찮다고 규정한 법무사법시행규칙 제3조 제1항이다.
> 나. 법령자체에 의한 직접적인 기본권침해 여부가 문제되었을 경우 그 법령의 효력을 직접 다투는 것을 소송물로 하여 일반 법원에 구제를 구할 수 있는 절차는 존재하지 아니하므로 이 사건에서는 다른 구제절차를 거칠 것 없이 바로 헌법소원심판을 청구할 수 있는 것이다.
> 3. 법무사법시행규칙 제3조 제1항은 법원행정처장이 법무사를 보충할 필요가 없다고 인정하면 법무사시험을 실시하지 아니해도 된다는 것으로서 상위법인 법무사법 제4조 제1항에 의하여 모든 국민에게 부여된 법무사 자격취득의 기회를 하위법인 시행규칙으로 박탈한 것이어서 평등권과 직업선택의 자유를 침해한 것이다.

3. 행정규칙

1) 행정규칙의 개념

행정규칙이란 행정조직 내부 또는 특별한 공법상의 법률관계 내부에서 그 조직과 활동을 규율하는 일반추상적인 명령으로서 법규적 성질을 가지지 않는 것을 의미한다. 행정규칙은 일반적으로 훈령, 고시, 조직규칙, 영조물규칙, 규범해석규칙 등의 형식으로 제정되나 예외적으로 대통령령, 총리령 및 부령으로 제정되기도 한다. 대통령령, 총리령 그리고 부령으로 제정된 행정규칙의 법규성에 대해 논란이 있으나 행정입법의 제정 형식에 판단의 기준이 되는 것이 아니라 행정규칙의 구체적인 내용에 판단을 두어야 한다.

한편 대법원은 원칙적으로 행정규칙의 법규성을 부인하고 있지만, 확고하게 대통령령으로 제정된 행정처분의 기준은 법규명령의 성격을 가진다고 보면서, 총리령 및 부령으로 제정된 행정처분의 기준은 행정규칙이라고 본다.

헌법재판소는 재량준칙[6]과 법령보충적 행정규칙[7]에 대해서만 법규성을 인정하고 있다.

 헌법재판소 1997.5.29. 94헌마33.
[보건복지부장관이 고시한 생활보호사업지침상의 "94년 생계보호기준"이 헌법상의 행복추구권과 인간다운 생활을 할 권리를 침해하는 것인지의 여부]
1. 모든 국민은 인간다운 생활을 할 권리를 가지며 국가는 생활능력 없는 국민을 보호할 의무가 있다는 헌법의 규정은 입법부와 행정부에 대하여는 국민소득, 국가의 재정능력과 정책 등을 고려하여 가능한 범위 안에서 최대한으로 모든 국민이 물질적인 최저생활을 넘어서 인간의 존엄성에 맞는 건강하고 문화적인 생활을 누릴 수 있도록 하여야 한다는 행위의 지침 즉 행위규범으로서 작용하지만, 헌법재판에 있어서는 다른 국가기관 즉 입법부나 행정부가 국민으로 하여금 인간다운 생활을 영위하도록 하기 위하여 객관적으로 필요한 최소한의 조치를 취할 의무를 다하였는지의 여부를 기준으로 국가기관의 행위의 합헌성을 심사하여야 한다는 통제규범으로 작용하는 것이다. 그러므로 국가가 인간다운 생활을 보장하기 위한 헌법적인 의무를 다하였는지의 여부가 사법적 심사의 대상이 된 경우에는, 국가가 생계보호에 관한 입법을 전혀 하지 아니하였다든가 그 내용이 현저히 불합리하여 헌법상 용인될 수 있는 재량의 범위를 명백히 일탈한 경우에 한하여 헌법에 위반된다고 할 수 있다.
2. 국가가 행하는 생계보호의 수준이 그 재량의 범위를 명백히 일탈하였는지의 여부, 즉 인간다운 생활을 보장하기 위한 객관적 내용의 최소한을 보장하고 있는지의 여부는 생활보호법에 의한 생계보호급여만을 가지고 판단하여서는 아니되고

---

6) 재량준칙은 상급행정기관이 하급행정기관의 재량처분에 있어서 재량권 행사의 일반적 기준을 제시하기 위하여 발하는 것을 의미한다.
7) 독일에서는 법령보충적 행정규칙과 구별되는 규범구체화 행정규칙을 사용하고 있으며, 이 경우에는 대외적 구속력을 가진다고 보고 있다. 그러나 우리나라 다수설은 대법원이 규범보충적 행정규칙을 인정한 것이 아니라 법령보충적 행정규칙을 인정한 것이라고 한다. 윤우혁, 행정법총론, 2024, 119쪽.

그외의 법령에 의거하여 국가가 생계보호를 위하여 지급하는 각종 급여나 각종 부담의 감면등을 총괄한 수준을 가지고 판단하여야 하는바, 1994년도를 기준으로 생활보호대상자에 대한 생계보호급여와 그 밖의 각종 급여 및 각종 부담감면의 액수를 고려할 때, 이 사건 생계보호기준이 청구인들의 인간다운 생활을 보장하기 위하여 국가가 실현해야 할 객관적 내용의 최소한도의 보장에도 이르지 못하였다거나 헌법상 용인될 수 있는 재량의 범위를 명백히 일탈하였다고는 보기 어렵고, 따라서 비록 위와 같은 생계보호의 수준이 일반 최저생계비에 못미친다고 하더라도 그 사실만으로 곧 그것이 헌법에 위반된다거나 청구인들의 행복추구권이나 인간다운 생활을 할 권리를 침해한 것이라고는 볼 수 없다.

행정규칙은 일반적으로 고시와 훈령의 형식으로 발령되는데 훈령은 다시 좁은 의미의 훈령, 지시, 예규 그리고 일일명령으로 다시 세분된다.
그러나 법규명령은 행정규칙의 형식으로 제정되기도 하고, 행정규칙의 형식으로 제정되는 법규명령도 있다.

 대법원 1997.5.30. 선고 96누5773 판결.
도로교통법시행규칙 제53조 제1항이 정한 [별표 16]의 운전면허행정처분기준은 부령의 형식으로 되어 있으나, 그 규정의 성질과 내용이 운전면허의 취소처분 등에 관한 사무처리기준과 처분절차 등 행정청 내부의 사무처리준칙을 규정한 것에 지나지 아니하므로 대외적으로 국민이나 법원을 기속하는 효력이 없다 는 것이 대법원의 확립된 판례이므로(대법원 1991. 6. 11. 선고 91누2083 판결, 1993. 2. 9. 선고 92누15253 판결, 1995. 4. 7. 선고 94누14360 판결 등 참조), 이 사건 자동차운전면허취소처분의 적법 여부는 위 운전면허행정처분기준만에 의하여 판단할 것이 아니라 도로교통법의 규정 내용과 취지에 따라 판단되어야 할 것이다(대법원 1995. 4. 7. 선고 94누14360 판결, 1996. 4. 12. 선고 95누10396 판결 등 참조).

대법원 1997.12.26. 선고 97누15418 판결.
어느 행정행위가 기속행위인지 재량행위인지 나아가 재량행위라고 할지라도 기속재량행위인지 또는 자유재량에 속하는 것인지의 여부는 이를 일률적으로 규정지을 수는 없는 것이고, 당해 처분의 근거가 된 규정의 형식이나 체재 또는 문언에 따라 개별적으로 판단하여야 하며(대법원 1995. 12. 12. 선고 94누12302 판결 등 참조), 한편 이 사건 처분의 기준이 된 시행령 제10조의3 제1항 [별표 1]은 법 제7조 제2항의 위임규정에 터잡은 규정형식상 대통령령이므로 그 성질이 부령인 시행규칙이나 또는 지방자치단체의 규칙과 같이 통상적으로 행정조직 내부에 있어서의 행정명령에 지나지 않는 것이 아니라 대외적으로 국민이나 법원을 구속하는 힘이 있는 법규명령에 해당한다고 할 것이다(대법원 1995. 10. 17. 선고 94누14148 판결 참조).

2) 행정규칙 유효성의 전제조건

내부 조직법으로서의 행정규칙도 일반적인 유효성의 전제조건을 갖추어야 하며 이를 위반한 하자 있는 행정규칙은 무효이다.

(1) 행정규칙위임

일반적으로 조직법적인 측면에서 행정규칙의 제정은 법적인 근거를 필요로 하지 않으나 행정규칙의 제정에 있어서 법률에 의한 규칙자율성은 필수적이다. 특히 행정규칙이 이용강제 등과 같이 침해행정의 결과를 초래하는 경우 법률적인 근거가 필수적이다.

본질적인 사항에 대해서는 단순히 행정규칙으로 해결되는 것이 아니고 입법자에 의해 결정되어야 한다.

 대법원 2013.3.28. 선고 2012도16383 판결.

구 수산업법(2009. 4. 22. 법률 제9626호로 전부 개정되기 전의 것, 이하 '종전 수산업법'이라 한다)은 제73조에서 '이 법 또는 이 법에 따른 명령'을 위반하는 행위에 관하여 같은 법 제95조에 형벌규정을 두면서 그 명령의 내용에 관하여는 같은 법 제53조 제1항 제8호에 규정하고 있었고, 한편 구 수산자원관리법(2010. 4. 15. 법률 제10272호로 개정되기 전의 것, 이하 같다)은 제17조에서 '이 법 또는 수산업법에 따른 명령'을 위반하는 행위에 관하여 같은 법 제64조에 형벌규정을 두면서 그 명령의 내용에 관하여는 구 수산업법(2010. 4. 15. 법률 제10272호로 개정되기 전의 것, 이하 '구 수산업법'이라 한다) 제61조 제1항 제5호에 규정하고 있었다. 그런데 종전 수산업법 제53조 제1항 제8호와 구 수산업법 제61조 제1항 제5호는 위임의 목적이 '어업단속·위생관리·유통질서 기타 어업조정'에 있음을 분명히 하고 있고, 위임의 내용과 범위를 구체적으로 확정하고 있으며, 여기에 그 주된 피적용자가 조업구역, 포획·채취할 수 있는 수산동식물에 관한 제한을 대체적으로 예측할 수 있는 어업인들이라는 점, 끊임없이 변화하는 해양생태계를 규율대상으로 하는 수산업법은 다른 법률에 비하여 보다 탄력성을 요구하며, 또한 고도로 전문적이고 기술적이며 국제 해양질서의 변화에 따라 가변적이어서 수산자원보호, 어업조정이라는 입법 목적을 효율적으로 달성하기 위하여 탄력성 있는 행정입법을 활용할 필요가 크다는 점, 이에 따라 구 수산자원보호령(2010. 4. 20. 대통령령 제22128호 수산자원관리법 시행령 부칙 제2조로 폐지, 이하 같다) 제29조는 종전 수산업법 제53조 제1항 제8호에서 규정한 내용 중 일부를, 구 수산업법 시행령(2010. 4. 20. 대통령령 제22127호로 전부 개정된 것, 이하 같다) 제41조는 구 수산업법 제61조 제1항 제5호에서 규정한 내용 중 일부를 좀 더 세부적으로 규정하면서 위임받은 사항에 관하여 대강을 정하고 그 중의 특정사항을 범위를 정해 농림수산식품부장관에게 재위임하여 고래포획금지에 관한 고시(2008. 8. 1. 농림수산식품부 고시 제2008-46호 및 2009. 9. 10. 농림수산식품부 고시 제2009-311호)가 발령된 점, 그 밖에 종전 수산업법, 구 수산업법, 구 수산자원보호령, 구 수산업법 시행령의 입법 목적, 적용범위, 전반적인 규정체계 및 규정 내용 등을 종합해 보면, 종전 수산업법 제53조 제1항 제8호, 구 수산업법 제61조 제1항 제5호는 위임사항의 내용과 범위를 구체적으로 특정하였다고 할 것이고, 이로부터 대통령령 등 하위법령에 규정될 사항이 어떤 것일지 대체적으로 예측할 수 있었다고 보아야 한다. 따라서 위 처벌조항은 포괄위임입법금지 원칙 내지 죄형법정주의에 위배되지 아니한다.

헌법재판소 1995.4.20. 92헌마264등.
1. 조례는 지방자치단체가 그 자치입법권에 근거하여 자주적으로 지방의회의 의결을 거쳐 제정한 법규이기 때문에 조례 자체로 인하여 직접 그리고 현재 자기의 기본권을 침해받은 자는 그 권리구제의 수단으로서 조례에 대한 헌법소원을 제기할 수 있다.
2. 조례의 제정권자인 지방의회는 선거를 통해서 그 지역적인 민주적 정당성을 지니고 있는 주민의 대표기관이고 헌법이 지방자치단체에 포괄적인 자치권을 보장하고 있는 취지로 볼 때, 조례에 대한 법률의 위임은 법규명령에 대한 법률의 위임과 같이 반드시 구체적으로 범위를 정하여 할 필요가 없으며 포괄적인 것으로 족하다.

(2) 형식적 합법성

행정규칙은 권한있는 행정청에 의해 적법한 절차에 의해 이루어져야 한다. 대통령훈령이나 국무총리훈령의 경우는 법제처의 심사를 거치도록 하고 있다. 일정한 경우에는 감독청의 허가를 받아야 그 효력이 발생한다.

(3) 실질적 합법성

행정규칙도 법률에 의해 행정청에 행정규칙제정권이 부여되어야 하며 상위법과 침해행정의 경우 법적위임이 있어야 한다.

3) 행정규칙에 대한 통제

행정규칙이 대외적 구속력을 가지는가에 대해서는 학설의 대립이 있다. 긍정설은 행정규칙도 입법이기 때문에 그 자체가 직접적 구속력을 인정하는 입장, 행정의 자기구속원리에 의해 법규성을 인정하는 입장으로 나뉘어 주장하고 있다. 반면 부정설은 국회입법의 원칙과 행정의 법률적합성에 근거하고 있다.

판례는 행정규칙의 대외적 구속력을 부인하고 있다. 다만 간접적으로 대외적 구속력을 인정하거나 헌법재판소와 대법원은 자기구속법리에 근거하여 재량준칙의 대외적 구속력을 인정하기도 한다.

 헌법재판소 1990.9.3. 90헌마13.
이른바 행정규칙은 일반적으로 행정조직 내부에서만 효력을 가지는 것이고 대외적인 구속력을 갖는 것이 아니다. 다만, 행정규칙이 법령의 규정에 의하여 행정관청에 법령의 구체적 내용을 보충할 권한을 부여한 경우, 또는 재량권 행사의 준칙인 규칙이 그 정한 바에 따라 되풀이 시행되어 행정관행이 이룩되게 되면 평등의 원칙이나 신뢰보호의 원칙에 따라 행정기관은 그 상대방에 대한 관계에서 그 규칙에 따라야 할 자기구속을 당하게 되는 경우에는 대외적인 구속력을 가지게 된다.

대법원 1998.6.9. 선고 97누19915 판결.
[1] 상급행정기관이 하급행정기관에 대하여 업무처리지침이나 법령의 해석적용에 관한 기준을 정하여 발하는 이른바 행정규칙은 일반적으로 행정조직 내부에서만 효력을 가질 뿐 대외적인 구속력을 갖는 것은 아니지만, 법령의 규정이 특정행정기관에게 그 법령내용의 구체적 사항을 정할 수 있는 권한을 부여하면서 그 권한행사의 절차나 방법을 특정하고 있지 아니한 관계로 수임행정기관이 행정규칙의 형식으로 그 법령의 내용이 될 사항을 구체적으로 정하고 있는 경우, 그러한 행정규칙, 규정은 행정조직 내부에서만 효력을 가질 뿐 대외적인 구속력을 갖지 않는 행정규칙의 일반적 효력으로서가 아니라, 행정기관에 법령의 구체적 내용을 보충할 권한을 부여한 법령규정의 효력에 의하여 그 내용을 보충하는 기능을 갖게 되고, 따라서 당해 법령의 위임한계를 벗어나지 아니하는 한 그것들과 결합하여 대외적인 구속력이 있는 법규명령으로서의 효력을 갖게 된다.
[2] 개발제한구역관리규정(1995. 11. 11. 건설교통부훈령 제126호로 개정된 것)은 그 규정의 내용이나 성질 등에 비추어 볼 때 개발제한구역의 관리 등에 관한 행정청 내부의 사무처리준칙을 정한 것에 불과하여 대내적으로 행정청을 기속함은 별론으로 하되 대외적으로 법원이나 일반국민을 기속하는 효력은 없으므로, 위 개발제한구역관리규정이 정한 기준에 부합한다고 하여 바로 토지형질변경불허가처분

등이 적법하게 되는 것은 아니고, 그 처분의 적법 여부는 관계 법령의 규정내용과 취지 및 공익상의 필요 여부 등에 따라 별도로 판단되어야 한다.
[3] 당해 주유소의 설치면적을 1,000㎡ 이내로 제한하여야 할 구체적인 공익상의 필요에 관하여 지방자치단체장이 별다른 주장·입증을 하지 않고 있는 당해 사안에 있어서 관계 법령에 규정된 허용범위 내에서의 당해 토지 형질변경허가신청에 대하여 지방자치단체장이 개발제한구역관리규정(1995. 11. 11. 건설교통부훈령 제126호로 개정된 것)에만 의거하여 불허가처분을 한 것이 위법하다고 본 사례.

행정규칙에 대한 통제는 법규명령에 대한 통제와 유사하다. 중앙행정기관의 훈령이나 예규에 대해서는 법제처의 사후평가제가 실시되고 있다. 법규명령이 법제처의 사전심사를 거친다는 점에서 차이가 있다.
행정규칙에 대한 법원, 헌법재판소에 의한 통제가 가능하다.

〈법규명령과 행정규칙 비교[8]〉

	법규명령	행정규칙
법형식	대통령령, 총리령, 부령 예외적인 행정규제기본법 제4조 제2항 단서에 다른 훈령형식	사무관리규정이 예정한 고시, 지침, 훈령 예외적인 대통령령, 총리령, 부령
제정근거	법규명령은 상위법령상의 수권 집행명령은 구체적인 위임 불요	상위법령의 수권 불요 행정권에 고유한 권능
규정사항	법률유보사항과 비유보사항	비유보사항
성격	타율적 행정입법	자율적 행정입법
효과	원칙적으로 외부적 구속효 예외적 내부적 구속효	원칙적 내부적 구속효 예외적 외부적 구속효

헌법재판소는 법령이 입법사항을 고시·훈령 등에 위임할 수 있는지 여부에 대해 다음과 같이 결정하고 있다.
우선 논의의 배경에 대해 헌법재판소는 "첫째, 법치국가의 원리는 입헌민주주의라는 제한적 민주주의에서 기원하고 있고, 입헌민주주의 하에서의 그 구체적인 내용인

---

[8] 이동식/전훈/김성배/손윤석, 행정법총론, 2023, 114쪽.

행정의 법률적합성의 요청 즉, 법률우위의 원칙과 법률유보의 원칙은 주로 민주적으로 구성된 의회가 정당성이 결여된 행정부에 대한 통제수단의 성격을 가졌다. 그러나 오늘날 헌법적인 상황에서는 국회 뿐만 아니라 행정부 역시 민주적인 정당성을 가지고 있으므로, 행정의 기능유지를 위하여 필요한 범위 내에서는 행정이 입법적인 활동을 하는 것이 금지되어 있지 않을 뿐만 아니라 오히려 요청된다고 보아야 한다. 그렇다고 하더라도, 원칙적인 입법권은 헌법 제40조에 나타나 있는 바와 같이 국회가 보유하고 있는 것이고 행정입법은 그것이 외부적인 효력을 가지는 한 의회입법에서 파생하여 이를 보충하거나 구체화 또는 대위하는 입법권의 성격만을 가질 뿐이다. 둘째, 오늘날 국가가 소극적인 질서유지기능에 그치지 않고 적극적인 질서형성의 기능을 수행하게 되었다는 것은 공지의 사실이다. 그 결과 규율의 대상이 복잡화되고 전문화되었다. 위와 같은 국가기능의 변화 속에서 개인의 권리의무와 관련된 모든 생활관계에 대하여 국회입법을 요청하는 것은 현실적이지 못할 뿐만 아니라 국회의 과중한 부담이 된다. 또한 국회는 민주적 정당성이 있기는 하지만 적어도 제도적으로 보면 전문성을 가지고 있는 집단이 아니라는 점, 국회입법은 여전히 법적 대응을 요청하는 주변환경의 변화에 탄력적이지 못하며 경직되어 있다는 점 등에서 기능적합적이지도 못하다. 따라서 기술 및 학문적 발전을 입법에 반영하는데 국회입법이 아닌 보다 탄력적인 규율형식을 통하여 보충될 필요가 있다. 셋째, 행정기능을 담당하는 국가기관이 동시에 입법권을 행사하는 것은 권력분립의 원칙에 반한다고 보여질 수 있으나, 외부적인 효력을 갖는 법률관계에 대한 형성은 원칙적으로 국회의 기능범위에 속하지만 행정기관이 국회의 입법에 의하여 내려진 근본적인 결정을 행정적으로 구체화하기 위하여 필요한 범위 내에서 행정입법권을 갖는다고 보는 것이 기능분립으로 이해되는 권력분립의 원칙에 오히려 충실할 수 있다."고 파악하고 있다.

한편 법률이 입법사항을 고시 등의 형식으로 위임할 수 있는지에 대하여는

"의회의 입법독점주의에서 입법중심주의로 전환하여 일정한 범위 내에서 행정입법을 허용하게 된 동기가 사회적 변화에 대응한 입법수요의 급증과 종래의 형식적 권력분립주의로는 현대사회에 대응할 수 없다는 기능적 권력분립론에 있다는 점 등을 감안하여 헌법 제40조와 헌법 제75조, 제95조의 의미를 살펴보면, 국회입법에 의한 수권이 입법기관이 아닌 제2의 국가기관인 행정기관에게 법률 등으로 구체적인 범위를

정하여 위임한 사항에 관하여 법정립의 권한을 갖게 되고, 입법자가 규율의 형식을 선택할 수도 있다 할 것이다. 따라서, 헌법이 인정하고 있는 위임입법의 형식은 예시적인 것으로 보아야 할 것이고, 그것은 법률이 행정규칙에 위임하더라도 그 행정규칙은 위임된 사항만을 규율할 수 있으므로, 국회입법의 원칙과 상치되지도 않는다. 다만, 형식의 선택에 있어서 규율의 밀도와 규율영역의 특성이 개별적으로 고찰되어야 할 것이다. 그에 따라 입법자에게 상세한 규율이 불가능한 것으로 보이는 영역이라면 행정부에게 필요한 보충을 할 책임이 인정되고 극히 전문적인 식견에 좌우되는 영역에서는 행정기관에 의한 구체화의 우위가 불가피하게 있을 수 있다. 그러한 영역에서 행정규칙에 대한 위임입법이 제한적으로 인정될 수 있는 것이라고 파악하고 있다."고 파악하고 있다.

이른바 법령보충적 행정규칙의 통제에 대해서는 "법률이 입법사항을 고시 등에 위임하는 것이 가능하다고 하더라도 그에 관한 통제는 다음과 같은 이유로 더욱 엄격하게 행하여져야 한다.과거 우리나라는 행정부 주도로 경제개발·사회발전을 이룩하는 과정에서 국회는 국민의 다양한 의견을 수렴하여 입법에 반영하는 민주·법치국가적인 의회로서의 역할수행이 상대적으로 미흡하여 행정부에서 마련하여 온 법률안을 신중하고 면밀한 검토과정을 소홀히 한 채 통과시키는 사례가 적지 않았고, 그로 말미암아 위임입법이 양산된 것이 헌정의 현실이다. 한편 행정절차법은 국민의 권리·의무 또는 일상생활과 밀접한 관련이 있는 법령 등을 제정·개정 또는 폐지하고자 할 때에는 당해 입법안을 마련한 행정청은 이를 예고하여야 하고(제41조), 누구든지 예고된 입법안에 대하여는 의견을 제출할 수 있으며(제44조), 행정청은 입법안에 관하여 공청회를 개최할 수 있도록(제45조) 규정하고 있으나, 고시나 훈령 등 행정규칙을 제정·개정·폐지함에 관하여는 아무런 규정을 두고 있지 아니하다. 법규명령과 행정규칙의 이러한 행정절차상의 차이점 외에도 법규명령은 법제처의 심사를 거치고(대통령령은 국무회의에 상정되어 심의된다) 반드시 공포하여야 효력이 발생되는데 반하여, 행정규칙은 법제처의 심사를 거칠 필요도 없고 공포 없이도 효력을 발생하게 된다는 점에서 차이가 있다. 또한 우리나라에서는 위임입법에 대한 국회의 사전적 통제수단이 전혀 마련되어 있지 아니하다. 이상과 같은 여러 가지 사정을 종합하면 이 사건에서와 같이 재산권 등과 같은 기본권을 제한하는 작용을 하는 법률이 입법위임을 할 때에는 "대통령령", "총리령", "

부령" 등 법규명령에 위임함이 바람직하고(헌재 1998. 5. 28. 96헌가1, 판례집 10-1, 509, 515 참조), 금융감독위원회의 고시와 같은 형식으로 입법위임을 할 때에는 적어도 행정규제기본법 제4조 제2항 단서에서 정한 바와 같이 법령이 전문적·기술적 사항이나 경미한 사항으로서 업무의 성질상 위임이 불가피한 사항에 한정된다 할 것이고, 그러한 사항이라 하더라도 포괄위임금지의 원칙상 법률의 위임은 반드시 구체적·개별적으로 한정된 사항에 대하여 행하여져야 할 것이다."라고 파악하고 있다.

사례 해결

사례 1의 논점은 기업의 부실여부의 구체적인 기준을 법령에 규정하지 않고 금융감독위원회의 고시에 의해 결정하도록 한 것이 법률유보의 원칙에 위반되는 지의 여부와 그 전제적인 문제로서 고시의 법적성격이 무엇인가이다. 특히 전통적으로 고시를 행정부의 사무의 통일과 엄부수행의 효율성을 위한 내부적인 비법규범적인 성격을 가지는 것으로 파악하고 있어 고시에 의한 국민의 재산권을 비롯한 각종 권리의 침해시에 구제가 가능한 것인가의 문제가 발생한다.

이에 대해 헌법재판소는 각 항목별로 다음과 같이 결정하고 있다.

① 오늘날 의회의 입법독점주의에서 입법중심주의로 전환하여 일정한 범위 내에서 행정입법을 허용하게 된 동기가 사회적 변화에 대응한 입법수요의 급증과 종래의 형식적 권력분립주의로는 현대사회에 대응할 수 없다는 기능적 권력분립론에 있다는 점 등을 감안하여 헌법 제40조와 헌법 제75조, 제95조의 의미를 살펴보면, 국회입법에 의한 수권이 입법기관이 아닌 행정기관에게 법률 등으로 구체적인 범위를 정하여 위임한 사항에 관하여는 당해 행정기관에게 법정립의 권한을 갖게 되고, 입법자가 규율의 형식도 선택할 수도 있다 할 것이므로, 헌법이 인정하고 있는 위임입법의 형식은 예시적인 것으로 보아야 할 것이고, 그것은 법률이 행정규칙에 위임하더라도 그 행정규칙은 위임된 사항만을 규율할 수 있으므로, 국회입법의 원칙과 상치되지도 않는다. 다만, 형식의 선택에 있어서 규율의 밀도와 규율영역의 특성이 개별적으로 고찰되어야 할 것이고, 그에 따라 입법자에게 상세한 규율이 불가능한 것으로 보이는 영역이라면 행정부에게 필요한 보충을 할 책임이 인정되고 극히 전문적인 식견에 좌우되는 영역에서는 행정기관에 의한 구체화의 우위가 불가피하게 있을 수 있다. 그러한 영역에서 행정규칙에 대한 위임입법이 제한적으로 인정될 수 있다.

② 행정규칙은 법규명령과 같은 엄격한 제정 및 개정절차를 요하지 아니하므로, 재산권 등과 같은 기본권을 제한하는 작용을 하는 법률이 입법위임을 할 때에는 "대통령령", "총리령", "부령" 등 법규명령에 위임함이 바람직하고, 금융감독위원회의 고시와 같은 형

식으로 입법위임을 할 때에는 적어도 행정규제기본법 제4조 제2항 단서에서 정한 바와 같이 법령이 전문적·기술적 사항이나 경미한 사항으로서 업무의 성질상 위임이 불가피한 사항에 한정된다 할 것이고, 그러한 사항이라 하더라도 포괄위임금지의 원칙상 법률의 위임은 반드시 구체적·개별적으로 한정된 사항에 대하여 행하여져야 한다.
③ 금융산업구조개선에관한법률 제2조 제3호 가목은 부실금융기관을 결정할 때 '부채와 자산의 평가 및 산정'의 기준에 관하여, 위 법률 제10조 제1항·제2항은 적기시정조치의 기준과 내용에 관하여 금융감독위원회의 고시에 위임하고 있는바, 위와 같이 입법위임된 사항은 전문적·기술적인 것으로 업무의 성질상 금융감독위원회의 고시로 위임함이 불가피한 사항일 뿐만 아니라, 위 각 법률규정 자체에서 금융감독위원회의 고시로 규제될 내용 및 범위의 기본사항이 구체적으로 규정되어 있어 누구라도 위 규정으로부터 금융감독위원회의 고시에 규정될 내용의 대강을 예측할 수 있다 할 것이어서, 포괄위임입법금지를 선언한 헌법 제75조에 위반되지 아니한다.

◆

4. 고시, 공고

고시는 행정기관이 법령에 정하는 바에 따라 일정한 사항을 일반인에게 알리기 위한 공고문서이다.

물가안정에 관한 법률(물가안정법)
제2조(최고가격의 지정 등) ① 정부는 내우외환, 천재지변, 긴급한 재정·경제상의 위기 등 대통령령으로 정하는 사유가 있는 경우로서 국민생활과 국민경제의 안정을 위하여 필요하다고 인정할 때에는 특히 중요한 물품의 가격, 부동산 등의 임대료 또는 용역의 대가에 대하여 최고가액(이하 "최고가격"이라 한다)을 지정할 수 있다.

일반적으로 고시와 공고를 엄격히 구분하지는 않으나, 고시는 일단 정한 후 해당 고시를 개정 또는 폐지 않는 한 계속적으로 효력이 있을 사항을 알리는 것이고, 공고는 일정한 시점의 특수한 사항을 알리는 경우에 사용한다. 예를 들어 2023년 관급공사를 진행할 때 적용되는 건축 단가를 알리는 경우는 공고에 해당한다.

고시와 공고는 행정규칙의 일종으로 파악하고 있으며 대외적 구속력이 인정되지 않는다. 다만 고시와 공고 자체가 개별적, 구체적 사례를 규제내용으로 하고 있는 경우는 처분성을 인정하고 있다.

 대법원 2003.10.9.자 2003무23 판결.

[1] 어떠한 고시가 일반적·추상적 성격을 가질 때에는 법규명령 또는 행정규칙에 해당할 것이지만, 다른 집행행위의 매개 없이 그 자체로서 직접 국민의 구체적인 권리의무나 법률관계를 규율하는 성격을 가질 때에는 항고소송의 대상이 되는 행정처분에 해당한다.

[2] 항정신병 치료제의 요양급여 인정기준에 관한 보건복지부 고시가 다른 집행행위의 매개 없이 그 자체로서 제약회사, 요양기관, 환자 및 국민건강보험공단 사이의 법률관계를 직접 규율한다는 이유로 항고소송의 대상이 되는 행정처분에 해당한다고 한 사례.

행정계획

1. 행정계획의 개념
2. 행정계획의 법적 성질
3. 행정계획의 효과
4. 행정계획의 결정과 절차
5. 행정계획의 통제와 개인의 권리구제
6. 행정계획에 대한 국민의 특정 행위의 요구

Chapter IV 행정계획

사례 1

　1995. 1. 1. 충무시와 통영군을 통합한 도농복합시인 통영시가 출범함에 따라, 통영시는 '2016년 통영도시기본계획안'을 수립함에 있어, 자연수림이 양호한 구릉지인 토지를 포함한 통영시 북신동 일대 28,000㎡의 훼손을 방지하기 위하여 주거지역에서 녹지지역으로 환원하기로 하는 등의 내용을 포함시켰고, 그 계획안은 1996. 12. 7. 공청회 개최 이후 1997. 12. 20. 경상남도지사(1997. 12. 12. 건설교통부장관의 오기로 보인다.)의 승인을 받을 때까지의 일련의 절차를 모두 거친 후, 1997. 12. 30. 공람공고 되었다. 이에 대해 통영시의 도시계획의 발표 후에 녹지를 매입한 A는 통영시의 도시계획은 법적구속력이 없는 것이라고 주장하며 자신이 구입한 녹지를 다시 주거지역으로 용도변경을 해달라고 신청하였다. A 주장은 받아들여질 수 있는가?

사례 2

　A는 국토이용관리법상 용도지역이 '농림지역' 또는 '준농림지역'인 전북 진안군 성수면 구신리 1013 답 2,374㎡ 등 토지 38,872㎡(이하 '이 사건 토지'라고 한다)에서 사업장일반폐기물, 건설폐기물 최종처리업을 영위할 목적으로 1997. 8. 28. 진안군수에게 폐기물처리업 사업계획서를 제출하였고, 이에 대하여 진안군수는 1997. 10. 20. 원고에게 "국토이용관리법령에 의하여 사업계획 대상지역을 준도시지역(시설용지지구)으로 입안하여야 하고, 사업개시 전 및 사업추진 중 주민의 반대 및 기타 이로 인하여 발생되는 문제에 대하여는 원만하게 사업시행주체가 해결해야 한다."는 등의 이행조건을 붙여 위 사업계획에 대한 적정통보를 하였다. 그러나 그 후 A가 1997. 11. 25. 진안군수에게 이 사건 토지에 대한 용도지역을 '농림지역' 또는 '준농림지역'에서 '준도시지역(시설용지지구)'으로 변경하여 달라는 국토이용계획변경신청을 하였으나, 진안군수는 1999. 7. 6. A의 신청을 거부하였다. A는 진안군수의 거부처분을 취소해 달라는 소송을 제기했다. A의 주장은 정당한가?

1. 행정계획의 개념

행정계획이라 함은 행정에 관한 전문적·기술적 판단을 기초로 하여 도시의 건설·정비·개량 등과 같은 특정한 행정목표를 달성하기 위하여 서로 관련되는 행정수단을 종합·조정함으로써 장래의 일정한 시점에 있어서 일정한 질서를 실현하기 위한 활동기준으로 설정된 것을 의미한다.

> **대법원 2007.4.12. 선고 2005두1893 판결. [도시계획시설결정취소]**
> 행정계획이라 함은 행정에 관한 전문적·기술적 판단을 기초로 하여 도시의 건설·정비·개량 등과 같은 특정한 행정목표를 달성하기 위하여 서로 관련되는 행정수단을 종합·조정함으로써 장래의 일정한 시점에 있어서 일정한 질서를 실현하기 위한 활동기준으로 설정된 것으로서, 관계 법령에는 추상적인 행정목표와 절차만이 규정되어 있을 뿐 행정계획의 내용에 관하여는 별다른 규정을 두고 있지 아니하므로 행정주체는 구체적인 행정계획을 입안·결정함에 있어서 비교적 광범위한 형성의 자유를 가지는 것이지만, 행정주체가 가지는 이와 같은 형성의 자유는 무제한적인 것이 아니라 그 행정계획에 관련되는 자들의 이익을 공익과 사익 사이에서는 물론이고 공익 상호간과 사익 상호간에도 정당하게 비교교량하여야 한다는 제한이 있으므로, 행정주체가 행정계획을 입안·결정함에 있어서 이익형량을 전혀 행하지 아니하거나 이익형량의 고려 대상에 마땅히 포함시켜야 할 사항을 누락한 경우 또는 이익형량을 하였으나 정당성과 객관성이 결여된 경우에는 그 행정계획결정은 형량에 하자가 있어 위법하게 된다.

개개의 행정작용을 무계획적, 상호연관성 없는 행정기관 간의 개별적 작용은 예산의 낭비, 효율성의 저하 등과 같은 행정 목적의 장애를 일으키는데 이러한 문제점을 해결하기 위한 행정작용의 한 방법이다. 따라서 행정작용은 목표설정 기능, 행정수단의 종합화 기능, 행정과 국민 간의 매개적 기능을 수행한다. 홍정선, 행정법원론(상), 2024, 316쪽.

행정절차법
제40조의4(행정계획) 행정청은 행정청이 수립하는 계획 중 국민의 권리·의무에 직접 영향을 미치는 계획을 수립하거나 변경·폐지할 때에는 관련된 여러 이익을 정당하게 형량하여야 한다.

2. 행정계획의 법적 성질

행정계획의 법적 성질을 파악하는 것은 구체적인 행정계획에 의해 침해된 국민의 권리구제를 어떻게 할 것인가의 문제와 결부되어 있다.

학설은 입법행위설, 행정행위설, 혼합행위설 그리고 독자성설이 주장되고 있으나 행정계획의 구체적인 진행이 대국민 발표를 기준으로 대국민 구속력이 있는가를 판단하여 그 법적 성질을 판단하여야 한다. 예를 들어 행정청의 내부적인 의사결정의 과정에 머물러 있다면 구체적인 처분성을 인정해 행정구제가 어렵지만, 행정계획이 공표되고 국민이 이에 대한 신뢰를 가졌다면 처분성을 인정하여 행정구제에 긍정적이다.

3. 행정계획의 효과

개인의 자유와 권리에 영향을 미치는 행정계획은 고시가 되어야 효력이 발생한다.

행정계획은 기본적으로 구속효를 가지는데 국가와 개인에 대한 구속효를 가진다. 이 경우 국가에 대한 행정계획의 구속효를 인정하면 개인의 행정계획보장 청구권과 관련하여 인정할 것인 지의 문제가 발생한다.

 대법원 1996.11.29. 선고 96누8567 판결.
행정계획이라 함은 행정에 관한 전문적·기술적 판단을 기초로 하여 도시의 건설·정비·개량 등과 같은 특정한 행정목표를 달성하기 위하여 서로 관련되는 행정수단을 종합·조정함으로써 장래의 일정한 시점에 있어서 일정한 질서를 실현하기 위한 활동기준으로 설정된 것으로서, 도시계획법 등 관계 법령에는 추상적인 행정목표와 절차만이 규정되어 있을 뿐 행정계획의 내용에 대하여는 별다른 규정을 두고 있지 아니하므로 행정주체는 구체적인 행정계획을 입안·결정함에 있어서 비교적 광범위한 형성의 자유를 가진다고 할 것이지만, 행정주체가 가지는 이와 같은 형성의 자유는 무제한적인 것이 아니라 그 행정계획에 관련되는 자들의 이익을 공익과 사익 사이에서는 물론이고 공익 상호간과 사익 상호간에도 정당하게 비교교량하여야 한다는 제한이 있는 것이고, 따라서 행정주체가 행정계획을 입안·결정함에 있어서 이익형량을 전혀 행하지 아니하거나 이익형량의 고려 대상에 마땅히 포함시켜야 할 사항을 누락한 경우 또는 이익형량을 하였으나 정당성·객관성이 결여된 경우에는 그 행정계획결정은 재량권을 일탈·남용한 것으로서 위법하다.

대법원 2009.9.17. 선고 2007다2428 전원합의체 판결. [총회결의무효확인]
도시 및 주거환경정비법상 행정주체인 주택재건축정비사업조합을 상대로 관리처분계획안에 대한 조합 총회결의의 효력 등을 다투는 소송은 행정처분에 이르는 절차적 요건의 존부나 효력 유무에 관한 소송으로서 그 소송결과에 따라 행정처분의 위법 여부에 직접 영향을 미치는 공법상 법률관계에 관한 것이므로, 이는 행정소송법상의 당사자소송에 해당한다.

또한 행정계획은 그 개념 필연적으로 특별한 효력인 집중효를 가진다.

집중효란 행정계획이 확정되면 다른 법령에 의해 받아야 하는 승인 또는 허가 등을 받은 것으로 의제하는 효력을 의미한다.

집중효는 행정계획이 각 행정청 간의 상호협력을 통한 행정 목적의 능률적인 달성을 지향하는바 행정계획의 확정은 일반법규에 규정되어 있는 승인, 허가 등을 대체시키는 효력을 가지게 하여야 한다. 예를 들어 택지개발촉진법 제11조 제1항은 이를 규정하고 있다.

집중효의 효과에 대해서 관할집중설과 절차집중설이 주장되고 있으나 다수설과 법원은 절차집중설의 입장이다. 따라서 법령상 다른 규정이 없는 한 계획행정청은 의제되는 인가, 허가에 대한 모법상의 행정절차를 거칠 필요는 없다.

대법원 2019.7.11. 선고 2018두47783 판결. [개발행위허가처분등취소의소]
[1] 도시공원 및 녹지 등에 관한 법률상 공원조성계획은 공원의 구체적 조성에 관한 행정계획으로서 도시공원의 설치에 관한 도시관리계획이 결정되어 있음을 전제로 한다. 특히 도시공원의 부지(공간적 범위)는 도시관리계획 단계에서 결정되는 것이고, 공원조성계획은 이를 전제로 도시공원의 내용과 시설 배치 등을 구체적으로 정하기 위한 것이다(도시공원 및 녹지 등에 관한 법률 시행규칙 제8조 참조).
[2] 도시관리계획결정·고시와 그 도면에 특정 토지가 도시관리계획에 포함되지 않았음이 명백한데도 도시관리계획을 집행하기 위한 후속 계획이나 처분에서 그 토지가 도시관리계획에 포함된 것처럼 표시되어 있는 경우가 있다. 이것은 실질적으로 도시관리계획결정을 변경하는 것에 해당하여 구 국토의 계획 및 이용에 관한 법률(2009. 2. 6. 법률 제9442호로 개정되기 전의 것) 제30조 제5항에서 정한 도시

관리계획 변경절차를 거치지 않는 한 당연무효이다.

그러나 집중효를 인정한다고 했을 때 행정권한법정주의와 행정조직법정주의 원칙이 파괴되어 자칫 행정작용이 자의에 의한 행정으로 전락할 수 있다는 문제점을 안고 있다. 따라서 행정계획의 인정은 법률에서 명시적으로 규정되어 있는 때에만 인정되어야 한다.

집중효와 구분해야 할 개념이 있는데 의제된 행정처분(인허가 의제제도)이다.

인허가 의제는 행정청이 하나의 행정처분을 하게 되면 법령의 규정에 의하여 다른 일정한 행정처분이 행해진 것처럼 인정되는 경우이다. 독일에서 인정되는 집중효 제도와 유사하나, 첫째 집중효 제도가 사업계획의 확정 절차에서만 인정되는 것이지만 인허가의제제도는 사업계획뿐만 아니라 일정한 행정처분에도 인정된다는 점에서, 둘째 인허가의제제도는 주된 행정처분이 실제로 행해지면 다른 인허가가 행해진 것처럼 의제되는 것(부분의제)과는 달리 집중효는 사업계획의 확정 절차가 있게 되면 관련된 모든 인허가를 받은 것처럼 의제된다는 점에서 차이가 있다.[1]

택지개발촉진법
제11조(다른 법률과의 관계) ①시행자가 실시계획을 작성하거나 승인을 받은 때에는 다음 각호의 결정ㆍ인가ㆍ허가ㆍ협의ㆍ동의ㆍ면허ㆍ승인ㆍ처분ㆍ해제ㆍ명령 또는 지정(이하 "인ㆍ허가등"이라 한다)을 받은 것으로 보며, 지정권자가 실시계획을 작성하거나 승인한 것을 고시한 때에는 관계법률에 의한 인ㆍ허가등의 고시 또는 공고가 있는 것으로 본다.
   1. 국토의계획및이용에관한법률 제30조의 규정에 의한 도시관리계획의 결정, 동법 제56조의 규정에 의한 개발행위의 허가, 동법 제86조의 규정에 의한 도시계획시설사업의 시행자의 지정, 동법 제88조의 규정에 의한 실시계획의 인가
   2. 「도시개발법」 제17조에 따른 실시계획의 인가
   3. 주택법 제16조의 규정에 의한 사업계획의 승인
   4. 「수도법」 제17조 및 제49조의 규정에 의한 일반수도사업과 공업용수도사업의 인가, 같은 법 제52조 및 제54조의 규정에 의한 전용수도설치의 인가
   5. 「하수도법」 제16조의 규정에 의한 공공하수도사업시행의 허가
   -- 이하 생략 --

---

[1] 이동식/전훈/김성배/손윤석, 행정법총론, 2023, 274쪽.

대법원 2001.1.16. 선고 99두10988 판결.

구 건축법(1999. 2. 8. 법률 제5895호로 개정되기 전의 것) 제8조 제1항, 제3항, 제5항에 의하면, 건축허가를 받은 경우에는 구 도시계획법(2000. 1. 28. 법률 제6243호로 전문 개정되기 전의 것) 제4조에 의한 토지의 형질변경허가나 농지법 제36조에 의한 농지전용허가 등을 받은 것으로 보며, 한편 건축허가권자가 건축허가를 하고자 하는 경우 당해 용도·규모 또는 형태의 건축물을 그 건축하고자 하는 대지에 건축하는 것이 건축법 관련 규정이나 같은 도시계획법 제4조, 농지법 제36조 등 관계 법령의 규정에 적합한지의 여부를 검토하여야 하는 것일 뿐, 건축불허가처분을 하면서 그 처분사유로 건축불허가 사유뿐만 아니라 형질변경불허가 사유나 농지전용불허가 사유를 들고 있다고 하여 그 건축불허가처분 외에 별개로 형질변경불허가처분이나 농지전용불허가처분이 존재하는 것이 아니므로, 그 건축불허가처분을 받은 사람은 그 건축불허가처분에 관한 쟁송에서 건축법상의 건축불허가 사유뿐만 아니라 같은 도시계획법상의 형질변경불허가 사유나 농지법상의 농지전용불허가 사유에 관하여도 다툴 수 있는 것이지, 그 건축불허가처분에 관한 쟁송과는 별개로 형질변경불허가처분이나 농지전용불허가처분에 관한 쟁송을 제기하여 이를 다투어야 하는 것은 아니며, 그러한 쟁송을 제기하지 아니하였어도 형질변경불허가 사유나 농지전용불허가 사유에 관하여 불가쟁력이 생기지 아니한다.

4. 행정계획의 결정과 절차

행정계획이 결정되면 다른 인·허가 등 행위가 행하여진 것으로 의제된다. 의제되는 인·허가의 관계 법률이 정하고 있는 이해관계인의 권익보호 절차 즉 의견 청취와 같은 절차는 존중되어야 한다. 그러나 판례는 이에 대해 소극적이다.

5. 행정계획의 통제와 개인의 권리구제

행정계획은 행정국가화의 경향에 의해 제기되었으며 주목적은 행정 목적의 능률이고 효율적인 목표 달성이다. 이러한 목적은 법치행정의 원칙과 상반되는 경우가 발생하며 그 결과 개인의 권리침해로 이어질 가능성이 항상 내재한다. 따라서 행정계획에 대한 통제가 필요한데 이러한 통제에는 행정청의 내부적 통제(절차적 통제와 감독권에 의한 통제를 포함), 국회에 의한 통제, 법원에 의한 통제 그리고 국민에 의한 통제가 있다. 특히 행정계획에 대한 사법부의 통제는 처분성을 가지는 행정계획에 제한되어 인정될 수밖에 없다. 따라서 다른 어떤 행정작용보다 사전적인 권리구제 절차가 행정계획에서는 상당히 중요한 역할을 한다.

일반적으로 사법 통제인 행정소송의 대상은 주된 인가 또는 허가를 거부한 처분이 되지만, 의제되는 인가 또는 허가에 대한 소송에서도 다툴 수 있다. 또한 의제되는 인가 또는 허가의 요건불비를 이유로 주된 인가 또는 허가의 신청에 대한 거부처분은 적법하다고 보고 있다.

 대법원 2001.1.16. 선고 99두10988 판결.
구 건축법(1999. 2. 8. 법률 제5895호로 개정되기 전의 것) 제8조 제1항, 제3항, 제5항에 의하면, 건축허가를 받은 경우에는 구 도시계획법(2000. 1. 28. 법률 제6243호로 전문 개정되기 전의 것) 제4조에 의한 토지의 형질변경허가나 농지법 제36조에 의한 농지전용허가 등을 받은 것으로 보며, 한편 건축허가권자가 건축허가를 하고자 하는 경우 당해 용도·규모 또는 형태의 건축물을 그 건축하고자 하는 대지에 건축하는 것이 건축법 관련 규정이나 같은 도시계획법 제4조, 농지법 제36조 등 관계 법령의 규정에 적합한지의 여부를 검토하여야 하는 것일 뿐, 건축불허가처분을 하면서 그 처분사유로 건축불허가 사유뿐만 아니라 형질변경불허가 사유나 농지전용불허가 사유를 들고 있다고 하여 그 건축불허가처분 외에 별개로 형질변경불허가처분이나 농지전용불허가처분이 존재하는 것이 아니므로, 그 건축불허가처분을 받은 사람은 그 건축불허가처분에 관한 쟁송에서 건축법상의 건축불허가 사유뿐만 아니라 같은 도시계획법상의 형질변경불허가 사유나 농지법상의 농지전용불허가 사유에 관하여도 다툴 수 있는 것이지, 그 건축불허가처분에 관한 쟁송과는 별개로 형질변경불허가처분이나 농지전용불허가처분에 관한 쟁송을 제기하여 이를 다투어야 하는 것은 아니며, 그러한 쟁송을 제기하지 아니하였어도 형질변경불허가 사유나 농지전용불허가 사유에 관하여 불가쟁력이 생기지 아니한다.

대법원 2002.10.11. 선고 2001두151 판결. [채광계획불인가처분취소]
채광계획이 중대한 공익에 배치된다고 할 때에는 인가를 거부할 수 있고, 채광계획을 불인가 하는 경우에는 정당한 사유가 제시되어야 하며 자의적으로 불인가를 하여서는 아니 될 것이므로 채광계획인가는 기속재량행위에 속하는 것으로 보아야 할 것이나, 구 광업법(1999. 2. 8. 법률 제5893호로 개정되기 전의 것) 제47조의2 제5호에 의하여 채광계획인가를 받으면 공유수면 점용허가를 받은 것으로 의제되고, 이 공유수면 점용허가는 공유수면 관리청이 공공 위해의 예방 경감과 공공복리의 증진에 기여함에 적당하다고 인정하는 경우에 그 자유재량에 의하여 허가의 여부를 결정하여야 할 것이므로, 공유수면 점용허가를 필요로 하는 채광계획 인가신청에 대하여도, 공유수면 관리청이 재량적 판단에 의하여 공유수면 점용을 허가 여부를 결정할 수 있고, 그 결과 공유수면 점용을 허용하지 않기로 결정하였다면, 채광계획 인가관청은 이를 사유로 하여 채광계획을 인가하지 아니할 수 있는 것이다.

한편 행정계획에 대해 헌법소원이 인정될 것인가에 대해 원칙적으로는 부정되지만, 비구속적 행정계획안이나 행정지침이라도 직접적으로 국민의 기본권의 침해가 발생한다면 헌법소원의 대상성을 인정하고 있다.

 헌법재판소 2000.6.1. 99헌마538등.

1. 1999. 7. 22. 발표한 개발제한구역제도개선방안은 건설교통부장관이 개발제한구역의 해제 내지 조정을 위한 일반적인 기준을 제시하고, 개발제한구역의 운용에 대한 국가의 기본방침을 천명하는 정책계획안으로서 비구속적 행정계획안에 불과하므로 공권력행사가 될 수 없으며, 이 사건 개선방안을 발표한 행위도 대내외적 효력이 없는 단순한 사실행위에 불과하므로 공권력의 행사라고 할 수 없다.
2. 비구속적 행정계획안이나 행정지침이라도 국민의 기본권에 직접적으로 영향을 끼치고, 앞으로 법령의 뒷받침에 의하여 그대로 실시될 것이 틀림없을 것으로 예상될 수 있을 때에는, 공권력행위로서 예외적으로 헌법소원의 대상이 될 수 있다.
3. 이 사건 개선방안은 7개 중소도시권과 7개 대도시권에서 개발제한구역을 해제하거나 조정하기 위한 추상적이고 일반적인 기준들만을 담고 있을 뿐, 개발제한구역의 해제지역이 구체적으로 확정되어 있지 않아서, 해당지역 주민들은 개발제한구역을 해제하는 구체적인 도시계획결정이 내려진 이후에야 비로소 법적인 영향을 받게 되므로, 이 사건 개선방안이 청구인들의 기본권에 직접적으로 영향을 끼칠 가능성이 없다. 그리고 이 사건 개선방안의 내용들은 건설교통부장관이 마련한 후속지침들에 반영되었고, 해당 지방자치단체들이 이 지침들에 따라서 관련 절차들을 거친 후 내려지는 도시계획결정을 통하여 실시될 예정이지만, 예고된 내용이 그대로 틀림없이 실시될 것으로 예상할 수는 없다. 따라서 이 사건 개선방안의 발표는 예외적으로 헌법소원의 대상이 되는 공권력의 행사에 해당되지 아니한다.

6. 행정계획에 대한 국민의 특정 행위의 요구

행정계획이 행정청의 내부적인 입안 및 결정의 단계에 국민이 직접 절차적으로 참여하는 것은 많은 어려움이 있다. 개별 법률에 의해 국민의 의견 청취 및 의견 개진의 기회가 제공되기 전에는 어렵다. 그러나 행정계획이 결정되고 국민에게 공표가 된다면 국민은 이러한 행정계획에 신뢰를 가지기에 행정계획의 존속보장, 변경청구 등과 같은 특정 청구를 할 수 있을 것인지의 문제가 발생한다. 특히 신뢰보호의 원칙과 관련하여 문제가 된다.

개인의 행정계획존속, 행정계획변경, 행정계획준수 및 행정계획집행청구권과 같은 경우 일반법적으로 규정되어 있지 않아 일률적으로 그 인정 여부를 결정하기는 어렵지만, 개인의 침해되는 이익보다 더 큰 공익이 존재하지 않는다면 국민의 권익보호라는 차원에서 인정되는 것이 타당하다. 판례는 일부 이러한 행정계획변경 청구권을 인정하고 있다.

 대법원 2003.9.23. 선고 2001두10936 판결.
[1] 국민의 적극적 신청행위에 대하여 행정청이 그 신청에 따른 행위를 하지 않겠다고 거부한 행위가 항고소송의 대상이 되는 행정처분에 해당하는 것이라고 하려면, 그 신청한 행위가 공권력의 행사 또는 이에 준하는 행정작용이어야 하고, 그 거부행위가 신청인의 법률관계에 어떤 변동을 일으키는 것이어야 하며, 그 국민에게 그 행위발동을 요구할 법규상 또는 조리상의 신청권이 있어야만 한다.
[2]구 국토이용관리법(2002. 2. 4. 법률 제6655호 국토의계획및이용에관한법률 부칙 제2조로 폐지)상 주민이 국토이용계획의 변경에 대하여 신청을 할 수 있다는 규정이 없을 뿐만 아니라, 국토건설종합계획의 효율적인 추진과 국토이용질서를 확립하기 위한 국토이용계획은 장기성, 종합성이 요구되는 행정계획이어서 원칙적으로는 그 계획이 일단 확정된 후에 어떤 사정의 변동이 있다고 하여 그러한 사유만으로는 지역주민이나 일반 이해관계인에게 일일이 그 계획의 변경을 신청할 권리를 인정하여 줄 수는 없을 것이지만, 장래 일정한 기간 내에 관계 법령이 규정하는 시설 등을 갖추어 일정한 행정처분을 구하는 신청을 할 수 있는 법률상 지위에 있는 자의 국토이용계획변경신청을 거부하는 것이 실질적으로 당해 행정처분 자체를 거부하는 결과가 되는 경우에는 예외적으로 그 신청인에게 국토이용계획변경을 신청할 권리가 인정된다고 봄이 상당하므로, 이러한 신청에 대한 거부행위는 항고소송의 대상이 되는 행정처분에 해당한다.

대법원 2017.8.29. 선고 2016두44186 판결.
[1] 산업입지에 관한 법령은 산업단지에 적합한 시설을 설치하여 입주하려는 자와 토지 소유자에게 산업단지 지정과 관련한 산업단지개발계획 입안과 관련한 권한을 인정하고, 산업단지 지정뿐만 아니라 변경과 관련해서도 이해관계인에 대한 절차적 권리를 보장하는 규정을 두고 있다. 또한 산업단지 안에는 다수의 기반시설 등 도시계획시설 등을 포함하고 있고, 국토의 계획 및 이용에 관한 법률의 해석상 도시계획시설부지 소유자에게는 그에 관한 도시·군관리계획의 변경 등을 요구할 수 있는 법규상 또는 조리상 신청권이 인정된다고 해석되고 있다. 헌법상 재산권 보장의 취지에 비추어 보면 토지의 소유자에게 위와 같은 절차적 권리와 신청권을 인정한 것은 정당하다고 볼 수 있다. 이러한 법리는 이미 산업단지 지정이 이루어진 상황에서 산업단지 안의 토지 소유자로서 종전 산업단지개발계획을 일부 변경하여 산업단지개발계획에 적합한 시설을 설치하여 입주하려는 자가 종전 계획의 변경을 요청하는 경우에도 그대로 적용될 수 있다.
그러므로 산업단지개발계획상 산업단지 안의 토지 소유자로서 산업단지개발계획에 적합한 시설을 설치하여 입주하려는 자는 산업단지지정권자 또는 그로부터 권한을 위임받은 기관에 대하여 산업단지개발계획의 변경을 요청할 수 있는 법규상 또는 조리상 신청권이 있고, 이러한 신청에 대한 거부행위는 항고소송의 대상이 되는 행정처분에 해당한다고 보아야 한다.
[2] 행정청이 문서에 의하여 처분을 한 경우 처분서의 문언이 불분명하다는 등의 특별한 사정이 없는 한, 문언에 따라 어떤 처분을 하였는지를 확정하여야 한다. 처분서의 문언만으로도 행정청이 어떤 처분을 하였는지가 분명한데도 처분 경위나 처분 이후의 상대방의 태도 등 다른 사정을 고려하여 처분서의 문언과는 달리 다른 처분까지 포함되어 있는 것으로 확대해석해서는 안 된다.
[3] 행정청은 처분을 하는 때에는 원칙적으로 당사자에게 근거와 이유를 제시하여야 한다(행정절차법 제23조 제1항). 당사자가 신청하는 허가 등을 거부하는 처분을 하면서 당사자가 그 근거를 알 수 있을 정도로 이유를 제시한 경우에는 처분의 근거와 이유를 구체적으로 명시하지 않았더라도 그로 말미암아 그 처분이 위법하다고 볼 수는 없다. 이때 '이유를 제시한 경우'는 처분서에 기재된 내용과 관계 법령 및 당해 처분에 이르기까지의 전체적인 과정 등을 종합적으로 고려하여, 처분 당시 당사자가 어떠한 근거와 이유로 처분이 이루어진 것인지를 충분히 알 수 있어서 그에 불복하여 행정구제절차로 나아가는 데 별다른 지장이 없었다고 인정되는 경우를 뜻한다.

──────────── **사례 해결** ────────────

사례 1의 논점은 도시계획의 법적성격과 도시계획에 의한 손해를 입은 당사자의 신뢰보호문제이다. 이 문제에 대해 대법원은 "도시기본계획은 도시의 기본적인 공간구조와 장기발전방향을 제시하는 종합계획으로서 그 계획에는 토지이용계획, 환경계획, 공원녹지계획 등 장래의 도시개발의 일반적인 방향이 제시되지만, 그 계획은 도시계획입안의 지침이 되는 것에 불과하여 일반 국민에 대한 직접적인 구속력은 없는 것이므로, 도시기본계획을 입안함에 있어 토지이용계획에는 세부적인 내용을 기재하지 아니하고 다소 포괄적으로 기재하였다 하더라도 기본구상도상에 분명하게 그 내용을 표시한 이상 도시기본계획으로서 입안된 것이라고 봄이 상당하고, 또 공청회 등 절차에서 다른 자료에 의하여 그 내용이 제시된 다음 관계 법령이 정하는 절차에 따라 건설교통부장관의 승인을 받아 공람공고까지 되었다면 도시기본계획으로서 적법한 효력이 있는 것이다."라고 판결하였다.[2]

사례 2의 논점은 행정계획과 이를 신뢰한 국민의 신뢰보호의 문제이다. 일반적으로 행정계획에 대한 국민의 신뢰보호를 일률적으로 정할 수는 없고 문제는 어느 수준의 행정계획에서 국민의 신뢰를 보호할 것인가의 문제이다. 이에 대해 대법원은 폐기물관리법령에 의한 폐기물처리업 사업계획에 대한 적정통보와 국토이용관리법령에 의한 국토이용계획변경은 각기 그 제도적 취지와 결정단계에서 고려해야 할 사항들이 다르다는 이유로, 폐기물처리업 사업계획에 대하여 적정통보를 한 것만으로 그 사업부지 토지에 대한 국토이용계획변경신청을 승인하여 주겠다는 취지의 공적인 견해표명을 한 것으로 볼 수 없다고 했으며 폐기물처리업을 위한 국토이용계획변경신청을 폐기물처리시설이 들어설 경우 수질오염 등으로 인근 주민들의 생활환경에 피해를 줄 우려가 있다는 등의 공익상의 이유를 들어 거부한 경우, 그 거부처분은 재량권의 일탈·남용이 아니라고 판시하였다.[3]

───────────── ◆ ─────────────

---

2) 대법원 2002. 10. 11. 선고 2000두8226 판결.
3) 대법원 2005. 4. 28. 선고 2004두8828.

V 행정행위

1. 행정의 핵심적인 행정작용으로서의 행정행위
2. 행정행위의 특징
3. 행정행위의 효력
4. 행정행위의 부관(Nebenbestimmungen zum Verwaltungsakt)
5. 행정행위의 적법성(Rechtsmäßigkeit des Verwaltungsakt)
6. 행정행위의 취소와 철회, 소멸

Chapter V | 행정행위

───── ✦ 사례 1 ✦ ─────

D시 서구의회는 기존의 주소지명을 변경해 새로운 거리명으로 대체하기로 결정하였고, 그 결과 새로운 거리명으로 대체해 명명하였다. 이에 기존에 살고 있던 구두쇠인 거주자 A는 자신이 거리명이 바뀌기 전에 과거의 거리명으로 인쇄한 명함과 편지 봉투를 그냥 버릴 수 없다고 판단해 서구의회를 상대로 소송을 제기하려고 한다.

───── ✦ 사례 2 ✦ ─────

D시 서구의회는 기존에 있던 거리인 잘살자거리를 주차금지 구역으로 설정하였다. 이에 잘살자거리에서 기존에 음료를 팔던 아르바이트생인 B는 기존의 자기의 고객이 이제 더 이상 차를 타고 자신이 판매하는 음료수를 사러 오지 못하고 오기를 주저한다는 것을 파악했다. B는 행정쟁송을 통해 구제받을 수 있을까?

───── ✦ 사례 3 ✦ ─────

한 정유회사는 D시에 거대한 주유소를 설치하고 이와 더불어 그 부대시설로 자동차 자동세척기를 설치하려고 한다. 이런 계획을 정유회사는 미리 D시에 그 가능성을 제기했고 그 건축 허가 사항에 대한 확답으로 요하는 질의를 했다. 만약 시에서 이에 대한 긍정적 답변을 했다면 시의 확답에 대한 법적 의미는 무엇인가?

또한 정유회사는 D시에 대해 거대 주유소 설치에 대한 도로 건설에 필요한 부담금이 어느 정도인지에 대한 질의를 했고 D시는 미터당 50만원, 전체 건설에 필요한 넓이인 120미터이고 따라서 총 6000만원이 소요될 것이라고 답변했다. 시는 이외에도 설치비용의 최대 상한선까지 계산해서 답변을 해주어야 하는가?

───── ✦ 사례 4 ✦ ─────

현대자동차는 U시에 약 200ha 정도의 자동차 테스트 주행도로를 만들려고 한다. 이런 계획을 달성하기 위해 U시 의회는 투자기준조례를 만들어 시행하려고 한다. 이 법의 시행으로 현대자동차의 주행도로 건설은 바로 허가가 나는 것으로 규정되어 있다. 이에 인접한 지방자치단체인 K도 Y시는 이 도로 주행장이 자신의 지방자치단체와 인접해 있어 피해를 발생할 수 있다는 이유로 행정소송을 제기하려고 한다.

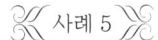 사례 5

환경청은 스모그현상에 대해 일정한 수치 이상의 스모그에 대해서는 스모그경고를 하고 있다. 이 경우 환경청의 스모그 오염에 대한 발표는 어떤 법적인 의미를 가지는 것인가?

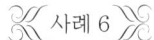 사례 6

A는 4년의 기간을 정하여 S대학교 미술대학 산업디자인학과 조교수로 임용되었다. 재직 중 A교수는 과거 일제시대 S대학교에 근무하던 친일 미술학자에 대한 비판을 하는 다수의 논문을 발표하였다. 이에 대해 S대학교 본부 인사위원회는 심의 결정을 해 A교수를 재임용 하지 않기로 결정하고, 원고에게 1998. 8. 31.자로 임용 기간이 만료되었다는 취지의 통지를 하였다. 이에 대해 A교수는 이러한 취지의 통고는 부당하다며 취소해달라고 행정소송을 제기했다. S대학교의 해지 통고는 행정소송의 대상이 되는가?(단, S대학교는 국립대학교이다)

사례 7

대원외국어고등학교는 교육법시행령 제111조 제3항에 따라 외국어의 전문교육을 주로 하는 학교로서 같은 시행령 제112조에서 고등학교교과로서 인정된 외국어 과목들을 다시 전공별로 세분하여 학과를 나누고 모든 재학생을 선택에 따라 1개 학과에 속하게 하여 그 학과에 따라 각각 다른 외국어를 교육시키는 외에는 일반의 고등학교와 동일한 교과과정에 따라 교육시키고 있다.

그런데 서울대학교가 "94학년도 대학입학고사 주요요강"에서 일본어를 선택과목에서 제외시켰고 이 요강은 특별한 사정변경이 없는 한 1995학년도 대학입학고사에도 적용된다. 이에 대해 1994년 및 1995년에 서울대학교에 진학할 A를 비롯하여 고등학교에서 일본어를 선택과목으로 공부한 학생들은 서울대학교를 입학하는데 있어 큰 불이익을 입게 되었다. 교육부장관이 지정한 고등학교교육과목 속에는 프랑스어, 독일어, 중국어, 에스파냐어와 함께 일본어도 외국어 교과의 선택과목의 하나로 채택되어 있고 그 때문에 청구인들을 비롯한 많은 학생들이 일본어를 선택하게 된 것인데 교육부의 방침을 믿고서 공부한 학생들이 대학입학시험에 불이익을 입게 된다는 것은 옳지 못하다고 판다하였고 대학별 고사과목의 선택이 대학의 자율에 속한다 할지라도 이는 무한정한 자율이 아니며 대학별 고사과목에 제2외국어를 포함시킬 것이냐의 여부는 대학의 자율범위에 속한다고 할 것이나 제2외국어를 고사과목에 포함시키는 이상 교육법에서 인정된 제2외국어간에 차별을 두는 것은 대학의 자율범위를 벗어난 것이며 대학입학에 있어 부당하게 차별대우를 하는 것으로서, 헌법 제11조 제1항이 선언한 평등의 원칙에 위배하여 헌법 제31조 제1항이 보장하고 있는 균등하게 교육을 받을 권리를 침해한 것이라고 A 등은 주장하고 있다.

서울대학교의 입시요강은 행정소송의 대상이 되는가?

만약 행정소송의 대상이 안 된다면 구제방법은 무엇이고 그 구제의 가능성은?

─────────────────── 사례 8 ───────────────────

A와 B는 각 2종 교과용 도서에 대하여 검정신청을 하였다가 불합격결정처분을 받은 뒤 그 처분이 위법하다 하여 이의 취소를 구하면서 위 처분 당시 시행중이던 구 교과용 도서에관한 규정(1988.8.22. 대통령령 제12508호로 개정되기 전의 것 : 이하 같다) 제19조에 "2종 도서의 합격종수는 교과목 당 5종류 이내로 한다"고 규정되어 있음을 들어 위 처분과 같은 때에 행하여진 수학, 음악, 미술, 한문, 영어과목의 교과용 도서에 대한 합격결정처분의 취소를 구했다. 또한 이 소송에서 A와 B는 자신들이 검정신청한 교과서의 과목과 전혀 관계가 없는 수학, 미술과목의 교과용 도서에 대한 합격결정처분에 대하여는 그 취소를 요구하고 있다. A와 B의 취소소송은 정당한가?

─────────────────── 사례 9 ───────────────────

A는 최근 유행하는 러브호텔을 건축하여 영업하기 위하여 관련 법령에 따라 건축물을 올리고 허가신청을 하였다. 그러나 숙박시설 건축허가를 신청한 이 사건 토지는 그 주변이 전형적인 농촌지역으로서 주위에 국보 등 유적이 산재해 있고, 도로형편상 진출입시 교통사고의 우려가 있어 숙박시설 부지로는 부적절하며 이곳에 숙박시설이 건축되는 경우 자연경관을 훼손하고 지역주민의 정서를 해치며 퇴폐·향락문화를 조장하는 이른바 러브호텔로 이용될 것으로 예상된다고 인정하여 관할 행정청은 A의 허가신청을 거부하였다. 관할 행정청의 건축허가신청서반려처분은 정당한가?

1. 행정의 핵심적인 행정작용으로서의 행정행위

공공행정은 다양한 형태의 행위를 통해 행정 목적을 달성하려고 한다. 이런 다양한 행위 중 행정행위는 가장 핵심적인 의미가 있다. 이런 행정행위를 통해 집행이 이루어지는 것이고 과거 독일 행정법학계의 가장 고전적인 형태의 수단인 것이다.[1]

---

1) Peine, Allgemeine Verwaltungsrecht, 1997, Rn. 102

현재 독일 행정절차법에서는 행정행위(Verwaltungsakt)의 개념을 정의하고 있는데 이러한 정의는 독일 행정법학의 아버지라고 하는 오토 마이어(Otto Mayer)가 1895년 자신의 교과서를 출간하면서 정의한 개념에 원칙적으로 근거하고 있다.

다양한 행정처분, 예를 들어 건축허가, 영업취소, 도로교통법에 의한 위험물의 제거, 수수료의 부과, 부담금의 부과, 사용료의 부과, 세금부과, 사회복지금의 지출, 원자력발전소의 허가, 공무원의 임면, 도시계획에 대한 허가 등이 행정법상의 행정행위로 나타난다. 이들 사항에 대한 공통적인 것은 모두 개별적 사안에 대한 결정을 의미하며 이것은 처분성을 가지며 단순한 행위만이 아니라 무엇인가를 결정한다는 것을 의미한다. 이러한 다양한 행정행위의 종류들은 일반적인 법적인 행위의 개념으로 연결되며 이것은 행정소송법과 연결된다. 즉 많은 행정작용 중에서 특수한 성질을 가지고 특수한 법적 규율을 받는 일정한 행정작용만을 행정재판의 대상으로 하였기 때문이다.[2]

행정행위의 개념은 우선적으로 학자들의 이론에 의해 발전이 되었으며 행정절차 과정에서 적용되었으며 입법적으로는 행정절차법에서 그 개념 정의가 도입되었다. 행정법학의 이론에서 행정행위의 개념의 중요성은 무엇보다도 법익보호와 관련성을 가진다.

결국 행정행위에 의한 침해는 행정 구제절차를 통해 구제받게 되는데 이에 대한 기초적인 개념 즉 구제대상으로서의 행정권의 작용이 행정행위인 것이며 특히 실제에서는 구체적인 소송의 종류와 관련되어 그 개념 정의의 필요성이 더해진다.(앞의 사례에서 거리명의 변경, 주차금지의 신설, 이웃 지자체의 소송 등이 행정행위의 개념에 포섭될 것인가가 문제 된다.)

행정행위를 통해 추상적이고 일반적인 법규범이 구체적인 사건에 적용되어 구체화된다. 예를 들어 조세처분(행정행위)이 경우, 조세 부과에 대한 강제력을 가지게 하는 부과에 관해 법률에 따라 의무 지워진다. 그리고 이런 조세 부과 처분은 행정집행법에 의해 강제되게 되고 일반적인 민법적인 사항에서 채권자는 채무자에게 법원의 명령을 받아 강제 집행하는 체제와는 달리, 행정의 영역에서는 일방적이고 구속적인 집행수단을 통해 행정행위가 이루어진다.

---

[2] 독일의 경우 1960년에 제정된 행정재판소법은 행정소송의 대상을 모든 공법상의 분쟁으로 확대했기에 행정행위의 개념의 중요성이 많이 위축되었으나 우리나라의 경우 행정소송의 대상을 일정한 행위 즉 '처분 등'에 한정되어 있기에 행정행위의 개념을 파악하는 것은 이론적·실무적으로 중요하다.

2. 행정행위의 특징

1) 일반적인 개념 정의

행정행위의 개념에 대해 개별법에서 규정하고 있는 것은 없기에 학자에 따라 각각 다르게 정의되는 학문상의 개념이다.

독일에서는 독일 행정절차법 제35조에서 언급하는 개념으로 이해한다. 행정행위란 행정청의 직접적인 공법영역에서의 권한, 결정 및 고권적인 처분을 의미하고 또한 대외적인 행정청의 간접적인 법효과를 의미한다.

우리나라에서는 일반적으로 행정행위의 개념을 행정청이 법 아래서 구체적 사실에 관한 법 집행으로서 행하는 권력적 단독행위인 공법행위라고 한다.[3]

이러한 개념을 다시 개념적 요건으로 나누어 살펴보면, 행정청의 행위, 고권적인 행위, 공법적 규제의 성격, 개별적이고 구체적인 규제 그리고 대외적으로 지향된 법적 효과로 나누어 설명할 수 있다.

한 가지 고려되어야 하는 점은 행정행위는 기본적으로 행정청의 행정에 관한 의사표시를 전제로 한다는 점이다. 사법상의 법률행위에서 의사표시가 필수적이듯 행정행위에도 행정청이 행정작용을 해서 결과적으로 특정한 법률효과를 발생시키겠다는 의사가 전제로 되어야 한다.[4]

(1) 행정청의 행위

행정청이란 공공공행정의 임무를 수행하는 모든 기관을 의미하며 국가기관, 지방자치단체 그리고 공법인을 모두 포함하는 개념이다. 행정청의 결정에서 단지 조직법 차원에서의 기관을 의미하는 것이 아니라 기능적으로 공공행정을 수행하는 가를 판단해야 한다.

행정청은 단독기관이 보통이나 회의제 기관(방송통신위원회), 보조기관(국장)도 행정청이 될 수 있다. 일반적으로는 행정부의 행정청을 의미하나 입법부나 사법부의 행정업무에 관한 작용은 행정청의 기능을 수행한다. 따라서 공영방송과 민영방송을 포함하

---
3) 장태주, 행정법개론, 2007, 168쪽.
4) H. W. Erichsen/ D. Ehlers(Hrsg.), Allgemeine Verwaltungsrecht, 13 Aufl., 2005, S. 609.

는 방송사업에 대해 규제 권한을 가지고 있는 방송통신위원회의 경우 행정청의 개념에 포섭되고 헌법상의 기관인 국회, 법원, 헌법재판소 등도 헌법에서 규정하고 있는 고유의 권한에 대한 수행이 아닌 경우에는 일반적인 행정청의 성격을 가진다. 한편 지방자치단체의 기관인 지방의회도 의원에 대한 징계 결정을 한 경우에는 행정청의 행위로 인정하고 있다.[5]

 대법원 1994.10.11. 자 94두23 결정. [행정처분효력정지]
가. 지방의회를 대표하고 의사를 정리하며 회의장 내의 질서를 유지하고 의회의 사무를 감독하며 위원회에 출석하여 발언할 수 있는 등의 직무권한을 가지는 지방의회 의장에 대한 불신임의결은 의장으로서의 권한을 박탈하는 행정처분의 일종으로서 항고소송의 대상이 된다.
나. 행정처분의 효력정지는 공공복리에 중대한 영향을 미칠 우려가 없어야 허용되는데, 공공복리에 중대한 영향을 미칠 우려가 있다는 점에 대하여는 처분청에게 주장·소명책임이 있다.
다. 행정처분의 효력정지를 구하는 신청사건에 있어서는 행정처분 자체의 적법 여부는 궁극적으로 본안판결에서 심리를 거쳐 판단할 성질의 것이므로 원칙적으로는 판단할 것이 아니고, 그 행정처분의 효력을 정지할 것인가에 대한 행정소송법 제23조 제2항 소정의 요건의 존부만이 판단의 대상이 되나, 본안소송에서의 처분의 취소가능성이 없음에도 불구하고 처분의 효력정지를 인정한다는 것은 제도의 취지에 반하므로, 효력정지사건 자체에 의하여도 신청인의 본안청구가 이유 없음이 명백할 때에는 행정처분의 효력정지를 명할 수 없다.

그러나 독일에서는 공법인 중에 공영방송사은 행정청으로 파악하지 않는다. 왜냐하면 공영방송은 공공공행정의 수행이 아니라 국가로부터 독립된 독자적인 방송의 공적 기능을 수행하고 있는 공법인으로 파악하면서 일반적인 행정청의 개념과는 구별하고 있다.

공법상의 영조물 법인의 경우 행정청에 해당하는 가의 논란이 있는데, 판례는 한국전력공사가 행한 입찰참가 제한행위의 처분성을 초기에는 부정하였으나 이후에는 인정하고 있다.[6]

---

5) 대판 1994. 10. 11. 94두23.
6) 대법원 2014.11.27., 2013두18964.

대법원 2014.11.27. 선고 2013두18964 판결. [부정당업자제재처분취소]

공공기관의 운영에 관한 법률 제39조 제2항, 제3항에 따라 입찰참가자격 제한기준을 정하고 있는 구 공기업·준정부기관 계약사무규칙(2013. 11. 18. 기획재정부령 제375호로 개정되기 전의 것) 제15조 제2항, 국가를 당사자로 하는 계약에 관한 법률 시행규칙 제76조 제1항 [별표 2], 제3항 등은 비록 부령의 형식으로 되어 있으나 규정의 성질과 내용이 공기업·준정부기관(이하 '행정청'이라 한다)이 행하는 입찰참가자격 제한처분에 관한 행정청 내부의 재량준칙을 정한 것에 지나지 아니하여 대외적으로 국민이나 법원을 기속하는 효력이 없으므로, 입찰참가자격 제한처분이 적법한지 여부는 이러한 규칙에서 정한 기준에 적합한지 여부만에 따라 판단할 것이 아니라 공공기관의 운영에 관한 법률상 입찰참가자격 제한처분에 관한 규정과 그 취지에 적합한지 여부에 따라 판단하여야 한다. 다만 그 재량준칙이 정한 바에 따라 되풀이 시행되어 행정관행이 이루어지게 되면 평등의 원칙이나 신뢰보호의 원칙에 따라 행정청은 상대방에 대한 관계에서 그 규칙에 따라야 할 자기구속을 받게 되므로, 이러한 경우에는 특별한 사정이 없는 한 그에 반하는 처분은 평등의 원칙이나 신뢰보호의 원칙에 어긋나 재량권을 일탈·남용한 위법한 처분이 된다.

또한 택지개발촉진법에 따라 택지개발사업을 시행하는 과정 중에 대한주택공사가 행한 단독주택용지 공급신청 거부행위의 처분성을 인정하고 있고,

 **대법원 1992.11.27. 선고 92누3618 판결.
[단독주택용지공급신청에대한거부처분취소등]**

가. 항고소송은 행정청의 처분 등이나 부작위에 대하여 처분 등을 행한 행정청을 상대로 이를 제기할 수 있고 행정청에는 처분 등을 할 수 있는 권한이 있는 국가 또는 지방자치단체와 같은 행정기관뿐만 아니라 법령에 의하여 행정권한의 위임 또는 위탁을 받은 행정기관, 공공단체 및 그 기관 또는 사인이 포함되는바 특별한 법률에 근거를 두고 행정주체로서의 국가 또는 지방자치단체로부터 독립하여 특수한 존립목적을 부여받은 특수한 행정주체로서 국가의 특별한 감독 하에 그 존립목적인 특정한 공공사무를 행하는 공법인인 특수행정조직 등이 이에 해당한다.
나. 대한주택공사의 설립목적, 취급업무의 성질, 권한과 의무 및 택지개발사업의 성질과 내용 등에 비추어 같은 공사가 관계법령에 따른 사업을 시행하는 경우 법률상 부여받은 행정작용권한을 행사하는 것으로 보아야 할 것이므로 같은 공사가 시행한 택지개발사업 및 이에 따른 이주대책에 관한 처분은 항고소송의 대상이 된다.
다. 공공용지의취득및손실보상에관한특례법 제8조에 의하면 사업시행자는 공공사업의 시행에 필요한 토지 등을 제공함으로 인하여 생활근거를 상실하게 되는 자

를 위하여 이주대책을 수립 실시하는바 택지개발촉진법에 따른 사업시행을 위하여 토지 등을 제공한 자에 대한 이주대책을 세우는 경우 위 이주대책은 공공사업에 협력한 자에게 특별공급의 기회를 요구할 수 있는 법적인 이익을 부여하고 있는 것이라고 보아야 할 것이므로 그들에게는 특별공급신청권이 인정되며 따라서 사업시행자가 위 조항에 해당함을 이유로 특별분양을 요구하는 자에게 이를 거부한 행위는 항고소송의 대상이 되는 거부처분이라 할 것이다.

농업진흥공사가 농촌근대화촉진법에 근거해 농지개량사업의 일환으로 행한 환지처분에 대해 처분성을 인정하고 있다.[7]

 대법원 1981.6.23. 선고 80다2523 판결. [토지소유권확인등]
농업진흥공사가 농촌근대화촉진법에 의한 농지개량사업의 일환으로 하는 환지처분은 행정행위의 성질을 가지므로 농업진흥공사에 대하여 민사소송으로 일정한 내용의 환지를 구하는 소는 부적법하여 각하하여야 한다.

── **사례 해결** ──

사례 4에서 울산광역시의 의회의 조례제정은 행정행위의 주체로서의 행정청의 개념에 속한다. 그러나 독일의 경우에서는 행정청으로서 인정되지 않는다. 왜냐하면 연방국가의 원리에 의해 중앙정부로부터 전래된 권한을 행하는 것이 아니라 지방정부의 고유의 업무를 수행하는 입법부의 역할을 수행하기 때문이다. 또한 국회의 경우 국정감사, 국정조사의 경우는 행정행위의 주체로서의 행정청에 속하지 않는다. 다만 국회에 대한 청원의 경우 이에 대한 청원을 받아 들 일 것인가에 대해서는 논란의 여지가 있다.

◆

행정청의 개념은 원칙적으로 공법인을 의미하지만, 예외적으로는 사인의 경우도 포함이 된다(공무수탁사인). 사인이 법적인 근거를 가지고 고권적 행위를 수행했을 때 행정청의 개념에 포섭이 될 수 있는데 예를 들어 행정청을 대신하여 공적 업무를 수행하는 민간기업을 들 수 있다.[8]

---

7) 대법원 1981.6.23. 선고 80다2523 판결.
8) 독일의 경우 자동차검사대행을 수행하는 TÜV의 경우를 들 수 있고 법률용어로 Beliehene라고 한다.

(2) 고권적인 처분

행정청은 고권적인 처분을 해야 한다. 이러한 처분은 주로 공법에 근거해서 이루어지는 것이다. 고권적인 처분이라고 할 때 헌법기관에 의한 처분도 포함이 되나 헌법기관의 고유한 권한의 행사가 비록 고권적인 성격을 가졌다고 하더라도 행정행위의 성격으로 포섭될 수 있는 고권적인 처분의 개념에 포함되지는 않는다.

행정행위는 행정청의 고권적인 처분을 의미하나, 이와 유사한 일반처분, 예를 들어 지방경찰청이 횡단 보도를 설치하는 것은 「도로교통법」에 의한 경찰청의 고권적인 처분으로 파악해야 한다.[9] 또한 기계적으로 자동화된 결정, 예를 들어 교통신호도 행정행위에 해당한다. 참고로 독일연방행정절차법은 일반처분을 행정청의 고권행위로 명확히 규정하고 있다.

학계에서는 행정행위와 처분의 개념 구별에 대해 논란이 있다. 이 논란의 근본적인 이유는 독일 행정법은 우리나라와는 달리 처분이라는 개념을 직접 개별법률에 사용하지 않고 학계에서 발전한 행정행위라는 개념으로 다른 행정작용과 구별하여 사용하고 있기 때문이다. 이러한 독일 법학계의 논리를 우리나라의 행정법학자가 수용하면서 일반화되어 사용하고 있다.

그러나 우리나라는 개별법률에 처분이라는 개념을 사용하고 있다. 예를 들어 행정소송법, 행정절차법 그리고 행정법의 기본법으로 작용하는 「행정기본법」에 처분이라는 개념이 수용되어 사용되고 있어 독일 법학계의 행정행위라는 개념을 그대로 사용하기에는 이제 시대 역행적이다.

학설상으로는 「행정소송법」에 규정되어 있는 '처분 등'이라는 개념을 행정 관련 개별법에서 규정하고 있는 '처분'이라는 용어와 구별할 것인가에 대한 해석상의 논란이 있다. 먼저 「행정소송법」상의 '처분 등'의 개념을 행정 관련 개별법상에 규정되어 있는 '처분'이라는 개념보다 넓게 보는 견해(이원설)가 있는 반면, 실체법상의 처분 개념을 쟁송법상의 개념을 동일시하는 견해(일원설)가 있다.

양 견해의 대립은 권력적 사실행위, 일반처분 등이 처분의 개념에 해당 되는지의

---

9) 그러나 대법원은 이에 대해 견해를 처음에는 일반처분으로 파악했으나 후에 이를 변경하여 일반처분으로 보지 않는다. 인정한 판례는 대판2000.2.27 98두896, 부정한 판례는 대판2000.10.24. 99두1144.; 일반처분에 대한 상세한 것은, 장태주, 행정법개론, 2009, 182쪽 이하 참조.

여부와 또 이를 전제로 어떻게 구제할 것인지의 문제와 연결된다. 간단하게 둘을 구별하면 행정행위는 강의할 때 사용하는 학문적인 개념, 즉 강학상 개념이고, 처분은 실정법상 개념이다.

「행정기본법」에는 행정처분에 대한 일반적인 규정이 동법 제14조 내지 제23조에 규정되어 있다.

이러한 고권적인 처분의 개념과 경계선상에서 논란의 대상이 되는 개념이 있는데, 사실행위(Realakte), 확약(Zusagen), 사전적 결정(Vorbescheid), 진행 중인 행정행위(vorläufige Verwaltungsakt), 비독자적인 준비 내지 부분적 행위(unselbständige vorbereitungsß und Teilake) 등이 논란의 대상이 된다.[10]

① 사실행위(Realakte)

사실행위란 법적 결과를 지향하는 것이 아니라 단순히 사실적인 결과만을 바라면서 하는 행위를 의미하고, 이런 사실행위는 행정행위의 개념에 포섭되지 않는다. 예를 들어 공무수행 중의 운전, 군 훈련장에서의 소음, 행정청에서의 단순한 안내 또는 경고 등은 사실행위에 불과하기에 법적인 의미에서 행정행위가 아니다.

물론 사실행위라 하더라도 법적인 결과를 초래할 수 있는데 행정청의 불성실하고 부정확한 안내의 경우 공무원의 친절봉사의무 위반을 발생시킬 수 있다.[11] 따라서 위법적인 안내의 경우 결과제거청구권의 대상이 된다.

행정청의 단순한 입출금의 문제는 사실행위에 불과하나 사회급부 영역에서의 금전지급의 경우 이미 지급한 사회적 급부의 경우 법적 근거 없이 취소된다면 공법적인 배상청구권이 발생한다.

따라서 앞선 Ⅰ장의 사례 3의 경우 D 시장의 콜라 자제의 경고는 행정청의 행정행위의 개념이 아니라 사실행위에 불과하다. 그러나 D 시장의 경고가 단순히 경고라는 사실행위를 넘어서 권력적 사실행위에 혹한다면 경고의 철회나 부작위소송이 가능하다.

---

10) 상세한 것은 뒤에서 언급한다.
11) 공무원의 불성실 및 불친절한 공무수행 태도는 단지 윤리적인 문제가 아니라 위법의 문제이다. 국가공무원법 제56조 및 제59조 참조.

② 확약

단순한 행정청의 안내와는 다른 것으로 구별되어야 하는 것이 확약(Zusagen)이다.

확약이란 행정청의 특정한 행정행위를 할 것인지 또는 하지 않을 것인지에 대한 구속력 있는 약속을 의미한다. 예를 들어 허가를 승인할 것인가 또는 불승인할 것인가에 대한 약속을 들 수 있다. 이 경우 행정청이 구속력 있는 의지가 있었는지의 문제는 결국 법해석에 의한 문제로 귀착이 된다. 확약이 행정행위로서의 성격을 가지는 것인지에 대해서는 학설은 대립하고 있다. 그러나 확약에 근거해 행정행위의 실시를 목적으로 소송을 할 수 있다.

확약은 확실성을 담보하기 위해 서면으로 한다.

③ 사전적 결정(Vorbescheid)

확약과 다른 또 하나의 구별 개념은 사전적인 결정인데 건축법이나 공장의 허가 사항에서 단계별로 이루어지는 형태의 행정청의 행위를 그 예로 들 수 있다. 「건축법」에 있어서의 허가 이전에 사전적인 단계로서 결정된다는 측면에서 허가와는 그 성격을 달리한다. 즉 건축 허가에 앞서 대지 공사, 건축물의 형태 그리고 건축물의 용도 등에 대한 것이 건축 허가에 앞서 사전적으로 설명되는 것을 의미한다. 사전적인 결정은 이미 허가의 한 부분으로 되어 있기에 사후에 사실관계 또는 법적 관계의 변화가 있다고 해서 이미 결정된 부분에 대한 철회나 취소는 불가능하다.

그러나 사전적인 결정과 구별되어야 하는 것이 부분적 허가인데 부분적 허가는 그 자체가 분리될 수 있는 허가라는 점에서 의심 없이 행정행위이다. 예를 들어 건축물의 시공 허가에서 대지와 지하실의 허가로 공사를 진행하고 있을 때, 비록 지상층에 대한 공사의 시작은 없다고 하더라도 건축물에 대한 허가이기 때문에 행정행위의 성격이 상실되는 것은 아니다.

④ 진행 중인 행정행위(vorläufige Verwaltungsakt)

조세 확정과 심사의 유보하에 있는 급부 승인 등은 진행 중인 행정행위이고 행정행위의 개념에 부합한다.

⑤ 비독자적인 준비 내지 부분적 행위(unselbständige vorbereitungsß und Teilakte)

비독자적인 준비행위나 부분적 행위는 행정행위의 개념에 포섭되지 않는다. 단순한 통지와 같은 것은 행정행위의 개념에 포섭되지 않는다. 그러나 행정 강제집행에 있어서 협박과 같은 것은 강제 수단에 있어서 사실 확정의 전제적인 조건이라는 점에서 행정행위의 성격을 가진다.

또한 행정청의 강제적인 압박이 없는 단순한 행정청의 공법적인 의사표시의 경우 행정행위의 개념에 포함되지 않는다. 행정청의 단순한 기간의 확정과 같은 것을 들 수 있다.

(3) 개별적이고 구체적인 규제(Regelungen eines Einzelfalls)

행정행위는 개별적이고 구체적인 사건에 대한 규제라는 성격을 가진다는 점에서 일반적이고 추상적인 규범의 성격을 가지는 법규와 다르다. 즉 법규범이 일반적이고 추상적인 규제라는 성격을 가지지만, 행정행위는 구체적이고 개별적인 규제의 성격을 가진다.

구체적이란 의미는 특정한 사항과 관련된 경우에 규제한다는 것을 의미한다. 개인적이란 특정한 개인과 연관된 경우를 의미한다. 반면에 추상적이란 불특정다수의 특정한 사안과 관련되어 있을 때를 의미하고 일반적이란 불특정다수와 연관된 경우를 의미한다.

그러나 이러한 개념은 예외 없이 적용되는 것이 아니고, 경우에 따라서 예외가 허용된다.

행정청은 구체적(konkrete)이고 일반적(generell)인 규제를 할 수 있다. 예를 들어 불특정다수가 참여하는 특정 장소에서의 특정 집회의 경우는 일반적이지만 구체적인 행정행위라고 할 수 있다. 이 금지에서 중요한 것은 사항과 관련된 구체성이다.

반면에 추상적이고 개인적인 규제도 가능한데 대지의 소유자에게 대지 주위가 추운 날씨의 영향으로 얼었을 때 빙판 제거 명령의 경우를 들 수 있고 이것은 행정행위의 개념에 부합된다.

그러나 일반적인 추상적·일반적 처분은 행정행위가 아니다.

한편 법규범의 형태로 구체적·개인적 규제가 가능한데 소위 처분적 법률의 경우를 들 수 있다. 처분적 법률(Maßnahmegesetz)은 독일 헌법상 금지규정이 있지만, 구체적인 경우의 사건인 경우 완전히 배제되는 것은 아니고 우리 헌법하에서도 처분적 법률은 헌법 질서 내의 법률이라면 인정될 수 있다.[12] 즉 처분적 행정입법의 경우에는 처분성이 인정된다.

논리적으로 법률의 형태의 행정행위라는 것은 모순이다. 왜냐하면 행정행위란 행정청의 처분을 의미하기 때문이다. 그러나 실질적인 의미에서는 이러한 현상이 많이 발생한다. 특히 많이 발생하는 영역이 법률의 위임하의 명령 또는 규칙으로 만들어지는 경우인데, 이 경우 장래의 경우에 일반적이고 추상적으로 적용될 수 있다는 여지가 있어 많은 문제점을 안고 있다. 특히 많은 경우 건축법상에 이런 성격의 명령 또는 조례가 규정되어 있는데, 비록 구체적이고 개별적인 성격이라 하더라도 행정행위의 성격을 가지는 것은 아니다.

따라서 앞서 언급한 행정행위의 특징을 구체적·개별적이라고 하는 것은 하나의 전형적인 모습을 의미하는 것이지, 예외 없이 절대적으로 적용되는 기준으로서의 절대적인 성격을 가지는 것은 아니다.

의심스러운 경우에 중요한 것은 고권적인 수행이 법규범에 의한 것인지 아니면 법률에 근거한 명령의 형태로 나타나는가에 따른 구별이다. 법률에 근거한 명령의 형태로 나타날 때 행정행위의 성격을 가진다.

행정행위가 고전적인 의미에서의 개별사건에 관한 규제만을 의미하지는 않는다. 개인적이라는 것은 특정 사람에게만 적용되는 것이 아니라, 특정 사람의 범위라도 개인적이라는 개념에 포섭이 된다. 예를 들어 집회의 경우 해산명령의 경우 불특정다수라는 범위의 사람에 대한 명령이지만 행정행위의 성격을 가진다.

불특정다수에 대한 또는 원래부터 처분의 대상이 없는 그런 특수한 형태로서의 행정청의 행위 즉 소위 일반적 처분과 같은 것도 행정행위의 개념이다.[13]

사람과 관련된 일반적 처분의 예로서는 방송을 통한 일반적인 금지, 생필품에 대한 일반적인 거래에 대한 제한 그리고 예정된 집회에 대한 금지 등을 인적 관련성의 일반적 처분이라고 할 수 있다.

---

12) 처분적 법률은 일반적으로 투자 관련한 개별법에서 많이 발생한다.
13) § 25 Abs. 2 VwVfG

사항과 관련된 일반적 처분의 예로는 공공물로 지정해서 공적 시설물로 활용하는 경우로 거리와 공공장소에 대한 지명설정과 개명의 경우를 들 수 있다.

또한 공적 시설물 이용과 같은 일반적 처분을 들 수 있는데 공공도서관의 이용 규정 등을 들 수 있다. 그러나 이 경우 앞서 언급한 사항과 관련된 일반적 처분과 구별이 쉽게 되는 것은 아니다.

문제가 되는 것으로 교통표지판의 법적 성격에 관한 것을 들 수 있다. 교통표지판의 경우 일반적·추상적인 성격을 가진다고 볼 수 있고 그 법적 성격을 행정규칙으로 파악할 수도 있겠지만 이 경우 교통표지판의 변경 또는 이전의 경우 행정규칙 제정에 따른 절차를 준수하지 않는다면 절차상의 하자, 특히 성립 상의 하자로 이것은 무효라는 결론에 이르게 된다.

따라서 이 경우를 설명하는 것은 행정행위 개념의 변형이라고 할 수 있는 일반적 처분의 개념으로 설명하는 것이 타당하다.

 대법원 1996.9.20. 선고 95누8003 판결.
1. 조례가 집행행위의 개입 없이도 그 자체로서 직접 국민의 구체적인 권리의무나 법적 이익에 영향을 미치는 등의 법률상 효과를 발생하는 경우 그 조례는 항고소송의 대상이 되는 행정처분에 해당하고, 이러한 조례에 대한 무효확인 소송을 제기함에 있어서 행정소송법 제38조 제1항, 제13조에 의하여 피고적격이 있는 처분 등을 행한 행정청은, 행정주체인 지방자치단체 또는 지방자치단체의 내부적 의결기관으로서 지방자치단체의 의사를 외부에 표시할 권한이 없는 지방의회가 아니라, 지방자치법(1994. 3. 16. 법률 제4741호로 개정되기 전의 것) 제19조 제2항, 제92조에 의하여 지방자치단체의 집행기관으로서 조례로서의 효력을 발생시키는 공포권이 있는 지방자치단체의 장이라고 할 것이다 .
한편, 지방교육자치에관한법률(1995. 7. 26. 법률 제4951호로 개정되기 전의 것) 제14조 제5항, 제25조에 의하면 시·도의 교육·학예에 관한 사무의 집행기관은 시·도 교육감이고 시·도 교육감에게 지방교육에 관한 조례안의 공포권이 있다고 규정되어 있으므로, 교육에 관한 조례의 무효확인 소송을 제기함에 있어서는 그 집행기관인 시·도 교육감을 피고로 하여야 할 것이다 .
원심이 같은 취지에서, 경기 가평군 가평읍 상색국민학교 두밀분교를 폐지하는 내용의 이 사건 조례는 위 두밀분교의 취학아동과의 관계에서 영조물인 특정의 국민학교를 구체적으로 이용할 이익을 직접적으로 상실하게 하는 것이므로 항고소송의 대상이 되는 행정처분이라고 전제한 다음, 이 사건과 같이 교육에 관한 조례무효확인 소송의 정당한 피고는 시·도의 교육감이라 할 것이므로 지방의회를 피고로 한 이 사건 소는 부적법하다고 판단한 것은 정당하고, 거기에 논지와 같은 조례무효확인 소송에 있어서의 피고적격에 관한 법리오해의 위법이 있다고 할 수 없다.

(4) 대외적으로 지향된 법적 효과

행정행위는 그 법적 효과를 외부로 지향되어 이루어진 행위를 의미한다. 규제는 행정부 내부를 벗어나야 하며 시민들과 그 밖의 법 주체에게 권리와 의무를 부과하는 것이어야 하다. 특히 행정청을 그 대상으로 권리와 의무를 부과하는 경우가 있는데 예를 들어 지방자치단체에 대한 감독권을 가진 행정청의 행위는 행정행위의 개념에 포섭된다. 즉 법률상 직접적인 법률적 변동을 일으키지 않는 행위는 행정처분이 아니다.

 대법원 1996.3.22. 선고 96누433 판결. [시정명령처분등취소]

[1] 항고소송의 대상이 되는 행정처분이라 함은 행정청의 공법상의 행위로서 특정 사항에 대하여 법규에 의한 권리의 설정 또는 의무의 부담을 명하거나 기타 법률상 효과를 발생하게 하는 등 국민의 권리의무에 직접 관계가 있는 행위를 가리키는 것이고, 행정권 내부에서의 행위나 알선, 권유, 사실상의 통지 등과 같이 상대방 또는 기타 관계자들의 법률상 지위에 직접적인 법률적 변동을 일으키지 아니하는 행위 등은 항고소송의 대상이 되는 행정처분이 아니다.

[2] 건축법 제69조 제2항, 제3항의 규정에 비추어 보면, 행정청이 위법 건축물에 대한 시정명령을 하고 나서 위반자가 이를 이행하지 아니하여 전기·전화의 공급자에게 그 위법 건축물에 대한 전기·전화공급을 하지 말아 줄 것을 요청한 행위는 권고적 성격의 행위에 불과한 것으로서 전기·전화공급자나 특정인의 법률상 지위에 직접적인 변동을 가져오는 것은 아니므로 이를 항고소송의 대상이 되는 행정처분이라고 볼 수 없다.

따라서 상위 행정청이 하위 행정청에 대한 지휘·감독은 행정행위에 포함되지 않는다. 예를 들어 경찰청의 대구경찰청에 대한 지휘·감독은 행정청의 행정행위가 아니다.

지휘라 하더라도 행정청의 내부 공무원에 대한 업무처리 지휘의 경우 행정행위가 아니다. 그러나 행정공무원에 대해 지휘라 하더라도, 업무 관련성이 상실되거나 개인적 법 영역을 침해할 때는 행정행위의 개념에 포섭이 된다.

이와 유사하게 특별권력관계(특별신분관계)의 경우에는 기본관계와 직업관계가 구별되어서 적용되어야 한다.

다른 행정청의 동의 또는 기타의 협력 과정 상에서 다단계 행위는 행정행위가 아니다. 예를 들어 건축에 있어서 허가에 대한 심리행위와 행정청의 허가행위의 경우 행정행위는 허가만이 행정행위이지 단순한 심리는 내부적인 행위에 불과하고 행정행위로서의 법적 성격을 가지지 않는다.

이와는 반대로 감독행정청의 경우 허가를 준 행정청에 대한 감독권의 행사는 행정행위에 해당한다.

행정청 내부의 조직체 행위(Organisationsakte), 예를 들어 지방자치단체의 경계변경, 지방자치단체의 권한의 변경과 행정청 내부의 권한 분배의 문제 등은 법, 명령, 규칙 등의 다양한 형태로 이루어지고 행정행위 또는 순수한 행정청 내부의 처분으로 이루어지기도 한다. 외부적 법적효과의 지향으로서의 행정행위는 그 법적 범위가 외부에 지향되어 있을 때 행정행위로서 가능하다. 예를 들어 학교의 폐교 조치는 행정행위로 볼 수 있지만 단순한 학급의 해체 또는 동등한 학년에서의 학급 간의 분할과 같은 조치는 행정행위가 아니다.

또한 행정청이 구체적인 권리, 의무의 발생, 변경, 소멸을 목표로 하지 않고 단지 행정청 내부에서의 행위나 알선, 권유, 사실상의 통지 등과 같이 상대방 또는 기타 관계자들이 법률상 지위에 직접적인 법률적 변동을 일으키지 않는 행위는 행정처분에 해당하지 않는다.

대법원 2019.2.14. 선고 2016두41729 판결.

[1] 항고소송의 대상이 되는 행정처분이란 행정청의 공법상 행위로서 특정사항에 대하여 법규에 의한 권리의 설정 또는 의무의 부담을 명하며 기타 법률상 효과를 발생하게 하는 등 국민의 구체적 권리의무에 직접적 변동을 초래하는 행위를 말하고, 행정청 내부에서의 행위나 알선, 권유, 사실상의 통지 등과 같이 상대방 또는 기타 관계자들의 법률상 지위에 직접적인 법률적 변동을 일으키지 아니하는 행위는 항고소송의 대상이 될 수 없다.

[2] 국민건강보험공단이 갑 등에게 '직장가입자 자격상실 및 자격변동 안내' 통보 및 '사업장 직권탈퇴에 따른 가입자 자격상실 안내' 통보를 한 사안에서, 국민건강보험 직장가입자 또는 지역가입자 자격 변동은 법령이 정하는 사유가 생기면 별도 처분 등의 개입 없이 사유가 발생한 날부터 변동의 효력이 당연히 발생하므로, 국민건강보험공단이 갑 등에 대하여 가입자 자격이 변동되었다는 취지의 '직장가입자 자격상실 및 자격변동 안내' 통보를 하였거나, 그로 인하여 사업장이 국민건

강보험법상의 적용대상사업장에서 제외되었다는 취지의 '사업장 직권탈퇴에 따른 가입자 자격상실 안내' 통보를 하였더라도, 이는 갑 등의 가입자 자격의 변동 여부 및 시기를 확인하는 의미에서 한 사실상 통지행위에 불과할 뿐, 위 각 통보에 의하여 가입자 자격이 변동되는 효력이 발생한다고 볼 수 없고, 또한 위 각 통보로 갑 등에게 지역가입자로서의 건강보험료를 납부하여야 하는 의무가 발생함으로써 갑 등의 권리의무에 직접적 변동을 초래하는 것도 아니라는 이유로, 위 각 통보의 처분성이 인정되지 않는다고 보아 그 취소를 구하는 갑 등의 소를 모두 각하한 원심판단이 정당하다고 한 사례.

사례 해결

앞선 1번 사례의 경우 다툴 수 있는 것이 취소소송의 형태다. 취소소송의 형태로 다투기 위해서는 시의 허가가 취소소송의 대상인 행정행위인가를 우선적으로 해결해야 한다. 우선 D시는 공공행정의 주체로서 행정청이고 고권적인 법처분으로서의 행위를 한 것이다. 또한 처분 자체가 구체적·개별적인 사항이며 그 효과는 무허가로 증축된 건물을 지향하고 있어 기본적으로 행정행위이다. 따라서 취소소송은 정당한 소송의 형태다. 그러나 건축가의 주장은 기본적으로 법위반 행위이므로 D 시의 행위는 취소되지 않는다. 오히려 D 시는 강제집행을 통해 무허가 증축 부분을 철거할 수 있고 이 경우 D시가 아무런 행위를 하지 않았다면 이웃주민이 의무소송을 제기할 수 있다.

앞선 사례2의 경우 지방자치단체의 조례는 자치입법에 속하는 일반적·추상적 성격의 법규범이며 행정행위가 아니다.
그러나 조례의 실시로 별다른 집행행위 없이 국민의 기본권이 침해된다면 헌법소원의 형식으로 취소를 구할 수는 있을 것이다(두밀분교 사건).

앞선 사례 3의 경우, D시장의 청소년보호를 위한 콜라의 자재는 비록 D시장이 행정청으로서의 자격을 갖추었다고 해도 자재라는 정도는 대외적인 구속력을 인정할 수 있는 행정행위의 성격을 가지지 않는다.

사례 1, 2에서 거리명의 변경이나 신설 등은 단순한 행정청 내부의 사항이 아니라 대외적인 구속력이 있는 행정행위다. 따라서 거리명의 변경 등으로 이루어진 불이익은 취소소송을 통한 권리구제가 가능하다.
이 사건의 경우 이미 언급한 바 있는 도로 교통 표지판 설치 및 변경의 경우와 유사한 경우다.

사례 4의 경우 시의회의 조례제정은 그 자체가 일반적·추상적 성격을 가지는 규범이기 때문에 행정행위로서의 성격을 가지지 않는다. 특히 비록 의회가 행정청의 개념에 포섭된다고 하더라도 헌법에 의해 부여된 자치입법권의 행사이기 때문에 행정소송의 대상으로서의 행정행위에 속하지 않는다.

사례 5의 경우 행정청의 스모그에 대한 경고는 행정청의 구체적이고 불특정다수에 대한 고권적인 행위이기 때문에 행정행위로서의 성격을 가진다.
한편 행정계획이 구체적인 처분성을 가지는 가에 대해 대법원은 "구 국토이용관리법(2002. 2. 4. 법률 제6655호 국토의계획및이용에관한법률 부칙 제2조로 폐지)상 주민이 국토이용계획의 변경에 대하여 신청을 할 수 있다는 규정이 없을 뿐만 아니라, 국토건설종합계획의 효율적인 추진과 국토이용질서를 확립하기 위한 국토이용계획은 장기성, 종합성이 요구되는 행정계획이어서 원칙적으로는 그 계획이 일단 확정된 후에 어떤 사정의 변동이 있다고 하여 그러한 사유만으로는 지역주민이나 일반 이해관계인에게 일일이 그 계획의 변경을 신청할 권리를 인정하여 줄 수는 없을 것이지만, 장래 일정한 기간 내에 관계 법령이 규정하는 시설 등을 갖추어 일정한 행정처분을 구하는 신청을 할 수 있는 법률상 지위에 있는 자의 국토이용계획변경신청을 거부하는 것이 실질적으로 당해 행정처분 자체를 거부하는 결과가 되는 경우에는 예외적으로 그 신청인에게 국토이용계획변경을 신청할 권리가 인정된다고 봄이 상당하므로, 이러한 신청에 대한 거부행위는 항고소송의 대상이 되는 행정처분에 해당한다."[14]고 파악하여 일정한 경우에 행정계획의 처분성을 인정하고 있다.
사례 6은 행정청의 단순한 통고가 행정소송의 대상이 되는 처분성을 가지는 가의 문제이다. 이에 대해 대법원은 과거 통지 그 자체는 취소소송의 대상이 되는 처분성을 가지지 않는다고 결정하였으나 이후 판례를 변경하여 처분성을 인정하고 있다.
대법원은 종전에 "교육공무원법 제11조 제3항, 교육공무원임용령 제5조의2 제2항에 의하면 대학에 근무하는 조교수는 4년 이내의 기간을 정하여 임용하도록 규정하고 있을 뿐, 위 법률의 어디에도 임용권자에게 임용기간이 만료된 자를 재임용할 의무를 지우거나 재임용절차 및 요건 등에 관하여 아무런 근거규정을 둔 바 없으므로, 기간을 정하여 임용된 대학교원은 그 임용기간의 만료로 대학교원으로서의 신분관계는 당연히 종료되는 것이고, 그 임용기간의 만료에 따른 재임용의 기대권을 가진다고 할 수 없으며, 이와 같이 기간을 정하여 임용된 대학교원이 그 기간이 만료된 때에 만약 재임용계약을 체결하지 못하면 재임용거부결정 등 특별한 절차를 거치지 않아도 당연퇴직되는 것이므로 임용권자가 인사위원회의 심의결정에 따라 교원을 재임용하지 않기로 하는 결정을 하

---

[14] 대법원 2003. 9. 23. 선고 2001두10936 판결.

고서 이를 통지하였다고 하더라도 이는 교원에 대하여 임기만료로 당연퇴직됨을 확인하고 알려주는 데 지나지 아니하고, 이로 인하여 어떠한 법률효과가 발생하는 것은 아니므로 이를 행정소송의 대상이 되는 행정처분이라고 할 수 없다."[15]고 하여 통지의 처분성을 부정하였으나 2004년 판례를 변경하여 "기간제로 임용되어 임용기간이 만료된 국·공립대학의 조교수는 교원으로서의 능력과 자질에 관하여 합리적인 기준에 의한 공정한 심사를 받아 위 기준에 부합되면 특별한 사정이 없는 한 재임용되리라는 기대를 가지고 재임용 여부에 관하여 합리적인 기준에 의한 공정한 심사를 요구할 법규상 또는 조리상 신청권을 가진다고 할 것이니, 임용권자가 임용기간이 만료된 조교수에 대하여 재임용을 거부하는 취지로 한 임용기간만료의 통지는 위와 같은 대학교원의 법률관계에 영향을 주는 것으로서 행정소송의 대상이 되는 처분에 해당한다."고 판결하였다.[16]

사례 7의 논점은 국립대학의 입시요강이 행정소송의 대상으로 처분성을 가지는가의 문제와 이를 인정하지 않을 경우, 헌법소원의 보충성에 근거한 권리구제이다. 일반적으로 입시요강과 같은 것은 행정청의 내부적인 지침 또는 처분적 성격의 행정규칙으로 인정되어 처분성이 인정되지 않는다. 이러한 일반적인 견해를 헌법재판소 역시 인정하고 있다. 헌법재판소는 "국립대학인 서울대학교의 "94학년도 대학입학고사주요요강"은 사실상의 준비행위 내지 사전안내로서 행정쟁송의 대상이 될 수 있는 행정처분이나 공권력의 행사는 될 수 없다"고 하여 처분성을 부정하고 있다. 그러나 이 사건의 경우 행정소송의 대상이 되는 처분성이 부정된다면 법원을 통한 다른 권리구제방법이 없어 헌법재판소는 헌법소원의 보충성을 인정하였다. 특히 서울대학교의 입시요강 그 내용이 국민의 기본권에 직접 영향을 끼치는 내용이고 앞으로 법령의 뒷받침에 의하여 그대로 실시될 것이 틀림없을 것으로 예상되어 그로 인하여 직접적으로 기본권 침해를 받게 되는 사람에게는 사실상의 규범작용으로 인한 위험성이 이미 현실적으로 발생하였다고 보아야 하기 때문에 이는 헌법소원의 대상이 되는 헌법재판소법 제68조 제1항 소정의 공권력의 행사에 해당된다고 하여 헌법소원의 적격성을 인정하고 있다.[17]

◆

2) 실정법상의 행정행위의 개념

행정행위라는 개념은 학문을 연구하는 학자들이 사용하는 일반적인 개념이고, 실무 및 실정법에서는 처분이라는 개념이 사용되고 있다(예를 들어 운전면허 취소처분, 영업허가 취소처분 등). 따라

---

15) 대법원 1997. 6. 27. 선고 96누4305 판결.
16) 대법원 2004. 4. 22. 선고 2000두7735 전원합의체 판결.
17) 헌법재판소 1992. 10. 1. 92헌마68,76 전원재판부.

서 행정행위의 개념과 처분이라는 용어의 내용이 같은 것인지에 대한 논란이 있다. 특히 구체적으로 행정구제 절차인 「행정심판법」과 「행정소송법」상 행정행위를 "행정청이 행하는 구체적 사실에 관한 법집행으로서의 공권력의 행사 또는 그 거부와 그 밖에 이에 준하는 행정작용"이라고 규정하고 있다. 이에 대해 학자들은 학문상의 행정행위의 개념보다 「행정심판법」 및 「행정소송법」상의 개념보다 넓은 개념이라고 인정하고 있으나[18] 법원은 같은 개념으로 파악하고 있다.

우리나라에서는 행정행위의 개념과 행정처분의 개념을 분리해서 사용하는 것이 다수설이나 실정법을 근거로 행정처분이라는 개념을 행정작용의 주된 내용의 하나로 사용하기도 한다.[19]

행정기본법
제2조(정의) 이 법에서 사용하는 용어의 뜻은 다음과 같다.
4. "처분"이란 행정청이 구체적 사실에 관하여 행하는 법 집행으로서 공권력의 행사 또는 그 거부와 그 밖에 이에 준하는 행정작용을 말한다.

행정절차법
제2조(정의) 이 법에서 사용하는 용어의 뜻은 다음과 같다.
2. "처분"이란 행정청이 행하는 구체적 사실에 관한 법 집행으로서의 공권력의 행사 또는 그 거부와 그 밖에 이에 준하는 행정작용(行政作用)을 말한다.

행정심판법
제2조(정의) 이 법에서 사용하는 용어의 뜻은 다음과 같다.
1. "처분"이란 행정청이 행하는 구체적 사실에 관한 법집행으로서의 공권력의 행사 또는 그 거부, 그 밖에 이에 준하는 행정작용을 말한다.

행정소송법
제2조(정의) ①이 법에서 사용하는 용어의 정의는 다음과 같다.
1. "처분등"이라 함은 행정청이 행하는 구체적 사실에 관한 법집행으로서의 공권력의 행사 또는 그 거부와 그 밖에 이에 준하는 행정작용(이하 "處分"이라 한다) 및 행정심판에 대한 재결을 말한다.

---

18) 물론 반대의 견해가 있다.
19) 이동식/전훈/김성배/손윤석, 행정법총론, 2023, 232쪽.

3) 행정행위의 종류

독일의 경우 행정행위의 종류를 국내의 교과서에서 구분하는 것과 같은 정도의 세세한 분류는 하지 않고 구체적으로 소송과의 관련 하에서 소송의 적격성을 고려한 분류를 간단하게 한다.

(1) 규제 내용에 따른 분류

행정행위는 규제 내용에 따라서 명령적, 형성적 그리고 확정적 행정행위로 나눌 수 있다.

명령적 행정행위는 특정하고 법적 가치가 있는 자격에 대한 구속력 있는 확정과 같은 것을 의미하며, 명령적 행정행위에는 하명, 허가가 있다.

하명은 행정청이 사인들에게 원래 자유로이 할 수 있었던 것을 공익 목적을 위해 제한하기 위하여 일정한 의무를 부과하는 것이다. 예로「청소년보호법」제28조 제1항은 청소년을 상대로 청소년 유해약품을 판매, 대여, 배포하거나 무상으로 제공하여서는 안 된다고 규정하는 것을 들 수 있다.

신고란 공익상 필요에 의해 국민의 자유를 법률에 의해 일반적, 상대적으로 제한해 두고 특정한 경우에 그 제한이 해제될 필요가 있다고 판단하여 이를 해제하는 행위를 말한다. 예를 들어 운전면허제도를 만들고 법률이 정하는 요건에 부합하는 경우 운전면허 허가를 해주는 경우를 들 수 있다. 이에 반해 예외적 승인이란 원칙적으로 금지된 행위가 특별한 사정에 의해 인정되는 것을 의미한다. 예를 들어 마약의 사용은 원칙적으로 금지되어 있지만 심각한 고통의 완화라는 특수한 경우에 의사 처방이 있는 경우에 인정되는 경우이다.

허가는 건축허가와 운전면허와 같은 경우처럼 원칙적으로 기속행위이다.

 대법원 1992.12.11. 선고 92누3038 판결.
가. 건축허가권자는 건축허가신청이 건축법, 도시계획법 등 관계법규에서 정하는 어떠한 제한에 배치되지 않는 이상 당연히 같은 법조 소정의 건축허가를 하여야 하므로 법률상의 근거 없이 그 신청이 관계법규에서 정한 제한에 배치되는지 여부에 대한 심사를 거부할 수 없고, 심사결과 그 신청이 법정요건에 합치하는 경우에는 특별한 사정이 없는 한 이를 허가하여야 하며, 공익상 필요가 없음에도 불구하

고 요건을 갖춘 자에 대한 허가를 관계법령에서 정하는 제한사유 이외의 사유를 들어 거부할 수는 없다.

나. 개발제한구역 내에 있는 건축물의 증개축허가신청이 있고 그 건축물의 현황이 건축물대장, 건축물관리대장의 각 기재와 다른 경우, 관할관청으로서는 개발제한구역의 지정목적과 건축물관리대장 등을 작성, 관리할 것을 규정하고 있는 법규의 취지 등에 비추어 대상건축물의 현황과 공부의 내용을 조사하고 건축허가의 신청내용이 관계법령의 제한규정에 배치되는지 여부를 심사하여 증개축허가 여부를 결정하여야 하고, 위 공부상의 각 기재가 공부 상호간 또는 현황과 일치하지 않는다는 이유만으로 건축허가신청서를 반려할 수는 없다.

허가 받은 경우, 영업상의 이익이 존재하는 경우라도 허가를 받은 자는 법률상의 이익을 가지는 것이 아니고 단지 반사적 이익을 가지는데 불과하다. 다만 「하수도법」에 의해 분뇨수거업체 허가를 받은 경우, 다른 업체의 허가를 제한하고 있다면 법률상의 이익에 해당한다.

 대법원 2006.7.28. 선고 2004두6716 판결.

행정처분의 직접 상대방이 아닌 제3자라 하더라도 당해 행정처분으로 인하여 법률상 보호되는 이익을 침해당한 경우에는 그 처분의 취소나 무효확인을 구하는 행정소송을 제기하여 그 당부의 판단을 받을 자격이 있다 할 것이며, 여기에서 말하는 법률상 보호되는 이익이라 함은 당해 처분의 근거 법규 및 관련 법규에 의하여 보호되는 개별적·직접적·구체적 이익이 있는 경우를 말하고(대법원 2006. 3. 16. 선고 2006두330 전원합의체 판결 참조), 일반적으로 면허나 인·허가 등의 수익적 행정처분의 근거가 되는 법률이 해당 업자들 사이의 과당경쟁으로 인한 경영의 불합리를 방지하는 것도 그 목적으로 하고 있는 경우, 다른 업자에 대한 면허나 인·허가 등의 수익적 행정처분에 대하여 미리 같은 종류의 면허나 인·허가 등의 수익적 행정처분을 받아 영업을 하고 있는 기존의 업자는 경업자에 대하여 이루어진 면허나 인·허가 등 행정처분의 상대방이 아니라 하더라도 당해 행정처분의 취소를 구할 원고적격이 있다(대법원 2002. 10. 25. 선고 2001두4450 판결 참조).

구 오수·분뇨 및 축산폐수의 처리에 관한 법률(2002. 12. 26. 법률 제6827호로 개정되기 전의 것, 이하 '법'이라 한다)과 같은 법 시행령(2003. 7. 25. 대통령령 제18065호로 개정되기 전의 것, 이하 '시행령'이라 한다)의 관계 규정에 의하면, 분뇨(오수처리시설 및 단독정화조의 청소과정에서 발생하는 오니 중 탈수되지 아니한 것을 포함한다) 및 축산폐수(이하 위 분뇨와 축산폐수를 '분뇨등'이라 한다)의 수집·운반 등은 시장·군수·구청장(이하 '시장' 등이라 한다)의 업무이고, 시장 등은 이를 스스로 처리하거나 당해 지방자치단체의 조례가 정하는 바에 따라 법 제

35조의 규정에 의한 분뇨등 관련 영업자인 분뇨등 수집·운반업자 및 정화조청소업자 등에게 영업을 허가하여 그 수집·운반 등을 대행하게 할 수 있는 것으로서 분뇨등의 수집·운반 등은 공익성이 강하게 요청되는 사업에 해당하는 점, 위 분뇨등 관련 영업의 허가를 받기 위한 요건으로서 시행령에서 시설·장비 및 기술능력 등에 관한 최소한도를 정해 두었을 뿐 그 영업이 분뇨의 수집·운반대행에 적정한지의 여부에 대하여는 일률적으로 확정하여 규정하는 형식을 취하지 아니함으로써 그 적정 여부에 대하여 재량의 여지를 남겨두고 있으므로, 시장 등은 분뇨등 수집·운반업 및 정화조청소업에 대한 허가 여부를 결정함에 있어서 분뇨등의 수집·운반대행이 적정하게 이루어질 수 있도록 시행령에 규정된 허가요건 이외에 분뇨등의 처리계획, 관할구역 안에서의 현재 및 장래의 분뇨등의 발생량, 현재의 분뇨등의 처리상황 등을 고려할 수 있는 점, 당해 지방자치단체 내의 분뇨등의 발생량에 비하여 기존 분뇨등 수집·운반업 및 정화조청소업에 종사하는 업체의 시설이 과다하여 신규허가를 한다면 업체 간의 과당경쟁 및 무계획적인 수집·운반으로 인하여 분뇨등의 수집·운반에 관한 안정적이고 효율적인 책임행정의 이행이 불가능하게 될 것으로 예상되고, 또한 법 제35조 제3항에 의하여 영업구역 등 조건을 붙이더라도 이를 해결할 수 없는 상태라고 판단되면 분뇨등 수집·운반업 및 정화조청소업의 신규허가를 제한할 수 있다고 보이는 점, 위와 같이 법과 시행령의 관계 규정이 당해 지방자치단체 내의 분뇨등의 발생량에 비하여 기존 업체의 시설이 과다한 경우 일정한 범위 내에서 분뇨등 수집·운반업 및 정화조청소업에 대한 허가를 제한할 수 있도록 하고 있는 것은 분뇨등을 적정하게 처리하여 자연환경과 생활환경을 청결히 하고 수질오염을 감소시킴으로써 국민보건의 향상과 환경보전에 이바지한다는 공익목적을 달성하고자 함과 동시에 업자 간의 과당경쟁으로 인한 경영의 불합리를 미리 방지하자는 데 그 목적이 있는 점 등 제반 사정에 비추어 보면, 업종을 분뇨등 수집·운반업 및 정화조청소업으로 하여 분뇨등 관련 영업허가를 받아 영업을 하고 있는 기존업자의 이익은 단순한 사실상의 반사적 이익이 아니고 법률상 보호되는 이익이라고 해석된다.

형성적 행정행위는 공무원의 임명 및 시민권의 부여와 같이 법적 지위가 형성적으로 이루어지는 것을 의미한다. 확정적 행정행위의 경우는 급부청구권이 시민에게 인정되는 것과 같은 급부 결정의 경우를 그 예로 들 수 있다. 형성적 행정행위에는 특허, 인가 등이 있다.

특허란 특정인에게, 다른 사람은 누릴 수 없는 특정한 내용의 권리를 부여하거나 포괄적인 권리의무관계를 설정하는 것이다. 광업허가, 개인택시 운송사업면허, 공유수면 매립면허 등과 같은 경우다. 일반적으로 특허는 고도의 정책성 성격을 가지고 있어 행정청의 재량행위로 인정된다.
특허의 경우 권리가 형성되고 일반적으로 공권이지만 광업권의 경우는 사권이다.

 대법원 1998.2.13. 선고 97누13061 판결.
자동차운수사업법에 의한 개인택시운송사업 면허는 특정인에게 권리나 이익을 부여하는 행정행위로서 법령에 특별한 규정이 없는 한 재량행위이고, 그 면허를 위하여 필요한 기준을 정하는 것도 역시 행정청의 재량에 속하는 것이므로, 그 설정된 기준이 객관적으로 합리적이 아니라거나 타당하지 않다고 볼만한 다른 특별한 사정이 없는 이상 행정청의 의사는 가능한 한 존중되어야 한다는 것이 대법원의 일관된 견해이다(대법원 1996. 10. 11. 선고 96누6172 판결, 1997. 1. 21. 선고 95누12941 판결, 1997. 10. 24. 선고 97누10772 판결 등 참조).

대법원 1989.9.12. 선고 88누9206 판결.
공유수면매립면허는 설권행위인 특허의 성질을 갖는 것이므로 원칙적으로 행정청의 자유재량에 속하는 것이며, 일단 실효된 공유수면매립면허의 효력을 회복시키는 행위도 특단의 사정이 없는 한 새로운 면허부여와 같이 면허관청의 자유재량에 속한다고 할 것이므로, 공유수면매립법(1986.12.31. 개정) 부칙 제4항의 규정에 의하여 위 법 시행 전에 같은법 제25조 제1항의 규정에 의하여 효력이 상실된 매립면허의 효력을 회복하는 처분도 특단의 사정이 없는 한 면허관청의 자유재량에 속하는 행위라고 보는 것이 타당하다.

인가란 행정청이 국민의 법률행위(기본행위)의 효력을 보충하여 줌으로써 그 효력을 완성하는 것을 말한다. 예로 사립학교법인의 설립에 관한 교육부 장관의 인가를 들 수 있다.
인가는 행정청의 인가가 없으면 기본행위 자체의 효력이 발생하지 않는다. 예를 들어 허가는 허가가 없어도 사인의 행위 자체는 유효하지만, 인가가 없으면 기본행위 그 자체도 효력이 발생하지 않는다.
인가는 특허가 기본적으로 재량행위지만, 원칙적으로 기속행위로서의 성격을 가진다. 그러나 법문의 내용에 따라 경우에 따라 재량행위로 판단될 수 있다.

 대법원 2000.1.28. 선고 98두16996 판결.
[1] 민사소송법 제714조 제2항의 임시의 지위를 정하는 가처분은 권리관계에 다툼이 있는 경우에 권리자가 당하는 위험을 제거하거나 방지하기 위한 잠정적이고 임

시적인 조치로서 그 분쟁의 종국적인 판단을 받을 때까지 잠정적으로 법적 평화를 유지하기 위한 비상수단에 불과한 것으로, 가처분결정에 의하여 재단법인의 이사의 직무를 대행하는 자를 선임한 경우에 그 직무대행자는 단지 피대행자의 직무를 대행할 수 있는 임시의 지위에 놓여 있음에 불과하므로, 재단법인을 종전과 같이 그대로 유지하면서 관리하는 한도 내의 재단법인의 통상업무에 속하는 사무만을 행할 수 있다고 하여야 할 것이고, 그 가처분결정에 다른 정함이 있는 경우 외에는 재단법인의 근간인 이사회의 구성 자체를 변경하는 것과 같은 재단법인의 통상업무에 속하지 아니한 행위를 하는 것은 이러한 가처분의 본질에 반한다.
[2] 재단법인의 임원취임이 사법인인 재단법인의 정관에 근거한다 할지라도 이에 대한 행정청의 승인(인가)행위는 법인에 대한 주무관청의 감독권에 연유하는 이상 그 인가행위 또는 인가거부행위는 공법상의 행정처분으로서, 그 임원취임을 인가 또는 거부할 것인지 여부는 주무관청의 권한에 속하는 사항이라고 할 것이고, 재단법인의 임원취임승인 신청에 대하여 주무관청이 이에 기속되어 이를 당연히 승인(인가)하여야 하는 것은 아니다.

(2) 효과에 따른 분류

행정행위는 또한 행정행위의 취소와 철회와 밀접한 연관이 있는 수익적 처분과 부담적 처분으로 나눌 수 있다.

부담적 처분이란 처분의 대상자가 일정한 의무나 금지에 구속되는 경우를 의미하고 수익적 처분이란 권리나 법적으로 중요한 수익이 있는 처분을 의미하며 확정적 행정행위의 경우 수익적처분일 수 있다(부담적 행정행위의 경우에도 부담이 제거되는 경우에 수익적 행정행위라 할 수 있다). 또한 이의 제기된 행정행위의 각하는 부담적 행정행위로 평가될 수 있다.

결국 행정행위는 부분적으로는 수익적 성격을 부분적으로는 부담적 성격을 동시에 가지는데 이를 복효적 행정행위 또는 제3자효 행정행위 또는 야누스(Janus)적인 행정행위라고 지칭되기도 한다.

특히 행정행위의 상대방이 수익과 부담을 동시에 가지는 경우를 복효적 행정행위라고 하고, 행정행위의 수익을 받는 상대방과 다른 제3자 부담을 가지는 경우를 제3자효 행정행위라고 한다.

예를 들어 건축허가의 경우 제3자효 행정행위라고 볼 수 있다. 건축허가 그 자체는 건축하고자 하는 자에게는 수익적 행정행위가 되지만 그 이웃에게는 부담적 행정행위가 될 수 있다. 따라서 이웃의 경우 자신의 권리가 침해되었을 때 행정행위에 대한 취소소송을 제기할 수 있다. 또한 행정처분이 처분의 상대방에게 수익이 되는 동시에 부담이 되는 경우도 있다. 예를 들어 대규모 아파트 재개발 사업허가를 함에 있어 교통량 증가에 대비하기 위해 허가받은 아파트 단지 주위의 도로를 확장 건설하여 허가청에 기부채납 하도록 하는 것을 조건으로 허가를 내어주는 것은 허가의 대상자에게 수익과 부담이 동시에 주어지는 것이다. 이를 복효적 행정행위라고 한다. 「행정소송법」 제42조 제2항은 행정청은 이해 관계인으로부터 일정 사항을 알려줄 것을 요구받았을 때에 지체 없이 이를 알려야 한다고 규정하고 있어 제3자의 보호를 꾀하고 있다.

침익적 및 수익적 행정행위의 구별은 ① 법에 기소되는지 여부, ② 절차적 통제의 차이, ③ 사인의 신청을 요하는지 여부, ④ 행정처분의 직권취소 또는 철회의 제한, ⑤ 구제수단의 선택에서 방법상의 차이가 있어 필요하다.[20]

사례 해결

Ⅰ장의 사례 1의 경우, 이웃 주민의 조망권, 일조권 등과 건축으로 인한 현재 주거지의 위험초래 등이 발생할 때 건축허가에 대한 취소소송을 제기할 수 있다(인인소송).

◆

---

(3) 기속행위, 재량행위, 불확정개념, 판단여지

① 기속행위, 재량행위

행정청이 행정작용을 행사하는데 그 행사의 결정 여부와 어떤 방식으로 행사할 것인가의 문제가 발생한다. 이 경우 법치행정의 원리하에서 일반적으로 법률에 의해 그 행사의 요건과 효과가 규정되어 있지만 행정작용의 효율성을 위해 구체적인 행사와 그 효과의 결정을 행정청에 위임하는 경우도 있다.

예를 들어 음주운전으로 인한 도로교통법의 위반이 발생했을 때 구체적으로 어떠한 행정벌을 부과할 것인지의 문제가 발생한다. 「도로교통법」은 혈중 알코올 농도 0.03%이상을 음주운전으로 규정하고 있지만 구체적인 벌금의 부과는 경찰청의 권한으로 부여하고 있다.

---

20) 이동식/전훈/김성배/손윤석, 행정법총론, 2023, 247쪽.

일반적으로 행정작용의 행사 요건과 효과를 법률로 엄격하게 규정하고 있어 행정청의 결정이 전혀 인정되지 않는 행정행위를 기속행위라고 한다. 기속행위는 일반적으로 법문에 "~하면, ~하여야 한다."라는 형식으로 되어 있다.

이에 반해 행정행위의 요건과 그 효과를 행정청이 스스로 결정할 여지를 남겨놓은 행정행위를 재량행위라고 한다. 재량행위는 일반적으로 법문에 "~하면, ~할 수 있다."라는 형식으로 되어 있다.

도로교통법
제93조(운전면허의 취소·정지) ① 시·도경찰청장은 운전면허(연습운전면허는 제외한다. 이하 이 조에서 같다)를 받은 사람이 다음 각 호의 어느 하나에 해당하면 행정안전부령으로 정하는 기준에 따라 운전면허(운전자가 받은 모든 범위의 운전면허를 포함한다. 이하 이 조에서 같다)를 취소하거나 1년 이내의 범위에서 운전면허의 효력을 정지시킬 수 있다. 다만, 제2호, 제3호, 제7호, 제8호, 제8호의2, 제9호(정기 적성검사 기간이 지난 경우는 제외한다), 제14호, 제16호, 제17호, 제20호의 규정에 해당하는 경우에는 운전면허를 취소하여야 하고(제8호의2에 해당하는 경우 취소하여야 하는 운전면허의 범위는 운전자가 거짓이나 그 밖의 부정한 수단으로 받은 그 운전면허로 한정한다), 제18호의 규정에 해당하는 경우에는 정당한 사유가 없으면 관계 행정기관의 장의 요청에 따라 운전면허를 취소하거나 1년 이내의 범위에서 정지하여야 한다.

일반적으로 침해적 행정행위는 기속행위로 규정되고 수익적 행정행위는 재량행위로서의 가능성을 갖고 있다.

기속행위와 재량행위의 구별은 구체적인 행정구제 절차인 행정심판과 행정소송과의 관계에서 발생한다. 기속행위의 위반은 위법한 것이 되어 행정심판과 행정소송의 대상이 되지만 재량행위의 위반은 위법성까지 연결되지 않고 다만 부당한 행위로 인정된다. 따라서 행위의 위법성을 논하는 행정소송의 대상은 되지 못한다. 다만 행정심판은 위법 또는 부당한 행정청의 처분을 그 대상으로 하고 있어 행정구제의 대상이 된다.

일부의 학설은 재량행위에 대한 법적 구속력을 인정하기 위해 기속재량행위라는 개념을 사용하기도 한다.[21] 실제 법원은 재량권의 일탈 또는 남용이 있는 경우에는 기

---
21) 이동식/전훈/김성배/손윤석, 행정법총론, 2023, 288쪽.

속재량이거나 자유재량이거나를 불문하고 사법심사의 대상이 된다고 보고 있다.

 대법원 1984.1.31. 선고 83누451 판결.
행정청의 재량권은 복지행정의 확대등 행정행위의 복잡 다기화에 따라 그 영역이 날로 넓어지는 추세에 있고 한편 국민의 권익을 아울러 보장하여야 하는 행정목적과 행정행위의 특성에 따라 재량권을 부여한 내재적 목적에 반하여 명백히 다른 목적을 위하여 행정처분을 하는 것과 같은 재량권의 남용이나 재량권의 행사가 그 법적 한계를 벗어나는 경우와 같은 재량권의 일탈은 그 재량권이 기속재량이거나 자유재량이거나를 막론하고 사법심사의 대상이 된다고 풀이하여야 할 것일 뿐만 아니라 그 행정행위가 기속행위인지 재량행위인지 나아가 재량행위라고 할지라도 기속재량인지 또는 자유재량에 속하는 것인지의 여부가 우선 객관적으로 명백하지 않고 또 행정행위의 전제가 되는 사실의 존부 확정과 그 상당성 및 적법성의 인정은 전혀 당해 행정청의 기능에 속하는 것으로 상대적으로 행정청의 재량권도 확대된다고 할 것이므로 어떤 행정처분의 기준을 정한 준칙 등을 그 규정의 형식이나 체제 또는 문언에 따라 이를 일률적으로 기속행위라고 규정지울 수는 없다고 할 것이다.
따라서 도로교통법 제65조 제2호 내지 제6호 및 이에 따른 운전면허점수제 행정처분사무처리요강 별표 15(1981.5.6 내무부령 제347호)가 정하는 운전면허행정처분의 기준을 재량행위라는 전제 아래 피고의 이 사건 운전면허취소처분은 재량권의 범위를 심히 일탈한 부당한 처분이라고 판시한 원심조치는 정당하다고 할 것이며 이를 기속행위라는 소론 논지는 독자적 견해에 지나지 않아 채용할 수가 없다.

구체적으로 기속행위와 재량행위의 구별에 대해 학설은 요건재량설(법규재량설), 효과재량설(공익재량설) 그리고 판단여지설이 있으나, 법문에서 규정하고 있는 경우는 문제가 없으나 명문의 규정이 없으면 법률의 목적, 취지 등을 종합적으로 고려해서 결정해야 한다.

기속행위와 재량행위를 구별하는 이유는, ① 사법심사의 범위, ② 사법심사의 방법(재량처분에 대해서는 행정청의 재량남용과 일탈이 있는지 판단하지만, 기속행위는 위법성 여부를 법원이 독자적으로 판단), ③ 공권의 성립여부, ④ 부관의 가능성(기속행위에는 불가하지만 재량행위에는 가능하다는 것이 전통적 견해이지만 현재는 무관)의 여부이다.

법치행정이라는 측면에서는 기속행위를 중심으로 입법형성을 하는 것이 완벽한 법치행정의 실현에 가깝겠지만, 법규범의 속성이 일반적, 추상적이라는 점에서 실제 사회에서 발생하는 구체적이고 개별적인 사안에 관한 판단을 통한 정의와 형평의 실현이 필요하다. 따라서 재량행위는 불가피한 것이다.

다만 행정청의 자의를 금지한다는 의미에서 공익성이 강조되지 않는 영역에서 행정청의 재량을 축소하고 전체 공동체의 이익이 필요한 경우, 즉 공익성이 강하게 요구되는 경우에는 재량행위성을 인정하는 것도 하나의 방법이다.[22] 판례도 일반음식점허가 같은 경우는 기속행위로 보고 있지만, 건축허가, 건축신고의 수리, 토석채취허가, 산림형질변경허가, 주유소설치허가, 숙박업영업신고수리 등의 경우는 재량행위로 인정하고 있다.

예를 들어 유흥음식점의 영업허가와 여객자동차운송사업의 면허와 같은 경우를 비교할 수 있다. 유흥음식점의 경우는 보다 더 직업의 자유에 충실해야 하는 반면 여객자동차운송사업의 경우 교통낙오지의 교통소통의 원할 및 주민의 복지라는 차원에서 정부의 보조금이 지급된다는 사실에서 유흥음식점의 영업허가는 기속행위로, 여객자동차운송사업의 경우는 재량행위로 판단될 수 있다.

재량행위의 경우 행정청이 행정행위의 결정 및 수단을 결정하기 때문에 자칫 행정청의 자의에 의한 행정행위가 가능하게 되어 법치행정의 원칙이 무너질 수도 있다. 이에 대해 행정청의 재량행사의 한계와 그 한계를 일탈한 재량행사에 관한 통제 방법이 논의되고 있다.

재량행위의 경우 일반적으로 행정청이 행정행위의 행사에 대한 선택과 방법에 대한 결정권이 존재한다고 하더라도 사람의 생명이나 신체에 중대한 위험이 직면한 경우, 재량권이 인정되는 것이 아니라 재량권이 없다고 판단되어야 하며 이를 재량권의 0으로의 수축이라고 한다. 이러한 예들은 경찰관직무집행법에 규정되어 있는 표준처분에서 많이 찾을 수 있다.

예를 들어 겨울철에 영하 10도인 밤에 술 취한 사람이 길거리에 쓰러져있는 것을 발견한 경찰관은 경찰관직무집행법 제4조에 근거해 보호조치를 취할 수 있다. 그러나 이 규정은 형식적으로는 재량행위로 되어 있으나 실제로 경찰권이 행사되지 않으면 술취한 사람은 사망이라는 결과로 이어지는 것이 확실하기 때문에 경찰은 적절한 조치를 취할 수 있는 재량의 여지를 가지는 것이 아니라 반드시 해야만 하는 한다. 즉 법규정상 비록 재량행위로 규정되어 있다고 하더라도 사람의 사망과 신체에 중대한

---

22) 김유환, 현대행정법, 2021, 129쪽.

위험이 도래한 경우에는 재량행위가 아니라 기속행위로 판단되어야 한다. 이러한 경우 경찰의 재량은 0으로 되어 결국 기속행위로 변하게 된다.

행정청이 재량권을 행사하는데, 재량에 하자가 있는 것을 재량하자라고 한다.

재량하자는 법령상 주어진 재량의 한계를 벗어난 재량하자인 재량권의 일탈과 법령상 주어진 재량권의 범위 안에서 재량권이 고려되었으나 잘못된 방향으로 판단해 재량행사가 이루어진 경우인 재량권의 남용이 있다. 또한 행정청이 행정행위를 함에 있어 재량을 전혀 행사하지 않거나 불충분하게 행사한 경우는 재량의 불행사라고 한다.

예를 들어 법 위반행위를 한 식당에 대해 3~6월의 영업정지 처분을 할 수 있도록 한 경우에 이를 넘어서 9개월의 영업정지를 한 경우는 재량권의 일탈로 볼 수 있다. 한편 징계 대상인 공무원에 대해 행위에 비례하지 않게 과도한 징계를 하는 것, 예를 들어 통상적으로 정직 정도의 징계를 하는 경우임에도 불구하고 파면을 한 경우는 재량권의 남용으로 볼 수 있다.

> **대법원 2001.7.27. 선고 99두9490 판결. [과징금부과처분취소]**
> [1] 제재적 행정처분인 청소년보호법상의 과징금부과처분이 사회통념상 재량권의 범위를 일탈하거나 남용한 경우에는 위법하고, 재량권의 일탈·남용 여부는 처분사유로 된 위반행위의 내용과 당해 처분행위에 의하여 달성하려는 공익목적 및 이에 따르는 모든 사정을 객관적으로 심리하여 공익침해의 정도와 그 처분으로 인하여 개인이 입게 될 불이익을 비교 교량하여 판단하여야 한다.
> [2] 통상 고시 또는 공고에 의하여 행정처분을 하는 경우에는 그 처분의 상대방이 불특정 다수인이고 그 처분의 효력이 불특정 다수인에게 일률적으로 적용되는 것이므로, 행정처분에 이해관계를 갖는 자가 고시 또는 공고가 있었다는 사실을 현실적으로 알았는지 여부에 관계없이 고시가 효력을 발생하는 날에 행정처분이 있음을 알았다고 보아야 한다.
> [3] 청소년유해매체물로 결정·고시된 만화인 사실을 모르고 있던 도서대여업자가 그 고시일로부터 8일 후에 청소년에게 그 만화를 대여한 것을 사유로 그 도서대여업자에게 금 700만 원의 과징금이 부과된 경우, 그 도서대여업자에게 청소년유해매체물인 만화를 청소년에게 대여하여서는 아니된다는 금지의무의 해태를 탓하기는 가혹하다는 이유로 그 과징금부과처분은 재량권을 일탈·남용한 것으로서 위법하다

재량권의 일탈과 재량권의 남용은 모두 위법한 것이 되어 사법심사의 대상이 된다.

대법원 2008.5.29. 선고 2007두18321 판결.
[합격결정취소및응시자격제한처분]

[1] 경찰공무원임용령 제46조 제1항에 따른 부정행위자에 대한 5년간의 응시자격 제한기간의 기산일

[2] 어느 행정행위가 기속행위인지 재량행위인지 나아가 재량행위인 경우 기속재량행위인지 또는 자유재량행위인지 여부의 판단 기준

[3] 경찰공무원임용령 제46조 제1항은 행정청 내부의 사무처리기준을 규정한 재량준칙이 아니라 일반 국민이나 법원을 구속하는 법규명령에 해당하므로, 그에 의한 처분은 재량행위가 아니라 기속행위다.

대법원 2008.7.24. 선고 2007두3930 판결. [난민인정불허가결정취소]

[1] 출입국관리법 제2조 제2의2호, 제76조의2 제1항, 난민의 지위에 관한 협약 제1조, 난민의 지위에 관한 의정서 제1조의 규정을 종합하여 보면, 법무부장관은 인종, 종교, 국적, 특정 사회집단의 구성원 신분 또는 정치적 의견을 이유로 박해를 받을 충분한 근거 있는 공포로 인해 국적국의 보호를 받을 수 없거나 국적국의 보호를 원하지 않는 대한민국 안에 있는 외국인에 대하여 그 신청이 있는 경우 난민협약이 정하는 난민으로 인정하여야 한다. 이때 그 외국인이 받을 '박해'란 '생명, 신체 또는 자유에 대한 위협을 비롯하여 인간의 본질적 존엄성에 대한 중대한 침해나 차별을 야기하는 행위'라고 할 수 있고, 단순히 강제징집을 거부한 사정만으로는 박해의 원인이 있었다고 할 수 없으나, 그 징집거부가 정치적 동기에 의하여 이루어지는 등 정치적 의견을 표명한 것으로 평가될 수 있을 때에는 박해의 원인이 있었다고 할 수 있다.

[2] 박해를 받을 '충분한 근거 있는 공포'가 있음은 난민 인정의 신청을 하는 외국인이 증명하여야 하나, 난민의 특수한 사정을 고려하여 그 외국인에게 객관적인 증거에 의하여 주장사실 전체를 증명하도록 요구할 수는 없고, 그 진술에 일관성과 설득력이 있고 입국 경로, 입국 후 난민 신청까지의 기간, 난민 신청 경위, 국적국의 상황, 주관적으로 느끼는 공포의 정도, 신청인이 거주하던 지역의 정치 · 사회 · 문화적 환경, 그 지역의 통상인이 같은 상황에서 느끼는 공포의 정도 등에 비추어 전체적인 진술의 신빙성에 의하여 그 주장사실을 인정하는 것이 합리적인 경우에는 그 증명이 된 것이다.

[3] 행정소송에서 행정처분의 위법 여부는 행정처분이 행하여졌을 때의 법령과 사실 상태를 기준으로 하여 판단하여야 하고, 처분 후 법령의 개폐나 사실상태의 변동에 의하여 영향을 받지는 않으므로, 난민 인정 거부처분의 취소를 구하는 취소소송에서도 그 거부처분을 한 후 국적국의 정치적 상황이 변화하였다고 하여 처분의 적법 여부가 달라지는 것은 아니다.

② 불확정개념, 판단여지

법규정을 보면 '공공복리', '안전' 또는 '위태롭게 할 우려' 등과 같이 그 개념이 해석하는 사람의 여지에 따라 다양하게 해석될 우려가 있는 개념들이 있다. 해석자의 해석여지에 따라 다양하게 해석되는 이러한 개념을 불확정개념이라고 한다.

이러한 불확정개념은 명확성의 원칙을 한 내용으로 하는 법치국가의 원칙에 반하는 것으로 판단될 수도 있으나 입법상 사회의 모든 변화 가능한 측면을 구체적으로 기술할 수 없다는 입법 기술상의 문제로 바로 위헌적인 것으로 연결되는 것은 아니다.

그러나 불확정개념은 행정청의 해석 재량과는 구별되어야 한다. 비록 불확정개념이 해석자의 판단에 따라 다양한 시각에서 해석될 수는 있지만, 기본적으로 사회적으로 수용이 가능한 방향에서 해석이란 법 해석의 문제이고 이러한 법 해석의 잘못은 위법적인 것으로 연결된다. 따라서 단순히 재량결정에서의 선택의 문제가 일탈 또는 남용으로 연결되지 않는 한 위법한 것이 되지 않지만, 불확정개념의 해석에 대한 잘못은 위법한 것으로 이어져 사법심사의 대상이 된다.

한편 재량과 구별해야 하는 개념에 판단여지가 있다. 판단여지란 국가시험의 출제, 공무원의 능력 평가, 청소년에게 해로운 도서인지의 판단 등과 같이 실제 행정에서 행정청의 평가능력이 전문적, 기술적 사항과 관련될 때, 어떠한 것이 정당한 판단인가에 대한 한계영역을 의미한다. 전통적으로 행정청의 재량영역으로 파악될 수도 있지만 행정청의 자의적인 행정을 배제하기 위한 법치행정의 한 표현이다.

판단여지는 기본적으로는 사법심사의 대상이 되지만 실제로 사법부에서 판단여지에 속하는 사항을 심사하기는 매우 어렵다.

 대법원 2006.12.22. 선고 2006두12883 판결.
행정행위로서의 시험의 출제 업무에 있어서 출제 담당위원은 법령규정의 허용범위 내에서 어떠한 내용의 문제를 출제할 것인가, 그 문제의 문항과 답항을 어떤 용어나 문장형식을 써서 구성할 것인가를 자유롭게 정할 수 있다는 의미에서 재량권을 가지고, 반면에 그 재량권에는 그 시험의 목적에 맞추어 수험생들의 능력을 평가할 수 있도록 출제의 내용과 구성에서 적정하게 행사되어야 할 한계가 내재되는 것이어서 그 재량권의 행사가 그 한계를 넘을 때에는 그 출제행위는 위법하게 된다.

그러나 일반적으로 국가시험의 출제에 대해서 헌법재판소와 대법원은 재량행위로 인정하고 있다.

 대법원 2001.4.10. 선고 99다33960 판결.
[1] 행정행위로서의 시험의 출제업무에 있어서, 출제 담당위원은 법령규정의 허용 범위 내에서 어떠한 내용의 문제를 출제할 것인가, 그 문제의 문항과 답항을 어떤 용어나 문장형식을 써서 구성할 것인가를 자유롭게 정할 수 있다는 의미에서 재량권을 가진다고 할 것이며, 반면에 그 재량권에는 그 시험의 목적에 맞추어 수험생들의 능력을 평가할 수 있도록 출제의 내용과 구성에서 적정하게 행사되어야 할 한계가 내재되는 바이어서 그 재량권의 행사가 그 한계를 넘을 때에는 그 출제행위는 위법하게 될 것이다.
[2] 국어학이나 논리학 과목이 아닌 전문분야 시험의 출제기법으로서 문항과 답항의 구성에서의 다의적(다의적) 용어의 사용은 어느 정도 불가피한 면이 있어서 전문용어가 아닌 일반용어를 사용하는 과정에서 엄밀하게 정확한 용어를 사용하지 아니함으로써 생긴 모든 출제상의 잘못을 예외없이 재량권이 남용, 일탈된 것으로 그의 위법성을 단정할 것은 아니다.
[3] 사법시험 객관식 문제의 출제에 있어서, 법령규정이나 확립된 해석에 어긋나는 법리를 진정한 것으로 전제하여 출제한 법리상의 오류가 재량권의 남용 또는 일탈로서 위법한 것임은 당연하며, 법리상의 오류를 범하지는 아니하였더라도 그의 문항이나 답항의 문장구성이나 표현용어 선택이 지나칠 정도로 잘못되어 결과적으로 사법시험의 평균수준의 수험생으로 하여금 정당한 답항을 선택할 수 없게 만든 때에도 재량권의 남용 또는 일탈이라고 할 것이지만, 법리상의 오류는 없고 문항이나 답항의 일부 용어표현이 미흡하거나 부정확한 편으로서 객관식 답안작성 요령이나 전체의 문항과 답항의 종합·분석을 통하여 진정한 출제의도 파악과 정답선택에 있어 사법시험의 평균수준의 수험생으로서는 장애를 받지 않을 정도에 그친 때에는, 특별한 사정이 없는 한, 그러한 잘못을 들어 재량권의 남용 또는 일탈이라고 하기는 어려울 것이므로, 사법시험 출제행위에서 재량권을 벗어났다거나 재량권이 남용되었다고 할 수 있으려면 출제와 답안작성 관련 규정의 규제내용, 출제과목의 성격, 출제의 동기, 다툼이 된 문항과 답항의 내용과 표현 및 구성, 응시자의 이해능력의 수준 등 전체 법질서의 관점에서 관련되는 모든 사정에 관한 구체적이고도 종합적인 검토가 선행되어야 할 것이다.
[4] 사법시험 객관식 문제에 조금 미흡하거나 정확하지 못한 표현이 사용되었다 하더라도 평균적인 수험생으로 하여금 문제의 의미 파악과 정답항의 선택을 그르치게 할 정도는 아니어서 그 출제행위에 재량권을 일탈하거나 남용한 위법이 없다고 한 사례.

─────── **사례 해결** ───────

사례 8의 쟁점은 취소소송의 당사자적격과 교과서 검정이 행정청의 재량행위인가 또는 기속행위인가이다. 이에 대해 대법원은 "행정처분의 상대방이 아닌 제3자라 하더라도 그 처분 등으로 인하여 법률상 보호되는 이익을 침해당한 경우에는 취소소송을 제기하여 그 당부의 판단을 받을 자격이 있는 것이나 자신의 이익과 전혀 관계가 없는 처분 등에 관하여는 취소를 구할 수 없는 것이다."고 하여 A와 B의 당사자적격을 부정하였다. 또한 교과서 검정에 대해 "교과서검정이 고도의 학술상, 교육상의 전문적인 판단을 요한다는 특성에 비추어 보면, 교과용 도서를 검정함에 있어서 법령과 심사기준에 따라서 심사위원회의 심사를 거치고, 또 검정상 판단이 사실적 기초가 없다거나 사회통념상 현저히 부당하다는 등 현저히 재량권의 범위를 일탈한 것이 아닌 이상 그 검정을 위법하다고 할 수 없다."고 하여 재량행위로 파악하고 있다.[23]

(4) 한국에서의 행정행위의 종류

행정행위의 종류를 크게 법률행위적 행정행위와 준법률행위적 행정행위로 나누고 법률적 행정행위에는 명령적 행정행위와 형성적 행정행위로 다시 나눈다.

법률행위적 행정행위는 특정한 법적 효과를 발생시키기 위한 의사표시에 의해 법적 효과가 발생되는 것을 의미하며, 준법률행위적 행정행위는 법령의 규정에 따라 법적 효과가 발생하는 것을 의미한다.

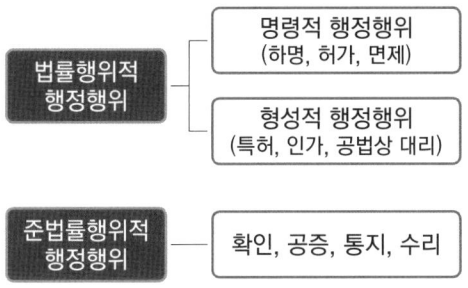

실무적으로는 허가, 특허 그리고 인가의 용어를 혼재해 사용하고 있으며 아래의 구별은 학문적인 구별의 성격을 가지며 구체적인 실익은 소송 및 법적 효과라는 측면에서 그 구별의 실익이 존재한다.

---
23) 대법원 1992.4.24. 선고 91누6634 판결.

① 하명

하명은 개인의 자유를 제한하고 의무를 부과하는 것을 내용으로 하는 행정행위를 의미한다. 예를 들어 음주운전 금지, 납세고지 등이다.

기본적으로 처분의 대상자에게 부담을 결부시키는 행위이므로 반드시 법령의 근거가 있어야 한다(부담적 행위). 하명은 법적 근거를 필요로 하고 부담적 행위이기 때문에 일반적으로 요식행위로 이루어진다. 하명은 하명의 대상자인 수명자에게 그 효력이 발생한다.

하명의 대상이 특정한 물건인 대물적 하명의 경우에는 그 승계인에게도 효력이 발생한다. 부당한 하명에 대해서는 행정소송을 통한 취소와 「국가배상법」에 의한 손해배상이 가능하다.

다만, 하명에 의해 행해진 행위의 사법상의 효력은 유효하다.

소방의 화재조사에 관한 법률
제9조 (출입 · 조사 등) ① 소방관서장은 화재조사를 하기 위하여 필요한 경우에 관계인에게 보고 또는 자료 제출을 명하거나 화재조사관으로 하여금 해당 장소에 출입하여 화재조사를 하게 하거나 관계인등에게 질문하게 할 수 있다.
② 제1항에 따라 화재조사를 하는 화재조사관은 그 권한을 표시하는 증표를 지니고 이를 관계인등에게 보여주어야 한다.
③ 제1항에 따라 화재조사를 하는 화재조사관은 관계인의 정당한 업무를 방해하거나 화재조사를 수행하면서 알게 된 비밀을 다른 용도로 사용하거나 다른 사람에게 누설하여서는 아니 된다.

 대법원 2007.8.23. 선고 2005다59475,59482,59499 판결.
[지체상금청구 · 지체상금]

[1] 주택공급계약이 구 주택건설촉진법(2002. 8. 26. 법률 제6732호로 개정되기 전의 것) 제32조, 구 주택공급에 관한 규칙(1995. 11. 6. 건설교통부령 제39호로 개정되기 전의 것) 제27조 제4항, 제3항에 위반하였다고 하더라도 그 사법적 효력까지 부인된다고 할 수는 없다.

② 허가
허가란 건축허가와 같이 법령에 의한 일반적 금지를 특정한 경우에 해제함으로써

적법하게 일정한 행위를 할 수 있도록 해주는 행정행위를 의미한다. 허가는 예방적 금지에 대한 승인을 의미하며 허가의 대상이 억제적인 금지 사항을 의미하는 것은 아니다. 허가라는 용어는 학문적으로 사용하는 용어이며 실제로는 허가, 면허, 특허, 처분 등으로 사용된다.

허가는 종래 명령적 행위의 성격을 가진다고 이해됐으나, 근래 형성적 행위의 성격을 가진다는 주장이 또한 제기되고 있다. 그러나 판례는 전통적인 견해인 명령적 행위로 파악하고 있다.

 대법원 1963.8.31. 선고 63누101 판결.
현행 헌법 제15조와 제28조에 의하여 영업의 자유는 헌법상 국민에게 보장된 자유의 범위에 포함된다 할 것이며 예외적으로 질서유지와 공공복리를 위하여 필요한 경우에 한하여 법률로서 이 영업의 자유를 제한할 수 있을 뿐이라 할 것인바 법률 제808호 공중목욕장업법은 공중목욕장업에 허가제를 실시하고 있으나 그 허가는 사업경영의 권리를 설정하는 형성적 행위가 아니고 경찰금지의 해제에 불과하며 그 허가의 효과는 영업자유의 회복을 가져올 뿐이다.

허가는 원칙적으로 기속적 행위이며,

 대법원 2000.3.24. 선고 97누12532 판결.
식품위생법상 일반음식점영업허가는 성질상 일반적 금지의 해제에 불과하므로 허가권자는 허가신청이 법에서 정한 요건을 구비한 때에는 허가하여야 하고 관계 법령에서 정하는 제한사유 외에 공공복리 등의 사유를 들어 허가신청을 거부할 수는 없고(대법원 1993. 5. 27. 선고 93누2216 판결 참조), 이러한 법리는 일반음식점 허가사항의 변경허가에 관하여도 마찬가지라 할 것이다.

예외적으로 재량적 행위로 평가받는다.

 대법원 2002.10.25. 선고 2002두6651 판결.
산림훼손은 국토 및 자연의 유지와 수질 등 환경의 보전에 직접적으로 영향을 미치는 행위이므로, 법령이 규정하는 산림훼손 금지 또는 제한 지역에 해당하는 경우는 물론 금지 또는 제한 지역에 해당하지 않더라도 허가관청은 산림훼손허가신청 대상토지의 현상과 위치 및 주위의 상황 등을 고려하여 국토 및 자연의 유지와 환경의 보전 등 중대한 공익상 필요가 있다고 인정될 때에는 허가를 거부할 수 있고, 그 경우 법규에 명문의 근거가 없더라도 거부처분을 할 수 있다.

일반적으로 허가는 상대방의 신청을 필수로 하나 상대방의 신청 필요 없이 행정청이 일방적으로 하는 예외(통행금지의 해제)도 존재한다.

허가는 그 처분 당시의 법령 및 허가 기준에 의하는 것이 원칙이고 예외적으로 행정청의 하자가 없다면 새롭게 바뀐 법령 및 허가 기준에 의한 불허가처분이라고 하더라도 위법한 것은 아니다.[24]

일반적으로 허가는 금지의 해제이기 때문에 허가받은 자의 독점권을 인정하는 것이 아니라 반사적 이익에 불과하다. 그러나 일단 허가를 받은 경우, 법령에 근거 없는 허가의 취소는 행정쟁송의 방법을 통해 구제할 수 있다.

예를 들어 유흥음식점의 영업허가를 받았다면 법령에 근거없는 영업허가의 취소에 대해서는 소송상 다툴 수 있지만 다른 제3자에게 인근에 유흥음식점의 영업허가를 준 것에 대해서는 직접 다툴 수 없다.

 대법원 1998.3.10. 선고 97누4289 판결. [한약조제시험무효확인]
한의사 면허는 경찰금지를 해제하는 명령적 행위(강학상 허가)에 해당하고, 한약조제시험을 통하여 약사에게 한약조제권을 인정함으로써 한의사들의 영업상 이익이 감소되었다고 하더라도 이러한 이익은 사실상의 이익에 불과하고 약사법이나 의료법 등의 법률에 의하여 보호되는 이익이라고는 볼 수 없으므로, 한의사들이 한약조제시험을 통하여 한약조제권을 인정받은 약사들에 대한 합격처분의 무효확인을 구하는 당해 소는 원고적격이 없는 자들이 제기한 소로서 부적법하다.

허가의 성질에 대해 판례는 일관되게 명령적 행위로 보고 있다.

 대법원 1963.8.31. 선고 63누101 판결. [공중목욕장영업허가취소]
가. 구 목중목욕장법에 의한 공중목욕장업허가는 그 사업경영의 권리를 인정하는 형성적 행위가 아니고 경찰금지의 해제에 불과하다
나. 공중목용장의 분포의 적정을 공중목욕장업법 시행세칙(62.4.9. 보사부령 제74호) 제4조의 규정은 모법에 위반되는 무효의 것이다

---

24) 대법원 1992. 12. 8. 선고 92누13813 판결.

허가의 효과는 다른 법률상 금지의 해제를 인정하는 것은 아니다. 즉 공장건축허가를 하더라도 농지전용금지를 해제해 준 것은 아니다.

허가 효과의 승계는 개별법률이 정하고 있으면 법률에 따른다. 그러나 규정이 없으면 대인적 허가는 승계가 어려우나 대물적 허가는 승계된다.

또한 허가 양도의 경우 양도인에 대한 행정제재 처분이 대물적 및 혼합적 성격의 처분이라면 양수인에 대한 승계가 인정된다. 대인적 허가인 운전면허, 의사면허 등은 이전이 불가능하지만, 대물적 허가인 건축허가, 차량검사는 이전이 가능하고 혼합적 허가인 폐기물 처리업, 전당포영업은 행정청의 승인이 있는 경우 이전이 가능하다.

허가의 거부는 법령에서 정한 사유가 있는 경우에 가능한 것이 원칙이지만, 공익상 필요가 있는 경우에도 가능하다.

 대법원 2006. 11. 9. 선고 2006두1227 판결. [건축허가반려처분취소]
[1] 건축허가권자는 건축허가신청이 건축법 등 관계 법규에서 정하는 어떠한 제한에 배치되지 않는 이상 당연히 같은 법조에서 정하는 건축허가를 하여야 하고, 중대한 공익상의 필요가 없음에도 불구하고, 요건을 갖춘 자에 대한 허가를 관계 법령에서 정하는 제한사유 이외의 사유를 들어 거부할 수는 없다.
[2] 국토의 계획 및 이용에 관한 법률 제54조, 건축법 제8조 제4항에 의하면 지구단위계획구역 안에서 건축물을 건축하거나 건축물의 용도를 변경하고자 하는 경우에는 그 지구단위계획에 적합하게 건축하거나 용도를 변경하여야 하며, 건축허가권자는 당해 용도·규모 또는 형태의 건축물을 그 건축하고자 하는 대지에 건축하는 것이 지구단위계획구역에 적합한지의 여부를 확인하도록 하고 있으므로, 건축허가권자는 지구단위계획구역 안에서의 건축이 그 지구단위계획에 적합하지 아니한 경우 그 건축허가를 거부할 수 있다.
[3] 지구단위계획에 의해 타인 소유 토지의 취득이나 자기 소유 토지의 처분을 강제할 수는 없으므로 지구단위계획에 의해 지적의 경계와 용도구분에 의한 경계가 달라지게 되었다 하더라도 그 지구단위계획의 내용이나 취지가, 각 지정된 용도에 맞추어 건축물을 건축하거나 건축물의 용도를 변경하라는 범위를 넘어서, 토지소유자에게 부정형으로 되어 있는 지적 경계를 지구단위계획에서 정한 장방형의 용도구분의 경계와 일치시켜야 한다거나 기타 사용권의 취득을 강제하는 것이라고 볼 수는 없다.
[4] 건축허가신청 반려처분이 토지소유자에게 연접한 다른 소유자의 토지에 대한 소유권이나 사용권 취득을 사실상 강제하는 것이어서 지구단위계획의 내용이나 취지에 어긋나 위법하다

행정기본법

제16조(결격사유) ① 자격이나 신분 등을 취득 또는 부여할 수 없거나 인가, 허가, 지정, 승인, 영업등록, 신고 수리 등(이하 "인허가"라 한다)을 필요로 하는 영업 또는 사업 등을 할 수 없는 사유(이하 이 조에서 "결격사유"라 한다)는 법률로 정한다.
② 결격사유를 규정할 때에는 다음 각 호의 기준에 따른다.
   1. 규정의 필요성이 분명할 것
   2. 필요한 항목만 최소한으로 규정할 것
   3. 대상이 되는 자격, 신분, 영업 또는 사업 등과 실질적인 관련이 있을 것
   4. 유사한 다른 제도와 균형을 이룰 것

무허가 행위의 경우는 행정상 강제집행 및 행정법의 대상이 된다. 그러나 무허가 행위라고 하더라도 사법상의 효력이 상실되는 것은 아니다.

허가는 기간의 도래, 사망, 허가대상의 소멸 등으로 그 효력이 상실된다.

──────── **사례 해결** ────────

사례 9의 논점은 법령의 규정없이 지방자치단체의 조례에 의해 건축허가신청을 반려할 수 있는가의 문제이다. 이 문제에 대해 대법원은 "구 건축법 제8조 제1항, 제3항, 구 국토이용관리법 제15조 제1항 제4호, 같은 법 시행령 제14조 제1항의 각 규정에 의하면, 준농림지역 안으로서 지방자치단체의 조례가 정하는 지역에서 식품위생법 소정의 식품접객업, 공중위생법 소정의 숙박업 등을 영위하기 위한 시설 중 지방자치단체의 조례가 정하는 시설의 건축을 제한할 수 있는바, 이러한 관계 법령의 규정을 종합하여 보면, 지방자체단체의 조례의 의하여 준농림지역 내의 건축제한지역이라는 구체적인 취지의 지정·고시가 행하여지지 아니하였다 하더라도, 조례에서 정하는 기준에 맞는 지역에 해당하는 경우에는 숙박시설의 건축을 제한할 수 있다고 할 것이고, 그러한 기준에 해당함에도 불구하고 무조건 숙박시설 등의 건축허가를 하여야 하는 것은 아니라고 할 것이며, 조례에서 정한 요건에 저촉되지 아니하는 경우에 비로소 건축허가를 할 수 있는 것으로 보아야 할 것이다."라고 판시하였다.[25]

◆

---

25) 대법원 1999. 8. 19. 선고 98두1857 전원합의체 판결.

러브호텔에 관한 판례

대법원 1995.12.12. 선고 95누9051 판결. [건축허가신청반려처분취소]

[1] 건축허가권자는 건축허가신청이 건축법, 도시계획법 등 관계 법규에서 정하는 어떠한 제한에 배치되지 않는 이상 당연히 같은 법조에서 정하는 건축허가를 하여야 하고 위 관계 법규에서 정하는 제한사유 이외의 사유를 들어 거부할 수는 없다.

[2] 건축허가신청이 건축법, 도시계획법 등 관계 법규에서 정하는 건축허가 제한사유에 해당하지 않는 이상 행정청이 자연경관 훼손 및 주변환경의 오염과 농촌지역의 주변정서에 부정적인 영향을 끼치고 농촌지역에 퇴폐분위기를 조성할 우려가 있다는 등의 사유를 들어 숙박시설 건축을 불허할 수는 없다고 본 사례.

[3] 행정처분의 취소를 구하는 항고소송에 있어서는 실질적 법치주의와 행정처분의 상대방인 국민에 대한 신뢰보호라는 견지에서 처분청은 당초 처분의 근거로 삼은 사유와 기본적 사실관계에 있어서 동일성이 인정되는 한도 내에서만 새로운 처분사유를 추가하거나 변경할 수 있을 뿐 기본적 사실관계와 동일성이 인정되지 않는 별개의 사실을 들어 처분사유로 주장하는 것은 허용되지 아니하며 법원으로서도 당초의 처분사유와 기본적 사실관계의 동일성이 없는 사실은 처분사유로 인정할 수 없다.

대법원 2000.5.12. 선고 98두15382 판결. [농지전용불허가처분취소]

[1] 농지법이 농지의 소유·이용 및 보전 등에 필요한 사항을 정함으로써 농지의 효율적인 이용·관리 등과 함께 국토의 환경보전에 이바지함을 그 목적으로 하면서(제1조) 농지가 국민의 식량공급과 국토환경보전의 기반으로서 소중히 보전되어야 함은 물론 공공복리에 적합하게 관리되어야 하고 그에 관한 권리의 행사에는 필요한 제한과 의무가 따른다는 것을 농지에 관한 기본이념으로 설정하고 있는 점(제3조 제1항), 구 농지법시행령(1999. 4. 19. 대통령령 제16254호로 개정되기 전의 것)에서 농지전용허가에 대한 심사기준에도 농어촌생활환경에 미치는 영향 등을 고려하도록 하고 있는 점 등에 비추어 볼 때, 농지전용행위에 대하여 허가관청은 구 농지법시행령이 정한 위의 심사기준에 부적합한 경우는 물론 대상 농지의 현상과 위치 및 주위의 상황 등을 종합적으로 고려하여 국토 및 자연의 유지와 환경의 보전 등 중대한 공익상 필요가 있다고 인정되는 경우에도 이를 불허가할 수 있다.

[2] 농지전용신청 대상 농지가 국립공원인 치악산 인근에 위치하고 있고 주변이 마을관광단지로 지정되어 일반 시민의 휴식공간으로 이용되고 있으며 산림훼손제한지역으로 고시되어 있는 경우, 여관 건물을 신축하기 위한 농지전용허가신청에 대한 불허가처분이 중대한 공익상의 필요에 의한 것으로서 적법하다.

③ 특허

특허란 특정인에 대하여 일정한 권리·능력 또는 포괄적 법률관계를 설정하는 행위이다. 예를 들어 광업허가, 어업허가, 공유수면매립허가 등이 이에 해당한다. 그러나 실제 행정실무에서는 특허라는 용어와 함께 허가(「광업법」 제17조), 면허(「공유수면매립법」 제9조)라는 용어가 사용된다.

특허란 허가와는 달리 상대방에게 포괄적인 배타적인 힘을 부여하는 행위를 의미한다. 따라서 누구에게 포괄적·배타적인 권리를 부여할 것인지의 문제는 행정청의 재량으로 인정된다는 측면에서 원칙적인 기속행위인 허가와는 구별된다.

특허는 상대방에게 조세의 부담과 같은 부담을 안겨줄 수 있기에 원칙적으로 상대방의 출원을 필수적 전제조건으로 한다. 또한 언제나 출원을 한 특정인을 대상으로 하고 불특정다수인을 상대로 할 수는 없다.

특허의 성질상 이중으로 특허가 된 경우에 후에 행한 특허는 무효이다.

다만 현대에서는 허가와 특허의 구별 기준은 점점 상대화 되어가는 추세이다.

예를 들어 A기업이 공유수면매립권을 허가받았다고 한다면 A기업은 제3자가 관할 행정청으로부터 공유수면매립권을 허가받는 것과 자신의 매립허가권이 법령의 근거 없이 취소되는 것에 대해 모두 소송상 다툴 수 있는 법적인 힘 즉 권리를 가진다.

 대법원 1996.10.11. 선고 96누6172 판결.

자동차운수사업법에 의한 개인택시운송사업 면허는 특정인에게 권리나 이익을 부여하는 행정행위로서 법령에 특별한 규정이 없는 한 재량행위이고, 그 면허를 위하여 필요한 기준을 정하는 것도 역시 행정청의 재량에 속하는 것이므로, 그 설정된 기준이 객관적으로 합리적이 아니라거나 타당하지 않다고 볼 만한 다른 특별한 사정이 없는 이상 행정청의 의사는 가능한 한 존중되어야 한다는 것이 이 법원의 일관된 견해이고(대법원 1995. 7. 14. 선고 94누14841 판결, 1995. 11. 10. 선고 95누8461 판결 등 참조), 또한 특별한 사정이 없는 한 행정행위의 적법 여부는 그 행정처분 당시를 기준으로 판단하여야 할 것이므로 면허신청 당시에 제출되지 아니한 새로운 사실은 그 행정처분의 적법 여부를 가리는 자료로 삼을 수 없다(대법원 1984. 5. 29. 선고 83누692 판결, 1989. 3. 28. 선고 88누12257 판결, 1995. 1. 20. 선고 93누22661 판결 등 참조).

대법원 1978.4.25. 선고 78누42 판결. [어업면허무효확인]
지구별 어업협동조합 및 지구별 어업협동조합 내에 설립된 어촌계의 어장을 엄격히 구획하여 종래 인접한 각 조합이나 어촌계 상호간의 어장한계에 관한 분쟁이나 경업을 규제하므로써 각 조합이나 어촌계로 하여금 각자의 소속 어장을 배타적으로 점유 관리하게 하였음에 비추어 특별한 경우가 아니면 같은 업무구역안에 중복된 어업면허는 당연무효이다.

④ 인가

인가란 제3자의 법률행위를 보충하여 그 효력을 완성시키는 행정행위이다. 예를 들어 사립대학의 설립인가, 재단법인 정관변경 허가, 토지거래허가 등이 이에 해당한다.

인가는 법률적 행위의 효력을 보충시키는 효력을 가지고 있으므로, 기본이 되는 법률행위를 하려는 당사자의 신청이 있는 경우에만 이루어진다. 즉 인가는 보충적 행위성, 형성적 행위성을 가지며 인가 자체가 단속규정이 아니라 효력규정이다.

 대법원 1991.12.24. 선고 90다12243 전원합의체 판결. [토지소유권이전등기]
국토이용관리법상의 규제구역 내의 '토지등의 거래계약'허가에 관한 관계규정의 내용과 그 입법취지에 비추어 볼 때 토지의 소유권 등 권리를 이전 또는 설정하는 내용의 거래계약은 관할 관청의 허가를 받아야만 그 효력이 발생하고 허가를 받기 전에는 물권적 효력은 물론 채권적 효력도 발생하지 아니하여 무효라고 보아야 할 것인바, 다만 허가를 받기 전의 거래계약이 처음부터 허가를 배제하거나 잠탈하는 내용의 계약일 경우에는 확정적으로 무효로서 유효화될 여지가 없으나 이와 달리 허가받을 것을 전제로 한 거래계약(허가를 배제하거나 잠탈하는 내용의 계약이 아닌 계약은 여기에 해당하는 것으로 본다)일 경우에는 허가를 받을 때까지는 법률상 미완성의 법률행위로서 소유권 등 권리의 이전 또는 설정에 관한 거래의 효력이 전혀 발생하지 않음은 위의 확정적 무효의 경우와 다를 바 없지만, 일단 허가를 받으면 그 계약은 소급하여 유효한 계약이 되고 이와 달리 불허가가 된 때에는 무효로 확정되므로 허가를 받기까지는 유동적 무효의 상태에 있다고 보는 것이 타당하므로 허가받을 것을 전제로 한 거래계약은 허가받기 전의 상태에서는 거래계약의 채권적 효력도 전혀 발생하지 않으므로 권리의 이전 또는 설정에 관한 어떠한 내용의 이행청구도 할 수 없으나 일단 허가를 받으면 그 계약은 소급해서 유효화되므로 허가 후에 새로이 거래계약을 체결할 필요는 없다.

문제점은 기본행위의 효력과 인가의 효력과의 관계이다.

우선 인가의 효력이 적법하나 기본행위에 하자가 있는 경우에는 기본행위의 효력에 따른다. 즉 기본행위에 그 하자가 중대하고 명백한 경우에는 무효이므로 인가의 효력 역시 인정되지 않는다. 따라서 인가의 효력을 소송으로 다루는 이익은 존재하지 않는다.

 대법원 1991.6.25. 선고 90누5184 판결.
공유수면매립법 제20조 제1항 및 같은법시행령 제29조 제1항 등 관계법령의 규정내용과 공유수면매립의 성질 등에 비추어 볼 때, 공유수면매립의 면허로 인한 권리의무의 양도·양수에 있어서의 면허관청의 인가는 효력요건으로서, 위 각 규정은 강행규정이라고 할 것인바, 위 면허의 공동명의자 사이의 면허로 인한 권리의무양도약정은 면허관청의 인가를 받지 않은 이상 법률상 아무런 효력도 발생할 수 없다.
공유수면매립면허의 공동명의자 갑이 다른 공동명의자 을에게 면허로 인한 권리의무를 양도하기로 약정하였으나 이에 관한 인가를 받지 않은 상태에서 면허의 효력이 상실된 후 면허관청이 공유수면매립면허의 효력을 공동명의로 소급하여 회복시키는 처분을 하자 을 혼자서 위 처분의 취소나 무효확인을 청구하는 소송을 제기한 경우, 위 양도약정은 법률상 효력이 없어 위 면허는 갑, 을의 합유에 속하는 것이고 그에 관한 권리에 대한 위의 제소는 보존행위라고는 볼 수 없으므로 위 소는 당사자적격에 흠결이 있는 부적법한 것이다.

기본행위가 중대하거나 명백한 경우에는 취소의 대상이 되므로 인가의 효력 역시 취소의 대상이다.

기본행위가 적법하고 인가에 하자가 있는 경우 우선 인가가 무효인 경우, 기본행위는 법률적 효력을 발생시키지 않으며 인가에 취소의 사유가 있으면 인가가 취소될 때까지 기본행위는 유효하게 존재한다.

기본행위가 취소 또는 해지가 된 경우 인가 역시 당연히 실효된다.

기본행위에 하자가 있고 인가 자체에 하자가 없는 경우 소송의 대상은 기본행위만을 소송의 대상으로 삼아야 한다.

 대법원 2005.10.14. 선고 2005두1046 판결.
재건축주택조합의 조합장 명의변경에 대한 시장, 군수 또는 자치구 구청장의 인가처분은 종전의 조합장이 그 지위에서 물러나고 새로운 조합장이 그 지위에 취임함을 내용으로 하는 재건축주택조합의 조합장 명의변경 행위를 보충하여 그 법률상의 효력을 완성시키는 보충적 행정행위로서, 그 기본행위인 조합장 명의변경에 하자가 있을 때에는 그에 대한 인가가 있다 하더라도 조합장 명의변경이 유효한 것으로 될 수 없는 것이므로, 기본행위인 조합장 명의변경이 적법·유효하고 보충행위인 인가처분 자체에만 하자가 있다면 그 인가처분의 취소를 구할 수 있는 것이지만, 기본행위에 하자가 있다고 하더라도 인가처분 자체에 하자가 없다면 따로 그 기본행위의 하자를 다투는 것은 별론으로 하고 기본행위의 하자를 내세워 바로 그에 대한 행정청의 인가처분의 취소를 구할 수는 없다.

대법원 1996.5.16. 선고 95누4810 전원합의체 판결.
[법인정관변경허가처분무효확인]
인가는 기본행위인 재단법인의 정관변경에 대한 법률상의 효력을 완성시키는 보충행위로서, 그 기본이 되는 정관변경 결의에 하자가 있을 때에는 그에 대한 인가가 있었다 하여도 기본행위인 정관변경 결의가 유효한 것으로 될 수 없으므로 기본행위인 정관변경 결의가 적법 유효하고 보충행위인 인가처분 자체에만 하자가 있다면 그 인가처분의 무효나 취소를 주장할 수 있지만, 인가처분에 하자가 없다면 기본행위에 하자가 있다 하더라도 따로 그 기본행위의 하자를 다투는 것은 별론으로 하고 기본행위의 무효를 내세워 바로 그에 대한 행정청의 인가처분의 취소 또는 무효확인을 소구할 법률상의 이익이 없다.

분류	허가	특허	인가
의의	일반적·추상적으로 금지된 자연적 치유의 회복	새로운 권리의 부여	보충적 행위
법적 성질	기속행위, 명령적 행위	재량행위, 형성적 행위	재량행위, 형성적 행위
출원	원칙적인 신청요함	반드시 신청요함	반드시 신청요함
효과	공법적 효과	공·사법적 효과	공·사법적 효과
대상	법률행위, 사실행위	법률행위, 사실행위	법률행위
효과	적법요건	효력요건	효력요건
공통점	법률적 행정행위, 수익적 행정행위, 신청에 의한 행정행위		

(장태주, 행정법개론, 2009, 209쪽 인용)

⑤ 확인

확인은 특정한 사실 또는 법률관계의 존부 또는 정부에 관하여 의문이 있거나 다툼이 있는 경우에 행정청이 이를 공적으로 판단 및 확정하는 행정행위를 의미한다.

확인은 원칙적으로 기속행위이지만, 예외적으로 교과서 검인증의 경우에는 재량행위이다.

예를 들어 당선인의 결정, 행정심판의 재결, 발명권특허, 교과서 검인증 등이다.

 대법원 1992.4.24. 선고 91누6634 판결. [중학교2종교과서검정처분취소]
교과서검정이 고도의 학술상, 교육상의 전문적인 판단을 요한다는 특성에 비추어 보면, 교용용 도서를 검정함에 있어서 법령과 심사기준에 따라서 심사위원회의 심사를 거치고, 또 검정상 판단이 사실적 기초가 없다거나 사회통념상 현저히 부당하다는 등 현저히 재량권의 범위를 일탈한 것이아닌 이상 그 검정을 위법하다고 할 수 없다.

⑥ 공증

공증이란 특정한 사실 또는 법률관계의 존재를 공적으로 증명하는 행정행위이다. 예를 들어 등기, 등록, 증명서의 발급 등을 들 수 있다. 예를 들어 납세의 독촉, 당선증서, 합격증명서의 발급 등이 이에 해당한다.

공증의 경우 행정행위의 공정력을 부인하는 결과로 이어지는 데 판례는 공증의 처분성을 초기에는 인정하지 않아 행정소송의 대상으로 인정하지 않는다.[26] 그러나 최근에 처분성을 인정하는 경우가 늘고 있어 개별적으로 판단해야 한다. 예를 들어 지목신청반려행위에 대해서는 처분성을 인정하고 있다.

 대법원 2004.4.22. 선고 2003두9015 전원합의체 판결.
[지목변경신청반려처분취소청구각하취소]
구 지적법(2001. 1. 26. 법률 제6389호로 전문 개정되기 전의 것) 제20조, 제38조 제2항의 규정은 토지소유자에게 지목변경신청권과 지목정정신청권을 부여한 것

---

26) 대법원 1991. 9. 24. 선고 91누1400 판결.
자동차운전면허대장상 일정한 사항의 등재행위는 운전면허행정사무집행의 편의와 사실증명의 자료로 삼기 위한 것일 뿐 그 등재행위로 인하여 당해 운전면허 취득자에게 새로이 어떠한 권리가 부여되거나 변동 또는 상실되는 효력이 발생하는 것은 아니므로 이는 행정소송의 대상이 되는 독립한 행정처분으로 볼 수 없고, 운전경력증명서상의 기재행위 역시 당해 운전면허 취득자에 대한 자동차운전면허대장상의 기재사항을 옮겨 적는 것에 불과할 뿐이므로 운전경력증명서에 한 등재의 말소를 구하는 소는 부적법하다 할 것이다.

이고, 한편 지목은 토지에 대한 공법상의 규제, 개발부담금의 부과대상, 지방세의 과세대상, 공시지가의 산정, 손실보상가액의 산정 등 토지행정의 기초로서 공법상의 법률관계에 영향을 미치고, 토지소유자는 지목을 토대로 토지의 사용·수익·처분에 일정한 제한을 받게 되는 점 등을 고려하면, 지목은 토지소유권을 제대로 행사하기 위한 전제요건으로서 토지소유자의 실체적 권리관계에 밀접하게 관련되어 있으므로 지적공부 소관청의 지목변경신청 반려행위는 국민의 권리관계에 영향을 미치는 것으로서 항고소송의 대상이 되는 행정처분에 해당한다.

⑦ 통지

통지는 특정인 또는 불특정다수인에 대하여 특정한 사항을 알리는 행정행위이다. 예를 들어 귀화의 고시 등이 이에 해당한다.

통지의 처분성에 대해서는 개별적으로 판단되어야 한다. 국·공립대학의 조교수에 대한 임용기간 만료통지에 대해서는 처분성을 인정하고 있고,

 대법원 2004.4.22. 선고 2000두7735 전원합의체 판결.
기간제로 임용되어 임용기간이 만료된 국·공립대학의 조교수는 교원으로서의 능력과 자질에 관하여 합리적인 기준에 의한 공정한 심사를 받아 위 기준에 부합되면 특별한 사정이 없는 한 재임용되리라는 기대를 가지고 재임용 여부에 관하여 합리적인 기준에 의한 공정한 심사를 요구할 법규상 또는 조리상 신청권을 가진다고 할 것이니, 임용권자가 임용기간이 만료된 조교수에 대하여 재임용을 거부하는 취지로 한 임용기간만료의 통지는 위와 같은 대학교원의 법률관계에 영향을 주는 것으로서 행정소송의 대상이 되는 처분에 해당한다.

국가공무원법상 당연퇴직의 인사발령은 처분에 해당하지 않는다.

 대법원 1995.11.14. 선고 95누2036 판결.
국가공무원법 제69조에 의하면 공무원이 제33조 각 호의 1에 해당할 때에는 당연히 퇴직한다고 규정하고 있으므로, 국가공무원법상 당연퇴직은 결격사유가 있을 때 법률상 당연히 퇴직하는 것이지 공무원관계를 소멸시키기 위한 별도의 행정처분을 요하는 것이 아니며, 당연퇴직의 인사발령은 법률상 당연히 발생하는 퇴직사유를 공적으로 확인하여 알려주는 이른바 관념의 통지에 불과하고 공무원의 신분을 상실시키는 새로운 형성적 행위가 아니므로 행정소송의 대상이 되는 독립한 행정처분이라고 할 수 없다.

⑧ 수리

수리란 타인의 행위를 유효한 행위로 받아들이는 행위를 의미한다. 식품위생법에 따른 영업허가명의변경신고, 혼인신고서의 수리, 공직선거에서 입후보자의 등록의 수리 등이 이에 해당한다.

법정의 요건을 갖춘 신고는 수리되어야 하므로 기속행위이다.

따라서 수리에 대한 거절 행위는 소극적 행정행위이며 소송의 대상이 된다.

3. 행정행위의 효력

---- 사례 1 ----

A는 식당 영업을 하기 위해 관계 행정청에 허가신청을 했다. 개업에 필요한 모든 사항을 준비하고 전화로 담당 공무원에게 허가 과정에 대한 질의를 하였다. 현재 허가 절차는 모두 마쳤으며 전산처리 중이고 조만간 허가 결정이 난다고 응답하였다. 이 통화를 근거로 A는 식당 영업을 시작할 수 있는가?

---- 사례 2 ----

위의 사례에서 담당 공무원은 이미 서명한 허가서를 우편으로 보낼 것으로 예정하고 자기 사무실 책상에 우편 발송용이라고 기재한 후 올려놓았다. 그러나 담당 공무원은 다시 한번 자기의 동료와 허가와 관련해서 더 상의하려고 하고 있다. 이런 상황을 모르는 택배회사 직원이 이 우편물을 배달하였고 A는 이 허가증을 수령했다. A는 식당을 바로 개업할 수 있는가?

---- 사례 3 ----

위의 사례에서 담당 공무원이 서명한 우편 봉투를 우연히 청소하고 있던 청소회사 직원 B는 마침 우편의 수령인이 자기의 친구인 A인 것을 파악하고 스스로 그 우편을 A에게 전달하였다. 이제 A는 식당을 개업할 수 있는가?

---- 사례 4 ----

A가 관할 구청장에게 액화석유가스의안전및사업관리법(이하 법이라고만 한다) 제3조 제2항에 의한 액화석유가스판매사업허가신청을 하자 관할 구청장은 신청지 반경 25미터 이내 가

옥 소유자의 동의를 얻어 사업의 개시 전 위 동의서를 제출한 후 저장창고 방호벽공사를 할 것 등의 7가지 조건을 붙여 그 허가를 하였고, 그 후 A가 다른 조건은 전부 구비하였으나 위 동의서만 받지 못한 상태에서 구청장에게 법 제6조에 따른 사업개시신고를 하자 구청장은 위 동의서를 첨부하지 아니하였다는 이유로 그 사업개시신고를 반려하는 처분(이하 이 사건 반려처분이라고 한다)을 하였다. 그 후 액화석유가스판매사업을 하고자 하는 자는 시장, 군수 또는 구청장의 허가를 받아야 하되 그 허가의 기준 및 대상범위는 대통령령으로 정한다고 규정하고 있고, 같은법 시행령 제3조는 이에 근거하여 허가의 기준을 정하면서 그 기준의 하나로 그 제1항 제2호에서 "공공의 안전과 이익을 저해하지 아니할 것"을 들면서 그 사업소 소재지 반경 25미터 이내 가옥주의 동의를 받지 아니하고 액화석유가스판매사업을 하는 것이 공공의 안정과 이익을 저해하는 것이라면서 A의 허가신고를 반려처분 하였다. 관할 구청장의 허가반려처분은 정당한 것인가?

1) 행정행위의 성립

행정행위는 정당한 권한을 가진 자가 권한 내의 범위에서 정상적인 의사표시에 의해 성립되며 구체적인 내용적인 측면에서 실현 가능성, 명확성, 적법·타당성 그리고 일정한 경우 절차에 관한 요건을 갖추어야 하며 일정한 경우 형식적인 측면 즉 행정행위가 요식행위를 필요로 할 때에는 형식적 요건을 갖춤으로써 정상적으로 성립된다.

 대법원 2007.4.12. 선고 2006두20150 판결.
[폐기물처리시설설치승인처분무효확인등]
구 폐기물처리시설 설치촉진 및 주변지역지원 등에 관한 법률(2004. 2. 9. 법률 제7169호로 개정되기 전의 것) 제9조 제3항, 같은 법 시행령(2004. 8. 10. 대통령령 제18514호로 개정되기 전의 것) 제7조 [별표 1], 제11조 제2항 각 규정들에 의하면, 입지선정위원회는 폐기물처리시설의 입지를 선정하는 의결기관이고, 입지선정위원회의 구성방법에 관하여 일정 수 이상의 주민대표 등을 참여시키도록 한 것은 폐기물처리시설 입지선정 절차에 있어 주민의 참여를 보장함으로써 주민들의 이익과 의사를 대변하도록 하여 주민의 권리에 대한 부당한 침해를 방지하고 행정의 민주화와 신뢰를 확보하는 데 그 취지가 있는 것이므로, 주민대표나 주민대표 추천에 의한 전문가의 참여 없이 의결이 이루어지는 등 입지선정위원회의 구성방법이나 절차가 위법한 경우에는 그 하자 있는 입지선정위원회의 의결에 터잡아 이루어진 폐기물처리시설 입지결정처분도 위법하게 된다.

2) 행정행위의 발생 시기

일반적으로 행정행위가 성립하면 특별한 규정이 없는 한 성립과 동시에 효력을 발생한다. 그러나 상대방 있는 행정행위의 경우는 수신자에게 도달함으로써 그 효력이 발생하며 도달의 방법은 공고를 통하여 이루어진다(도달주의).

 대법원 2019.8.9. 선고 2019두38656 판결. [장해등급결정처분취소]
상대방 있는 행정처분은 특별한 규정이 없는 한 의사표시에 관한 일반법리에 따라 상대방에게 고지되어야 효력이 발생하고, 상대방 있는 행정처분이 상대방에게 고지되지 아니한 경우에는 상대방이 다른 경로를 통해 행정처분의 내용을 알게 되었다고 하더라도 행정처분의 효력이 발생한다고 볼 수 없다.

상대방 있는 행정행위는 공고에 의해 그 효력이 발생하고 그 효력은 종료와 함께 그 효력이 소멸한다. 따라서 행정행위는 공고가 되기 전에는 행정행위의 효력을 가지지 못하고 취소소송의 대상이 되지 못한다. 또한 행정행위가 이미 종료했다면 취소소송의 대상이 아니다. 그러나, 확인소송은 가능하다.

행정행위의 효력 발생의 전제조건은 권한 있는 행정청의 법적으로 규정된 형태의 행정청의 전달이다. 이러한 절차를 통지라고 한다. 예를 들어 단순히 허가 청구권자와 커피를 마시면서 전달하는 그런 사적인 의사전달은 공식적인 허가의 통지가 되지 않는다. 행정행위는 행정청 내부로부터 그 사실이 외부로 떠나야 통지가 되는 것이다.

이런 의미에서 사례 1의 경우 행정행위의 통지가 되지 않는다. 그러나 사례 2의 경우 허가 서류는 이미 택배회사를 통해 수신자에게 적법하게 도달되었으므로 통지에 해당한다.

또한 통지는 권한 있는 행정청의 의지로서 그 의사가 외부적으로 통지가 되어야 하는 것이지 단순히 객관적인 결과만의 외부적 전달만을 의미하지는 않는다.

따라서 사례 3의 경우 적법한 통지가 되지 않는다. 왜냐하면 행정공무원에 의한 적법한 통지 방법이 아니라 위법한 방법으로 통지가 이루어졌기 때문이다.

또한 통지는 권한 있는 행정청의 통지를 의미하며 권한 없는 행정청의 통지는 적법한 통지가 아니다.

결국 행정행위란 수신자에게 적법하게 통지 내지 도달되면서 효력을 발생시키는 것이고 단지 이웃에게 전달되어 간접적으로 행정행위의 수신자에게 전달 가능성만이 있다고 해서 행정행위가 적법한 것은 아니다. 또한 행정청이 잘못된 주소지로 우편물을 발송했다고 했을 때 그 효력은 발생하지 않는다.

통지에 대한 일반적인 형식은 존재하지 않는다. 개별법에 따라서는 특별한 통지의 방법도 가능하다. 서면에 의한 통지는 행정행위의 당사자에게 도달되어야 하며 도달에 대해서는 민법상의 도달주의에 따른다. 기술의 발달로 인한 E-Mail을 통한 통지도 한 방법이 될 수 있다.

통지는 원칙적으로 개별적으로 통지되어야 한다. 그러나 일정한 경우에는 관보 등을 통한 대중에 대한 공지의 형태로 이루어질 수도 있다.

행정행위에 대한 통지는 통지대상자의 이의제기가 제척기간 동안 이루어지지 않으면 확정된다. 제3자효를 가지는 행정행위의 경우는 일반적으로 제3자에게는 통지가 되지 않기 때문에 제척기간이란 것이 의미가 없지만 건축허가의 경우에 있어서 공사의 시작 등으로 인한 사실관계로 이의 제기를 할 수가 있다.

행정절차법
제14조(송달) ① 송달은 우편, 교부 또는 정보통신망 이용 등의 방법으로 하되, 송달받을 자(대표자 또는 대리인을 포함한다. 이하 같다)의 주소·거소(居所)·영업소·사무소 또는 전자우편주소(이하 "주소등"이라 한다)로 한다. 다만, 송달받을 자가 동의하는 경우에는 그를 만나는 장소에서 송달할 수 있다.
② 교부에 의한 송달은 수령확인서를 받고 문서를 교부함으로써 하며, 송달하는 장소에서 송달받을 자를 만나지 못한 경우에는 그 사무원·피용자(被傭者) 또는 동거인으로서 사리를 분별할 지능이 있는 사람(이하 이 조에서 "사무원등"이라 한다)에게 문서를 교부할 수 있다. 다만, 문서를 송달받을 자 또는 그 사무원등이 정당한 사유 없이 송달받기를 거부하는 때에는 그 사실을 수령확인서에 적고, 문서를 송달할 장소에 놓아둘 수 있다. 〈개정 2014. 1. 28.〉
③ 정보통신망을 이용한 송달은 송달받을 자가 동의하는 경우에만 한다. 이 경우 송달받을 자는 송달받을 전자우편주소 등을 지정하여야 한다.
④ 다음 각 호의 어느 하나에 해당하는 경우에는 송달받을 자가 알기 쉽도록 관보, 공보, 게시판, 일간신문 중 하나 이상에 공고하고 인터넷에도 공고하여야 한다.
  1. 송달받을 자의 주소등을 통상적인 방법으로 확인할 수 없는 경우
  2. 송달이 불가능한 경우
⑤ 제4항에 따른 공고를 할 때에는 민감정보 및 고유식별정보 등 송달받을 자의 개인정보를

「개인정보 보호법」에 따라 보호하여야 한다. 〈신설 2022. 1. 11.〉

⑥ 행정청은 송달하는 문서의 명칭, 송달받는 자의 성명 또는 명칭, 발송방법 및 발송 연월일을 확인할 수 있는 기록을 보존하여야 한다. 〈개정 2022. 1. 11.〉

3) 행정행위의 소멸

행정행위는 소멸로써 그 효력이 상실된다. 소멸의 사유로는 철회와 취소를 들 수 있다. 철회와 취소의 경우는 행정행위 파기의 한 내용으로 철회의 경우 합법적인 행정행위의 효과가 발생하기 전 행정청 스스로 그 효력을 상실시키는 것을 의미하고, 취소의 경우 위법한 행정행위의 효력을 사후적으로 상실시키는 것을 의미한다.

또한 행정행위는 시간의 경과로 그 효력이 상실되기도 한다. 예를 들어 기간이 정해진 허가 사항의 경우 기간의 경과로 그 허가는 효력 상실하기도 하고 기간의 경과로 행정행위의 효력이 더 이상 의미가 없을 때 행정행위의 소멸이라고 볼 수 있다.

4) 행정행위의 효력

행정행위의 경우, 행정청의 의사결정이 법률에 규정되는 모든 적법요건을 갖추게 되면 일정한 법적 효과가 발생하는데 사법상 법률행위와는 구별되는 특수한 효력이 발생한다.

행정행위가 어떠한 효력을 가지는지에 관해서는 법령의 규정과 행정행위의 성질에 따라 다르나 일반적으로 구속력, 공정력, 확정력 그리고 집행력을 가진다고 한다.

(1) 구속력(Verbindlichkeit)

구속력이란 행정행위가 그 내용에 따라 관계 행정청 및 상대방과 이해관계인에 대하여 행정행위가 담고 있는 규율을 준수하고 그에 따라 행하도록 하는 힘을 의미한다. 다만 중대하고 명백한 하자로 인한 무효의 경우에는 인정되지 않는다.

(2) 공정력

공정력이란 행정행위에 하자가 있는 경우 그 하자가 중대하고 명백하여 당연무효가 아닌 한 권한있는 기관(처분청, 감독청, 행정심판위원회, 취소소송 법원)에 의하여 취소될 때까지 상대방 또는 이해관계인들이 그의 효력을 부인할 수 없는 힘을 의미한다.

행정기본법
제15조(처분의 효력) 처분은 권한이 있는 기관이 취소 또는 철회하거나 기간의 경과 등으로 소멸되기 전까지는 유효한 것으로 통용된다. 다만, 무효인 처분은 처음부터 그 효력이 발생하지 아니한다.

공정력은 행정행위의 취소쟁송 제도의 반사적 효과로서 인정되는 것이다. 종래 행정행위의 공정력과 관련하여 이론적인 근거로 자기확인설, 국가권위설, 예선적 효력설 그리고 법적안정설 등이 주장되었으나 행정을 신뢰한 상대방 및 제3자의 신뢰의 보호와 행정의 원활한 운영 등과 같은 정책적인 고려인 법적안정설에서 그 근거를 찾고 있다.

그러나 행정행위의 하자가 중대하고 명백한 당연무효의 경우에는 공정력이 인정되지 않으며 행정쟁송을 전제로 하지 않는 공법상 계약, 사실행위 및 사법행위에는 적용이 없다.

(3) 구성요건적 효력

구성요건적 효력이란 행정행위에 비록 하자가 있다고 하더라도 그것이 중대하고 명백하여 당연무효가 아닌 한 처분청과 재결청 및 취소소송에서의 수소법원을 제외한 다른 모든 국가기관은 그의 존재를 전제로 하여 특정한 법률효과를 구성요건을 파악해야 하는 구속력을 의미한다.

행정행위의 상대방 및 제3자를 구속하는 힘을 공정력이라고 하는 반면, 제3의 국가기관에 대한 구속력을 구성요건적 효력이라고 한다. 종래에는 공정력과 선결문제로 공정력의 영역에서 다루었으나 공정력을 행정청을 제외한 행정행위의 상대방 및 제3자를 구속한다는 측면에서 선결문제는 구성요건적 효력에서 다루는 것이 일반적이다.

선결문제란 특정한 행정행위의 위법 여부 또는 효력의 유무를 다른 특정 사건의 재판에 있어서 먼저 해결해야 하는 경우, 예를 들어 민사소송이나 형사소송 등에서 그 특정한 행정행위의 위법 여부 또는 효력 유무의 문제를 말한다. 즉 소송에서 본안판단에 있어서 그 해결이 필수적인 전제의 문제를 의미한다.

일반적으로 선결문제는 행정행위와 관련한 민사·형사사건에 있어서의 선결문제와 결부된다. 다만 구성요건적 효력과 공정력을 구별하지 않는 견해는 이 문제를 공정력의 문제로 본다.

① 민사사건의 경우

행성행위의 그 자체의 위법여부가 선결문제인 경우(예 : 행정청의 철거처분의 위법성을 이유로 손해배상을 청구한 경우 민사법원은 행정청의 철거처분 그 자체의 위법성을 심판할 수 있는 가의 문제)에 판례는 심사할 수 있다고 한다.

 대법원 1972.4.28. 선고 72다337 판결.
위법한 행정대집행이 완료되면 그 처분의 무효확인 또는 취소를 구할 소의 이익은 없다 하더라도, 미리 그 행정처분의 취소판결이 있어야만, 그 행정처분의 위법임을 이유로 한 손해배상 청구를 할 수 있는 것은 아니다.

행정행위의 효력의 유무가 선결문제인 경우(예 : 과세처분의 무효를 이유로 세금에 대한 부당이득반환청구권의 행사시) 학설과 판례는 일치하여 행정행위의 하자가 중대하고 명백하여 무효인 경우 민사법원은 직접 무효를 심사할 수 있지만 취소의 대상인 경우 무효임을 판정할 수 없다고 한다.

 대법원 1999.8.20. 선고 99다20179 판결.
과세처분이 당연무효라고 볼 수 없는 한 과세처분에 취소할 수 있는 위법사유가 있다 하더라도 그 과세처분은 행정행위의 공정력 또는 집행력에 의하여 그것이 적법하게 취소되기 전까지는 유효하다 할 것이므로, 민사소송절차에서 그 과세처분의 효력을 부인할 수 없다.

불복기간을 도과한 행정행위의 위법성 여부를 선결문제로 다룰 수 있는가에 대해서는(예 : 위법한 과세처분이 쟁송기간을 도과하여 세금의 반납을 청구한 경우) 학설과 판례는 정당한 세액의 초과 범위를 반환받을 수 있다고 한다.

② 형사사건의 경우

민사사건의 경우와 같이 형사사건의 경우도 선결문제로 등장하는데 이 경우 행정행위가 범죄행위의 구성요건을 인정하기 위해 그 효력을 인정하야 하는 지의 문제와 행정행위가 범죄구성요건의 충족에 방해가 되므로 소극적으로 그 효력을 부인해야 하는가의 문제가 발생한다.

전자의 경우에는 판례는 적극적인 견해를 보이고 있고 후자의 경우는 소극적인 견해를 보인다.

 대법원 1989.3.28. 선고 89도149 판결.
피고인이 생사의 수입승인을 얻는데 필요한 한국섬유직물수출조합 이사장 명의의 외화획득용 원료수입추천서를 위조하는 등의 부정한 방법으로 외국환은 행장의 수입승인을 얻어 가지고, 세관장에게 수입신고를 할때 위와 같이 부정한 방법으로 받은 수입승인서를 함께 제출하여 수입면허를 받았다고 하더라도, 그 수입면허 중 대하고도 명백한 하자가 있는 행정행위이어서 당연무효라고는 볼 수 없는 것이다.

대법원 1992.8.18. 선고 90도1709 판결.
구 도시계획법 제92조 제4호(1991.12.14.법률 제4427호로 개정되기 전의 것) 에 의하면 같은법 제78조의 규정에 의한 행정청의 처분 또는 조치명령에 위반한 자에 대하여 6월 이하의 징역 또는 300,000원 이하의 벌금에 처하도록 규정되어 있고, 같은법 제78조 제1호 에 의하면 이 법 또는 이 법에 의한 명령이나 처분에 위반한 자에 대하여 이 법에 의한 허가, 인가 또는 승인을 취소하거나 공사의 중지, 공작물 등의 개축 또는 이전 기타 필요한 처분을 하거나 조치를 명할 수 있도록 규정되어 있으며, 같은법 제4조 제1항 제1호 에 의하면 도시계획구역 안에서 토지의 형질의 변경은 시장 또는 군수의 허가없이 이를 할 수 없도록 규정되어 있는 바, 위 각 규정을 종합하면 도시계획구역 안에서 허가없이 토지의 형질을 변경한 경우 행정청은 그 토지의 형질을 변경한 자에 대하여서만 같은법 제78조 제1항에 의하여 처분이나 원상회복 등의 조치명령을 할 수 있다고 해석되고, 같은 조항에 정한 처분이나 조치명령을 받은 자가 이에 위반한 경우 이로 인하여 같은법 제92조에 정한 처벌을 받기 위하여는 그 처분이나 조치명령이 적법한 것이라야 한다 고 봄이 상당하다 할 것이다.
원심이 적법하게 확정한 바에 의하면 피고인 소유인 이 사건 토지의 형질을 무단으로 변경한 자는 피고인이 아니라 피고인으로 부터 이 사건 토지를 임차한 공소외 김평준과 이기환 임에도 불구하고 그 형질을 변경한 자도 아닌 피고인에 대하여 판시 원상복구의 시정명령이 발하여 진 것을 알 수 있으므로 위 원상복구의 시정명령은 위법하다 할 것이고 따라서 피고인이 위법한 위 시정명령을 따르지 않았다고 하여 피고인을 같은법 제92조 제4호에 정한 조치명령등 위반죄로 처벌할 수는 없다 할 것이며, 위 시정명령을 당연무효로 볼 수없다 하더라도 그것이 위법한 처분으로 인정되는 한 이 사건 도시계획위반죄가 성립될 수 없다.

(4) 존속력

존속력이란 행정행위가 일단 발해지면 그에 기초한 많은 법률관계가 형성된다. 따라서 법적안정성을 위해 행정행위의 효력을 취소·변경하지 않고 그대로 존속시키는 것이 바람직한데 이것을 존속력이라고 하며 크게 형식적 존속력(불가쟁력)과 실질적 존속력(불가변력)으로 구별한다.

형식적 존속력이란 일정한 쟁송기간이 지난 행정행위의 경우 상대방 또는 제3자가 더 이상 다툴 수 없는 것을 의미하며 실질적 존속력이나 행정청 자신도 직권으로 행정행위를 취소·변경하지 못하는 것을 의미한다.

그러나 실질적 존속력은 행정행위의 유효를 전제로 하므로 무효인 행정행위의 실질적 존속력은 인정되지 않는다. 또한 불가변력이 있는 행정행위를 취소하거나 철회한 행정행위는 위법하다.

(5) 강제력

행정행위의 목적을 달성하기 위해 행정행위에는 사법과는 다른 자력집행력과 제재력이 존재한다. 이러한 자력집행력과 제재력에는 법령의 근거가 있어야 한다.

사례 해결

사례 4의 쟁점은 하자 있는 행정행위에도 공정력과 불가쟁력이 존재하는가와 행정행위의 가처분 및 조건의 하자를 이유로 사업하가처분의 효력을 다툴수 있는지의 여부이다. 이에 대해 대법원은 "행정행위는 공정력과 불가쟁력의 효력이 있어 설혹 행정행위에 하자가 있는 경우에도 그 하자가 중대하고 명백하여 당연 무효로 보아야 할 사유가 있는 경우 이외에는 그 행정행위가 행정소송이나 다른 행정행위에 의하여 적법히 취소될 때까지는 단순히 취소할 수 있는 사유가 있는 것만으로는 누구나 그 효력을 부인할 수는 없고 법령에 의한 불복기간이 경과한 경우에는 당사자는 그 행정처분의 효력을 다툴 수 없다. 그리고 허가관청이 액화석유가스판매사업허가를 하면서 붙인 사업소 소재지 반경 25미터 이내 가옥주의 동의를 받아 사업개시 전에 그 동의서를 제출하도록 한 조건이 액화석유가스의안전및사업관리법 제3조 제2항, 제4항 및 같은법 시행령 제3조 제1항에 위배되어 액화석유가스판매사업허가처분에 하자가 있다고 하더라도 위 하자는 그 처분 자체를 무효라고 볼 정도로 중대하고 명백한 하자라고 볼 수 없으므로 그와 같은 하자가 취소사유가 되는 위법한 것이라도 그 처분이 취소될 때까지는 누구도 그 효력을 부인할 수 없을 뿐 아니라, 이는 선행처분인 액화석유가스판매사업허가 단계에서 다투었어야 할 것이고 그 쟁송기간이 이미 경과된 후인 사업개시신고 단계에 있어서는 그 효력을 다툴 수 없고, 또 선행처분인 사업허가처분에 위와 같은 하자가 있다고 하여 후행처분인 사업개시신고반려처분도 당연히 위법한 것은 아니다."라고 판시하여 하자 있는 행정행위에도 공정력과 불가쟁력이 있음을 확인하고 있으며 행정행위의 절차상의 하자가 있다고 하더라도 행정행위 전채의 효력이 당연 무효가 되는 것은 아니라고 판시하였다.[27]

4. 행정행위의 부관(Nebenbestimmungen zum Verwaltungsakt)

─────── 사례 1 ───────

A는 자신의 디스코텍에 간단한 음식을 먹을 수 있는 매대를 설치하려고 한다. 따라서 관할 행정청에 신청했고 행정청은 이에 대해 평일에는 22시까지 주말과 공휴일에는 24시까지라는 부담 또는 조건을 붙여 허가했다. 이에 A는 행정청의 허가는 실질적인 의미가 없는 허가라는 이유로 이 조건의 취소를 구하는 취소소송을 제기했다. 이에 행정청은 A의 주장은 이유가 없다고 반박하였다 왜냐하면 조건에 대한 취소소송은 불가하며 간이 매대에 대한 허가 그 자체를 상대로 취소소송을 구해야 한다고 주장하였다. A의 주장은 정당한가?

─────── 사례 2 ───────

건축가 B는 8층짜리 건물을 신축하기 위해 건축허가 신청을 하였고 행정청은 8층 건물 중 상위 2개 층은 주거용으로 건축할 것을 조건으로 허가했다. 건축가 B는 행정청을 상대로 어떠한 대항을 할 수 있는가?

─────── 사례 3 ───────

관할 행정청은 맥주집 영업을 하고자 하는 A에게 맥주집 영업허가를 내주었다. A는 이 맥주집 상호를 "죽을 때까지 마시자"라고 정하고 영업을 시작했다. 장사는 잘되었으나 상호의 영향인지 하루가 멀다하고 술에 취한 자들의 폭행 사건과 고성방가가 발생하였다. 이에 이웃 주민은 경찰에 진정하였고 관할 행정청은 경찰의 권고에 의해 맥주집 영업허가를 취소하였

---

27) 대법원 1991.4.23. 선고 90누8756 판결.

다. 이에 대해 주인 A는 자신이 모든 법적인 시설을 완비하였고 특히 고성방가에 대해서는 건축법적으로 하자 없는 시설을 갖추었다고 주장하면서 관할청의 영업허가취소는 위법하고 비례의 원칙에 위반이라고 주장하였다. A의 주장은 정당한가?

1) 부관의 개념

행정행위의 효과를 제한하거나 요건을 보충하기 위해 주된 행위에 불가분의 관계로 부종되는 것을 부관이라고 한다. 예를 들어 조건, 기한, 부담, 철회권의 유보 등이 이에 해당한다.

행정행위의 효과의 제한이 직접 법규에 규정되어 있는 것을 법정부관이라고 하는데 강학상의 부관에는 해당하지 않는다.

 대법원 1994.3.8. 선고 92누1728 판결. [과징금부과처분취소]
고시에 정한 허가기준에 따라 보존음료수 제조업의 허가에 붙여진 전량수출 또는 주한외국인에 대한 판매에 한한다는 내용의 조건은 이른바 법정부관으로서 행정청의 의사에 기하여 붙여지는 본래의 의미에서의 행정행위의 부관은 아니므로, 이와 같은 법정부관에 대하여는 행정행위에 부관을 붙일 수 있는 한계에 관한 일반적인 원칙이 적용되지는 않는다.

2) 부관의 기능

수익적 행정행위의 청구가 신청되면 행정청은 신청이 적법하지 않으면 이 신청을 기각해야 하고 신청인이 법적으로 신청에 대한 권리를 가지고 있을 때는 의무적으로 신청을 허가해야 한다. 그러나 신청이 행정청의 재량판단 사항으로 되어 있는 때에는 행정청은 일정한 부담 또는 조건을 부과해서 그 신청을 허가할 수 있다. 여기서 부담 또는 조건을 부관이라고 한다. 따라서 부관이 첨부된 행정청의 행위는 기본적으로 부정적이지는 않고 오히려 조건이 가미된 긍정적인 의미를 가진다($^{\text{nicht nur Nein, sondern ja,}}_{\text{aber : not only No, but yes, if}}$).

행정행위의 부관은 행정청이 허가할 때, 일정한 시간적 또는 사항적인 의무를 행정행위의 상대방에게 부과시키는 것을 의미한다. 부관은 행정청이 단순히 신청자의 신청을 기각하는 것보다는 신청자의 측면에서는 수익적 행정행위로($^{\text{그러나 여전히}}_{\text{제한된 행정행위로서}}$) 인정된다. 그러나 부관의 경우 반드시 신청자에게 수익적인 것만은 아니다. 신청자가 행정청의 부관을 받아들이지 않아야 함에도 받아들인다면 즉각적인 행정행위가 성립하기 때문에 이런 의무에 구속이 되기도 한다. 따라서 이런 경우에는 어떠한 전제조건이 행정행위의 부관으로 첨부되어 있는가를 고지 해야 한다. 따라서 행정행위의 효력 제한이 법령에 직접 규정되어 있는 경우인 법정부관의 경우 부관이 아니라 법규 그 자체이다.

부관은 또한 특별한 법익 보호의 문제를 제기한다. 부담부 부관의 수익적행정행위의 경우 부담에도 불구하고 행정행위를 받아들여야 하는 문제가 생기기 때문이다.

3) 부관의 종류
부관의 종류로는 기간, 철회권의 유보, 부담, 부담유보, 변형된 부담 등을 들 수 있다.

(1) 기한(Befristung)
기한이란 허가의 유효기간을 일정 기간으로 정해놓는 부관을 의미한다. 예를 들어 시내에서 길거리 판매를 하는 업자에게 길거리 판매 허가를 하면서 그 기간은 1년으로 부관으로 첨부한 허가를 할 때 1년이란 기간은 행정행위의 부관으로서의 기한이다.

기간을 정한 허가 처분은 기간이 경과함으로써 소멸하는 것이 원칙이다.

 대법원 1985.2.8. 선고 83누625 판결. [임야개간허가존속확인등]
기간을 정한 개간허가처분은 기간연장 등의 특별한 사정이 없는 한 기간경과 후에는 다시 개간행위를 할 수 없다는 의미에서 장래에 향하여 그 효력이 소멸한다 할 것이므로 행정청이 그 허가기간경과 후에 동 개간지역내의 건물철거등 부담의 이행을 촉구하였다 하여 그것만으로 개간허가연장신청이 묵시적으로 받아들여진 것이라고 단정할 수 없다.

(2) 조건(Bedingung)
행정행위의 조건이란 행정행위의 효력을 정지조건부 또는 해제조건부의 조건을 첨부해 미래에 발생할 결과에 종속되어 그 행정행위의 효력이 발생하는 것을 의미한다. 예를 들어 식당 영업허가에 있어서 기온이 30도 이상 올라갔을 때 아이스크림의 길거리 판매를 허가하는 것, 주차시설 완비를 조건으로 하는 건축허가, 진입도로의 완공을 조건으로 하는 주유소설치 허가와 같은 것을 들 수 있다.

(3) 철회권의 유보(Widerrufsvorbehalt)

철회권의 유보란 행정행위의 주된 내용에 부가하여 일정한 경우에 당해 행위를 철회할 수 있는 권한을 유보히는 행정청의 의사표시를 말한다.

 대법원 2003.5.30. 선고 2003다6422 판결. [소유권이전등기말소등]
[1] 행정행위의 취소는 일단 유효하게 성립한 행정행위를 그 행위에 위법 또는 부당한 하자가 있음을 이유로 소급하여 그 효력을 소멸시키는 별도의 행정처분이고, 행정행위의 철회는 적법요건을 구비하여 완전히 효력을 발하고 있는 행정행위를 사후적으로 그 행위의 효력의 전부 또는 일부를 장래에 향해 소멸시키는 행정처분이므로, 행정행위의 취소사유는 행정행위의 성립 당시에 존재하였던 하자를 말하고, 철회사유는 행정행위가 성립된 이후에 새로이 발생한 것으로서 행정행위의 효력을 존속시킬 수 없는 사유를 말한다.
[2] 행정청이 종교단체에 대하여 기본재산전환인가를 함에 있어 인가조건을 부가하고 그 불이행시 인가를 취소할 수 있도록 한 경우, 인가조건의 의미는 철회권을 유보한 것이다.

철회권의 유보는 조건의 한 종류로 인정이 된다. 행정청이 유보된 철회권을 행사했을 때 행정행위의 효력은 상실된다. 그러나 철회권의 유보하는 것은 행정청이 임의로 유보를 결정하는 것을 의미하는 것은 아니고 행정행위 발동의 근거 법률에 근거해서 합목적적인 근거에 의한 철회권의 유보만이 가능하다.

(4) 부담(Auflage)

부담은 수익적 행정행위를 함에 있어 특정한 작위, 부작위 또는 수인하는 것을 의미한다. 예를 들어 주류판매 허가를 받으면서 미성년자에게 주류를 판매하는 것을 금지한다는 것, 도로나 하천점용 허가를 하면서 점용료를 부과하는 것, 주택사업계획을 승인하면서 진입로 확장의무를 부과하는 것, 공장건축 허가를 하면서 근로자의 정기 건강검진의무를 부과하는 것 등이 이에 해당한다.

행정행위의 부관 중에서 부담은 가장 실질적인 의미가 있다.

부담은 독립된 행정행위이므로 주된 행정행위의 효력발생이나 소멸과 관련되지 않는다. 즉 다른 부관과는 달리 부담은 독립된 행정행위이므로 독립하여 강제집행의 대상이 된다는 점과 소송의 대상이 된다. 따라서 부담이 불이행된 경우, 행정행위 자체는 실효되지 않고 본체인 행정행위의 철회, 부담에 대한 강제집행, 행정벌의 대상이 될 수 있다.

 대법원 1985.2.8. 선고 83누625 판결. [임야개간허가존속확인등]
가. 기간을 정한 개간허가처분은 기간연장 등의 특별한 사정이 없는 한 기간경과 후에는 다시 개간행위를 할 수 없다는 의미에서 장래에 향하여 그 효력이 소멸한다 할 것이므로 행정청이 그 허가기간경과 후에 동 개간지역내의 건물철거등 부담의 이행을 촉구하였다 하여 그것만으로 개간허가연장신청이 묵시적으로 받아들여진 것이라고 단정할 수 없다.
나. 부관부 행정처분에 있어서 그 부관의 내용은 적법하여야 하고 그 이행이 가능하여야 하며 위법하거나 그 이행이 불가능하여 그 하자가 명백하고 중대한 때에는 그 부관은 무효라고 할 것이나 임야에 대한 개간허가처분과 같은 수익적 처분을 함에 있어서 원고의 노력과 비용으로 개간지역내에 있는 사설분묘와 건축물을 이해관계인과 원만히 협의하여 관계법규에 의한 절차에 따라 이를 이장 내지 철거하도록 부관을 부과한 것은 설사 위 분묘와 건축물이 적법하게 매장 내지 건축된 것이라 하더라도 그 철거내지 이장이 불가능하다거나 개인의 사유재산권을 침해하는 위법한 것이라고 볼 수 없어 위 부관이 무효라고 할 수는 없다.
다. 개간허가의 준공인가는 개간공사에 의하여 조성된 토지상태가 개간허가 및 그 부대조건에 적법한가의 여부를 확인하는 일종의 확인행위이고 개간허가를 받은 자는 준공인가후 이를 대부받아 개간지상에 건물을 신축하여 사용할 수 있을 뿐만 아니라 수의계약에 의하여 이를 매수할 수 있는 지위를 얻게 되므로 이러한 지위 내지 이익도 법률상으로 보호받아야 하므로 개간허가관청으로서는 개간허가기간 경과 후라 할지라도 허가기간내의 개간공사로 인하여 조성된 토지상태가 개간허가의 용도에 적합하고 이에 부수하여 부과된 부관이 이행되었느냐를 검토 확인하여 준공인가를 할 것인가를 판단하여야 할 것이며 단순히 개간허가기간이 경과되었다는 사유로 개간준공인가를 거부할 수 없다.

(5) 부담유보(Auflagenvorbehalt)

부담유보란 행정행위 사후 특정한 부담을 지우거나 존재하는 부담을 변경하는 것과 같은 것을 의미한다. 예를 들어 공해사업체의 경우 오염물질이 증가함에 따라 오염방지 필터를 부가적으로 더 설치해야 한다는 부담 등을 들 수 있다.

(6) 변형된 부담(modifizierende Auflage)

변형된 부담이란 내용의 부담을 통해 신청된 행정행위가 변형되는 것을 의미한다. 일반적으로 부담은 허가를 내주면서 이에 대한 부관으로 부담이 부과되나(즉 Ja, aber), 변형된 부담의 경우는 신청행위에 대한 거부를 그리고 일정한 부담의 수행이 있을 때 허가되는 것을 의미한다(Nein, aber).

사례 해결

사례 2의 경우 행정행위의 부담이라고 파악하기보다는 변형된 부담으로 처리하는 것이 옳다. 기본적으로 건물신축에 대해서는 허가를 인정하지 않지만, 상위 2층을 주거용으로 건축한다는 부담으로 행정행위 즉 허가가 효력을 발생하기 때문에 원래 신청자가 의도했던 내용의 변경이 있는 것이고 이것은 변형된 부담으로 파악하는 것이 타당하다.

---

(7) 부담과 조건의 구별

행정행위의 부관으로 인정되는 부담과 조건의 구별은 그렇게 절대적이지는 않다. 특히 행정청의 용어 사용에 있어서 부담과 조건은 혼용되어 사용되고 있다. 그러나 조건과 부담의 구별의 실익은 실제적으로 존재한다.

부담은 행정행위의 상대방이 바로 행정행위의 효력을 가지는 것이고 단지 부담을 수행해야 하는 의무만을 가진다. 행정청은 부담을 강제할 수 있고 행정행위 그 자체를 철회할 수 있다. 부담은 강제되고 이것은 연기되지는 않는다.

정지조건부 행정행위는 조건이 달성되었을 때 행정행위의 효력이 발생하는 것이고 조건은 연기가 되기는 하지만 강제되지는 않는다.

그런데도 조건과 부담의 구별은 쉽지 않다. 구별의 쉽지 않음에서 판단해야 할 것은 행정행위의 상대방에게 더 덜 침해적인 행정행위로 해석되어야 한다.

4) 부관의 허용가능성(Zulässigkiet von Nebenbestimmungen)

개별법률에 부관을 붙일 수 있다고 규정한 때에는 부관을 당연히 붙일 수 있지만, 규정이 없는 경우에는 이론적으로 해결해야 한다. 일반적으로 수익적 행정행위에는 부관이 허용된다.

부관의 허용 가능성은 기속적 행정행위와 재량적 행정행위에 있어서 구별되어 그 가능성이 언급되어야 한다.

행정행위가 행정청의 재량적인 사항으로 되어 있다면 행정청은 행정행위를 제한할 수 있지만 행정행위의 신청자가 법적인 청구권을 가지고 있다면 행정청은 행정행위를 제한할 수 없다.

(1) 기속적 행정행위의 경우

기속적 행정행위의 경우에 부관은 법적으로 근거가 있는 경우 또는 법적인 전제조건이 달성되었을 때만 가능하다. 예를 들어 건물의 신축에 필요한 주차장의 확보에 있어서 주차장의 확보가 완료되었을 때 건축허가는 가능한 것이다.

 대법원 1997.3.11. 선고 96다49650 판결. [소유권이전등기말소]

[1] 민법 제104조가 규정하는 현저히 공정을 잃은 법률행위라 함은 자기의 급부에 비하여 현저하게 균형을 잃은 반대급부를 하게 하여 부당한 재산적 이익을 얻는 행위를 의미하는 것이므로, 기부행위와 같이 아무런 대가관계 없이 당사자 일방이 상대방에게 일방적인 급부를 하는 법률행위는 그 공정성 여부를 논의할 수 있는 성질의 법률행위가 아니다.

[2] 수익적 행정행위에 있어서는 법령에 특별한 근거규정이 없다고 하더라도 그 부관으로서 부담을 붙일 수 있으나, 그러한 부담은 비례의 원칙, 부당결부금지의 원칙에 위반되지 않아야만 적법하다.

[3] 지방자치단체장이 사업자에게 주택사업계획승인을 하면서 그 주택사업과는 아무런 관련이 없는 토지를 기부채납하도록 하는 부관을 주택사업계획승인에 붙인 경우, 그 부관은 부당결부금지의 원칙에 위반되어 위법하지만, 지방자치단체장이 승인한 사업자의 주택사업계획은 상당히 큰 규모의 사업임에 반하여, 사업자가 기부채납한 토지 가액은 그 100분의 1 상당의 금액에 불과한 데다가, 사업자가 그 동안 그 부관에 대하여 아무런 이의를 제기하지 아니하다가 지방자치단체장이 업무착오로 기부채납한 토지에 대하여 보상협조요청서를 보내자 그 때서야 비로소 부관의 하자를 들고 나온 사정에 비추어 볼 때 부관의 하자가 중대하고 명백하여

당연무효라고는 볼 수 없다.

대법원 1995.6.13. 선고 94다56883 판결. [소유권이전등기말소]
가. 일반적으로 기속행위나 기속적 재량행위에는 부관을 붙일 수 없고 가사 부관을 붙였다 하더라도 무효이다.
나. 건축법 소정의 건축허가권자는 건축허가신청이 건축법, 도시계획법등 관계 법규에서 정하는 어떠한 제한에 배치되지 않는 이상 당연히 같은 법조 소정의 건축허가를 하여야 하므로, 법률상의 근거 없이 그 신청이 관계 법규에서 정한 제한에 배치되는지의 여부에 대한 심사를 거부할 수 없고, 심사 결과 그 신청이 법정요건에 합치하는 경우에는 특별한 사정이 없는 한 이를 허가하여야 하며, 공익상 필요가 없음에도 불구하고 요건을 갖춘 자에 대한 허가를 관계 법령에서 정하는 제한사유 이외의 사유를 들어 거부할 수 없다.
다. 건축허가를 하면서 일정 토지를 기부채납하도록 하는 내용의 허가조건은 부관을 붙일 수 없는 기속행위 내지 기속적 재량행위인 건축허가에 붙인부담이거나 또는 법령상 아무런 근거가 없는 부관이어서 무효이다.

(2) 재량적 행정행위의 경우

재량적 행정행위의 경우에는 원칙적으로 부관이 부과할 수 있다. 그러나 부관의 설정이 가능하다고 해서 행정행위의 목적과 상치되는 부관은 불가능하며 행정행위의 사항적인 관계성 속에서 인정될 수 있다. 즉 행정행위가 근거한 법규정이 지향하고자 하는 결과 달성에 필요한 범주 내에서 허용된다. 법치국가원리에서 나오는 명확성의 원칙, 비례의 원칙 등이 지켜져야 한다.

(3) 부관의 한계

부관의 한계는 행정법상의 일반원칙에 의해 정해지며 「행정기본법」 제17조에서는 명문으로 구 한계를 규정하고 있다.

행정기본법
제17조(부관) ① 행정청은 처분에 재량이 있는 경우에는 부관(조건, 기한, 부담, 철회권의 유보 등을 말한다. 이하 이 조에서 같다)을 붙일 수 있다.
② 행정청은 처분에 재량이 없는 경우에는 법률에 근거가 있는 경우에 부관을 붙일 수 있다.
③ 행정청은 부관을 붙일 수 있는 처분이 다음 각 호의 어느 하나에 해당하는 경우에는 그 처

분을 한 후에도 부관을 새로 붙이거나 종전의 부관을 변경할 수 있다.
  1. 법률에 근거가 있는 경우
  2. 당사자의 동의가 있는 경우
  3. 사정이 변경되어 부관을 새로 붙이거나 종전의 부관을 변경하지 아니하면 해당 처분의 목적을 달성할 수 없다고 인정되는 경우
④ 부관은 다음 각 호의 요건에 적합하여야 한다.
  1. 해당 처분의 목적에 위배되지 아니할 것
  2. 해당 처분과 실질적인 관련이 있을 것
  3. 해당 처분의 목적을 달성하기 위하여 필요한 최소한의 범위일 것

5) 부관에 대한 법적 보호

부관에 대한 법적 보호의 문제에서 논점은 부관에 대한 독자적인 취소 가능성(isolierten Anfechtbarkeit)의 문제다. 이 경우 인정이 된다면 원래의 행정행위의 경우는 그대로 남게 된다.

(1) 학자들의 견해

학자들의 견해에 따라서 다양한 견해가 제시된다.

Maurer 교수는 부관의 종류에 따라 분류하는데, Maurer의 견해에 따르면 부담에 있어서는 독자적인 취소소송을 통해, 조건과 철회유보가 없는 행정행위에 있어서는 확인소송을 통해 권리구제가 가능하다고 한다.

Hendler 교수에 따르면 원행정행위의 종류에 따라 분류한다. 기속적 행정행위에 있어서는 독자적인 취소소송을 통해, 재량적 행정행위에 있어서는 의무소송을 통해 권리구제가 이루어진다고 본다.

Schenke 교수는 일반적으로 취소소송을 통한 권리구제를 언급하고 있다. 결론적으로는 일반적으로는 확인소송 역시 적법한 소송의 종류가 되고 있다. 판례의 경우는 확립된 이론이 없이 개별 사안마다 다르다.

(2) 일반론

부관의 취소를 통해 원행정행위는 영향을 받지 않는다. 부관이 없는 행정행위는 실

질적인 규정이 있어야 한다. 부분적으로는 행정행위의 취소는 국가배상책임을 발생시킨다.

① 부담의 경우

독자적으로 의무가 지워지는 형태로 규정된 부담은 원칙적으로 독자적으로 취소의 대상이 된다. 특히 기속적 행정행위의 경우에는 항상 적용된다. 의문점이 없는 부관 없는 행정행위가 위법한 경우에는 부담에 대한 소송은 허용되지 않으며[28] 이 경우는 행정행위가 또한 더 이상 의미가 없을 때도 같다.

재량적 행정행위의 경우에는 행정청이 위법을 이유로 행정행위를 허가하지 않았을 때는 독자적인 취소소송은 불가능하다. 부담유보는 부담과 동일하게 다루어진다.

이러한 원칙이 변형된 부담에 있어서 적용될 것인지에 대해서는 학설의 다툼이 있으나, 인정하는 것이 타당하다. 여기서 고려되어야 하는 것은 행정청의 의사인데 변형된 부담이 없다면 행정청은 행정행위를 허가하지 않는데 중점이 있다. 만약 행정청이 허가신청 하는 대로 허가를 했다면 의무소송으로 해결할 수 있다. 결론적으로 부관의 범주를 개념적으로 언급하기보다는 개별적인 경우에 구체적인 사항관계를 살펴서 구체적인 이익을 고려해야 한다.

② 조건이나 기간의 경우

조건, 기간 그리고 철회유보의 경우, 일반적으로 조건의 일부로 인식되고 독자적인 구성요소가 아니라 독자적인 행정행위의 구성요건으로 작용을 할 수 있을 뿐이고 독자적으로 취소의 대상이 아니다. 그러나 일반적으로 학자들은 부분적인 취소의 대상으로 인정하고 있다.[29] 부관이 없는 행정행위 허가에 대한 신청인의 청구권이 있는 경우에는 인정되어야 한다.

③ 제3자의 경우

제3자의 경우 수익적 부관의 허가와 관련된 부분에서 확인소송이 이루어질 수 있

---

[28] Schenke, Verwaltungsprozeßrecht, 6 Aufl., 1998, Rn. 297f.; Heldler, Allgemeines Verwaltungsrecht, 1997, Rn. 287

[29] Schenke, Verwaltungsprozeßrecht, 6 Aufl., 1998, Rn. 297f.; Heldler, Allgemeines Verwaltungsrecht, 1997, Rn. 276; Maurer, Allgemeines Verwaltungsrecht, 11 aufl., 1997, § 12

다. 예를 들어 허가에 따른 소음공해의 발생 시 제3자의 이의제기가 사후에 배제될 때 제3자는 확인소송을 통해 자신의 권리를 주장할 수 있다.

④ 부관과 관련한 법적 보호에 있어서 정지효력

부담에 대한 독자적인 취소소송에서 원행정행위의 상대방이 수익적인 상황이 존재할 때만 그 효력이 정지될 수 있다.

부관이 없는 행정행위의 허가에 대한 확인소송에서 고려되어야 하는 것은 확인소송과 취소소송은 행정청의 취소결정의 한 부분이라는 것이다.

사례 해결

사례 1의 경우에는 변형된 부담이고 행정청은 기본적으로 허가하지 않은 경우이다. 따라서 신청인은 취소소송을 제기할 수는 없고 단지 확인소송을 제기할 수 있을 뿐이다. 확인소송이 적법하게 이루어진다면 건축법상의 구체적인 조항의 적용 여부만이 남고 재량적인 판단만이 남는다.

사례 2의 경우는 변형된 부담의 성격을 가지는 부관이고 건축허가는 기속적 행정행위이고 따라서 독자적인 취소소송이 가능하다. 그러나 행정청의 변형된 부담의 명령은 법규정에 근거한 변형된 부담이므로 취소소송을 제기한다 해도 이유는 없다.

---

5. 행정행위의 적법성(Rechtsmäßigkeit des Verwaltungsakt)

행정행위가 효력을 완전히 발생시키기 위해서는 성립요건과 효력발생요건을 갖추어야 한다. 만약 행정행위가 권한이 없는 자, 행정청의 권한 외의 행위 그리고 행정행위의 의사표시가 외부로 표출되지 않은 때에는 행정행위가 성립되지 않으며 이를 행정행위의 부존재라고 하며 행정행위의 하자로 파악하지 않는다.

반면에 행정행위가 적법·유효하게 성립하기 위한 요건을 갖추지 못한 경우를 하자 있는 행정행위라고 한다.

1) 하자 있는 행정행위

(1) 일반

일반적인 권력행위와 같이 행정행위도 특정한 형식적, 실질적인 규범이 필요하고 이에 대한 하자를 행정행위의 하자라고 한다.

하자 있는 행정행위란 기본적으로 취소 가능한 행정행위를 의미하고, 단지 중대한 결함의 경우에는 무효이다. 행정행위의 취소와 무효의 구별은 실질적으로 상당한 의미가 있는데, 취소의 대상이 되는 행정행위의 경우는 소송의 제소기간에 있어서 엄격한 구속받는다는 것을 고려해야 한다. 이와는 다르게 무효인 행정행위는 처음부터 법효력이 존재하지 않는 것이고 소송의 기간에 대한 제한은 존재하지 않는다. 따라서 무효인 행정행위에 대해서는 원칙적으로 취소의 대상이 없기에 행정행위의 무효확인을 구하는 확인소송을 통해 소송을 진행할 수 있다.

무효인 행정행위와 구별되는 개념 중 행정행위의 실효가 있다. 행정행위의 실효는 일단 처음에는 적법하게 발생한 효력이 사후적으로 소멸한다는 점에서 차이가 있다. 실효의 사유로는 행정행위 상대방의 사망, 행정행위 목적물의 멸실, 행정행위의 목적의 달성 등의 사유가 있다.

> **대법원 1985.7.9. 선고 83누412 판결. [예식장영업허가신청반려처분취소]**
> 종전의 결혼예식장영업을 자진폐업한 이상 위 예식장영업허가는 자동적으로 소멸하고 위 건물 중 일부에 대하여 다시 예식장영업허가신청을 하였다 하더라도 이는 전혀 새로운 영업허가의 신청임이 명백하므로 일단 소멸한 종전의 영업허가권이 당연히 되살아난다고 할 수는 없는 것이니 여기에 종전의 영업허가권이 새로운 영업허가신청에도 그대로 미친다고 보는 기득권의 문제는 개재될 여지가 없다.

(2) 하자의 종류와 소송의 유형

행정행위 하자의 종류에 따라 행정행위의 적합성 소송에 대한 절차를 달리한다.

침해적 행정행위의 경우에는 법치국가원리에 따라 위임의 근거가 필요하다($\mathrm{법률의 \atop 유보}$).

행정행위는 먼저 형식적으로 적합해야 한다. 특히 형식적 적합성에서 문제 되는 것은 관계행정청의 허가, 절차와 법규범의 준수, 특정한 절차상 하자의 경우 치유 가능성, 특히 입법에 있어서는 절차상의 하자를 고지하지 않는 부분에 있어서는 엄격하게 적용되어야 한다.

또한 행정행위는 실질적으로 적합해야 한다. 행정행위의 실질적인 적합성이란 위임근거의 한계를 지켜야 한다. 특히 행정청이 재량권을 가진 경우에 재량권의 하자 없는 행사가 이루어져야 하고 일반적인 비례의 원칙에 맞게 행사되어야 한다. 또한 행정행위는 다른 상위법의 규범을 침해해서는 안 된다.

(3) 행정행위 하자의 판단 시점

행정행위의 하자가 취소사유인가에 대한 판단 시점은 행정행위의 공포 시점이다. 사후적으로 발생하는 사항적, 법적 변경은 이미 공포된 행정행위의 실질적인 평가에 영향이 없다. 예를 들어 건축허가가 이미 적법하게 허가되었다면 사후에 건축허가의 규정이 변경되었다고 해서 이미 허가된 건축허가는 취소 또는 무효로 되지 않는다. 그러나 행정행위가 일정 기간 지속적인 영속성을 가지는 때에는 행정행위는 취소될 수 있고 이 경우에는 철회의 법리가 적용된다.[30]

행정행위 하자의 판단 시점과 관련하여 주요하게 구별해야 하는 것은 행정재판 과정에서의 판단 시점이다. 이 문제와 관련하여 부분적으로는 최후의 구두변론 시점이 고려될 수도 있고, 부분적으로는 취소절차에 있어서의 행정기관의 결정 시기가 고려될 수 있다. 일반적으로는 행정행위가 이미 종료한 경우 또는 일회성인 행정행위인 경우에는 행정행위의 종료가 적합한지를 판단해야 한다. 이와는 반대로 행정행위가 지속적인 효력을 가지는 때에는 사항적, 법적인 상태의 변화가 최후의 구두별론 시점까지 취소소송의 사유를 살펴야 한다.

취소소송과는 별도로 확인소송의 경우에는 최후구두변론 시점까지의 상황을 판단해야 한다.

 대법원 1984.9.11. 선고 84누191 판결.
면직처분은 원고가 구 경찰공무원법 제50조 제1항 제1호, 제2호 소정의 부적격 사유가 있는 자에 해당한다 하여 직위해제처분을 받고, 그 후 3월이 경과하도록 직위

---
30) Maurer, Allgemeines Verwaltungsrecht, 11 aufl., 1997, § 10, Rn. 3

를 부여받지 못하였다는 이유로 같은 제3항에 근거하여 받은 처분이므로 원고가 선행된 직위해제처분에 대하여 구 경찰공무원법 제52조의 규정에 따라 소청심사위원회에 심사청구를 한바 없다면 그 직위해제처분에 설사 위법사유가 있다 하더라도 그것이 당연무효 사유가 아닌 한 다툴 수 없는 것이고, 한편 구 경찰공무원법 제50조 제1항에 의한 직위해제처분과 같은 제3항에 의한 면직처분은 후자가 전자의 처분을 전제로 한 것이기는 하나 각각 단계적으로 별개의 법률효과를 발생하는 행정처분이어서 선행직위해제처분의 위법 사유가 면직처분에는 승계되지 아니한다 할 것이므로 선행된 직위해제처분의 위법사유를 들어 면직처분의 효력을 다툴 수는 없다 할 것인 바 기록에 의하면 원고는 선행 직위해제처분에 대해 구 경찰공무원법 제52조 소정의 적법한 심사청구를 전혀 거친바 없음이 분명함에도 그 직위해제처분에 위법사유가 있다는 것만을 내세워 이 사건 면직처분의 효력을 다투고 있는 것이므로 원고의 이 사건 면직처분취소의 청구는 선행 직위해제처분의 적법여부를 판단할 필요도 없이 이점에서 받아들일 수 없는 것이 된다. 그렇다면 원심이 원고의 청구를 배척한 이유와 관계없이 그 결론은 결과적으로 정당한 것이므로 판시와 같은 사실을 인정하여 그 사실관계가 원고에 대한 직위해제사유가 된다고 판단한 조치에 상고논지가 들고 있는 바와 같은 채증위반의 사실오인이나 법리오해의 위법이 있다 하더라도 그 위법은 원심판결의 결과에 영향을 미친 사유가 될 수 없다.

2) 특별한 위임이 있는 경우

(1) 형식적 법의 근거의 필요

행정청은 헌법상 법률유보의 원칙상 침해적 행정행위에 있어서는 형식적 법의 근거가 있어야 한다. 특히 법적 근거는 행정행위의 결정에 있어서 필요하며, 이것은 구체적으로 행정행위의 형태와 연관성을 가진다. 입법자는 행정청이 행정행위의 형태를 선택하는데 있어 위임해야 한다.

기본적으로 국가와 시민의 법적 관계에 대한 법적 규율은 행정행위의 수단을 결정하는 데 필요한 법적 근거를 제시해야 한다. 특히 이러한 근거는 공적인 안전과 질서가 수반되는 침해행정의 부분에 있어서 적용된다.

그러나 예외적으로 다음과 같은 영역은 행정행위의 권한이 예외적으로 적용되나 여전히 논란 중이다.

우선 행정청이 행정행위의 상대방과 동등한 지위에 있으면서 계약을 체결할 때 행정행위는 엄격한 법적 근거가 필요 없다(소위 Fiskustheorie에 따라서). 따라서 행정청은 계약에 따라서 행정행위의 유효를 주장할 수 없다. 따라서 이런 소송은 행정법원의 급부소송을 통해 해결되어야 한다.

(2) 실질적 법적 근거의 필요

행정행위는 기본적으로 위임의 법적 근거를 가져야 하고 행정행위를 통한 명령은 결과 측면에서 볼 때 위임의 근거가 추상적이어야 한다. 이런 행정명령의 구체적인 구성요건적 상황이 전제조건으로 놓여있는가에 대한 판단은 행정행위의 실질적 합법성의 문제다. 특정한 행정행위의 결정에 대한 위임이 특별한 규정에 놓여있다든지 또는 전제조건에 놓여있다는 것을 판단하는 것은 더 이상 일반적인 규정의 위임이 아니라 구체적인 행정행위의 개별적인 사안을 검토해 결정해야 한다. 이 경우 의심스러운 경우에는 행정청이 위임의 근거가 된 규정이 구체적인 사건에 어떻게 적용할 것인지의 의도를 파악해야 한다.

의무의 이전과 같은 것은 행정행위의 결정에 위임을 부여하는 것은 아니다.

행정행위에 근거를 부여하는 위임규정은 상위법과의 관계에서 합치해야 하며 특히 헌법에 합치되어야 한다.

3) 행정행위의 형식적 합법성

행정행위는 먼저 권한 있는 행정청의 행위여야 한다.

행정청은 지역적으로 또는 사항적으로 권한이 분배되어 있다. 예를 들어 경찰서의 경우 관할구역이 정해져 있고 관할구역 안에서 유효한 권한을 행사할 수 있다.

행정행위를 하는 행정청이 상하의 관계가 있는 경우, 상위 행정청은 하위 행정청에 대한 일반적인 지휘, 감독권은 인정이 되나 구체적인 행정행위의 철회나 취소의 경우에는 법적 근거가 있어야 한다.

행정청의 행위는 절차법적으로 하자가 없어야 한다. 절차법적인 하자는 「행정절차법」에 다른 하자가 없어야 하며 구체적인 법규정이 없다면 개별적인 사건의 경우 합목적적인 범위에서 이루어지면 된다.

전형적인 절차상의 하자는 청문절차 과정에서 하자가 있는 경우이다. 「행정절차법」에서 청문의 기회에 대한 예외적인 사항이 존재하지 않는다면, 행정행위의 상대방에게는 청문절차에 참여할 기회를 제공해야 한다. 청문절차는 헌법상의 법치국가원리에 의해 나오는 것이며 구체적으로는 독일의 경우 인간의 존엄과 가치에서 우리나라의 경우에는 적법절차의 규정에서 근거를 찾을 수 있다. 그러나 현행 「행정절차법」은 청문에 대해서 명문의 규정을 두고 있기에 개별법상의 근거를 가진 제도다.

또한 단순한 청문절차만이 아니라 서류열람 절차와 같은 절차법적인 위법도 절차상의 중요한 하자가 된다.

절차상의 하자는 또한 행정행위의 과정에 법률상 이해관계를 가지는 자의 참가 배제를 통해서도 발생한다(^{독일 행정절차법}_{제20조 제1항}).

또한 다단계적인 행정절차의 과정에서의 하자 역시 절차상의 하자로 볼 수 있고 이 경우 구두 변론의 종결 시점까지 치유될 수 있다.

행정행위가 건축허가와 같이 당사자의 신청에 따라 이루어질 때 신청이 없다면, 그 행정행위는 무효가 아니라 취소의 사유가 될 뿐이다. 이 경우 행정행위의 하자 치료는 존재하지 않는다.

4) 행정행위의 실질적 합법성(Materielle Rechtmäßigkeit des Verwaltungsakt)

(1) 행정행위의 실질적 합법성

행정행위의 실질적 합법성이란 행정행위가 먼저 헌법합치적인 위임입법 규정과 부합되어야 한다. 행정청이 재량권을 가지더라도 이 재량은 하자 없는 재량으로 결정되어야 한다. 또한 행정행위는 헌법적 요청인 비례의 원칙에 위반되어서도 안 된다. 그리고 다른 하위법규에 위반되어서도 안 되고 특히 기본권 보호에 부합되어야 하고 행정행위는 또한 사실적 또는 법적으로 불가능한 것이어서는 안 된다.

(2) 위임입법의 구성요건

행정행위의 실질적인 합법성은 위임입법에 따라 주어진 구성요건적인 요건을 충족하는지에 달려있고 특히 추상적으로 주어진 규범이 구체적인 현실에 적용되는지의 문제다. 예를 들어 경찰권의 발동에 있어서 그 발동의 전제조건인 공공의 안전에 대한 위협에 대한 고려가 있어야 한다. 위의 사례의 경우에는 과연 영업행위의 취소로 이어질 만한 중대한 위험성이 있는가의 문제가 영업취소의 전제조건이 되는 것이다. 그러나 이 문제는 단순히 행정권발동의 전제조건에 대한 문제이기 때문에 법적 효과의 문제와는 구별되어야 한다.

(3) 법적 효과의 결정과 재량

행정청은 위임입법에 의한 법적근거에 의해 상대방의 신청에 대해 법규적인 위반사항이 없으면 허가해야 한다. 이 경우 상대방이 신청하는 영업허가의 인적 및 물적 요소가 법규에 부합되는가를 판단해야 한다.

행정청의 판단에는 재량의 여지가 존재한다. 상대방의 신청에 대해 허가를 해줄 것인가에 대한 재량(ob)인 결정재량과 어떠한 허가를 해줄 것인지의 문제(wie)인 선택재량이 모두 부여되어 있다.

그러나 행정청에 재량이 부여되어 있다고 해서 절대적인 재량을 의미하는 것이 아니라 하자없는 재량을 행사해야 하며 이에 대한 위반의 문제는 재량하자의 문제와 연결된다.

(4) 무하자재량행사(fehlerfreie Ermessensausübung)

행정청이 재량을 하자 없이 행사하려면 일단 행정청에 재량권이 부여되어 있어야 한다. 그러나 재량권이 부여되어 있다고 하더라도 그 행사가 과대하게 되면 재량권의 남용 또는 재량권의 일탈로 이어진다.

재량권의 일탈이란 법률에서 규정하지 않은 법적 결과를 행정청이 결정했을 때 발생한다. 예를 들어 법률에서 벌금을 5만원에서 10만원으로 규정하고 있음에도 불구하고 행정청이 15만원의 벌금을 부과하는 경우와 같다고 일부의 견해는 언급을 하나,[31] 이 경우 단순한 재량일탈의 문제가 아니라 위법한 행정벌의 부과이기 때문에 재량의 일탈로 취급하기는 어렵다.

행정청의 재량일탈과는 달리 전형적인 재량하자의 문제는 재량권의 남용에 있다. 재량권의 남용은 구체적인 사안에서 행정청이 결정에 관련된 중요한 사항을 충분히 고려하지 않은 때에 발생하는데 이 경우 행정청의 결정 결과에서 발생하기보다는 결

---

[31] H. Maurer, Verwaltungsrecht, § 7.

정 과정에서 발생한다.

  행정청의 재량결정에 있어서 가장 고려되어야 하는 것은 법규정의 목적이다. 독일의 경우 행정절차법 제40조에 규정되어 있듯이, 행정청은 각각의 법규가 지향하는 법목적을 고려해서 재량을 결정해야 한다. 예를 들어 경찰의 경우 안전예방이란 목적을 가지기 때문에 이 목적의 범위 안에서만 재량을 결정해야 한다.[32] 이에 위반하는 경우 즉 경찰이 경찰 목적이외의 목적을 위해 인적 또는 정치적인 영향에 의해 결정하게 되면 사항 위반적인 결정으로 전락하고 재량남용이 된다.

  재량권의 남용에 있어서 가장 실질적인 문제는 위임입법 규정에 의해 준 허가를 철회하는 과정에서 발생한다. 이러한 과정에서 허가의 철회에 책임을 지고 있는 자의 책임과 그 외의 중요한 연관성을 가진 사항을 고려해서 결정해야 한다.

  또한 이 경우 헌법상의 기본권을 고려해야 한다. 예를 들어 경찰이 거리 질서유지와 안정을 위해 현수막의 철거를 고려한다면 헌법상의 표현의 자유를 고려해야 한다.

  재량결정의 과정에서 하자가 있었다면 재량한계를 일탈하는 결과로 이어진다.

  재량한계의 일탈 또는 재량의 객관적인 한계의 일탈은 기본권 또는 행정법의 일반원칙인 비례의 원칙에 대한 위반으로 나타난다. 또한 행정의 자기구속원칙과 신뢰보호원칙에도 부합되게 행사해야 한다. 비례의 원칙에 대한 위반의 문제는 규정의 객관적인 의미에서 파악되어야 한다. 행정청의 재량권 행사가 기본권을 침해하는지의 문제에 대해서는 기본권의 의미를 파악하는 과정에서 행정청의 결정이 정당하지 못하다는 점에서 판단되어야 한다.

  재량권의 남용에 대한 사법적인 통제는 가능하고[33] 구두변론 종결시까지 치유가 가능하다.

  행정청의 재량 행사와 관련해서 재량권의 0으로의 수축이 논의되고 있는데, 이 경우 단지 하나만의 재량만이 합법적인 것으로 판단되는 영역에서 인정된다. 예를 들어 중대한 생명, 신체 등에 대한 위험이 존재할 때, 선택의 여지 없이 하나의 가능한 수단만을 선택해야만 하는 의무가 존재하는 영역에서 발생한다. 경찰관의 직무집행과 관련하여 많이 발생한다.

---

32) 예를 들어 경찰이 질서유지외의 목적인 국가경제의 성장이란 목적으로 경찰재량을 행사할 수는 없다.
33) 독일의 경우 독일행정소송법 제114조 제2항 참조.

(5) 여론 : 불확정개념 및 판단여지

법규범의 성격은 일반적이고 추상적이다. 이것은 다양한 현실의 사례에 정확하게 적합한 입법을 한다는 것이 불가능하기 때문에 이루어진다.[34] 예를 들어 흔히 공서조항이라고 하는 공공의 안녕과 질서라는 개념은 이를 잘 나타내고 있는데, 이러한 개념을 불확정개념(Unbestimmter Rechtsbegriff)이라고 한다. 이러한 개념은 구체적으로 사법심사를 통해서 보다 명확하게 인정되는데 여기서 행정청의 재량과 구별이 되어야 한다. 행정청의 재량은 행정청에 유보되어 있지만, 불확정개념은 행정청에 전혀 유보되어 있지 않고 사법심사에 유보되어 있다.

그러나 이와는 달리 행정청에 최종적으로 유보되어 있지만 재량과는 다른 영역의 결정 사항이 있는데, 이것을 판단여지(Beurteilungspielraum)라고 한다. 행정청의 결정 과정에서 불확정개념에 포함되는 전제조건이 무엇인가를 행정청 스스로 결정하는 영역을 의미한다. 예를 들어 공무원의 인사고가 평가에서 공무원으로서의 성실이라는 불명확한 개념에 어느 대상자가 해당하는지에 대한 판단을 들 수 있다.

이러한 행정청의 판단여지는 예외적으로 사법심사의 대상이 된다. 독일의 경우 몇 가지 예외적인 경우를 인정한다. 예를 들어 시험결정, 공무원에 대한 근무 평가, 법적인 평가가 아닌 예술·도덕적인 평가위원회에서의 당선작의 선정 및 평가 등을 들 수 있다. 그러나 환경 및 기술 영역에서의 행정청의 평가, 예를 들어 원자력발전소의 허가에서 행정청의 판단이 판단여지에 속하는지는 여전히 논란 대상이 되고 있다.[35]

또한 사법심사가 완전히 배제되지는 않지만, 제한되는 영역이 존재하는데 각종 절차 규칙의 이행 여부, 일반적인 법치국가원리의 준수 여부, 일반적인 평가 원칙의 준수 여부 그리고 평등원칙의 준수 여부 등을 들 수 있다.

(6) 행정행위의 명확성(Bestimmtheit des Verwaltungsakt)

행정행위의 내용적인 명확성은 실질적 합법성의 전제조건이다. 행정행위의 객체는 자신에게 무엇이 요구되는 것을 명확히 알고 있어야 한다. 물론 여기서 일반적으로 알려진 기술적인 규정 등이 정확히 알려져야 하는 것을 요구하는 것은 아니다. 일반

---

[34] 흔히 법의 속성이라고도 한다.
[35] BVerwGE 72, 300.

인의 상식으로 인정할 수 있을 정도의 명확성이 존재하면 된다.

(7) 불가능성(Ummöglichkeit)

행정행위가 사실적으로 또는 법적으로 불가능한 것을 내용으로 하면 하자가 있게 된다.

사실적인 불가능성이란 현재의 기술력으로 실현하기 불가능한 것을 요구하는 것을 의미하고 법적으로 불가능하다는 것은 행정행위의 객체가 그 요구를 따르는 것이 법적으로 방해된다는 것을 의미한다.

5) 하자의 효과 - 위법성과 무효

행정행위의 하자는 행정청이 하는 행위(처분)가 법이 요구하는 적법요건을 갖추지 못한 것을 의미한다.

행정행위 하자의 유형은 부존재, 무효와 취소가 있다.

행정행위의 부존재는 행정청의 처분이라고 볼 수 있는 외관이 없는 것을 의미한다. 예를 들어 행정청이 아니라 사인의 행위, 행정기관의 내부적 의사결정 같은 경우이다. 행정행위의 부존재는 행정행위의 무효와 구별이 필요한가에 대해 학설이 나뉘고 있으나, 둘 다 법적 효과가 발생하지 않는다는 점과 부존재확인소송과 무효확인소송이「행정심판법」과「행정소송법」에서 모두 동일 조문에서 규정되어 있다는 점에서 구별의 실익은 없다.[36]

행정행위의 하자는 무효가 아닌 한 위법한 것이다. 즉 위임입법 위반, 형식적 합법성 및 실질적 합법성을 위반하면 위법한 행정행위가 된다. 행정절차 위반의 행정행위는 치유가 가능한 한 위법한 행정행위가 되는 것은 아니다.[37]

위법한 행정행위는 행정행위의 공정력으로 인해 행정청의 철회나 취소소송과 같은 사법심사 중의 효력 중지의 사유가 없으면 원칙적으로 효력을 가진다. 행정행위가 무효인 경우에는 효력이 발생하지 않고 구성요건적인 효력을 가지지도 않는다.

행정행위의 무효는 성립 당시에 하자가 있었던 경우이고 그 사유가 중대하고 명백

---

[36] 이동식/전훈/김성배/손윤석, 행정법총론, 2023, 349쪽.
[37] 독일 행정절차법 제45조.

한 경우이다. 무효인 행정행위는 제척기간과는 관계없이 언제든지 행정청이 선언할 수 있고 행정객체 및 이해관계인의 신청에 따라 행정청은 확정해야 한다. 소송으로는 무효확인 소송을 통해 취소할 수 있다.

예를 들어 경찰공무원의 임용에 있어 결격사유가 있었던 경우는 비록 임용이 있었다고 하더라도 임용행위 그 자체가 무효이다.

행정행위 중 취소가 될 수 있는 하자는 행정행위 그 자체가 명백하거나 중대한 하자가 있는 경우에 가능하다. 다만 행정행위는 행정청이 취소하거나 법원에 의해 취소가 되기 전까지는 행위 그 자체의 효력이 그대로 존속한다는 점(행정행위의 공정력)에서 무효와 구별된다. 예를 들어 노래방을 하는 업주에게 1000만원의 과징금이 부과되었고 업주가 이에 대해 불복하여 행정소송을 제기하여 승소하였다면 업주에게 부과된 1000만원의 과징금은 처음부터 없었던 것으로 된다.

하자 있는 행정행위의 무효와 취소의 구별은 ① 소송의 유형(취소심판, 취소소송, 무효확인심판, 무효확인소송), ② 행정행위의 효력이 민사 또는 형사소송의 선결문제인 경우(취소는 효력을 부인할 수 없지만 무효는 부인할 수 있다는 점), ③ 사정재결 및 사정판결은 취소 대상의 행정행위에만 가능하다는 점, ④ 행정처분의 효력의 내용(제소기간), ⑤ 하자의 치유와 승계(치유는 취소 대상인 행정행위에만 가능)에서 상이점이 있어 필요하다. 즉 행정행위의 무효와 취소를 구별하는 이유는 효력, 선결문제, 공정력 및 구성요건적 효력, 하자의 치유 및 전환, 하자의 승계, 쟁송 방법, 행정소송 제기요건 그리고 사정판결 및 사정재결에서 각각 구별의 실익이 있다.

행정행위의 무효와 취소의 구별 기준은 학설의 대립이 있으나 중대명백설이 다수설이고 법원도 이에 따르고 있다. 행정행위가 중대하고 명백한 하자가 있는 경우에는 무효이다(중대명백설: Evidenztheorie).38) 독일 행정절차법 제44조는 명문으로 이를 규정하고 있다.

 대법원 2019.4.23. 선고 2018다287287 판결.
과세처분이 당연무효라고 하기 위하여는 그 처분에 위법사유가 있다는 것만으로는 부족하고 그 하자가 법규의 중요한 부분을 위반한 중대한 것으로서 객관적으로 명백한 것이어야 하며, 하자가 중대하고 명백한지를 판별할 때에는 과세처분의 근거가 되는 법규의 목적 · 의미 · 기능 등을 목적론적으로 고찰함과 동시에 구체적 사안 자체의 특수성에 관하여도 합리적으로 고찰하여야 한다. 그리고 어느 법률관

---
38) 상세한 것은, 장태주, 행정법개론, 2009, 272쪽 이하 참조.

계나 사실관계에 대하여 어느 법령의 규정을 적용하여 과세처분을 한 경우에 그 법률관계나 사실관계에 대하여는 그 법령의 규정을 적용할 수 없다는 법리가 명백히 밝혀져서 해석에 다툼의 여지가 없음에도 과세관청이 그 법령의 규정을 적용하여 과세처분을 하였다면 그 하자는 중대하고도 명백하다고 할 것이나, 그 법률관계나 사실관계에 대하여 그 법령의 규정을 적용할 수 없다는 법리가 명백히 밝혀지지 아니하여 해석에 다툼의 여지가 있는 때에는 과세관청이 이를 잘못 해석하여 과세처분을 하였더라도 이는 과세요건사실을 오인한 것에 불과하여 그 하자가 명백하다고 할 수 없다.

하자가 발생하는 구체적인 유형은 주체, 내용, 절차 및 형식과 관련한 하자로 나타난다.

주체와 관련한 하자는 교통단속에서 경찰관이 경찰청장의 명의가 아니라 자신의 명의로 단속한 경우, 합의제 기관에서 정족수의 부족 등이 발생한 경우를 예로 들 수 있고 이 경우 무효이다.

의사무능력자의 행위는 당연무효이고, 행위무능력자의 행위는 유효라고 보는 것이 통설이다. 사기 · 강박에 의한 의사표시는 취소의 사유에 해당할 뿐이다.

 대법원 2003.1.10. 선고 2002다61897 판결. [부당이득금]
과세관청이 증여세과세처분 당시 납세자의 주소지나 거소지를 관할하는 세무서는 아니지만, 증여세 결정전통지서가 송달될 당시에는 납세자의 주소지를 관할하고 있었고, 과세처분 납세고지서가 납세자에게 송달되어 납세자가 증여세를 그 납부기한 안에 납부하였으며, 과세처분 당시 3개월마다 갱신되는 전산자료를 행정자치부로부터 받아 납세자의 주소지를 확인하고 있던 과세당국으로서는 과세처분 납세고지서가 납세자에게 송달될 때 납세자의 주민등록 변경사항을 전산자료를 통하여 확인할 수 없었던 점 등에 비추어 보면, 납세자의 주소지를 관할하지 아니하는 세무서장이 한 증여세부과처분이 위법하나 그 흠이 객관적으로 명백하여 당연무효라고 볼 수는 없다.

대법원 2007.3.15. 선고 2006두15806 판결.
행정청이 구 학교보건법(2005. 12. 7. 법률 제7700호로 개정되기 전의 것) 소정의 학교환경위생정화구역 내에서 금지행위 및 시설의 해제 여부에 관한 행정처분을 함에 있어 학교환경위생정화위원회의 심의를 거치도록 한 취지는 그에 관한 전문가 내지 이해관계인의 의견과 주민의 의사를 행정청의 의사결정에 반영함으로써 공익에 가장 부합하는 민주적 의사를 도출하고 행정처분의 공정성과 투명성을 확보하려는 데 있고, 나아가 그 심의의 요구가 법률에 근거하고 있을 뿐 아니라 심의에 따른 의결내용도 단순히 절차의 형식에 관련된 사항에 그치지 않고 금지행위 및 시설의 해제 여부에 관한 행정처분에 영향을 미칠 수 있는 사항에 관한 것임을 종합해 보면, 금지행위 및 시설의 해제 여부에 관한 행정처분을 하면서 절차상 위와 같은 심의를 누락한 흠이 있다면 그와 같은 흠을 가리켜 위 행정처분의 효력에 아무런 영향을 주지 않는다거나 경미한 정도에 불과하다고 볼 수는 없으므로, 특별한 사정이 없는 한 이는 행정처분을 위법하게 하는 취소사유가 된다.

내용과 관련한 하자는 비위행위가 없는 공무원에 대해 징계하는 경우를 들 수 있다. 또 내용이 실현 불가능한 경우에는 무효이다.

또한 행정행위의 근거가 되는 법률이 행정행위 이후 위헌으로 결정되었다면, 행정행위 그 자체는 처음부터 무효가 아니라 단지 취소의 대상이 될 뿐이다. 그러나 조세부과 처분의 근거가 되는 법률이 위헌으로 결정되었고 아직 조세 징수가 이루어지지 않았다면 조세부과 처분은 취소의 대상이다.

또 법률이 위헌결정된 후에 행정청이 이 사실을 모르고 행정행위를 한 경우에는 무효이다.

 대법원 2000.6.9. 선고 2000다16329 판결.
[1] 행정청이 법률에 근거하여 행정처분을 한 후에 헌법재판소가 그 법률을 위헌으로 결정하였다면 그 행정처분은 결과적으로 법률의 근거가 없이 행하여진 것과 마찬가지가 되어 하자가 있다고 할 것이나, 하자 있는 행정처분이 당연무효가 되기 위하여는 그 하자가 중대할 뿐만 아니라 명백한 것이어야 하는데, 일반적으로 법률이 헌법에 위반된다는 사정은 헌법재판소의 위헌결정이 있기 전에는 객관적으로 명백한 것이라고 할 수 없으므로 특별한 사정이 없는 한 이러한 하자는 위 행정처분의 취소사유에 해당할 뿐 당연무효 사유는 아니라고 보아야 한다.
[2] 구 택지소유상한에관한법률(1998. 9. 19. 법률 제5571호로 폐지)에 따른 개인의 초과택지초과소유부담금 납부의무는 가구별 소유상한을 초과하는 택지를 소유하고 있는 동안 부과기간별로 매년 독립적으로 발생하는 것으로, 비록 그 납부의무자와 부과대상 택지가 동일하다고 하더라도 그에 대한 종전의 부과처분과 부과기간이 다른 후행 부과처분은 각각 별개의 처분이다.

대법원 2012.2.16.자 2010두10907 판결.
[다수의견] 구 헌법재판소법(2011. 4. 5. 법률 제10546호로 개정되기 전의 것) 제47조 제1항은 "법률의 위헌결정은 법원 기타 국가기관 및 지방자치단체를 기속한

다."고 규정하고 있는데, 이러한 위헌결정의 기속력과 헌법을 최고규범으로 하는 법질서의 체계적 요청에 비추어 국가기관 및 지방자치단체는 위헌으로 선언된 법률규정에 근거하여 새로운 행정처분을 할 수 없음은 물론이고, 위헌결정 전에 이미 형성된 법률관계에 기한 후속처분이라도 그것이 새로운 위헌적 법률관계를 생성·확대하는 경우라면 이를 허용할 수 없다. 따라서 조세 부과의 근거가 되었던 법률규정이 위헌으로 선언된 경우, 비록 그에 기한 과세처분이 위헌결정 전에 이루어졌고, 과세처분에 대한 제소기간이 이미 경과하여 조세채권이 확정되었으며, 조세채권의 집행을 위한 체납처분의 근거규정 자체에 대하여는 따로 위헌결정이 내려진 바 없다고 하더라도, 위와 같은 위헌결정 이후에 조세채권의 집행을 위한 새로운 체납처분에 착수하거나 이를 속행하는 것은 더 이상 허용되지 않고, 나아가 이러한 위헌결정의 효력에 위배하여 이루어진 체납처분은 그 사유만으로 하자가 중대하고 객관적으로 명백하여 당연무효라고 보아야 한다.

절차 및 형식과 관련한 하자가 있는 경우는 청문절차가 없는 행정행위를 들 수 있다. 일반적으로 절차상의 하자에 대해 판례는 취소사유로 보고 있으나, 일정한 경우에는 무효 사유로 본다. 예를 들어 징계 대상 공무원에게 진술 기회를 부여하지 않았을 때 그 징계는 무효이다.

헌법재판소에 의해 위헌결정을 받은 법률에 근거한 행정행위의 효력에 대해 대법원은 "법률에 근거하여 행정처분이 발하여진 후에 헌법재판소가 그 행정처분의 근거가 된 법률을 위헌으로 결정하였다면 결과적으로 행정처분은 법률의 근거가 없이 행하여진 것과 마찬가지가 되어 하자가 있는 것이 되나, 하자 있는 행정처분이 당연무효가 되기 위하여는 그 하자가 중대할 뿐만 아니라 명백한 것이어야 하는데, 일반적으로 법률이 헌법에 위반된다는 사정이 헌법재판소의 위헌결정이 있기 전에는 객관적으로 명백한 것이라고 할 수는 없으므로 헌법재판소의 위헌결정 전에 행정처분의 근거되는 당해 법률이 헌법에 위반된다는 사유는 특별한 사정이 없는 한 그 행정처분의 취소소송의 전제가 될 수 있을 뿐 당연무효사유는 아니라고 봄이 상당하다. 그리고 위헌인 법률에 근거한 행정처분이 당연무효인지의 여부는 위헌결정의 소급효와는 별개의 문제로서, 위헌결정의 소급효가 인정된다고 하여 위헌인 법률에 근거한 행정처분이 당연무효가 된다고는 할 수 없고, 오히려 이미 취소소송의 제기기간을 경과하여 확정력이 발생한 행정처분에는 위헌결정의 소급효가 미치지 않는다고 보아야 한다. 또한 어느 행정처분에 대하여 그 행정처분의 근거가 된 법률이 위헌이라는 이유로 무효확인청구의 소가 제기된 경우에는 다른 특별한 사정이 없는 한 법원으로서는 그 법률이 위헌인지 여부에 대하여는 판단할 필요 없이 그 무효확인청구를 기각하여야 한다."고 판시하였다.[39]

한편 환경영향 평가에 있어서는 환경영향평가를 전혀 거치지 않은 경우에는 무효이지만, 환경영향평가를 거쳤으나 부실한 경우와 평가결과와 다른 처분을 한 경우에는 적법하다고 보고 있다.

 대법원 2001.6.29. 선고 99두9902 판결.
[경부고속철도서울차량기지정비창건설사업실시계획승인처분취소]
구 환경영향평가법(1997. 3. 7. 법률 제5302호로 개정되기 전의 것) 제4조에서 환경영향평가를 실시하여야 할 사업을 정하고, 그 제16조 내지 제19조에서 대상사업에 대하여 반드시 환경영향평가를 거치도록 한 취지 등에 비추어 보면, 같은 법에서 정한 환경영향평가를 거쳐야 할 대상사업에 대하여 그러한 환경영향평가를 거치지 아니하였음에도 승인 등 처분을 하였다면 그 처분은 위법하다 할 것이나, 그러한 절차를 거쳤다면, 비록 그 환경영향평가의 내용이 다소 부실하다 하더라도, 그 부실의 정도가 환경영향평가제도를 둔 입법 취지를 달성할 수 없을 정도이어서 환경영향평가를 하지 아니한 것과 다를 바 없는 정도의 것이 아닌 이상 그 부실은 당해 승인 등 처분에 재량권 일탈·남용의 위법이 있는지 여부를 판단하는 하나의 요소로 됨에 그칠 뿐, 그 부실로 인하여 당연히 당해 승인 등 처분이 위법하게 되는 것이 아니다.
[2] 한국고속철도건설공단의 경부고속철도 서울차량기지 정비창 건설사업에 관한 환경영향평가 내용의 부실의 정도가 환경영향평가제도를 둔 입법 취지를 달성할 수 없을 정도이어서 환경영향평가를 하지 아니한 것과 다를 바 없는 정도의 것은 아니라는 이유로 위 사업의 실시계획의 승인처분이 위법하지 아니하다.

6. 행정행위의 취소와 철회, 소멸

1) 일반론

행정행위의 소멸은 한번 발효된 행정행위가 그 효력을 잃는 것을 의미한다. 행정행위가 본래의 목적을 달성한 경우, 목적 달성을 하지 못했지만, 효력을 잃는 경우, 행

---
39) 대법원 1994.10.28. 선고 92누9463 판결.

정행위가 철회 또는 취소되는 경우가 있다.

위법한 행정행위도 무효가 아닌 한 구성요건적 효력을 가진다. 따라서 행정행위는 행정행위의 주체와 객체 모두를 구속하므로 행정청과 그 객체 역시 구성요건적 효력(Tatbestandwirkung)을 인정해야 한다. 예를 들어 건축허가를 받았다면 건축허가를 내어준 행정청만이 아니라 다른 행정청도 건축허가를 존중해야 하며 그 허가의 정당성 여부를 논하지 못한다. 구성요건적 효력을 가진 행정행위는 오직 처분청만이 철회할 수 있다.

위법한 행정행위는 취소와 철회로 나눌 수 있고 이러한 구별은 침해행정과 급부행정의 영역과 연관해 고려해야 한다. 한 가지 더 고려해야 하는 것은 취소와 철회의 효력 차이인데 취소는 그 효력이 소급해 상실되는 것을 의미하고(ex tunc) 철회는 철회 시를 기준으로 오직 장래를 향해 효력이 상실된다(ex nunc).

한편 위법, 부당한 행정행위를 처분청이 취소하는 것을 직권취소라고 하며 상대방이 쟁송을 통해 취소하는 것을 쟁송취소라고 한다.

〈직권취소와 쟁송취소의 비교[40]〉

	직권취소	쟁송취소
주목적	행정목적 실현	권리구제
권한기관	행정청(처분청+감독청)	행정청(처분청, 감독청, 제3기관), 법원
대상	수익적 행위+침익적 행위	침익적 행위+제3자효 있는 행위
주된 사유	공익침해+권익침해	권익침해
절차	일반법 없음, 개별법에 근거함	행정심판법, 행정소송법
절차의 엄격성	엄격하지 않음	엄격함
절차개시	행정청의 판단	상대방 등의 쟁송에 의해 시작
기간제한	없음	제소기간의 제한
취소내용	적극적인 변경도 가능	소극적 변경만 가능
효과	소급+불소급	소급원칙

---

40) 홍정선, 행정법원론(상), 2024, 495쪽.

2) 위법한 침해적 행정행위의 취소

일반적으로 위법한 침해행정의 취소는 자유롭게 이루어지지만, 한 가지 고려해야 하는 것은 신뢰보호의 원칙이다. 여기서 행정의 합법률성의 원칙과의 고려가 필요하다.

3) 위법한 수익적 행정행위의 취소

행정청은 행정행위 객체의 신뢰를 침해하는 상황에서도 더 큰 공익이 인정된다고 할 때 취소가 가능하다.

신뢰보호의 원칙은 행정객체가 ① 행정행위를 신뢰하고 ② 신뢰보호가 일반적으로 배제되어 있지 않아야 하고 ③ 행정객체의 신뢰보호가 보호 가치가 있어야 하며 ④ 이익을 받는 객체의 신뢰보호가 행정청의 취소 이익보다 더 커야 한다는 조건을 만족시켜야 한다.

따라서 행정행위의 존부 그 자체에 대한 신뢰가 없는 경우에는 신뢰보호의 원칙을 인정할 수 없다.

기본적으로 행정행위에 대한 신뢰보호가치가 인정되는 때에는 행정객체의 신뢰를 초월하는 이익이 공익이 존재하지 않는 한 신뢰보호는 인정되어야 한다.

수익적 행정행위의 취소는 「행정절차법」에서 정하는 기간 내에 행사해야 한다.

취소의 결과로 행정청은 손실보상을 해야 한다.

4) 적법한 침해적 행정행위의 철회

적법한 침해적 행정행위의 철회는 행정청의 재량에 의해 자유롭게 행사될 수 있으며 행정의 자기구속에 반하거나 다른 제3자의 권리를 침해하지 않는 한 자유롭게 행사할 수 있다.

5) 적법한 수익적 행정의 철회

적법한 수익적 행정의 철회는 예외적으로 가능하다. 이러한 철회는 원칙적으로 장래에 대해서만 효력을 가진다. 독일 행정절차법은 제49조는 이에 관해 규정하고 있다.

6) 제3자 침해적인 행정행위의 취소

현대행정의 특징인 복효적 행정행위의 경우 처분청과 행정행위의 객체만이 아니라 제3자의 경우 침해를 받는 경우가 있다. 예를 들어 건축허가를 처분청이 할 때 건축허가를 받는 행정객체는 수익적이지만 그와 건축물의 경계를 공유하는 자에게는 권리의 침해가 발생하는 경우가 있다. 이 경우 허가를 받은 자는 단순히 신뢰보호를 주장하지 못한다. 왜냐하면 제3자가 제기한 소송상의 권리구제가 진행 중이기 때문이다.

이 경우 처분청은 수익적 행정행위의 철회 또는 취소와 동일한 해결을 해야 한다. 따라서 이 경우 제3자를 고려한 이익형량의 방법에 따라 이루어져야 한다.

7) 하자 있는 행정행위의 치유

하자 있는 행정행위의 치유란 행정행위가 발령 당시에 적법 요건을 완전히 갖춘 것이 아니어서 위법한 것이라고 하여도 사후에 흠결을 보완하게 되면 발령 당시의 하자에도 불구하고 그 행위의 효과를 다툴 수 없도록 유지하는 것을 의미한다.

하자 있는 행정행위의 치유를 인정하는 것은 국민의 법 생활의 안정과 신뢰보호와 민법상 하자의 치유를 인정하는 법리를 그 근거로 하고 있다.

하자 있는 행정행위의 치유 대상은 취소할 수 있는 행정행위에 국한되고 무효인 행정행위에는 인정되지 아니하고 상대방이 행정심판이나 행정소송을 제기하기 전까지만 인정된다.

 대법원 2001.3.27. 선고 99두8039 판결.

조세소송에 있어서는 국세기본법 규정에 의하여 행정소송법 제18조 제2항, 제3항 및 제20조의 규정이 적용되지 아니하나, 다만 2개 이상의 같은 목적의 행정처분이 단계적·발전적 과정에서 이루어진 것으로서 서로 내용상 관련이 있다든지, 세무소송 계속 중에 그 대상인 과세처분을 과세관청이 변경하였는데 위법사유가 공통된다든지, 동일한 행정처분에 의하여 수인이 동일한 의무를 부담하게 되는 경우에 선행처분에 대하여, 또는 그 납세의무자들 중 1인이 적법한 전심절차를 거친 때와 같이, 국세청장과 국세심판소로 하여금 기본적 사실관계와 법률문제에 대하여 다시 판단할 수 있는 기회를 부여하였을 뿐더러 납세의무자로 하여금 굳이 또 전심절차를 거치게 하는 것이 가혹하다고 보이는 등 정당한 사유가 있는 때에는 납세의무자가 전심절차를 거치지 아니하고도 과세처분의 취소를 청구하는 행정소송을 제기할 수 있다.
국세징수법 제9조, 구 상속세법(1990. 12. 31. 법률 제4283호로 개정된 것) 제34조의7, 제25조, 제25조의2, 구 상속세법시행령(1990. 12. 31. 대통령령 제13196호로 개정된 것) 제42조 제1항, 제19조 제1항의 각 규정에 의하여 증여세의 납세고지서에 과세표준과 세액의 계산명세가 기재되어 있지 아니하거나 그 계산명세서를 첨부하지 아니하였다면 그 납세고지는 위법하다고 할 것이나, 한편 과세관청이 과세처분에 앞서 납세의무자에게 보낸 과세예고통지서 등에 납세고지서의 필요적 기재사항이 제대로 기재되어 있어 납세의무자가 그 처분에 대한 불복 여부의 결정 및 불복신청에 전혀 지장을 받지 않았음이 명백하다면, 이로써 납세고지서의 하자가 보완되거나 치유될 수 있다.

8) 하자 있는 행정행위의 전환

하자 있는 행정행위의 전환이란 하자 있는 행정행위를 적법한 다른 행정행위로 유지하게 시키는 것을 의미한다. 예를 들어 A가 건축허가를 신청했으나 허가를 받기 전 사망하였고 허가청은 A의 배우자인 B에게 허가를 했다면, 원칙적으로는 A가 사망했기 때문에 허가는 그 효력을 상실하나 이를 B가 허가받은 것으로 인정할 때에는 유효한 허가가 되는 것이다.

하자 있는 행정행위의 전환은 행정의 경제성과 국민의 법 생활의 안정과 신뢰보호를 그 근거로 하고 있다.

통설과 판례는 무효인 행정행위에 대해서만 인정하고 있다.

 대법원 1969.1.21. 선고 68누190 판결.
귀속재산을 불하받은 자가 사망한 후에 그 수불하자에 대하여 한 그 불하처분은 사망자에 대한 행정처분이므로 무효이지만 그 취소처분을 수불하자의 상속인에게 송달한 때에는 그 송달시에 그 상속인에 대하여 다시 그 불하처분을 취소한다는 새로운 행정처분을 한 것이라고 할 것이다.

9) 행정행위의 하자의 승계

행정행위의 하자의 승계는 둘 이상의 행정처분이 계속 이루어질 때 후행 행정처분 자체는 위법하지 않지만, 선행처분의 위법 때문에 연속하여 행해진 후행 처분이 위법하다고 주장할 수 있는가의 문제이다. 이 경우 선행행위가 무효에 해당하지 않아야 한다.

일반적으로 선행행위와 후행행위가 결합하여 동일한 효과를 의도할 때는 선행행위의 하자는 후행행위에 승계된다.

 대법원 1993.2.9. 선고 92누4567 판결.

가. 동일한 행정목적을 달성하기 위하여 단계적인 일련의 절차로 연속하여 행하여지는 선행처분과 후행처분이 서로 결합하여 하나의 법률효과를 발생시키는 경우, 선행처분이 하자가 있는 위법한 처분이라면, 비록 하자가 중대하고도 명백한 것이 아니어서 선행처분을 당연무효의 처분이라고 볼 수 없고 행정쟁송으로 효력이 다투어지지도 아니하여 이미 불가쟁력이 생겼으며 후행처분 자체에는 아무런 하자가 없다고 하더라도, 선행처분을 전제로 하여 행하여진 후행처분도 선행처분과 같은 하자가 있는 위법한 처분으로 보아 항고소송으로 취소를 청구할 수 있다.

나. 의료기사법 제6조, 제7조 제2항, 제13조의3과 같은법시행령 제4조, 제7조 등 관계법령의 규정에 의하면, 안경사가 되고자 하는 자는 보건사회부의 소속기관인 국립보건원장이 시행하는 안경사 국가시험에 합격한 후 보건사회부장관의 면허를 받아야 하고 보건사회부장관은 안경사 국가시험에 합격한 자에게 안경사면허를 주도록 규정하고 있으므로, 국립보건원장이 같은 법 제7조 제2항에 의하여 안경사 국가시험의 합격을 무효로 하는 처분을 함에 따라 보건사회부장관이 안경사면허를 취소하는 처분을 한 경우 합격무효처분과 면허취소처분은 동일한 행정목적을 달성하기 위하여 단계적인 일련의 절차로 연속하여 행하여지는 행정처분으로서, 안경사 국가시험에 합격한 자에게 주었던 안경사면허를 박탈한다는 하나의 법률효과를 발생시키기 위하여 서로 결합된 선행처분과 후행처분의 관계에 있다.

다. 안경사 국가시험 응시자가 같은법 부칙(1987.11.28.) 제2조의 규정에 의한 안경업소에서 안경의 조제 및 판매업무를 실제로 행한 경력이 5년 이상 되고 관할 보건소장으로부터 안경업소 업무종사 확인서를 발급받아 응시원서에 첨부하였다면, 안경업소 업무종사 확인서에 경력이 실제보다 다소 길게 기재되어 있다고 하더라도, 안경업소 업무종사 확인서에 의하여 안경사 국가시험의 필기시험을 면제받은 것이 같은 법 제7조 제2항 소정의 부정한 방법으로 국가시험에 응시하거나 국가시험에 관하여 부정한 행위를 한 경우에 해당한다고 볼 수 없다.

그러나 각각 별개의 법률효과를 의도할 때는 승계되지 않는다.

 대법원 2002.12.10. 선고 2001두5422 판결.

구 병역법(1999. 12. 28. 법률 제6058호로 개정되기 전의 것) 제2조 제1항 제2

호, 제9호, 제5조, 제11조, 제12조, 제14조, 제26조, 제29조, 제55조, 제56조의 각 규정에 의하면, 보충역편입처분 등의 병역처분은 구체적인 병역의무부과를 위한 전제로서 징병검사 결과 신체등위와 학력·연령 등 자질을 감안하여 역종을 부과하는 처분임에 반하여, 공익근무요원소집처분은 보충역편입처분을 받은 공익근무요원소집대상자에게 기초적 군사훈련과 구체적인 복무기관 및 복무분야를 정한 공익근무요원으로서의 복무를 명하는 구체적인 행정처분이므로, 위 두 처분은 후자의 처분이 전자의 처분을 전제로 하는 것이기는 하나 각각 단계적으로 별개의 법률효과를 발생하는 독립된 행정처분이라고 할 것이므로, 따라서 보충역편입처분의 기초가 되는 신체등위 판정에 잘못이 있다는 이유로 이를 다투기 위하여는 신체등위 판정을 기초로 한 보충역편입처분에 대하여 쟁송을 제기하여야 할 것이며, 그 처분을 다투지 아니하여 이미 불가쟁력이 생겨 그 효력을 다툴 수 없게 된 경우에는, 병역처분변경신청에 의하는 경우는 별론으로 하고, 보충역편입처분에 하자가 있다고 할지라도 그것이 당연무효라고 볼만한 특단의 사정이 없는 한 그 위법을 이유로 공익근무요원소집처분의 효력을 다툴 수 없다.

하자의 승계를 인정한 경우	하자의 승계를 부정한 경우
계고처분과 대집행영장 친일반민족행위자 결정과 독립유공자 적용배제자 결정 독촉과 가산금 주가산금 징수처분 개별공시지가결정과 과세처분 표준지공시지가결정과 토지수용재결 귀속재산의 임대처분과 후행매각처분	행정계획과 그 이행에 관계된 처분들 과세처분과 체납처분 개별공시지가결정과 개별토지가격결정 재개발사업인가처분과 토지수용재결 직위해제와 면직 병역법상 보충역 편입처분과 공익근무요원소집처분 건물철거명령과 대집행계고

행정작용의 다른 형태들

1. 공법상 계약
2. 사실행위
3. 확약
4. 사법적인 형태의 행정작용
5. 비공식적 행정작용과 행동의 자동결정

Chapter VI 　행정작용의 다른 형태들

―――― ※ 사례 1 ※ ――――

　A는 K시와 계약을 해 K시립합창단의 단원으로 활동하고 있다. 시립합창단의 활동은 지방문화 및 예술을 진흥시키고자 하는 K시의 공공적 업무수행의 일환으로 이루어진다. 시립합창단 단원으로 위촉되기 위하여는 공개전형을 거쳐야 하고 지방공무원법 제31조의 규정에 해당하는 자는 단원의 직에서 해촉될 수 있는 등 단원은 일정한 능력요건과 자격요건을 갖추어야 하며, 상임단원은 일반공무원에 준하여 매일 상근하고 단원의 복무규율이 정하여져 있으며, 일정한 해촉사유가 있는 경우에만 해촉되고, 단원의 보수에 대하여 지방공무원의 보수에 관한 규정을 준용하는 점 등에서는 단원의 지위가 지방공무원과 유사한 면이 있다. 최근 K시립합창단은 단원의 실기와 근무성적에 대한 평정을 실시하여 단원인 A에게 계약 해지 통지를 하였다. 이에 대해 A는 K시를 상대로 해임처분취소소송을 했다. A의 소송은 올바른 소송방법인가?

―――― ※ 사례 2 ※ ――――

　관할 행정청은 농사를 짓는 농민에게 최근 농업연구원에서 개발한 신종 벼가 수확량의 증산에 효과가 좋다고 선전하면서 재배를 권장하였다. 농민들은 평소 행정청의 지시 또는 권유에 따를 때 농자금의 융자를 비롯한 각종 혜택이 있었던 것을 고려해 기존의 벼 품종을 변경해 행정청이 권유한 벼 품종을 재배했다. 가을 추수 때 행정청이 권장한 벼의 수확량은 늘었으나 맛이 없어 시장에서 판매가 되지 않았다. 특히 최근 정부는 추곡수매를 더 이상 하지 않겠다는 것을 결정해 발표하였다. 이에 따라 농민들은 관할 행정청에 몰려가 책임을 지라며 시위를 벌이고 있다. 이에 대해 경찰은 농민들의 시위를 불법시위로 간주하고 시위자 전원에 대해 구속하였다. 농민들의 시위와 경찰의 시위에 대한 대처방안과 관련한 법적 논점은?

1. 공법상 계약

1) 공법상 계약의 개념과 의의

행정작용의 대표적인 형태인 행정행위가 행정청의 일방적인 구속력을 가진 작용인 것과는 달리 공법상 계약은 행정작용 참가자의 합의로 법적 효과가 발생된다.

공법상 계약의 종류는 일반적으로 행정청과 행정객체와의 관계에서 발생하나, 국가와 국가와의 관계에서 발생하는 경우(조약 및 행정협정), 국가와 지방자치단체 간의 계약 및 지방자치단체 간의 계약으로 발생하기도 한다.[1] 예를 들어 서울시립무용단 단원의 위촉, 전문직 공무원인 공중보건사의 채용 등은 공법상 계약 즉 공법상 계약이다. 그러나 판례는 창덕궁관리소장이 채용한 비안내원 채용계약과 한국방송공사의 직원 채용은 사법상 계약으로 파악하고 있다.

「행정기본법」 제27조는 공법상 계약에 관한 규정을 두고 있다.

행정기본법
제27조(공법상 계약의 체결) ① 행정청은 법령등을 위반하지 아니하는 범위에서 행정목적을 달성하기 위하여 필요한 경우에는 공법상 법률관계에 관한 계약(이하 "공법상 계약"이라 한다)을 체결할 수 있다. 이 경우 계약의 목적 및 내용을 명확하게 적은 계약서를 작성하여야 한다.
② 행정청은 공법상 계약의 상대방을 선정하고 계약 내용을 정할 때 공법상 계약의 공공성과 제3자의 이해관계를 고려하여야 한다.

이론 및 법적으로 공법상 계약이 가능하지만, 공법상 계약에는 몇 가지의 문제점을 안고 있다.

우선 행정이라는 것이 공익을 수행하는 국가작용이라는 점에서 사적자치의 원칙이 지배하는 행정의 영역에서 전면적으로 가능할 것인지의 문제와 전면적인 영역에서 불가능하다면 과연 어느 영역에서 가능할 것인지의 문제가 발생한다. 기본적으로는 공법상 계약은 제한되고 좁은 범위에서 발생할 수 있고 이 경우 행정행위로 사인에게

---
[1] 유럽의 경우는 유럽연합과 개별국가와의 계약, 독일의 경우 연방국가의 특성상 발생하는 란트와 란트 간의 계약도 공법상 계약의 한 형태로 존재한다. 란트와 란트 간의 계약의 대표적인 것은 란트 간의 방송협약(Rundfunkstaatsvertrag)을 들 수 있다.

의무를 지우지 못하는 영역에서 사인의 그러한 의무를 수인하는 경우 또는 행정청이 법치행정원칙의 엄격한 구속에서 벗어날 수 있는 영역에서 가능하다. 이 경우 역시 행정주체와 행정객체 간의 계약 과정에서 발생할 수 있는 불평등과 같은 적법성을 고려해서 체결해야 한다.

2) 개념적인 특징과 공법상 계약의 유형

공법상 계약이란 기본적으로 공법의 영역에서 계약 내용의 발생, 변경 그리고 소멸될 수 있다.

공법상 계약도 일반적인 계약과 마찬가지로 계약 목적에 대한 청약과 승낙으로 이루어지는 의사 일치를 요건으로 한다. 의사표시의 일치가 있는지에 관한 문제는 일반적인 법해석의 문제이고 이 경우 민법상의 의사표시에 관한 규정을 준용한다.

공법상 계약은 행정법적으로 평가되어야 한다. 공법상 계약은 그 대상이 공법적인 것과 연관성을 가지기에 계약 당사자 간의 계약 관계는 공법적인 의무와 권리를 발생시킨다. 따라서 행정청과의 계약이 모두 공법상 계약의 성격을 가지는 것이 아니라, 행정청 소유의 부동산에 대한 임대나 행정청 건물의 보수공사의 경우는 사법적인 영역에서의 권리·의무 관계를 가진다. 이것은 단순히 행정청과 사인과의 관계에만 적용되는 것이 아니라 공권력의 주체인 지방자치단체 간의 소유 부동산에 대한 매매계약과의 경우에도 적용이 되어 공법상의 권리·의무 간 아니라 사법상의 권리·의무를 가질 뿐이다.

공법상의 계약과 사법상의 계약이 동시에 내재해 체결된 공법상 계약의 분리는 원칙적으로 부정되어야 하며 이 경우 공법상의 계약으로 취급되어야 한다.

학자에 따라서는 행정청의 공법상 계약과 사법상 계약을 합해 공법상 계약이라고 지칭하기도 하나[2] 행정이라는 용어 그 자체가 공공이 관계된 사항이라면 공법상 계약은 공법상 계약과 동일시하고 사법상의 계약은 사법의 규율체계로 남겨두는 것이 타당하다.

공법상 계약은 계약의 성립, 변경, 소멸에 있어서 법적 관계를 지향해야 한다.

---

2) 홍정선, 행정법원론(상), 2009, 559쪽 이하 참조.

공법상 계약은 계약 당사자 간의 동등성을 인정할 것인지의 여부에 따라 협력적 계약과 종속적 계약으로 나눌 수 있다. 협력적 계약($^{Koordinationsrechtlicher}_{Vertrag}$)은 계약 당사자 간의 지위가 동등한 것을 의미하고, 종속적 계약($^{subordinationsrechtlicher}_{Vertrag}$)은 계역당사자 간의 상하가 구분되는 계약을 의미한다.

이러한 구별의 실익은 종속적 계약의 경우는 행정청이 단순히 공법상 계약을 통해 행정 목적을 달성할 수 있는 것이 아니라 행정행위를 통해서도 달성 가능하다는 것을 의미하며 행정청은 행정행위를 통해서도 목적 달성이 가능하다.

일반적으로 공법상 계약은 성립 과정에서 계약강제, 사적자치가 제한되고 내용이 일률적으로 제공되어 계약되는 부합계약의 형식으로 많이 이루어진다. 그러나 행정행위와 같은 공정력, 자력집행력, 불가쟁력, 불가변력 등과 같은 효력은 인정되지 않는다.

이런 이유로 공법상 계약에 대한 다툼은 행정소송법상 당사자 소송으로 이루어진다.

3) 공법상 계약의 법적 전제조건

행정청이 행정행위를 함에 있어 정당한 위임이 있었는지의 문제, 행정행위가 형식적 합법성 및 실질적 합법성을 갖추었는지의 문제는 공법상 계약에도 과연 행정청이 공법상 계약의 형식으로 할 수 있는 행정작용인지의 문제, 형식적인 관할권과 실질적인 법적 전제조건이 갖추어졌는지를 검토해야 한다. 이와 관련해 독일 행정절차법 제59조에서는 다양한 법적 효과에 관한 규정을 두고 있다.

(1) 공법상 계약 형식의 가능성

우선 행정청이 공법상 계약의 형태로 행정작용을 할 수 있는가의 문제를 검토해야 한다.

행정청이 공법상 계약을 체결하면서 법규가 금지하지 않는 한 원칙적으로 법적 위임은 필요하지 않다. 법적으로 공법상 계약의 형식으로 행정행위를 하는 것을 금지하거나 필수적으로 행정행위의 형식으로 행정작용이 요구되는 영역에서는 공법상 계약의 형식을 통한 행정작용은 금지된다. 예를 들어 사회급부 행정의 영역과 일반적인

공무원의 임면에 있어서는 공법상 계약을 통해서 이루어져서는 안 된다(독일 공무원법).[3]

또한 조세의 확정과 부과와 같은 문제에서도 행정행위를 통해서 이루어져야 하지 공법상 계약의 형태를 통해서 이루어져서는 안 된다.

(2) 공법상 계약의 형식적 적법성

모든 행정청의 의사표시와 같이 공법상 계약에서도 권한 있는 행정청의 의사표시가 이루어져야 한다. 이 경우 행정행위와 다르지 않고 권한 없는 행정청의 공법상 계약에 관한 의사표시는 무효다.

공법상의 공법상 계약은 독일의 경우 문서로 해야 한다. 우리나라의 경우 공법상 계약의 형식에 관해서는 특별한 규정이 없는데 증거의 확보와 계약의 명확성을 서면계약으로 체결하는 것이 타당하다. 한편 다른 개별적인 법률에서 계약의 형식을 특정하고 있으면 공법상 계약의 체결에 있어서 준용된다.

공법상 계약을 체결할 때, 제3자의 권리를 침해하지는 못하며 이 경우 제3자의 동의하에 계약을 체결할 수 있다.

(3) 공법상 계약의 실질적 적법성

공법상 계약을 체결할 때 행정의 합법률성과 부합되어야 한다. 따라서 계약이 법적인 테두리 내에 구속되어 체결되지 않으면 위법한 것이 된다.

법률의 유보에 침해되는 경우 공법상 계약의 주체인 행정청의 상대방이 법적으로 의무가 되는 급부가 아니라면, 즉 법적 의무가 아닌 급부나 본인의 권리를 포기함으로써 본인은 계약의 급부를 이행할 수 있다.

독일 행정절차법에서 인정하고 있는 공법상 계약의 한 형태는 교환계약이다. 이 교환계약에 대해서 독일 행정절차법은 몇 가지의 요건을 요구하고 있다(독일 행정절차법 제56조). 행정청의 반대 계약자로서의 행정객체의 급부는 ① 특정한 목적에 합의가 되어야 한다. ② 공적인 과업을 수행하기 위한 것이어야 한다. ③ 비례의 원칙에 부합되어야 한다. ④ 사실적인 관계에서도 부당결부금지의 원칙이 지켜져야 한다. ⑤ 계약에서 부관이 있는 때에는 부관의 형평성도 고려되어야 한다.

---

[3] 그러나 우리나라의 경우 개방형 직제의 경우 계약을 통한 공무원의 임용이 가능하다.

4) 하자의 효과 – 공법상 계약의 무효

위법한 행정행위와 같이 공법상 계약의 위법성도 법률에 규정된 일정한 사유에 해당하면 무효가 된다. 독일의 경우 행정절차법 제59조에 규정되어 있는데 우리나라의 경우 이론적인 해결로 중대명백설에 따라 해결하게 된다. 무효가 아닌 위법한 공법상 계약은 유효하며 일정한 경우에 한해서는 취소의 대상이 되지 않는다.

일반적으로 권한 없는 행정청의 공법상 계약과 선량한 공서양속에 반하는 공법상 계약의 경우 무효이다. 예를 들어 음란행위를 매개로 하는 공연의 계약과 같이 공서양속에 반하는 내용을 계약의 목적으로 하는 것은 무효다. 교환계약에 있어서 계약내용에 따른 급부 간의 불공정성은 무효다.

또한 공법상 계약의 무효는 단지 개별 행정 관련 법적인 문제만이 아니라 민법상의 계약조항에 의해 무효가 되기도 한다. 예를 들어 의사표시와 일정한 경우 계약의 형식에 관한 문제 위반의 경우 공법상 계약은 무효가 된다.

또한 공법상 계약의 내용이 불가능한 경우에도 무효가 된다.

그러나 공법상 계약의 내용이 무효인지 또는 취소인지의 문제는 결국 사법부의 결정에 맡겨져 있는 문제이기 때문에 위법한 공법상 계약을 전적으로 무효로 취급하기는 곤란하고 다양한 법적 효과를 부여해야 한다. 따라서 공법상 계약의 무효는 단순한 위법이 아니라 중요하고 가중된 위법한 사항에 국한되어 이루어져야 한다.

5) 계약의 이행

공법상 계약이 적법하게 체결되면 계약체결의 당사자는 법적으로 구속된다. 확인소송, 급부소송을 통해 강제이행이 가능하다. 그러나 일반적으로 행정청의 강제집행은 허용되지 않고 예외적인 경우에만 인정이 된다(독일 행정절차법 제61조).

공법상 계약에 있어서 급부장애, 사정변경, 계약의 해지 및 해제의 경우 개별 행정법적인 근거가 없는 한 민법상의 규정을 준용해서 해결한다. 그러나 일정한 경우 공법상 계약의 특성상 예외적인 경우에만 행정청에 해제권을 인정할 수 있다(독일 행정절차법 제60조 제1항 제2문).

───────── **사례 해결** ─────────

사례 1의 쟁점은 공법상 계약을 통해 자신의 법적 지위가 이루어진 해고된 단원이 자신의 권리구제를 위해 어떠한 소송형태를 취해야 하는 가이다. 해고된 A의 신분이 공무원이라면 항고소송의 한 종류인 취소소송을 통해 그 구제가 가능하다. 그러나 A의 신분이 공무원이 아니라면 항고소송으로 소송을 제기해서는 안 된다.

이에 대해 대법원은 "지방자치법 제9조 제2항 제5호 (라)목 및 (마)목 등의 규정에 의하면, D시립합창단의 활동은 지방문화 및 예술을 진흥시키고자 하는 D시의 공공적 업무 수행의 일환으로 이루어진다고 해석될 뿐 아니라, 그 단원으로 위촉되기 위하여는 공개전형을 거쳐야 하고 지방공무원법 제31조의 규정에 해당하는 자는 단원의 직에서 해촉될 수 있는 등 단원은 일정한 능력요건과 자격요건을 갖추어야 하며, 상임단원은 일반공무원에 준하여 매일 상근하고 단원의 복무규율이 정하여져 있으며, 일정한 해촉사유가 있는 경우에만 해촉되고, 단원의 보수에 대하여 지방공무원의 보수에 관한 규정을 준용하는 점 등에서는 단원의 지위가 지방공무원과 유사한 면이 있으나, 한편 단원의 위촉기간이 정하여져 있고 재위촉이 보장되지 아니하며, 단원에 대하여는 지방공무원의 보수에 관한 규정을 준용하는 이외에는 지방공무원법 기타 관계 법령상의 지방공무원의 자격, 임용, 복무, 신분보장, 권익의 보장, 징계 기타 불이익처분에 대한 행정심판 등의 불복절차에 관한 규정이 준용되지도 아니하는 점 등을 종합하여 보면, D시문화예술회관장의 단원 위촉은 D시문화예술회관장이 행정청으로서 공권력을 행사하여 행하는 행정처분이 아니라 공법상의 근무관계의 설정을 목적으로 하여 D시와 단원이 되고자 하는 자 사이에 대등한 지위에서 의사가 합치되어 성립하는 공법상 근로계약에 해당한다고 보아야 할 것이므로, 광주광역시립합창단원으로서 위촉기간이 만료되는 자들의 재위촉 신청에 대하여 D시문화예술회관장이 실기와 근무성적에 대한 평정을 실시하여 재위촉을 하지 아니한 것을 항고소송의 대상이 되는 불합격처분이라고 할 수는 없다."고 하여 항고소송의 대상으로 보지 않는다.[4]

───────── ◆ ─────────

---

4) 대법원 2001. 12. 11. 선고 2001두7794 판결.

2. 사실행위

1) 행정상 사실행위

행정상 사실행위란 행정청이 특정한 법적 효과를 지향해서 행정청의 처분이 아니라, 사실상의 결과만을 지향한 시행을 의미한다. 이러한 사실행위는 소위 사실의 표명(Wissenserklärung)과 사실적인 업무수행과 구별되어야 한다.

사실의 표명은 안내, 보고, 지시 그리고 경고 등으로 분류된다. 그러나 단순한 안내와는 달리 행정청이 어떠한 안내를 나타낼 것인가에 대한 결정은 행정행위로 보아야 한다.

안내는 완전해야 하는데, 만약 여기에 하자가 있을 때는 사법적인 책임을 지게 된다.

행정청의 경고나 지시는 국민의 기본권을 중대히 제한할 때, 특히 최종적인 기본권 수행자에 대한 제한이 될 때 기본권침해가 된다. 이 경우 법률유보의 적용을 받는다. 특히 국민의 건강에 심각한 침해를 일으킬 수 있는 것을 경고 내지 지시하지 않았을 때, 기본권을 침해하게 되고 이와 반대로 이에 대한 적절한 보고 내지 지시한 때에는 기본권보호의무를 충실히 수행하게 된다.

행정청의 이러한 고권적인 표현이 위법하면 장래에 대해 표명을 금지하거나 철회를 주장할 수 있고 결과제거청구권을 행사할 수 있다. 특히 이러한 결과제거청구권은 몇 가지 요건을 필요 하는데 ①고권적인 처분의 존재 ② 지속적인 위법한 침해 ③ 고권적인 행위의 직접적인 결과 ④가능성의 존재 등이다. 특히 금지 청구권의 행사는 장래에 있어서 반복적으로 행사될 위험성이 존재해야 한다. 사법적인 구제는 일반적인 급부소송의 형태로 하게 되며 행정청의 책임이 있을 때 국가배상책임을 물을 수 있다.

사실적인 업무수행, 예를 들어 사유지에 도로의 건설, 경찰의 사이렌 소리를 울리며 주행, 군대의 사격훈련과 같이 소음을 일으키는 사실상 업무수행의 경우는 공법적인 행정 관련성을 고려해서 평가해야 한다. 이 경우 위법성이 존재하면 금지청구 및 결과제거청구를 할 수 있다. 일반적으로 권력적 사실행위는 처분성이 인정되지만, 비권력적 사실행위는 처분성이 부정된다. 단수처분, 미경수용자의 교도소 이송조치, 동장의 주민등록 직권말소, 수형자에 대한 서신검열 등은 권력적 사실행위에 해당한다.

2) 행정지도

행정상 행정 목적을 달성하는 또 하나의 행위형식은 행정지도이다.

행정지도는 행정주체가 행정 목적의 달성을 위하여 행정객체의 임의적 협력 또는 동의하게 일정한 행정질서의 형성을 유도하는 비권력적 사실행위를 의미한다.

행정지도는 행정행위와는 달리 국가정책의 집행을 고권적인 행위가 아니라 상대방의 동의를 구하는 비권력적 사실행위로 이루어지는 것을 의미한다. 예를 들어 새로운 품종의 벼를 강제적으로 재배하게 하는 것이 아니라 추천 및 권유 등의 방법으로 실행하는 것을 들 수 있다. 종래의 고권적인 행정작용의 형식보다는 효율적, 임의적 수단, 이해관계의 조정이 이루어져 행정 목적을 더 원활히 달성할 수 있다는 점에 큰 장점이 있다.

그러나 행정지도의 문제점은 권력적인 고권행위가 아니라 비권력적 사실행위이기 때문에 이 과정에서 행정지도의 상대방 및 제3자의 손실 및 손해가 발생한 경우, 권리구제의 문제가 발생한다. 통상적으로 행정지도는 처분성이 부정되기 때문에 통설과 판례는 항고소송의 대상이 되지 않는다.

 대법원 1989.9.12. 선고 88누8883 판결.
구청장이 도시재개발구역내의 건물소유자 갑에게 건물의 자진철거를 요청하는 내용의 공문을 보냈다고 하더라도 그 공문의 제목이 지장물철거촉구로 되어 있어서 철거명령이 아님이 분명하고, 행위의 주체면에서 구청장은 재개발구역내 지장물의 철거를 요구할 아무런 법적 근거가 없으며, 공문의 내용도 갑에게 재개발사업에의 협조를 요청함과 아울러 자발적으로 협조하지 아니하여 법에 따른 강제집행이 행하여짐으로써 갑이 입을지도 모를 불이익에 대한 안내로 되어 있고 구청장이 위 공문을 발송한 후 갑으로부터 취소요청을 받고 위 공문이 도시재개발법 제36조의 지장물이전요구나 동 제35조 제2항에 따른 행정대집행법상의 강제철거지시가 아니고 자진철거의 협조를 요청한 것이라고 회신한 바 있다면 이러한 회신내용과 법치행정의 현실 및 일반적인 법의식수준에 비추어 볼 때 외형상 행정처분으로 오인될 염려가 있는 행정청의 행위가 존재함으로써 상대방이 입게 될 불이익 내지 법적 불안도 존재하지 않는다고 볼 것이므로 이를 행정소송의 대상이 되는 처분이라고 볼 수 없다.

그러나 헌법재판소는 사실상 강제력이 인정되는 행정지도의 경우는 처분에 해당할 수 있다고 판단한다.

 헌법재판소 2003.6.26, 2002헌마337.
교육인적자원부장관의 대학총장들에 대한 이 사건 학칙시정요구는 고등교육법 제6조 제2항, 동법시행령 제4조 제3항에 따른 것으로서 그 법적 성격은 대학총장의 임의적인 협력을 통하여 사실상의 효과를 발생시키는 행정지도의 일종이지만, 그에 따르지 않을 경우 일정한 불이익조치를 예정하고 있어 사실상 상대방에게 그에 따를 의무를 부과하는 것과 다를 바 없으므로 단순한 행정지도로서의 한계를 넘어 규제적·구속적 성격을 상당히 강하게 갖는 것으로서 헌법소원의 대상이 되는 공권력의 행사라고 볼 수 있다.

판례는 행정규칙에 의한 불문경고조치, 금융기관 임원에 대한 금융감독원장의 문책경고는 행정처분에 해당한다고 보고 있다.

행정지도는 상대방의 동의를 전제로 하는 임의적 행정작용이므로 상대방에게 발생한 손해는 전보하지 않으나, 예외적으로 국가배상책임이 인정되는 때도 있다.

 대법원 1998.7.10. 선고 96다38971 판결. [손해배상(기)]
[1] 불법행위로 인한 재산상 손해는 위법한 가해행위로 인하여 발생한 재산상 불이익, 즉 그 위법행위가 없었더라면 존재하였을 재산 상태와 그 위법행위가 가해진 현재의 재산 상태의 차이를 말하는 것이고, 그것은 기존의 이익이 상실되는 적극적 손해의 형태와 장차 얻을 수 있을 이익을 얻지 못하는 소극적 손해의 형태로 구분된다.
[2] 부적법한 공탁에 기하여 기업자 명의의 원인무효의 소유권이전등기가 경료되고 다시 그 토지가 다른 사람에게 매도되어 순차로 소유권이전등기가 경료된 후에 토지의 진정한 소유자인 원래의 소유자가 최종매수인을 상대로 말소등기 청구소송을 제기하여 그 소유자 승소의 판결이 확정된 경우, 위 부적법한 공탁으로 인하여 최종매수인이 입은 손해는 무효의 소유권이전등기를 유효한 등기로 믿고 그 토지를 매수하기 위하여 출연한 금액, 즉 매매대금으로서, 이는 기존이익의 상실인 적극적 손해에 해당하고, 최종매수인은 처음부터 그 토지의 소유권을 취득하지 못하였고 또한 취득할 수도 없었던 것이어서 위 말소등기를 명하는 판결의 확정으로 비로소 그 토지의 소유권을 상실하였거나 취득할 수 없게 된 것이 아니므로 그 토지의 소유권의 상실이나 소유권을 취득할 수 없게 된 것이 최종매수인의 손해가 될 수는 없다.

[3] 재산상의 손해로 인하여 받는 정신적 고통은 그로 인하여 재산상 손해의 배상만으로는 전보될 수 없을 정도의 심대한 것이라고 볼 만한 특별한 사정이 없는 한 재산상 손해배상으로써 위자된다.

[4] 토지 매수를 위하여 금원을 지출한 후 오랜 기간이 지나 그 소유자에게 소유권을 추급당하였고 그 지상의 건물이 철거될 운명에 있으며 오랜 기간 동안 등귀한 토지가격과 매수대금과의 차이가 크다는 이유만으로는 재산상의 손해로 인하여 받는 정신적 고통이 그로 인하여 재산상 손해의 배상만으로는 전보될 수 없을 정도의 심대한 것이라고 볼 만한 특별한 사정이 있다고 볼 수 없다.

[5] 국가배상법이 정한 배상청구의 요건인 '공무원의 직무'에는 권력적 작용만이 아니라 행정지도와 같은 비권력적 작용도 포함되며 단지 행정주체가 사경제주체로서 하는 활동만 제외된다.

[6] 소유하고 있는 건물에 대한 철거를 명한 판결이 확정된 이상 그 건물의 철거로 인한 손해배상을 구하는 소송의 사실심 변론종결일까지 그 건물이 철거되지 아니하였다 하여도 그 손해는 이미 확정되어 있다고 보아야 하므로, 조건부나 시기부로 그 손해의 배상을 명할 것은 아니다.

[7] 등기부의 기재를 믿고 부동산을 매수하는 자로서는 등기부에 처분금지가처분과 말소예고등기가 나타난 이상 매수대금을 지급하기 전에 말소 등 청구소송의 경과를 알아볼 필요가 있고 그 경과를 알아보았더라면 수용재결의 실효로 인하여 기업자 명의의 소유권이전등기 및 그 이후의 소유권이전등기가 원인무효임을 수용재결취소소송의 확정판결에 의하여 알 수 있었을 터인데도, 이에 이르지 아니한 채 매수대금을 지급하여 손해를 입은 경우, 토지매수인에게도 과실이 있고, 이러한 매수인의 과실도 그 자신의 손해발생의 한 원인이 되었다고 할 것이므로 매수인에 대한 손해배상액을 산정함에 있어서는 위와 같은 매수인의 과실을 참작하여야 한다.

일반적으로 행정지도는 조직법적 근거는 필요로 하지만, 수권법적 근거는 필요로 하지 않는다.

행정지도 역시 국민의 기본권과 권리를 침해할 가능성이 있기에 비례의 원칙을 준수해야 하고 행정행위와 같은 강제성이 없어 임의성의 원칙이 적용된다. 또한 임의적인 행정작용이기에 행정지도에 불응한 상대방에 대해 불이익을 부과해서는 안 된다(불이익조치금지 원칙).

행정지도는 일반적으로 실명제, 서면 교부, 의견제출 그리고 다수인에 대한 행정지도의 공통 사항의 공표를 통해 이루어진다.

사례 해결

사례 2의 논점은 행정지도에 의해 손해를 입은 국민의 권리구제의 수단과 신고없는 응급 또는 우발적인 시위에 대한 허용가능성의 문제이다.

일반적으로 행정지도를 비권력적인 사실행위로 파악하고 있기 때문에 행정소송의 대상이 되는 처분성을 인정할 수 없다. 대법원도 행정지도의 법적성격에 대해서는 "항고소송의 대상이 되는 행정처분이라 함은 행정청의 공법상 행위로서 특정사항에 대하여 법규에 의한 권리의 설정 또는 의무의 부담을 명하며 기타 법률상 효과를 발생케 하는 등 국민의 구체적 권리의무에 직접적 변동을 초래하는 행위를 말하고 행정권 내부에서의 행위나 알선, 권유, 사실상의 통지 등과 같이 상대방 또는 기타 관계자들의 법률상 지위에 직접적인 법률적 변동을 일으키지 아니하는 행위는 항고소송의 대상이 될 수 없다."고 판시하고 있다.[5] 따라서 현실적으로 행정지도에 대해 법적 구제를 받을 수단은 어렵다.

두 번째 논점은 농민들의 신고하지 않은 우발적 및 긴급집회의 허용가능성이다. 일반적으로 집회 및 시위를 하려면 관할 경찰서에 48시간 전에 신고를 해야 한다. 따라서 신고없는 집회 및 시위는 원칙적으로 불법이다. 그러나 위 사례의 경우 정부의 추곡수매결정이 긴박하고 이러한 국가의 정책에 대해 48시간 전에 신고하여 집회 및 시위를 한다는 것은 실질적인 효력이 감소된 집회 및 시위에 불과하다. 따라서 이러한 긴급 및 우발적인 집회를 불법으로 간주하여 금지한다는 것은 헌법 제21조의 목적을 무시한 법해석이다. 결국 농민들의 시위는 정당한 시위로 인정되어야 하며 경찰이 불법시위로 판단하여 시위자 전원을 연행한 것은 공권력의 남용에 해당한다.

---

5) 대법원 1993.10.26. 선고 93누6331 판결.

3. 확약

확약이란 행정기관이 자기 구속을 할 의도로 장래에 향하여 일정한 행정행위의 발의·발령 또는 불발령을 약속하는 고권적 의사표시(Zusicherung)를 의미한다. 행정행위를 대상으로 하는 확약은 공법상의 계약, 행정계획의 실시 등에 행하는 포괄적인 약속인 확언(Zusage)의 한 내용이라고 볼 수 있다.

확약의 법적 성격은 행정행위, 독자적인 행정형식 그리고 행정행위와 행정상 의사표시라는 성질을 함께 공유한 것이라고 보고 있으나 판례는 확약의 처분성을 부정한다.

 대법원 1995.1.20. 선고 94누6529 판결.
어업권면허에 선행하는 우선순위결정은 행정청이 우선권자로 결정된 자의 신청이 있으면 어업권면허처분을 하겠다는 것을 약속하는 행위로서 강학상 확약에 불과하고 행정처분은 아니므로, 우선순위결정에 공정력이나 불가쟁력과 같은 효력은 인정되지 아니하며, 따라서 우선순위결정이 잘못되었다는 이유로 종전의 어업권면허처분이 취소되면 행정청은 종전의 우선순위결정을 무시하고 다시 우선순위를 결정한 다음 새로운 우선순위결정에 기하여 새로운 어업권면허를 할 수 있다.

그러나 확약의 취소에 대해서는 처분성을 인정하는 때도 있다.

 대법원 1991.6.28. 선고 90누4402 판결.
[자동차운수사업양도인가거부처분취소]
자동차운송사업양도양수계약에 기한 양도양수인가신청에 대하여 피고 시장이 내인가를 한 후 위 내인가에 기한 본인가신청이 있었으나 자동차운송사업 양도양수 인가신청서가 합의에 의한 정당한 신청서라고 할 수 없다는 이유로 위 내인가를 취소한 경우, 위 내인가의 법적 성질이 행정행위의 일종으로 볼 수 있든 아니든 그것이 행정청의 상대방에 대한 의사표시임이 분명하고, 피고가 위 내인가를 취소함으로써 다시 본인가에 대하여 따로이 인가 여부의 처분을 한다는 사정이 보이지 않는다면 위 내인가취소를 인가신청을 거부하는 처분으로 보아야 할 것이다.

확약은 행정청의 재량행위에 대해서는 허용되는 것에 이론이 없으나 기속행위에는 학설이 나뉜다. 그러나 법치주의의 원칙에 반하지 않는다면 기속행위와 요건사실 완

성 후의 행정행위에 대해서도 확약은 가능하다.[6]

확약은 일반적인 행정행위의 성립 요건과 효력 요건을 갖추어야 하고 확약 후 불가항력 기타 확약의 내용을 이행할 수 없을 정도로 사실 상태 또는 법률의 상태가 변경된 때 확약은 소멸하며 구속력을 가지지 않는다.

 대법원 1996.8.20. 선고 95누10877 판결.
행정청이 상대방에게 장차 어떤 처분을 하겠다고 확약 또는 공적인 의사표명을 하였다고 하더라도, 그 자체에서 상대방으로 하여금 언제까지 처분의 발령을 신청을 하도록 유효기간을 두었는데도 그 기간 내에 상대방의 신청이 없었다거나 확약 또는 공적인 의사표명이 있은 후에 사실적·법률적 상태가 변경되었다면, 그와 같은 확약 또는 공적인 의사표명은 행정청의 별다른 의사표시를 기다리지 않고 실효된다.

종래에는 확약에 대해 이론적으로 논의가 되었으나 2022년 이후 행정절차법에서 확약에 대한 명문의 규정을 두고 있다.

행정절차법
제40조의2(확약) ① 법령등에서 당사자가 신청할 수 있는 처분을 규정하고 있는 경우 행정청은 당사자의 신청에 따라 장래에 어떤 처분을 하거나 하지 아니할 것을 내용으로 하는 의사표시(이하 "확약"이라 한다)를 할 수 있다.
② 확약은 문서로 하여야 한다.
③ 행정청은 다른 행정청과의 협의 등의 절차를 거쳐야 하는 처분에 대하여 확약을 하려는 경우에는 확약을 하기 전에 그 절차를 거쳐야 한다.
④ 행정청은 다음 각 호의 어느 하나에 해당하는 경우에는 확약에 기속되지 아니한다.
　1. 확약을 한 후에 확약의 내용을 이행할 수 없을 정도로 법령등이나 사정이 변경된 경우
　2. 확약이 위법한 경우
⑤ 행정청은 확약이 제4항 각 호의 어느 하나에 해당하여 확약을 이행할 수 없는 경우에는 지체 없이 당사자에게 그 사실을 통지하여야 한다.

확약과 구별되는 개념으로 예비결정(예비허가, 사전결정), 부분허가, 가행정행위(假行政爲) 등이 있다.

---
6) 장태주, 행정법개론, 2009, 327쪽.

예비결정은 종국결정을 하기 던 단계에서 종국적인 행정행위에 요구되는 여러 요건 중 개별적인 몇 가지 요건에 대해 종국적인 판단으로서 내려지는 결정을 의미한다. 이 예비결정은 그 자체로 완결적, 종국적, 구속적인 행위라는 특징을 가지고 있기에 처분성이 인정된다. 따라서 이 예비결정 자체가 행정소송의 대상이 된다.

부분허가란 대단위 사업을 위한 건축허가, 시설허가 등을 신청한 때 우선 건축이나 시설의 설치민을 허기히는 경우를 말한다. 부분허가도 독자적으로 처분의 개념에 해당한다.

가행정행위는 종국적인 행정행위(예를 들어 파면, 해임 등)가 있기 전에 당해 행정법관계를 잠정적으로 규율하는 행정행위를 말한다.

4. 사법적인 형태의 행정작용

사법적인 형태로 행정작용을 하는 경우는 행정청이 사인과 완전히 같이 사적자치의 원칙에 따라 행정작용을 하는 경우다. 흔히 국고 또는 피스쿠스(Fiskus, Fiskalische Tätigkeit der Verwaltung) 행정이라고 하는데, 예를 들어 행정청에 필요한 사무용품의 구입 또는 행정청이 사용하는 차량에 기름을 주유하는 경우 등을 들 수 있다. 사법적 형태로 행정작용을 하는 또 다른 형태는 공적인 목적을 사법의 형태로 달성하는 경우인데 공법상의 영조물법인을 설립해 행정 목적을 달성하는 경우이다. 이 경우 흔히 행정사법(Verwaltungsprivatrecht)이라고 한다.

공적인 행정의 목적을 사법적인 형태로 달성하는 경우 문제가 되는 것은 ① 행정을 사법적으로 다루어도 되는 가의 문제 ② 행정을 사법적으로 다룬다면 사적자치의 원칙이 지배하는 것인가 특히 이런 경우 행정청은 기본권에 구속이 되는가의 문제가 발생한다.

원칙적으로 행정청이 사법상의 행위를 하는 국고행위의 경우 사법적인 적용이 되어 공법적인 특성은 소멸하고 사적자치의 원칙에 따라 이루어진다. 그러나 행정사법의 경우 부분적으로 공법적인 적용이 있다.

1) 행정의 국고행위(Fiskalische Tätigkeit der Verwaltung)

국고행위의 경우 다른 행정작용과는 달리 폭넓은 기본권 구속이 부인된다. 그러나 그렇다고 해서 자의적인 결정이 인정되는 것은 아니다.[7]

행정청에 의해 일반 산업적인 영역에서의 경영은 원칙적으로 금지되나, 헌법상 직업의 자유에서 예외적인 때에는 인정된다. 그러나 행정청의 일반산업에 대한 경영 및 운영이 일반적으로 결정되는 것은 아니고 개별 사안별 결정되어야 한다.

특히 소비 행정의 경우에는 특별한 법적 구속력이 존재하지 않는다.

2) 행정사법(Verwaltungsprivatrecht)

원칙적으로 행정의 목적은 공법적으로 이루어져야 하지 사법적인 방법으로 이루어져서는 안 된다. 공공행정은 기본권에 구속되어야 하고 사인의 공법적인 허가청구권을 방해하거나 차별화된 조건을 줘서는 안 된다. 공립학교와 사립학교의 불평등한 취급은 기본권적으로 보장되는 학교의 자유를 고려해야 하지 그 외의 사항적인 정당화되는 명백한 것은 없다.

공법적 영조물의 경우 그 허가청구권과 운영의 관계는 고려되어서 이해되어야 하는 이단계이론(Zwei-Stufen-Lehre)이 고려되어야 한다.

행정청이 직접적으로 운영하는 영조물에 대한 허가청구권의 문제는 원칙적으로 공법적인 성격을 가지는 것이고, 허가 결정은 행정청의 행정행위가 되므로 이 경우 구체적인 허가청구는 허가와 관련된 소송을 통해 이루어진다.

행정청과 사인에 의해 공동으로 운영되는 영조물에 대한 구제는 사법적인 방법에 따라 구제가 이루어진다.

이용관계에서는 공법적인 영역과 사법적인 영역이 혼재해 있는데 이 경우 그 경계는 명확하지 않다. 이 경우 이용관계의 근거가 되는 법규가 무엇인가를 기초해야 한다. 예를 들어 사법상의 임대차계약에 의해 이용관계가 이루어진다면 사법적인 규제를 받아야 하고 행정청의 내부적인 이용규칙에 근거하고 있다면 공법적인 규제에 따라 해결되어야 한다.

---

[7] 이 경우에는 기본권의 방사적 효력이 적용되어 기본권으로부터 자유롭지는 않다.

영조물이 사법상의 법인이라면 사법의 규제에 의해야 하며 민법상의 법인에 관한 규정이 적용된다.

5. 비공식적 행정작용과 행동의 자동결정

1) 비공식적 행정작용

비공식적 행정작용은 행정작용을 함에 있어 형식 등이 정해져 있지 않은 모든 행정작용을 의미하며 법적 구속력이 발생하지 않는 사실행위를 말한다.

전통적인 법치주의원리에 비추어 보면 비공식적 행정작용은 허용될 수 없지만, 행정권의 확대, 행정수요의 변화에 따라 이를 인정해 가는 것이 현대적인 추세이다.

비공식적 행정작용은 법적 불확실성의 제거, 행정의 능률화, 행정의 탄력성, 법적 분쟁의 감소라는 점에서 긍정적인 측면이 있다. 그러나 법치행정의 후퇴, 제3자 보호의 어려움, 효과적인 권리구제의 곤란, 행정의 신속성 저해, 법적 안정성과 예측가능성의 어려움이라는 문제점도 동시에 가지고 있다.

2) 행정의 자동결정

행정의 자동결정이란 자동시설의 도움을 받아 발하여지는 행정처분으로 일반적인 행정행위의 성격을 가진다. 행정의 자동결정의 기준이 되는 전산프로그램은 법규명령 또는 행정규칙의 성격을 가진다. 따라서 행정의 자동결정은 처분성이 인정되므로 행정쟁송을 통해 다툴 수 있다. 「행정기본법」 제20조는 자동적 처분에 관한 규정을 두고 있다.

행정기본법
제20조(자동적 처분) 행정청은 법률로 정하는 바에 따라 완전히 자동화된 시스템(인공지능 기술을 적용한 시스템을 포함한다)으로 처분을 할 수 있다. 다만, 처분에 재량이 있는 경우는 그러하지 아니하다.

VII 행정절차와 정보공개

1. 행정절차
2. 정보공개

Chapter VII 행정절차와 정보공개

사례 1

S시장은 1980년 6월 30일 A가 설계감리하고 B, C가 연대책임건축사로 건축한 지상건물이 허가내용보다 건폐율 4.7퍼센트 초과, 지층면적 35평방미터 증가, 건물높이 1.35미터 초과, 지층노출이 60센티미터나 되어 건축법에 위반되었다 하여, A, B, C들에 대한 건축사사무소등록을 취소하였는데, S시장은 그 산하 관할 구청장으로부터 원고들에 대한 행정처분의 의뢰를 받고 서류를 검토한 결과 위법사항을 확인하는 A의 이름 아래 날인이 없고 날인거부라고 기재되어 있으므로, 그 위반사항을 확인하기 위하여 A, B, C들 건축사사무소에 전화를 걸었으나 연락이 되지 않자 당시 사부실에 근무자던 D로 하여금 A의 인장을 가져오게 하여 위 서류에 날인, 일방적으로 보완하였다. 이 경우 A, B, C들에 대하여 청문을 한 바도 없고 또 청문을 위하여 원고들을 소환하지도 아니한 사실을 확정한 후 청문절차를 거치지 아니하고 한 건축사사무소등록 취소처분을 했다.

이에 대해 A, B, C들은 S시장을 상대로 청문절차 없이 사무소등록을 취소한 것은 위법하다며 취소소송을 제기했다. 이들의 주장은 정당한가?

1. 행정절차

권력을 가지고 있는 행정청의 행위는 자의적인 행사를 방지하기 위하여 실체법적인 규제도 필요하지만, 절차적으로도 법이 요구하는 요건을 충족시켜야 한다, 이러한 요건을 행정절차라고 한다.

행정절차는 헌법 제12조 제1항과 제3항에서 형사절차에서의 적법절차를 규정하고 있으나, 우리 헌법재판소는 적법절차의 원칙은 단순히 형사상의 절차만이 아니라 입법, 행정, 사법의 영역에 적용되는 법의 일반원칙으로 인정하고 있다.

헌법재판소 2001.11.29. 2001헌바41.
적법절차의 원칙은 공권력에 의한 국민의 생명·자유·재산의 침해는 반드시 합리적이고 정당한 법률에 의거해서 정당한 절차를 밟은 경우에만 유효하다는 원리로서, 1987. 10. 29. 공포된 9차 개정헌법에서 처음으로 인신보호를 위한 헌법상의 기속원리로 채택되었는데, 그 의미는 누구든지 합리적이고 정당한 법률의 근거가 있고 적법한 절차에 의하지 아니하고는 체포·구속·압수·수색을 당하지 아니함은 물론, 형사처벌 및 행정벌과 보안처분, 강제노역 등을 받지 아니한다고 이해되는바, 이는 형사절차상의 제한된 범위 내에서만 적용되는 것이 아니라 국가작용으로서 기본권 제한과 관련되든 아니든 모든 입법작용 및 행정작용에도 광범위하게 적용된다고 해석하여야 한다.

행정절차는 넓게는 행정작용을 함에 있어 거치는 모든 절차 또는 좁게는 행정청이 행하는 각종 행정작용의 사전절차를 총칭하는 개념이다.

이러한 행정절차는 과거 권위적인 행정국가에서는 강조되지 않았지만, 법치주의와 민주화가 진전된 이 시기에 또 하나의 행정법의 쟁점으로 등장하고 있다.

특히 행정법의 경우 단일화된 법전이 없는 관계로 「행정절차법」을 중심으로 행정법의 단일법전화와 이를 근거로 한 법치행정의 틀을 세우려고 하는 경향이 있다.

따라서 행정절차는 행정의 민주화, 법치주의의 보장, 행정작용의 공정성 확보, 행정의 능률화 그리고 사법기능의 보완이라는 측면에서 강조되고 있다.[1]

독일의 경우 1977년 「행정절차법」을 제정하였으며 단순히 절차법적인 규정만이 아니라 실체법적인 규정을 함께 두어 법치행정과 행정의 민주화에 대한 초석을 다지고 있다.

우리나라도 1996년 「행정절차법」을 제정하여 시행하고 있고 이 외에도 「민원사무 처리에 관한 법률」 등을 제정하여 시행하고 있다. 「행정절차법」은 동법에서 적용이 배제되는 경우를 제외하고는 행정영역 일반적인 절차에 관해 기본법의 역할을 수행하고 있다.

행정절차법
제3조(적용 범위) ① 처분, 신고, 확약, 위반사실 등의 공표, 행정계획, 행정상 입법예고, 행

---
1) 장태주, 행정법개론, 2009, 446쪽 이하.

정예고 및 행정지도의 절차(이하 "행정절차"라 한다)에 관하여 다른 법률에 특별한 규정이 있는 경우를 제외하고는 이 법에서 정하는 바에 따른다.

행정절차법은 행정처분의 절차와 관련하여 행정처분의 신청(제17조), 처리기간 및 행정처분 기준의 설정과 공표(제19조, 제20조), 행정처분의 사전통지의무(제21조), 의견청취절차(제22조), 행정처분의 이유제시의무(제23조), 행정처분의 방식(제24조), 고지제도(제26조)를 규정하고 있다.

 대법원 2019.7.11. 선고 2017두38874 판결.
 행정절차법 제3조 제2항 제9호, 행정절차법 시행령 제2조 제2호 등 관련 규정들의 내용을 행정의 공정성, 투명성, 신뢰성을 확보하고 처분상대방의 권익보호를 목적으로 하는 행정절차법의 입법 목적에 비추어 보면, 행정절차법의 적용이 제외되는 '외국인의 출입국에 관한 사항'이란 해당 행정작용의 성질상 행정절차를 거치기 곤란하거나 거칠 필요가 없다고 인정되는 사항이나 행정절차에 준하는 절차를 거친 사항으로서 행정절차법 시행령으로 정하는 사항만을 가리킨다. '외국인의 출입국에 관한 사항'이라고 하여 행정절차를 거칠 필요가 당연히 부정되는 것은 아니다.
 외국인의 사증발급 신청에 대한 거부처분은 당사자에게 의무를 부과하거나 적극적으로 권익을 제한하는 처분이 아니므로, 행정절차법 제21조 제1항에서 정한 '처분의 사전통지'와 제22조 제3항에서 정한 '의견제출 기회 부여'의 대상은 아니다. 그러나 사증발급 신청에 대한 거부처분이 성질상 행정절차법 제24조에서 정한 '처분서 작성·교부'를 할 필요가 없거나 곤란하다고 일률적으로 단정하기 어렵다. 또한 출입국관리법령에 사증발급 거부처분서 작성에 관한 규정을 따로 두고 있지 않으므로, 외국인의 사증발급 신청에 대한 거부처분을 하면서 행정절차법 제24조에 정한 절차를 따르지 않고 '행정절차에 준하는 절차'로 대체할 수도 없다.

행정절차를 결여한 행정행위는 추후 보완을 통해 치유될 수 있으나 절차 결여의 행정행위 그 자체는 위법한 것이 되어 취소의 대상이 된다.

 대법원 2007.9.21. 선고 2006두20631 판결. [진급낙천처분취소]
[1] 행정청이 침해적 행정처분을 하면서 당사자에게 행정절차법상의 사전통지를 하거나 의견제출의 기회를 주지 아니하였다면 사전통지를 하지 않거나 의견제출의 기회를 주지 아니하여도 되는 예외적인 경우에 해당하지 아니하는 한 그 처분

은 위법하여 취소를 면할 수 없다.
[2] 행정과정에 대한 국민의 참여와 행정의 공정성, 투명성 및 신뢰성을 확보하고 국민의 권익을 보호함을 목적으로 하는 행정절차법의 입법목적과 행정절차법 제3조 제2항 제9호의 규정 내용 등에 비추어 보면, 공무원 인사관계 법령에 의한 처분에 관한 사항 전부에 대하여 행정절차법의 적용이 배제되는 것이 아니라 성질상 행정절차를 거치기 곤란하거나 불필요하다고 인정되는 처분이나 행정절차에 준하는 절차를 거치도록 하고 있는 처분의 경우에만 행정절차법의 적용이 배제된다.
[3] 군인사법령에 의하여 진급예정자명단에 포함된 자에 대하여 의견제출의 기회를 부여하지 아니한 채 진급선발을 취소하는 처분을 한 것이 절차상 하자가 있어 위법하다.

대법원 2014.5.16. 선고 2012두26180 판결. [직위해제처분취소]
국가공무원법상 직위해제처분은 구 행정절차법(2012. 10. 22. 법률 제11498호로 개정되기 전의 것) 제3조 제2항 제9호, 구 행정절차법 시행령(2011. 12. 21. 대통령령 제23383호로 개정되기 전의 것) 제2조 제3호에 의하여 당해 행정작용의 성질상 행정절차를 거치기 곤란하거나 불필요하다고 인정되는 사항 또는 행정절차에 준하는 절차를 거친 사항에 해당하므로, 처분의 사전통지 및 의견청취 등에 관한 행정절차법의 규정이 별도로 적용되지 않는다.

또한 절차상의 하자와 관련해 공무원이 책임 있는 때에는 국가배상청구나 해당 공무원에 대한 징계 요구가 가능하다.

대법원 1990.9.11. 선고 90누1786.
면허의 취소처분에는 그 근거가 되는 법령이나 취소권 유보의 부관 등을 명시하여야 함은 물론 처분을 받은 자가 어떠한 위반사실에 대하여 당해 처분이 있었는지를 알 수 있을 정도로 사실을 적시할 것을 요하며, 이와 같은 취소처분의 근거와 위반사실의 적시를 빠뜨린 하자는 피처분자가 처분 당시 그 취지를 알고 있었다거나 그후 알게 되었다 하여도 치유될 수 없다고 할 것인바, 세무서장인 피고가 주류도매업자인 원고에 대하여 한 이 사건 일반주류도매업면허취소통지에 "상기 주류도매장은 무면허 주류판매업자에게 주류를 판매하여 주세법 제11조 및 국세법사무처리규정 제26조에 의거 지정조건위반으로 주류판매면허를 취소합니다"라고만 되어 있어서 원고의 영업기간과 거래상대방 등에 비추어 원고가 어떠한 거래행위로 인하여 이 사건 처분을 받았는지 알 수 없게 되어 있다면 이 사건 면허취소처분은 위법하다.

대법원 2004.5.28. 선고 2004두1254 판결.
행정절차법 제21조 제1항, 제4항, 제22조 제1항 내지 제4항에 의하면, 행정청이 당사자에게 의무를 과하거나 권익을 제한하는 처분을 하는 경우에는 미리 처분하고자 하는 원인이 되는 사실과 처분의 내용 및 법적 근거, 이에 대하여 의견을 제출할 수 있다는 뜻과 의견을 제출하지 아니하는 경우의 처리방법 등의 사항을 당사자 등에게 통지하여야 하고, 다른 법령 등에서 필요적으로 청문을 실시하거나 공청회를 개최하도록 규정하고 있지 아니한 경우에도 당사자 등에게 의견제출의 기회를 주어야 하되, "당해 처분의 성질상 의견청취가 현저히 곤란하거나 명백히 불필요하다고 인정될 만한 상당한 이유가 있는 경우" 등에는 처분의 사전통지나 의견청취를 하지 아니할 수 있도록 규정하고 있으므로, 행정청이 침해적 행정처분을 함에 있어서 당사자에게 위와 같은 사전통지를 하거나 의견제출의 기회를 주지 아니하였다면 사전통지를 하지 않거나 의견제출의 기회를 주지 아니하여도 되는 예외적인 경우에 해당하지 아니하는 한 그 처분은 위법하여 취소를 면할 수 없다.

대법원 2001.4.13. 선고 2000두3337 판결.
구 공중위생법(1999. 2. 8. 법률 제5839호 공중위생관리법 부칙 제2조로 폐지) 제24조 제1호, 행정절차법 제22조 제1항 제1호, 제4항, 제21조 제4항 및 제28조, 제31조, 제34조, 제35조의 각 규정을 종합하면, 행정청이 유기장업허가를 취소하기 위하여는 청문을 실시하여야 하고, 다만 행정절차법 제22조 제4항, 제21조 제4항에서 정한 예외 사유에 해당하는 경우에는 청문을 실시하지 아니할 수 있으며, 행정청이 선정한 청문주재자는 청문을 주재하고, 당사자 등의 출석 여부, 진술의 요지 및 제출된 증거, 청문주재자의 의견 등을 기재한 청문조서를 작성하여 청문을 마친 후 지체 없이 청문조서 등을 행정청에 제출하며, 행정청은 제출받은 청문조서 등을 검토하고 상당한 이유가 있다고 인정하는 경우에는 청문결과를 적극 반영하여 행정처분을 하여야 하는바, 이러한 청문절차에 관한 각 규정과 행정처분의 사유에 대하여 당해 영업자에게 변명과 유리한 자료를 제출할 기회를 부여함으로써 위법사유의 시정 가능성을 고려하고 처분의 신중과 적정을 기하려는 청문제도의 취지에 비추어 볼 때, 행정청이 침해적 행정처분을 함에 즈음하여 청문을 실시하지 않아도 되는 예외적인 경우에 해당하지 않는 한 반드시 청문을 실시하여야 하고, 그 절차를 결여한 처분은 위법한 처분으로서 취소 사유에 해당한다.

─────────────── **사례 해결** ───────────────

사례 1의 쟁점은 행정절차를 무시한 행정행위의 효력의 문제이다.
이에 대해 대법원은 "관계행정청이 건축사사무소의 등록취소처분을 함에 있어 당해 건축사들을 사전에 청문토록 한 취지는 위 행정처분으로 인하여 건축사사무소의 기존권리가 부당하게 침해받지 아니하도록 등록취소 사유에 대하여 당해 건축사에게 변명과 유리한 자료를 제출할 기회를 부여하여 위법 사유의 사정가능성을 감안하고 처분의 신중성과 적정성을 기하려 함에 있다 할 것이므로 설사 건축사법 제28조 소정의 등록취소 등 사유가 분명히 존재하는 경우라 하더라도 당해 건축사가 정당한 이유없이 청문에 응하지 아니한 경우가 아닌 한 청문절차를 거치지 아니하고 한 건축사사무소 등록취소 처분은 위법하다."고 판시하였다.[2]

2. 정보공개

사례 1

자치단체의 예산감시 운동을 벌이고 있는 시민단체는 최근 A시장이 예산을 지나치게 방만하게 사용한다고 판단하여 A시장의 판공비와 예산변경내역을 공개를 청구하였다. 그러나 A시장은 이러한 정보공개청구는 시정의 마비와 직무수행의 효율성을 떨어뜨린다는 이유로 거부하였다. 이에 대해 시민단체는 정보공개를 요구하는 소송을 제기하였다. 시민단체의 정보공개청구소송은 가능한가?

1) 행정정보공개의 의미

정보를 충분히 가지고 있는 자는 자신의 행위에 대해 책임진다.[3] 현대사회를 정보사회라고 하듯이 정보의 중요성이 강조되고 있다. 과거 권위주의적 국가에서 국가가 독점하고 있던 정보는 직접·간접적으로 국민에게 이해관계를 가지게 하고 있어 정보의 독점은 그 만큼 국민의 이해를 해치게 되는 문제점을 안고 있다. 따라서 국가기관이 가지는 정보에 대한 공개의 문제는 국민의 알권리, 이를 기초로 한 국민의 개별적인 인격권의 발현, 국정운영의 투명성과 민주성의 구현, 정부의 부정부패 방지 등의 목적을 달성할 수 있다.

또 현대사회에서 개인의 정보는 단순히 개인의 인격과 관련된 문제만이 아니라 재산권적인 문제가 결부되어 있어 있다. 특히 인터넷을 통한 각종 정보의 이동은 개인

---

2) 대법원 1984.9.11. 선고 82누166 판결.
3) H. W. Erichsen/ D. Ehlers(Hrsg.), Allgemeine Verwaltungsrecht, 13 Aufl., 2005, S. 36.

정보보호에 대한 중요성을 상기시키고 있다. 인공지능, 클라우드, 사물인터넷 등의 기술이 발달하면서 방대한 데이터의 수집과 처리가 용이해지고 다양한 활용이 가능하게 되었다. 발전된 기술을 활용하여 관련 산업을 육성하고 국가경쟁력을 확보하며 여러 분야에서 효율과 편익을 증대하기 위해서 데이터의 활용을 활성화할 필요가 있으나, 그와 동시에 개인정보가 과거와 달리 일종의 자원과 같은 기능을 하게 되어 그 수집과 이용에 대한 수요가 급증한 상황에서 정보주체의 개인정보자기결정권을 충분히 보호하기 위한 방편도 마련되어야 한다. 따라서 행정청은 정보공개법에 의해 국민의 알권리를 보호해야 하지만 동시에 개인의 정보를 보호할 의무를 진다.

 대법원 2015.10.15. 선고 2014다77970 판결. [손해배상(기)]
인간의 존엄과 가치, 행복추구권을 규정한 헌법 제10조 제1문에서 도출되는 일반적 인격권 및 헌법 제17조의 사생활의 비밀과 자유에 의하여 보장되는 개인정보자기결정권은 자신에 관한 정보가 언제 누구에게 어느 범위까지 알려지고 또 이용되도록 할 것인지를 그 정보주체가 스스로 결정할 수 있는 권리이다. 개인정보자기결정권의 보호대상이 되는 개인정보는 개인의 신체, 신념, 사회적 지위, 신분 등과 같이 개인의 인격주체성을 특징짓는 사항으로서 그 개인의 동일성을 식별할 수 있게 하는 일체의 정보라고 할 수 있고, 반드시 개인의 내밀한 영역에 속하는 정보에 국한되지 않고 공적 생활에서 형성되었거나 이미 공개된 개인정보까지 포함한다. 또한 그러한 개인정보를 대상으로 한 조사·수집·보관·처리·이용 등의 행위는 모두 원칙적으로 개인정보자기결정권에 대한 제한에 해당한다[대법원 2014. 7. 24. 선고 2012다49933 판결, 헌법재판소 2005. 7. 21. 선고 2003헌마282, 425(병합) 전원재판부 결정 등 참조].

헌법재판소 2005.5.26. 99헌마513등.
개인정보자기결정권은 자신에 관한 정보가 언제 누구에게 어느 범위까지 알려지고 또 이용되도록 할 것인지를 그 정보주체가 스스로 결정할 수 있는 권리, 즉 정보주체가 개인정보의 공개와 이용에 관하여 스스로 결정할 권리를 말하는바, 개인의 고유성, 동일성을 나타내는 지문은 그 정보주체를 타인으로부터 식별가능하게 하는 개인정보이므로, 시장·군수 또는 구청장이 개인의 지문정보를 수집하고, 경찰청장이 이를 보관·전산화하여 범죄수사목적에 이용하는 것은 모두 개인정보자기결정권을 제한하는 것이다.
2.가.주민등록법 제17조의8 제2항 본문은 주민등록증의 수록사항의 하나로 지문을 규정하고 있을 뿐 "오른손 엄지손가락 지문"이라고 특정한 바가 없으며, 이 사건 시행령조항에서는 주민등록법 제17조의8 제5항의 위임규정에 근거하여 주민등

록증발급신청서의 서식을 정하면서 보다 정확한 신원확인이 가능하도록 하기 위하여 열 손가락의 지문을 날인하도록 하고 있는 것이므로, 이를 두고 법률에 근거가 없는 것으로서 법률유보의 원칙에 위배되는 것으로 볼 수는 없다.
공공기관의개인정보보호에관한법률 제10조 제2항 제6호는 컴퓨터에 의하여 이미 처리된 개인정보뿐만 아니라 컴퓨터에 의하여 처리되기 이전의 원 정보자료 자체도 경찰청장이 범죄수사목적을 위하여 다른 기관에서 제공받는 것을 허용하는 것으로 해석되어야 하고, 경찰청장은 같은 법 제5조에 의하여 소관업무를 수행하기 위하여 필요한 범위 안에서 이를 보유할 권한도 갖고 있으며, 여기에는 물론 지문정보를 보유하는 것도 포함된다.

행정에서 정보공개의 문제는 몇 가지의 문제로 나누어지지만 ① 국민이 행정청이 가지고 있는 정보원에 대한 접근권이 있는지 여부, ② 반대로 행정청이 국민의 정보를 요구할 수 있는가의 여부, ③ 행정청 정보공개의 의무 여부, ④ 행정은 어떠한 정보 비밀의무를 지니는 가의 여부, 그리고 ⑤ 이러한 문제와 관련하여 전자통신기술의 발달에 따른 적용의 문제 등이 행정과 관련된 정보공개의 주요한 문제점이다.

독일의 경우 다른 유럽 국가와는 달리 정보청구권을 법률적으로 인정하는 움직임이 늦었는데 그 이유는 연방헌법재판소와 연방행정재판소에서 각각 기본법 제5조 및 제12조에 근거한 정보청구권을 인정하였었고 이에 근거해 실질적으로 행정청이 정보공개를 하고 있었다. 그러나 개별법적으로 2006년에 연방법으로 입법화되었다.[4]

이를 위해 현재 우리나라는 1996년 「공공기관의 정보공개에 관한 법률(약칭 정보공개법)」을 제정하여 국가기관의 정보공개에 관한 일반법으로 삼고 있다. 특히 정보공개법은 과거 청주시의회의 조례제정을 통한 정보공개청구라는 자치조례의 제정 이후 법률로써 제정된 특이한 연혁을 가지고 있다.

 헌법재판소 2005.5.26, 99헌마513.
개인정보자기결정권의 헌법상 근거로는 헌법 제17조의 사생활의 비밀과 자유, 헌법 제10조 제1문의 인간의 존엄과 가치 및 행복추구권에 근거를 둔 일반적 인격권 또는 위 조문들과 동시에 우리 헌법의 자유민주적 기본질서 규정 또는 국민주권원리와 민주주의원리 등을 고려할 수 있으나, 개인정보자기결정권으로 보호하려는 내용을 위 각 기본권들 및 헌법원리들 중 일부에 완전히 포섭시키는 것은 불가능하

---

4) 독일에서 정보공개법의 연혁에 대해서는, D. Rossi, Informationsfreiheitsgesetz, 1.Aufl., 2006, S. 19ff.

다고 할 것이므로, 그 헌법적 근거를 굳이 어느 한 두개에 국한시키는 것은 바람직하지 않은 것으로 보이고, 오히려 개인정보자기결정권은 이들을 이념적 기초로 하는 독자적 기본권으로서 헌법에 명시되지 아니한 기본권이라고 보아야 할 것이다.

대법원 1998.7.24. 선고 96다42789 판결.
공적 인물에 대하여는 사생활의 비밀과 자유가 일정한 범위 내에서 제한되어 그 사생활의 공개가 면책되는 경우도 있을 수 있으나, 이는 공적 인물은 통상인에 비하여 일반 국민의 알 권리의 대상이 되고 그 공개가 공공의 이익이 된다는 데 근거한 것이므로, 일반 국민의 알 권리와는 무관하게 국가기관이 평소의 동향을 감시할 목적으로 개인의 정보를 비밀리에 수집한 경우에는 그 대상자가 공적 인물이라는 이유만으로 면책될 수 없다.

대법원 2009.12.10. 선고 2009두12785 판결.
원심이 설시한 바와 같이 이 사건 근무보고서는 관계 법령에 근거하여 정식으로 작성·보관하는 공문서인 이상 원칙적으로 법 제3조에 따른 공개의 대상이라고 보아야 할 뿐만 아니라 근무 중 수용자에게 발생한 사유 혹은 그 대처방안에 따르는 책임 여부나 소재 등이 문제될 경우 수용자의 권리구제 내지 교정 업무의 적법성 확보 차원에서 관련 사실관계에 관한 확인 내지 보고적 성격의 위 근무보고서 기재내용의 이해관계인에 대한 공개 및 검토의 필요성은 일반적으로 인정된다는 점, 제1심이 비공개 열람을 통해 확인한 이 사건 근무보고서(기록 202면 이하)의 실제 내용을 보더라도 원고의 1. 19.자 소란의 경위 및 상황을 담당 교도관 입장에서 객관적으로 서술한 것에 불과하여 그 공개가 교정 업무의 수행에 어떠한 현실적인 장애를 초래하는 것이라고 보기도 어려운 점, 이 사건 근무보고의 대상인 원고가 당시 교도관들의 대처방안에 문제가 있다는 이유로 소송까지 제기한 이상 법률상 직접 이해당사자인 원고에게 이를 공개한다 하여 일반적 교정 업무 수행에 지장을 초래할 우려가 있다고 보기 어렵고, 오히려 원고의 권리구제를 위해서는 그 공개가 객관적으로 필요한 것으로 보이며, 피고로서도 교정 업무의 투명성 측면에서 이를 제시·공개할 공익적 필요가 있다는 점 등의 사정과 앞서 본 관련 법리를 종합하면, 위 근무보고서의 기재내용을 통해 교도관들의 근무방법 등이 파악될 소지가 있다거나 교도관들의 근무 여건이 열악하고 수용자들로부터의 위협에 항시 노출되어 있다는 일반적 혹은 부수적 사정만으로 이 사건에서 이를 공개함으로써 교정 업무의 공정하고 효율적인 수행에 직접적·구체적이고 현저한 장애를 초래할 고도의 개연성이 있다고 보기는 어렵다 할 것이다.
그럼에도 원심이 위 일반적·추상적인 위험성만을 강조하여 그 정보공개를 거부한 피고의 처분이 정당하다고 판단한 것은 법 제3조 및 제9조 제1항 제4호 등에서 규정한 교정 업무의 정보 공개에 관한 법리를 오해하여 판결에 영향을 미친 위법이 있다.

사례 해결

사례 1의 논점은 정보공개청구이다. 이에 대해 우리 대법원은 "① 공공기관의정보공개에관한법률 제6조 제1항은 "모든 국민은 정보의 공개를 청구할 권리를 가진다."고 규정하고 있는데, 여기에서 말하는 국민에는 자연인은 물론 법인, 권리능력 없는 사단·재단도 포함되고, 법인, 권리능력 없는 사단·재단 등의 경우에는 설립목적을 불문하며, 한편 정보공개청구권은 법률상 보호되는 구체적인 권리이므로 청구인이 공공기관에 대하여 정보공개를 청구하였다가 거부처분을 받은 것 자체가 법률상 이익의 침해에 해당한다. ② 공공기관의정보공개에관한법률 제2조 제2항, 제3조, 제5조, 제8조 제1항, 같은법시행령 제14조, 같은법시행규칙 제2조 [별지 제1호 서식] 등의 각 규정을 종합하면, 정보공개를 청구하는 자가 공공기관에 대해 정보의 사본 또는 출력물의 교부의 방법으로 공개방법을 선택하여 정보공개청구를 한 경우에 공개청구를 받은 공공기관으로서는 같은 법 제8조 제2항에서 규정한 정보의 사본 또는 복제물의 교부를 제한할 수 있는 사유에 해당하지 않는 한 정보공개청구자가 선택한 공개방법에 따라 정보를 공개하여야 하므로 그 공개방법을 선택할 재량권이 없다고 해석함이 상당하다. ③ 공공기관의정보공개에관한법률 제7조 제1항 제6호 단서 (다)목 소정의 '공개하는 것이 공익을 위하여 필요하다고 인정되는 정보'에 해당하는지 여부는 비공개에 의하여 보호되는 개인의 사생활 보호 등의 이익과 공개에 의하여 보호되는 국민의 알권리의 보장과 국정에 대한 국민의 참여 및 국정운영의 투명성 확보 등의 공익을 비교·교량하여 구체적 사안에 따라 개별적으로 판단하여야 한다."고 판시하였다.

◆

---

2) 공개 원칙과 예외

(1) 원칙

정보공개법 제3조는 기본적으로 공공기관이 보유·관리하는 정보를 적극적으로 공개함을 원칙으로 한다. 따라서 정보공개는 이해관계를 가지는 국민만이 아니라 모든 자연인과 법인(권리능력 없는 재단, 사단 포함)을 포함한 모든 국민이 정보공개를 청구할 수 있다. 따라서 정보공개 청구권자가 정보공개법의 취지를 일탈하고 남용하는 권리남용의 경우가 아니라면 적극적으로 공개해야 한다.

대법원 2003.12.12. 선고 2003두8050 판결. [사본공개거부처분취소]
공공기관의정보공개에관한법률 제6조 제1항은 "모든 국민은 정보의 공개를 청구할 권리를 가진다."고 규정하고 있는데, 여기에서 말하는 국민에는 자연인은 물론 법인, 권리능력 없는 사단·재단도 포함되고, 법인, 권리능력 없는 사단·재단 등의 경우에는 설립목적을 불문하며, 한편 정보공개청구권은 법률상 보호되는 구체적인 권리이므로 청구인이 공공기관에 대하여 정보공개를 청구하였다가 거부처분을 받은 것 자체가 법률상 이익의 침해에 해당한다.

대법원 2008.10.23. 선고 2007두1798 판결. [정보비공개결정처분취소]
공공기관의 정보공개에 관한 법률(이하 '정보공개법'이라 한다)의 목적, 규정 내용 및 취지에 비추어 보면, 정보공개청구의 목적에 특별한 제한이 있다고 할 수 없으므로, 오로지 피고를 괴롭힐 목적으로 정보공개를 구하고 있다는 등의 특별한 사정이 없는 한, 정보공개의 청구가 권리남용에 해당한다고 볼 수 없다(대법원 2004. 9. 23. 선고 2003두1370 판결 , 대법원 2006. 8. 24. 선고 2004두2783 판결 등 참조).

(2) 예외

정보공개법 제9조는 비공개 대상 정보를 규정하면서 정보공개의 원칙에 대한 예외를 두고 있다.

정보공개법
제9조(비공개 대상 정보) ① 공공기관이 보유·관리하는 정보는 공개 대상이 된다. 다만, 다음 각 호의 어느 하나에 해당하는 정보는 공개하지 아니할 수 있다.

1. 다른 법률 또는 법률에서 위임한 명령(국회규칙·대법원규칙·헌법재판소규칙·중앙선거관리위원회규칙·대통령령 및 조례로 한정한다)에 따라 비밀이나 비공개 사항으로 규정된 정보
2. 국가안전보장·국방·통일·외교관계 등에 관한 사항으로서 공개될 경우 국가의 중대한 이익을 현저히 해칠 우려가 있다고 인정되는 정보
3. 공개될 경우 국민의 생명·신체 및 재산의 보호에 현저한 지장을 초래할 우려가 있다고 인정되는 정보
4. 진행 중인 재판에 관련된 정보와 범죄의 예방, 수사, 공소의 제기 및 유지, 형의 집행, 교정(矯正), 보안처분에 관한 사항으로서 공개될 경우 그 직무수행을 현저히 곤란하게 하거나 형사피고인의 공정한 재판을 받을 권리를 침해한다고 인정할 만한 상당한 이유가

있는 정보

5. 감사 · 감독 · 검사 · 시험 · 규제 · 입찰계약 · 기술개발 · 인사관리에 관한 사항이나 의사결정 과정 또는 내부검토 과정에 있는 사항 등으로서 공개될 경우 업무의 공정한 수행이나 연구 · 개발에 현저한 지장을 초래한다고 인정할 만한 상당한 이유가 있는 정보. 다만, 의사결정 과정 또는 내부검토 과정을 이유로 비공개할 경우에는 제13조제5항에 따라 통지를 할 때 의사결정 과정 또는 내부검토 과정의 단계 및 종료 예정일을 함께 안내하여야 하며, 의사결정 과정 및 내부검토 과정이 종료되면 제10조에 따른 청구인에게 이를 통지하여야 한다.

6. 해당 정보에 포함되어 있는 성명 · 주민등록번호 등 「개인정보 보호법」 제2조제1호에 따른 개인정보로서 공개될 경우 사생활의 비밀 또는 자유를 침해할 우려가 있다고 인정되는 정보. 다만, 다음 각 목에 열거한 사항은 제외한다.

   가. 법령에서 정하는 바에 따라 열람할 수 있는 정보
   나. 공공기관이 공표를 목적으로 작성하거나 취득한 정보로서 사생활의 비밀 또는 자유를 부당하게 침해하지 아니하는 정보
   다. 공공기관이 작성하거나 취득한 정보로서 공개하는 것이 공익이나 개인의 권리 구제를 위하여 필요하다고 인정되는 정보
   라. 직무를 수행한 공무원의 성명 · 직위
   마. 공개하는 것이 공익을 위하여 필요한 경우로서 법령에 따라 국가 또는 지방자치단체가 업무의 일부를 위탁 또는 위촉한 개인의 성명 · 직업

7. 법인 · 단체 또는 개인(이하 "법인등"이라 한다)의 경영상 · 영업상 비밀에 관한 사항으로서 공개될 경우 법인등의 정당한 이익을 현저히 해칠 우려가 있다고 인정되는 정보. 다만, 다음 각 목에 열거한 정보는 제외한다.

   가. 사업활동에 의하여 발생하는 위해(危害)로부터 사람의 생명 · 신체 또는 건강을 보호하기 위하여 공개할 필요가 있는 정보
   나. 위법 · 부당한 사업활동으로부터 국민의 재산 또는 생활을 보호하기 위하여 공개할 필요가 있는 정보

8. 공개될 경우 부동산 투기, 매점매석 등으로 특정인에게 이익 또는 불이익을 줄 우려가 있다고 인정되는 정보

② 공공기관은 제1항 각 호의 어느 하나에 해당하는 정보가 기간의 경과 등으로 인하여 비공개의 필요성이 없어진 경우에는 그 정보를 공개 대상으로 하여야 한다.

③ 공공기관은 제1항 각 호의 범위에서 해당 공공기관의 업무 성격을 고려하여 비공개 대상 정보의 범위에 관한 세부 기준(이하 "비공개 세부 기준"이라 한다)을 수립하고 이를 정보통신망을 활용한 정보공개시스템 등을 통하여 공개하여야 한다. 〈개정 2020. 12. 22.〉

④ 공공기관(국회·법원·헌법재판소 및 중앙선거관리위원회는 제외한다)은 제3항에 따라 수립된 비공개 세부 기준이 제1항 각 호의 비공개 요건에 부합하는지 3년마다 점검하고 필요한 경우 비공개 세부 기준을 개선하여 그 점검 및 개선 결과를 행정안전부장관에게 제출하여야 한다.

법률에 의해 회의를 비공개로 한다고 하더라도 이에 대해서는 비례의 원칙에 부합하는 정당성을 가져야 한다. 따라서 절대적으로 비공개를 규정하는 법률은 위헌이다.

 헌법재판소 2022.1.27. 2018헌마1162등.
2. 헌법 제50조 제1항은 본문에서 국회의 회의를 공개한다는 원칙을 규정하면서, 단서에서 '출석의원 과반수의 찬성이 있거나 의장이 국가의 안전보장을 위하여 필요하다고 인정할 때'에는 이를 공개하지 아니할 수 있다는 예외를 두고 있다. 이러한 헌법 제50조 제1항의 구조에 비추어 볼 때, 헌법상 의사공개원칙은 모든 국회의 회의를 항상 공개하여야 하는 것은 아니나 이를 공개하지 아니할 경우에는 헌법에서 정하고 있는 일정한 요건을 갖추어야 함을 의미한다. 또한 헌법 제50조 제1항 단서가 정하고 있는 회의의 비공개를 위한 절차나 사유는 그 문언이 매우 구체적이어서, 이에 대한 예외는 엄격하게 인정되어야 한다. 이러한 점에 비추어 보면 헌법 제50조 제1항으로부터 일체의 공개를 불허하는 절대적인 비공개가 허용된다고 볼 수는 없는바, 특정한 내용의 국회의 회의나 특정 위원회의 회의를 일률적으로 비공개한다고 정하면서 공개의 여지를 차단하는 것은 헌법 제50조 제1항에 부합하지 아니한다.
3. 심판대상조항은 정보위원회의 회의 일체를 비공개 하도록 정함으로써 정보위원회 활동에 대한 국민의 감시와 견제를 사실상 불가능하게 하고 있다. 또한 헌법 제50조 제1항 단서에서 정하고 있는 비공개사유는 각 회의마다 충족되어야 하는 요건으로 입법과정에서 재적의원 과반수의 출석과 출석의원 과반수의 찬성으로 의결되었다는 사실만으로 헌법 제50조 제1항 단서의 '출석위원 과반수의 찬성'이라는 요건이 충족되었다고 볼 수도 없다. 따라서 심판대상조항은 헌법 제50조 제1항에 위배되는 것으로 과잉금지원칙 위배 여부에 대해서는 더 나아가 판단할 필요 없이 청구인들의 알 권리를 침해한다.

대법원 2019.1.17. 선고 2015두46512 판결. [정보공개거부처분취소]
갑이 외교부장관에게 한·일 군사정보보호협정 및 한·일 상호군수지원협정과 관련하여 각종 회의자료 및 회의록 등의 정보에 대한 공개를 청구하였으나, 외교부장관이 공개 청구 정보 중 일부를 제외한 나머지 정보들에 대하여 비공개 결정을 한 사안에서, 위 정보는 구 공공기관의 정보공개에 관한 법률 제9조 제1항 제2호,

제5호에 정한 비공개대상정보에 해당하고, 공개가 가능한 부분과 공개가 불가능한 부분을 쉽게 분리하는 것이 불가능하여 같은 법 제14조에 따른 부분공개도 가능하지 않다고 본 원심판단이 정당하다.

대법원 2000.5.30. 선고 99추85 판결. [공원조례중개정조례안무효]
지방자치단체의 도시공원에 관한 조례에서 규정된 도시공원위원회의 심의사항에 관하여 위 위원회의 심의를 거친 후 시장이나 구청장이 위 사항들에 대한 결정을 대외적으로 공표하기 전에 위 위원회의 회의관련자료 및 회의록이 공개된다면 업무의 공정한 수행에 현저한 지장을 초래한다고 할 것이므로, 위 위원회의 심의 후 그 심의사항들에 대한 시장 등의 결정의 대외적 공표행위가 있기 전까지는 위 위원회의 회의관련자료 및 회의록은 공공기관의정보공개에관한법률 제7조 제1항 제5호에서 규정하는 비공개대상정보에 해당한다고 할 것이고, 다만 시장 등의 결정의 대외적 공표행위가 있은 후에는 이를 의사결정과정이나 내부검토과정에 있는 사항이라고 할 수 없고 위 위원회의 회의관련자료 및 회의록을 공개하더라도 업무의 공정한 수행에 지장을 초래할 염려가 없으므로, 시장 등의 결정의 대외적 공표행위가 있은 후에는 위 위원회의 회의관련자료 및 회의록은 같은 법 제7조 제2항에 의하여 공개대상이 된다고 할 것인바, 지방자치단체의 도시공원에 관한 조례안에서 공개시기 등에 관한 아무런 제한 규정 없이 위 위원회의 회의관련자료 및 회의록은 공개하여야 한다고 규정하였다면 이는 같은 법 제7조 제1항 제5호에 위반된다고 할 것이다.

대법원 2009.10.29. 선고 2009두14224 판결. [행정정보공개거부처분취소]
고속철도 역의 유치위원회에 지방자치단체로부터 지급받은 보조금의 사용 내용에 관한 서류 일체 등의 공개를 청구한 사안에서, 공개청구한 정보 중 개인의 성명은 비공개에 의하여 보호되는 개인의 사생활 등의 이익이 국정운영의 투명성 확보 등의 공익보다 더 중요하여 비공개대상정보에 해당한다

대법원 2009.12.10. 선고 2009두12785 판결. [정보공개거부처분취소]
교도소에 수용 중이던 재소자가 담당 교도관들을 상대로 가혹행위를 이유로 형사고소 및 민사소송을 제기하면서 그 증명자료 확보를 위해 '근무보고서'와 '징벌위원회 회의록' 등의 정보공개를 요청하였으나 교도소장이 이를 거부한 사안에서, 근무보고서는 공공기관의 정보공개에 관한 법률 제9조 제1항 제4호에 정한 비공개대상정보에 해당한다고 볼 수 없고, 징벌위원회 회의록 중 비공개 심사 · 의결 부분은 위 법 제9조 제1항 제5호의 비공개사유에 해당하지만 재소자의 진술, 위원장 및 위원들과 재소자 사이의 문답 등 징벌절차 진행 부분은 비공개사유에 해당하지 않는다고 보아 분리 공개가 허용된다.

대법원 2007.6.1. 선고 2006두20587 판결. [행정정보공개청구거부처분취소]
대한주택공사의 아파트 분양원가 산출내역에 관한 정보는, 그 공개로 위 공사의 정당한 이익을 현저히 해할 우려가 있다고 볼 수 없어 구 공공기관의 정보공개에 관한 법률 제7조 제1항 제7호에서 정한 비공개대상정보에 해당하지 않는다.

VIII. 행정의 실효성 확보 수단

1. 행정의 실효성 확보 수단의 의미
2. 직접적 수단
3. 간접적 수단
4. 새로운 의무이행 확보 수단

Chapter VIII 행정의 실효성 확보 수단

1. 행정의 실효성 확보 수단의 의미

행정주체가 행정객체를 상대로 일정한 행정형식을 이용한 행정 목적의 달성은 상대방의 적극적인 작위, 부작위를 통해 그 목적을 달성하는데 이를 위반한 경우, 행정 목적을 달성할 수 있는 효과적인 방안이 제도화되어야 한다. 이를 행정의 실효성 확보 수단이라고 한다.

과거 행정의 실효성 확보 수단은 행정강제와 행정벌이 통상적으로 인정되었으나 기존의 실효성 확보 수단이 무력화, 반사회성을 띠게 되어 이를 보완할 새로운 이행 수단의 확보가 필요하게 되었으며 금전적인 제재를 통한 방법 등이 강구되었다.

일반적으로 행정의 실효성 확보 수단은 직접적 수단, 간접적 수단 그리고 새로운 이행 확보 수단이 있다.

직접적 수단으로는 강제집행(대집행, 이행강제금, 강제징수), 즉시강제를 들 수 있고 간접적 수단으로는 행정형벌과 행정질서벌이 있다.

새로운 의무이행 확보 수단으로는 금전적 제재로서 과징금, 가산금, 가산세 등이 있고 비금전적 제재로 위반 사실의 공표, 공급거부, 관허사업의 제한 등이 있다.

2. 직접적 수단

1) 행정상 강제집행

(1) 개념

행정상 강제집행이란 행정법상 의무 불이행이 있는 경우에 행정주체가 의무자의 신체 또는 재산에 실력을 행사함으로써 장래에 향하여 그 의무를 이행시키거나 이행이 있는 것과 같은 상태를 실현하는 행정작용을 의미한다.

(2) 근거

과거 강제집행은 행정행위에는 처분권이 내재하여 있어 법령의 근거가 없어도 강제집행이 가능하다고 보았으나 강제집행은 행정행위와는 독립된 행위로 그 집행에 있어서는 반드시 법적 근거가 있어야 한다는 것이 오늘날의 견해다. 이를 위해 현재 행정대집행법, 국세징수법, 출입국관리법 등의 실정법이 제정되었다.

(3) 종류

① 대집행

대집행(Ersatzvornahme)이란 대체적 작위의무가 이행되지 않았을 때, 당해 행정청이 의무자가 할 일을 스스로 행하거나 제3자에게 이를 행하게 함으로써 의무의 이행에 있었던 것과 동일한 상태로 실현한 후 그 비용을 의무자로부터 징수하는 것을 의미한다. 「행정대집행법」 제2조는 행정청 스스로의 의무를 대집행할 수 있도록 규정하고 있으나 독일의 경우 제3자로 하여금 하는 것만을 규정하고 있다.

대집행의 주체는 처분청이며 다른 행정청의 경우 위임이 있으면 가능하다.

행정청이 제3자로 하여금 대집행을 하게 할 때, 처분청과 제3자의 관계는 도급 관계로 파악한다. 이 경우 제3자는 공무수탁사인의 지위를 가진다. 다만 단순히 대집행만 할 때는 행정 보조에 그치게 된다.

 대법원 2011.9.8. 선고 2010다48240 판결. [손해배상(기)]
대한주택공사가 구 대한주택공사법(2009. 5. 22. 법률 제9706호 한국토지주택공사법 부칙 제2조로 폐지) 및 구 대한주택공사법 시행령(2009. 9. 21. 대통령령 제21744호 한국토지주택공사법 시행령 부칙 제2조로 폐지)에 의하여 대집행권한을 위탁받아 공무인 대집행을 실시하기 위하여 지출한 비용은 행정대집행법 절차에 따라 국세징수법의 예에 의하여 징수할 수 있다.

대집행은 몇 가지 요건을 필요로 한다.

첫째, 공법상 대체적 작위의무

 대법원 2006.10.13. 선고 2006두7096 판결.
행정대집행법상 대집행의 대상이 되는 대체적 작위의무는 공법상 의무이어야 할 것인데, 구 공공용지의 취득 및 손실보상에 관한 특례법(2002. 2. 4. 법률 제6656호 공익사업을 위한 토지 등의 취득 및 보상에 관한 법률 부칙 제2조로 폐지)에 따른 토지 등의 협의취득은 공공사업에 필요한 토지 등을 그 소유자와의 협의에 의하여 취득하는 것으로서 공공기관이 사경제주체로서 행하는 사법상 매매 내지 사법상 계약의 실질을 가지는 것이므로, 그 협의취득시 건물소유자가 매매대상 건물에 대한 철거의무를 부담하겠다는 취지의 약정을 하였다고 하더라도 이러한 철거의무는 공법상의 의무가 될 수 없고, 이 경우에도 행정대집행법을 준용하여 대집행을 허용하는 별도의 규정이 없는 한 위와 같은 철거의무는 행정대집행법에 의한 대집행의 대상이 되지 않는다.

둘째, 대체적 작위의무의 불이행

 대법원 2005.8.19. 선고 2004다2809 판결.
피수용자 등이 기업자에 대하여 부담하는 수용대상 토지의 인도의무에 관한 구 토지수용법(2002. 2. 4. 법률 제6656호 공익사업을 위한 토지 등의 취득 및 보상에 관한 법률 부칙 제2조로 폐지) 제63조, 제64조, 제77조 규정에서의 '인도'에는 명도도 포함되는 것으로 보아야 하고, 이러한 명도의무는 그것을 강제적으로 실현하면서 직접적인 실력행사가 필요한 것이지 대체적 작위의무라고 볼 수 없으므로 특별한 사정이 없는 한 행정대집행법에 의한 대집행의 대상이 될 수 있는 것이 아니다.

셋째, 다른 수단으로서는 그 이행담보가 곤란할 것 (비례의 원칙이 적용됨)

넷째, 그 불이행의 방치가 심히 공익을 해하는 것으로 인정될 것

 공익성을 부정한 판결은,
　　대법원 1991.8.27. 선고 91누5136 판결.
원고주택의 위 창문을 통하여 위 인접주택의 실내를 들여다 볼 수는 없고 다만 정원 등 마당부분을 들여다 볼 수 있어 위 건물부분의 증축으로 인근주민의 사생활의 평온을 침해할 우려가 있게 되었다고 볼 수 있으나 그 정도로는 종전의 상태에 비하여 그 침해의 정도가 크게 증대되었다고는 볼 수 없고, 위 건물부분은 기존주택의 추녀 범위 내에서 벽체를 약간 돌출시킨 것에 불과하여 주위 미관상으로도

문제점이 없으며 그 외에 도로교통, 방화, 위생, 공해예방 등의 공익에 영향을 주지 아니하는 사실 등을 인정한 다음, 비록 원고가 이 사건 건물부분에 대한 철거의무를 불이행하고 있다고 하여도 그 불이행을 방치함이 심히 공익을 해한다고 볼 수 없다.

공익성을 인정한 판결은,
대법원 2000.6.23. 선고 98두3112 판결.
이와 같이 이 사건 교회건물의 합법화가 불가능한 점과 그 밖에 원심의 인정 사실에 나타난 바와 같이 원고가 이 사건 교회건물의 건축 도중 피고로부터 불법건축으로 인한 형사고발을 당하였음에도 불구하고 건축을 계속하여 이 사건 교회건물을 완공한 점 및 이 사건 교회건물은 건축면적 1,555.20㎡, 연면적 2,263.76㎡인 대형 교회건물로서 일요일마다 많은 신자들이 모여 예배를 보게 되면 그것만으로도 개발제한구역의 지정목적이나 도시공원의 설치목적을 해할 염려가 적지 않아 보이는 점 등을 종합하여 보면, 원심이 들고 있는 바와 같이 이 사건 교회건물이 철거될 경우 원고는 막대한 금전적 손해를 입게 되고 많은 신자들이 예배할 장소를 잃게 된다거나 이 사건 철거대상건물을 철거하고 이 사건 교회건물을 건축한 것이 공원미관조성이나 공원관리 측면에서 유리하다는 사정을 고려하더라도, 이 사건 교회건물의 철거의무의 불이행을 방치하는 것은 불법건축물을 단속하는 당국의 권능을 무력화하여 건축행정의 원활한 수행을 위태롭게 하고 건축법, 도시계획법, 도시공원법 등이 규정하고 있는 여러 제한규정을 회피하려는 것을 사전에 예방하지 못하게 함으로써 공익을 심히 해한다고 보아야 할 것이다(대법원 1990. 6. 22. 선고 90누2215 판결, 1995. 6. 29. 선고 94누11354, 11361 판결 등 참조).

이상의 요건 속에서 행정청은 재량행위로 대집행한다.

일반적으로 토지·건물 등의 철거 의무는 대집행의 대상이 되지, 토지·건물 등의 인도·명도의무(퇴거의무)는 대집행의 대상이 아니다.

 대법원 2009.6.11. 선고 2009다1122 판결. [가건물철거및토지인도]
이 사건 토지는 잡종재산인 국유재산으로서, 국유재산법 제52조는 "정당한 사유 없이 국유재산을 점유하거나 이에 시설물을 설치한 때에는 행정대집행법을 준용하여 철거 기타 필요한 조치를 할 수 있다."고 규정하고 있으므로, 관리권자인 보령시장으로서는 행정대집행의 방법으로 이 사건 시설물을 철거할 수 있고, 이러한 행정대집행의 절차가 인정되는 경우에는 따로 민사소송의 방법으로 피고들에 대하여 이 사건 시설물의 철거를 구하는 것은 허용되지 않는다고 할 것이다 (대법원 2000. 5. 12. 선고 99다18909 판결 참조). 다만, 관리권자인 보령시장이 행정대집행을 실시하지 아니하는 경우 국가에 대하여 이 사건 토지 사용청구권을 가지는 원고로서는 위 청구권을 보전하기 위하여 국가를 대위하여 피고들을 상대로 민사소송의 방법으로 이 사건 시설물의 철거를 구하는 이외에는 이를 실현할 수 있는 다른 절차와 방법이 없어 그 보전의 필요성이 인정되므로, 원고는 국가를 대위하여 피고들을 상대로 민사소송의 방법으로 이 사건 시설물의 철거를 구할 수 있다고 보아야 할 것이고, 한편 이 사건 청구 중 이 사건 토지 인도청구 부분에 대하여는 관리권자인 보령시장으로서도 행정대집행의 방법으로 이를 실현할 수 없으므로, 원고는 당연히 국가를 대위하여 피고들을 상대로 민사소송의 방법으로 이 사건 토지의 인도를 구할 수 있다고 할 것이다.

대법원 1998.10.23. 선고 97누157 판결. [시설물철거대집행계고처분취소]
도시공원시설인 매점의 관리청이 그 공동점유자 중의 1인에 대하여 소정의 기간 내에 위 매점으로부터 퇴거하고 이에 부수하여 그 판매 시설물 및 상품을 반출하지 아니할 때에는 이를 대집행하겠다는 내용의 계고처분은 그 주된 목적이 매점의 원형을 보존하기 위하여 점유자가 설치한 불법 시설물을 철거하고자 하는 것이 아니라, 매점에 대한 점유자의 점유를 배제하고 그 점유이전을 받는 데 있다고 할 것인데, 이러한 의무는 그것을 강제적으로 실현함에 있어 직접적인 실력행사가 필요한 것이지 대체적 작위의무에 해당하는 것은 아니어서 직접강제의 방법에 의하는 것은 별론으로 하고 행정대집행법에 의한 대집행의 대상이 되는 것은 아니다.

대집행의 절차는 ①계고 - ②대집행영장에 의한 통지 - ③실행 - ④비용징수의 절차를 거치게 된다.

대법원 1985.7.23. 선고 84누699 판결. [무허가건물철거계고처분취소]
수차에 걸쳐 불법증축하고 대수선하여 철거할 의무가 있는 건축물을 소관 행정청이 그런 사정을 미쳐 발견하지 못하여 그 부분에까지 전면외장변경공사를 허용하였다거나 완공 후에 단순히 도시미관 및 위생상 현저히 개선되었다는 사실만을 들어 그대로 방치한다면 불법건축물을 단속하는 당국의 권능을 무력화하여 건축행정의 원활한 수행이 위태롭게 되고 건축허가 및 준공검사시에 소방시설, 주차시설, 교통소통의 원활화, 건물의 높이 등 인접건물과의 조화, 적정한 생활환경의 보호를 위한 건폐율, 용적율 기타 건축법 소정의 제한 규정을 회피하는 것을 사전예방한다는 더 큰 공익을 해칠 우려가 있으므로 위 건물에 대한 철거명령 및 대집행계고 처분은 적법하다.

대법원 1990.12.7. 선고 90누5405 판결. [건물철거대집행계고처분취소]
원고가 그 소유건물의 옥상 헬리포트부분에 이중 슬래브 방법을 선택하여 방수공사를 하던 차에 마침 비상시 헬기 이착륙 등의 안전비행을 위하여 헬리포트와 건물외곽층이 수평을 이루도록 하라는 서울특별시 항공대의 권고가 있자, 기존 슬래브 바닥에서 60센티미터 가량의 공간을 두고 다시 두께 60센티미터 정도의 슬래브를 침으로써 결국 기존바닥 높이보다 120센티미터가 높아져 곁의 부분과 수평을 이루게 되었고, 그 공사로 말미암아 생긴 공간은 다른 용도로는 사용할 수 없으며, 그 증축부분을 대집행으로 철거할 경우 많은 비용이 들고 건물의 외관을 손상시킬 뿐 아니라 오히려 헬기의 안전 이착륙에 지장이 있게 된다면, 원고가 허가없이 증축하여 그 위반결과가 현존하고 그 철거의무를 이행하지 않고 있더라도 위와 같은 증축경위나 사후 정황 등에 비추어 이를 그대로 방치한다고 하여도 심히 공익을 해하는 것이라고는 볼 수 없으므로 관할관청인 피고의 이 사건 계고처분이 위법하다고 본 원심의 판단은 정당하다.

대집행에 대해 이의가 있는 경우에는 행정심판과 행정소송을 통해 구제받을 수 있다.

② 이행강제금

이행강제금(Zwangsgeld)은 부작위의무 또는 비 대체적 작위의무를 이행하지 않을 때, 의무이행을 간접적으로 강제하기 위하여 과하는 금전벌이다. 전통적으로 이행강제금은 부작위의무나 비 대체적 작위의무에 대한 강제집행 수단으로 이용됐으나 논리 필연적인 것은 아니다.

 헌법재판소 2004.2.26, 2001헌바80.
전통적으로 행정대집행은 대체적 작위의무에 대한 강제집행수단으로, 이행강제금은 부작위의무나 비대체적 작위의무에 대한 강제집행수단으로 이해되어 왔으나, 이는 이행강제금제도의 본질에서 오는 제약은 아니며, 이행강제금은 대체적 작위의무의 위반에 대하여도 부과될 수 있다. 현행 건축법상 위법건축물에 대한 이행강제수단으로 대집행과 이행강제금(제83조 제1항)이 인정되고 있는데, 양 제도는 각각의 장·단점이 있으므로 행정청은 개별사건에 있어서 위반내용, 위반자의 시정의지 등을 감안하여 대집행과 이행강제금을 선택적으로 활용할 수 있으며, 이처럼 그 합리적인 재량에 의해 선택하여 활용하는 이상 중첩적인 제재에 해당한다고 볼 수 없다.

이행강제금은 의무자가 이행하지 않은 부분을 시정하였다고 하더라도 부과할 수 있고 강제집행 수단이기 때문에 형벌 또는 과태료와의 병과가 허용된다.

 헌법재판소 2004.2.26. 2001헌바80등.
전통적으로 행정대집행은 대체적 작위의무에 대한 강제집행수단으로, 이행강제금은 부작위의무나 비대체적 작위의무에 대한 강제집행수단으로 이해되어 왔으나, 이는 이행강제금제도의 본질에서 오는 제약은 아니며, 이행강제금은 대체적 작위의무의 위반에 대하여도 부과될 수 있다. 현행 건축법상 위법건축물에 대한 이행강제수단으로 대집행과 이행강제금(제83조 제1항)이 인정되고 있는데, 양 제도는 각각의 장·단점이 있으므로 행정청은 개별사건에 있어서 위반내용, 위반자의 시정의지 등을 감안하여 대집행과 이행강제금을 선택적으로 활용할 수 있으며, 이처럼 그 합리적인 재량에 의해 선택하여 활용하는 이상 중첩적인 제재에 해당한다고 볼 수 없다.
건축법 제78조에 의한 무허가 건축행위에 대한 형사처벌과 건축법 제83조 제1항에 의한 시정명령 위반에 대한 이행강제금의 부과는 그 처벌 내지 제재대상이 되는 기본적 사실관계로서의 행위를 달리하며, 또한 그 보호법익과 목적에서도 차이가 있으므로 헌법 제13조 제1항이 금지하는 이중처벌에 해당한다고 할 수 없다.

이행강제금에 관한 일반적인 법률은 존재하지 않고 건축법과 환경 관련법에서 규정되고 있다.

이행강제금은 명령적 행정행위이며 상대방은 납부의무를 지게 되며 기한 내에 납부하지 않으면 지방세 체납처분에 따라 징수한다.

이행강제금에 대한 불복은 과태료형 이행강제금의 경우 과태료에 대한 불복절차에 의하고 과징금형의 이행강제금의 경우 행정쟁송에 의한 불복이 가능하다.

이행강제금은 행정 목적의 신속한 달성을 목표로 하므로 반복해서 부과 가능하다.

이행강제금의 부과는 법률에 특별한 불복절차가 마련되어 있지 않으면 처분성이 인정되어 항고소송의 대상이 된다.

대법원 2009.12.24. 선고 2009두14507 판결. [이행강제금부과처분취소]
구 건축법(2008. 3. 21. 법률 제8974호로 전부 개정되기 전의 것) 제69조의2 제6항, 지방세법 제28조, 제82조, 국세징수법 제23조의 각 규정에 의하면, 이행강제금 부과처분을 받은 자가 이행강제금을 기한 내에 납부하지 아니한 때에는 그 납부를 독촉할 수 있으며, 납부독촉에도 불구하고 이행강제금을 납부하지 않으면 체납절차에 의하여 이행강제금을 징수할 수 있고, 이때 이행강제금 납부의 최초 독촉은 징수처분으로서 항고소송의 대상이 되는 행정처분이 될 수 있다.

③ 직접강제

직접강제란 의무자가 의무를 이행하지 않은 때 직접 의무자의 신체 또는 재산에 실력을 가하여 의무가 있었던 상태를 실현하는 것으로 대집행 이외의 것을 의미한다. 예를 들어 강제예방접종, 무허가 영업소의 강제폐쇄 등이 이에 해당한다.

직접강제는 개인의 권익침해 가능성이 크기 때문에 최후의 수단으로 활용되어야 하며 반드시 법적 근거가 있어야 한다. 특히 직접강제의 경우 비례의 원칙이 엄격하게 적용되어야 한다.

④ 행정상 강제징수

행정상 강제징수는 행정법상의 금전급부 의무가 이행되지 않은 때 의무자의 재산에 실력을 행사하여 이행된 것과 같은 상태를 실현하는 강제집행을 의미한다.

행정상 강제징수에 대해 일반법으로 국세징수법이 있다.

국세징수법상의 강제징수의 절차는 독촉과 체납처분으로 이루어진다. 독촉은 통지행위이며 독촉이 없다고 해서 행정행위 그 자체가 바로 무효인 것은 아니다.

 대법원 1992.3.10. 선고 91누6030 판결.
납세의무자가 세금을 납부기한까지 납부하지 아니하기 때문에 과세청이 그 징수를 위하여 참가압류처분에 이른 것이라면 참가압류처분에 앞서 독촉절차를 거치지 아니하였고 또 참가압류조서에 납부기한을 잘못 기재한 잘못이 있다고 하더라도 이러한 위법사유만으로는 참가압류처분을 무효로 할 만큼 중대하고도 명백한 하자라고 볼 수 없다.
과세관청이 국세징수법에 의한 참가압류처분을 한 후 같은 법 제86조의 규정에 의한 결손처분을 하여 납세의무자의 납세의무가 소멸하였다고 하여도 이와 같은 사유로 참가압류처분이 당연히 실효되거나 무효로 되는 것이 아니며 이는 압류처분이 있은 후 부과세액을 납부함으로써 납세의무가 소멸한 경우에도 그 압류처분이 당연무효로 되지 않는 것과 마찬가지이다.

독촉장에 의해 일정 기한 납부하지 않은 경우, 체납처분을 하게 되는데,
체납처분은 압류,

 대법원 2001.2.23. 선고 2000다68924 판결.
위와 같은 공동수급체의 구성 경위와 그 약정내용 및 그 후의 경과 등을 종합하여 원심은, 원고 등 6개 회사가 공동협정서에 터잡아 그들 상호간에 금전 기타 재산 및 노무를 출자하여 이 사건 신축공사 관련사업을 공동으로 시행하기로 하는 내용의 약정을 함으로써 그들 사이에는 민법상 조합이 성립되었다고 판단하고서, 그 후 피고 산하 동대전세무서장이 그 조합의 구성원인 경성건설의 부가가치세 체납을 이유로 원고 등 6개 회사의 조합재산인 253,541,700원의 공사대금채권에 대하여 압류처분을 한 것은 체납자 아닌 제3자 소유의 재산을 대상으로 한 것으로서 그 처분의 내용이 법률상 실현될 수 없는 것이어서 당연무효이다.

매각,

 대법원 1997.2.28. 선고 96누1757 판결.
성업공사가 체납압류된 재산을 공매하는 것은 세무서장의 공매권한 위임에 의한 것으로 보아야 할 것이므로, 성업공사가 한 그 공매처분에 대한 취소 등의 항고소송을 제기함에 있어서는 수임청으로서 실제로 공매를 행한 성업공사를 피고로 하여야 하고, 위임청인 세무서장은 피고적격이 없다.

청산의 절차를 거치게 된다.

 대법원 2003.5.16. 선고 2002두3669 판결. [기본재산압류등기말소]
[1] 체납처분에 기한 압류처분은 행정처분으로서 이에 기하여 이루어진 집행방법인 압류등기와는 구별되므로 압류등기의 말소를 구하는 것을 압류처분 자체의 무효를 구하는 것으로 볼 수 없고, 또한 압류등기가 말소된다고 하여도 압류처분이 외형적으로 효력이 있는 것처럼 존재하는 이상 그 불안과 위험을 제거할 필요가 있다고 할 것이므로, 압류처분에 기한 압류등기가 경료되어 있는 경우에도 압류처분의 무효확인을 구할 이익이 있다.
[2] 사립학교법 제28조 제1항, 제2항, 사립학교법시행령 제12조 제1항에 의하면, 학교법인이 매도하거나 담보에 제공할 수 없는 교지, 교사 등을 제외한 기본재산에 대하여는, 학교법인이 이를 매도, 증여, 임대, 교환 또는 용도변경하거나 담보에 제공하고자 할 때 또는 의무의 부담이나 권리의 포기를 하고자 할 때에는 관할

청의 허가를 받아야 한다고 제한하고 있을 뿐이므로, 관할청의 허가를 받을 수 없는 사정이 확실하다고 인정되는 등의 특별한 사정이 없는 한, 이러한 기본재산에 대한 압류는 허용된다.

[3] 과세처분의 취소소송은 과세처분의 실체적, 절차적 위법을 그 취소원인으로 하는 것으로서 그 심리의 대상은 과세관청의 과세처분에 의하여 인정된 조세채무인 과세표준 및 세액의 객관적 존부, 즉 당해 과세처분의 적부가 심리의 대상이 되는 것이며, 과세처분 취소청구를 기각하는 판결이 확정되면 그 처분이 적법하다는 점에 관하여 기판력이 생기고 그 후 원고가 이를 무효라 하여 무효확인을 소구할 수 없는 것이어서 과세처분의 취소소송에서 청구가 기각된 확정판결의 기판력은 그 과세처분의 무효확인을 구하는 소송에도 미친다.

3. 간접적 수단

1) 행정상 즉시강제(sofortiger Vollzug)

행정상 즉시강제란 「경찰관직무집행법」상의 범죄의 제지, 「도로교통법」상의 주차위반 차량의 견인 등과 같이 눈앞의 급박한 행정상 장해를 제거할 필요가 있으나, 미리 의무를 부과할 시간적인 여유가 없을 때 또는 그 성질상 의무를 부과해서 목적 달성이 곤란할 때 직접 국민의 신체 또는 재산에 실력을 가하여 행정상 필요한 상태를 실현하는 작용이다.

행정상 즉시강제는 상대방에 대한 수인 하명과 실력행사의 성격을 가지는 혼합행위(권력적 사실행위)이며 처분성이 인정되어 행정쟁송의 대상이다.

「행정기본법」 제33조에서는 즉시강제에 관한 규정을 두고 있다.

행정기본법
제33조(즉시강제) ① 즉시강제는 다른 수단으로는 행정목적을 달성할 수 없는 경우에만 허용되며, 이 경우에도 최소한으로만 실시하여야 한다.
② 즉시강제를 실시하기 위하여 현장에 파견되는 집행책임자는 그가 집행책임자임을 표시하는 증표를 보여 주어야 하며, 즉시강제의 이유와 내용을 고지하여야 한다.
③ 제2항에도 불구하고 집행책임자는 즉시강제를 하려는 재산의 소유자 또는 점유자를 알 수 없거나 현장에서 그 소재를 즉시 확인하기 어려운 경우에는 즉시강제를 실시한 후 집행책임

자의 이름 및 그 이유와 내용을 고지할 수 있다. 다만, 다음 각 호에 해당하는 경우에는 게시판이나 인터넷 홈페이지에 게시하는 등 적절한 방법에 의한 공고로써 고지를 갈음할 수 있다.
    1. 즉시강제를 실시한 후에도 재산의 소유자 또는 점유자를 알 수 없는 경우
    2. 재산의 소유자 또는 점유자가 국외에 거주하거나 행방을 알 수 없는 경우
    3. 그 밖에 대통령령으로 정하는 불가피한 사유로 고지할 수 없는 경우

행정상 즉시강제는 실력행사가 부가된 행정작용이므로 엄격한 실정법적인 근거가 존재해야 한다. 현재 각 개별법에 행정상 즉시강제는 근거를 두고 있다.
예를 들어 「경찰관직무집행법」상의 보호조치, 위험발생의 방지, 범죄의 예방과 제지, 무기의 사용, 물건 등의 임시영치 등이 있다.
행정상 즉시강제는 긴박성, 보충성, 비례성 그리고 소극성의 요건을 충족시켜야 한다.
행정상 즉시강제에 영장이 필요한지의 문제가 제기되는데, 학설은 필요설과 불필요설로 나뉘고 있다. 판례는 원칙적인 사전영장주의를 채택하고 있으면서도

대법원 2016.12.27. 선고 2014두46850 판결. [자동차운전면허취소처분취소]

음주운전 여부에 관한 조사방법 중 혈액 채취(이하 '채혈'이라고 한다)는 상대방의 신체에 대한 직접적인 침해를 수반하는 방법으로서, 이에 관하여 도로교통법은 호흡조사와 달리 운전자에게 조사에 응할 의무를 부과하는 규정을 두지 아니할 뿐만 아니라, 측정에 앞서 운전자의 동의를 받도록 규정하고 있으므로(제44조 제3항), 운전자의 동의 없이 임의로 채혈조사를 하는 것은 허용되지 아니한다.

그리고 수사기관이 범죄 증거를 수집할 목적으로 운전자의 동의 없이 혈액을 취득·보관하는 행위는 형사소송법상 '감정에 필요한 처분' 또는 '압수'로서 법원의 감정처분허가장이나 압수영장이 있어야 가능하고, 다만 음주운전 중 교통사고를 야기한 후 운전자가 의식불명 상태에 빠져 있는 등으로 호흡조사에 의한 음주측정이 불가능하고 채혈에 대한 동의를 받을 수도 없으며 법원으로부터 감정처분허가장이나 사전 압수영장을 발부받을 시간적 여유도 없는 긴급한 상황이 발생한 경우에는 수사기관은 예외적인 요건하에 음주운전 범죄의 증거 수집을 위하여 운전자의 동의나 사전 영장 없이 혈액을 채취하여 압수할 수 있으나 이 경우에도 형사소송법에 따라 사후에 지체 없이 법원으로부터 압수영장을 받아야 한다.

따라서 음주운전 여부에 대한 조사 과정에서 운전자 본인의 동의를 받지 아니하고 또한 법원의 영장도 없이 채혈조사를 한 결과를 근거로 한 운전면허 정지·취소처분은 도로교통법 제44조 제3항을 위반한 것으로서 특별한 사정이 없는 한 위법한 처분으로 볼 수밖에 없다.

예외적으로 행정 목적을 달성할 수 없을 때에는 예외적으로 불필요하다고 한다.

 대법원 1997.6.13. 선고 96다56115 판결. [손해배상(기)]
사전영장주의는 인신보호를 위한 헌법상의 기속원리이기 때문에 인신의 자유를 제한하는 모든 국가작용의 영역에서 존중되어야 하지만, 헌법 제12조 제3항 단서도 사전영장주의의 예외를 인정하고 있는 것처럼 사전영장주의를 고수하다가는 도저히 행정목적을 달성할 수 없는 지극히 예외적인 경우에는 형사절차에서와 같은 예외가 인정되므로, 구 사회안전법(1989. 6. 16. 법률 제4132호에 의해 '보안관찰법'이란 명칭으로 전문 개정되기 전의 것) 제11조 소정의 동행보호규정은 재범의 위험성이 현저한 자를 상대로 긴급히 보호할 필요가 있는 경우에 한하여 단기간의 동행보호를 허용한 것으로서 그 요건을 엄격히 해석하는 한, 동 규정 자체가 사전영장주의를 규정한 헌법규정에 반한다고 볼 수는 없다.

적법한 즉시강제에 대한 구제방법은 실질적으로 없으나 개별법령에서 그 구제에 관한 규정이 있으면 그에 따르고, 그렇지 못할 때 수용유사침해, 수용적보상침해, 희생보상청구권 등과 같은 이론적인 방법에 따라 구제할 수 있다.

행정상 즉시강제가 위법한 경우에는 항고소송, 국가배상소송 등의 방법으로 구제할 수 있다.

2) 행정벌

행정벌이란 행정법상 의무 위반자에 대한 제재로서 일반통치권에 따라 부과하는 벌을 의미한다. 행정벌은 직접적으로는 의무 위반에 대한 제재로 작용하고 간접적으로는 의무의 이행을 촉진하는 기능을 수행한다.

행정벌은 형법상의 형벌을 제재의 내용으로 하는 행정형벌과 과태료를 그 내용으로 하는 행정질서벌이 있다. 행정형벌의 경우 형벌과 어떠한 차이가 있는가에 대해 학설은 부정설과 긍정설이 있는데 긍정설의 경우 피침해이익의 성질 또는 피침해규범의 성질을 기준으로 구별하기도 하나 형벌과 행정형벌은 점차 상대화 되어가고 있어 행정형벌의 해석에 있어서는 매우 엄격함이 요구된다.[1]

---
1) 장태주, 행정법개론, 2009, 548쪽.

대법원 1969.7.29. 자 69마400 결정.
재항고이유에 대하여 살피건대, 무역거래법 제30조 규정에 의하여 과하여지는 과태료는 통상적인 행정질서법중의 하나로서 행정형벌과는 다르다 할 것이다. 즉, 행정질서벌과 행정형벌은 다같이 행정법령에 위반하는데 대한 제재라는 점에서는 같다하더라도 행정형벌은 그 행정법규 위반이 직접적으로 행정목적과 사회공익을 침해하는 경우에 과하여지는 것이므로 행정형벌을 과하는데 있어서 고의 과실을 필요로 할 것이냐의 여부의 점은 별문제로 하더라도 행정질서벌인 과태료는 직접적으로 행정목적이나 사회공익을 참해하는데 까지는 이르지 않고 다만 간접적으로 행정상의 질서에 장해를 줄 위험성이 있는 정도의 단순한 의무태만에 대한 제재로서 과하여지는데 불과하므로 다른 특별한 규정이 없는 한 원칙적으로 고의 과실을 필요로 하지 아니한다고 해석하여야 할 것이다.

헌법재판소 1997.04.24, 95헌마90.
행정법규에 있어서 행정질서의 유지를 위하여 행정벌을 과하는 경우 입법자는 그 입법목적의 달성을 위하여 행정형벌이나 행정질서벌을 선택하여 과할 수 있고, 그 입법목적이나 입법당시의 실정등을 종합 고려하여 어느 하나를 결정하는 것이다. 위 법률 제35조 제1항 제2호 단서 및 제36조 제1항 제1호는 입법자가 입법목적과 우리나라의 현재의 실정 등을 고려하여 위 법률 제8조에 의한 등록을 하지 아니한 자가 외국어번역행정사의 업무를 행하는 경우에 일반 행정사 등의 경우와 달리 형사처벌에서 제외하는 대신 행정질서벌인 과태료를 선택한 것으로서 입법자의 자의에 의하여 외국어번역행정사의 자격이 있는 청구인을 불합리하게 차별한 것으로 볼 수 없으므로 평등원칙에 위반된다고 할 수 없다.

(1) 행정형벌

행정형벌이란 행정법상의 의무 위반에 대해 제재로 형법에 정해져 있는 형벌을 과하는 것을 말한다. 죄형법정주의 원칙에 따라 행정벌을 부과할 때는 법적 근거가 있어야 한다. 행정벌을 부과할 때는 형법의 총칙 규정이 원칙적으로 적용되나 형벌의 범위를 축소하거나 형벌을 감경하는 경우는 적용되지 않는다.

따라서 형법상의 고의, 과실,

 대법원 1986.7.22. 선고 85도108 판결.
행정상의 단속을 주안으로 하는 법규라 하더라도, 명문규정이 있거나, 해석상 과실범도 벌할 뜻이 명확한 경우를 제외하고는 형법의 원칙에 따라 고의가 있어야 벌할 수 있다고 할 것인데, · · · ·

대법원 1993.9.10. 선고 92도1136 판결.
구 대기환경보전법(1992.12.8. 법률 제4535호로 개정되기 전의 것)의 입법목적이나 제반 관계규정의 취지 등을 고려하면, 법정의 배출허용기준을 초과하는 배출가스를 배출하면서 자동차를 운행하는 행위를 처벌하는 위 법 제57조 제6호의 규정은 자동차의 운행자가 그 자동차에서 배출되는 배출가스가 소정의 운행 자동차 배출허용기준을 초과한다는 점을 실제로 인식하면서 운행한 고의범의 경우는 물론 과실로 인하여 그러한 내용을 인식하지 못한 과실범의 경우도 함께 처벌하는 규정이다.

책임능력 등이 적용된다.

대법원 2005.11.10. 선고 2004도2657 판결. [도로법위반]
소속 공무원인 공소외인이 압축트럭 청소차를 운전하여 남해고속도로를 운행하던 중 한국도로공사 서부산영업소 진입도로에서 제한축중 10t을 초과하여 위 차량 제3축에 1.29t을 초과 적재 운행함으로써 도로관리청의 차량운행제한을 위반한 사실을 인정할 수 있는바, 이 사건 도로법위반 당시 위 공소외인이 수행하고 있던 업무는 지방자치단체 고유의 자치사무 중 주민의 복지증진에 관한 사무를 규정한 지방자치법 제9조 제2항 제2호 (자)목에서 예시하고 있는 "청소, 오물의 수거 및 처리"에 해당되는 업무라고 할 것이므로 지방자치단체인 피고인은 도로법 제86조의 양벌규정에 따른 처벌대상이 된다고 할 것이다.

행정형벌의 부과는 형사소송법의 절차에 의한다. 그러나 특별한 절차로 통고처분 및 즉결심판이라는 예외적인 과벌 절차를 인정하고 있다.

통고처분은 정식재판에 대신하여 행정청이 벌금 또는 과료에 상당하는 금액의 납부를 명하는 것을 말한다. 예를 들어 조세범에 대한 행정형벌의 부과, 「경범죄처벌법」에 따른 행정형벌의 부과, 「도로교통법」에 따른 행정형벌의 부과 등을 들 수 있다. 그러나 행정형벌은 그 대상자가 이에 불복할 때 고발되어 형사절차로 넘어가기 때문에, 통고 자체의 처분성은 인정되지 않는다. 행정청은 통고처분을 할지, 검찰에 고발할지는 재량으로 판단할 수 있다.

헌법재판소 2003.10.30. 2002헌마275.
도로교통법상의 통고처분은 처분을 받은 당사자의 임의의 승복을 발2효요건으로 하고 있으며, 행정공무원에 의하여 발하여 지는 것이지만, 통고처분에 따르지 않고자 하는 당사자에게는 정식재판의 절차가 보장되어 있다. 통고처분 제도는 경미한 교통법규 위반자로 하여금 형사처벌절차에 수반되는 심리적 불안, 시간과 비용의 소모, 명예와 신용의 훼손 등의 여러 불이익을 당하지 않고 범칙금 납부로써 위반행위에 대한 제재를 신속·간편하게 종결할 수 있게 하여주며, 교통법규 위반행위가 홍수를 이루고 있는 현실에서 행정공무원에 의한 전문적이고 신속한 사건처리를 가능하게 하고, 검찰 및 법원의 과중한 업무 부담을 덜어 준다. 또한 통고처분제도는 형벌의 비범죄화 정신에 접근하는 제도이다. 이러한 점들을 종합할 때, 통고처분 제도의 근거규정인 도로교통법 제118조 본문이 적법절차원칙이나 사법권을 법원에 둔 권력분립원칙에 위배된다거나, 재판청구권을 침해하는 것이라 할 수 없다.

대법원 2007.5.11. 선고 2006도1993 판결. [관세법위반]
관세법 제284조 제1항, 제311조, 제312조, 제318조의 규정에 의하면, 관세청장 또는 세관장은 관세범에 대하여 통고처분을 할 수 있고, 범죄의 정상이 징역형에 처하여질 것으로 인정되는 때에는 즉시 고발하여야 하며, 관세범인이 통고를 이행할 수 있는 자금능력이 없다고 인정되거나 주소 및 거소의 불명 기타의 사유로 인하여 통고를 하기 곤란하다고 인정되는 때에도 즉시 고발하여야 하는바, 이들 규정을 종합하여 보면, 통고처분을 할 것인지의 여부는 관세청장 또는 세관장의 재량에 맡겨져 있고, 따라서 관세청장 또는 세관장이 관세범에 대하여 통고처분을 하지 아니한 채 고발하였다는 것만으로는 그 고발 및 이에 기한 공소의 제기가 부적법하게 되는 것은 아니다.

(2) 행정질서벌

행정질서벌은 직접 행정 목적에는 영향을 미치지 않으나 간접적으로 행정질서에 영향을 미칠 단순한 행정법상의 의무위반에 대한 제재로 과태료를 부과하는 경우를 말한다.

현재 행정질서벌에 대해서는 일반법으로「질서위반행위규제법」이 2007년 제정되어 2008년 6월 22일부터 시행되었다. 또한 조례로서 조례위반 행위에 대해 1000만원 이하의 과태료를 부과할 수 있다.

특히「질서위반행위규제법」은 종래 논의되어 오던 행정형벌의 행정질서벌화에 따른 입법으로 행정형벌과 행정질서벌의 상대화에 따른 입법이다.

행정형벌과 행정질서벌의 병과에 대해서 논란이 있으나 각각 목적과 성질을 달리하기 때문에 병과가 가능하다고 한다.

대법원 1996.4.12. 선고 96도158 판결.
행정법상의 질서벌인 과태료의 부과처분과 형사처벌은 그 성질이나 목적을 달리하는 별개의 것이므로 행정법상의 질서벌인 과태료를 납부한 후에 형사처벌을 한다고 하여 이를 일사부재리의 원칙에 반하는 것이라고 할 수는 없으며, 자동차의 임시운행허가를 받은 자가 그 허가 목적 및 기간의 범위 안에서 운행하지 아니한 경우에 과태료를 부과하는 것은 당해 자동차가 무등록 자동차인지 여부와는 관계없이, 이미 등록된 자동차의 등록번호표 또는 봉인이 멸실되거나 식별하기 어렵게 되어 임시운행허가를 받은 경우까지를 포함하여, 허가받은 목적과 기간의 범위를 벗어나 운행하는 행위 전반에 대하여 행정질서벌로써 제재를 가하고자 하는 취지라고 해석되므로, 만일 임시운행허가기간을 넘어 운행한 자가 등록된 차량에 관하여 그러한 행위를 한 경우라면 과태료의 제재만을 받게 되겠지만, 무등록 차량에 관하여 그러한 행위를 한 경우라면 과태료와 별도로 형사처벌의 대상이 된다.

4. 새로운 의무이행 확보 수단

1) 금전상의 제재

(1) 가산세

가산세란 세법에 규정하는 의무의 성실한 이행을 확보하기 위하여 그 세법에 따라 산출한 세액에 가산하여 징수하는 금액이다. 예를 들어 세법에 규정하는 의무를 위반한 자에 대해 세법이 정하는 바에 의해 가산세를 부과할 수 있다.

가산세와 벌금의 병과가 가능한지에 대해 논란이 있으나 가산세는 조세법상의 의무이행 확보를 위한 수단인 것에 반해, 벌금은 반사회적 행위에 대한 제재이기 때문에 병과가 가능하다.

가산세와 유사하게 가산금이 있는데 가산금은 국세나 지방세를 납부 기한까지 납부하지 않았을 때 「국세징수법」에 따라 납부 기한 경과 즉시 고지세액에 가산해서 징수하는 금액과 납부 기한 경과 후 일정 기한까지도 납부하지 않았을 때 시간 경과에 비례해서 추가로 가산해서 징수하는 금액을 의미한다.

대법원 1992.4.28. 선고 91누9848 판결. [증여세등부과처분취소]

가. 신의칙 내지 금반언의 원칙은 합법성의 원칙을 희생하여서라도 납세자의 신뢰를 보호함이 정의에 부합하는 것으로 인정되는 특별한 사정이 있을 경우에 한하여 적용된다고 할 것인바, 그 적용을 위하여는 (1) 과세관청이 납세자에게 신뢰의 대상이 되는 공적인 견해표명을 하였을 것, (2) 과세관청의 견해표명이 정당하다고 신뢰한 데 대하여 납세자에게 귀책사유가 없을 것, (3) 납세자가 그 견해표명을 신뢰하고, 그에 따라 행위를 하였을 것, (4) 과세관청이 위 견해에 반하는 처분을 함으로써 납세사의 이익이 침해되는 결과가 초래되었을 것 등의 요건이 모두 충족되어야 한다.

나. 민법 제81조는 해산한 법인은 청산의 목적범위 내에서만 권리가 있고 의무를 부담한다고 규정하고, 제87조는 청산사무를 현존사무의 종결, 채권의 추심과 채무의 변제, 잔여재산의 인도 및 위 사무를 행하기 위하여 필요한 행위로 규정하며, 특히 제80조 제1항은 해산한 법인의 재산은 정관으로 지정한 자에게 귀속한다고 규정하고 있는바, 이러한 청산절차에 관한 규정은 모두 제3자의 이해관계에 중대한 영향을 미치기 때문에 이른바 강행규정이다.

다. 가산세는 개별 세법이 과세의 적정을 기하기 위하여 정한 의무의 이행을 확보할 목적으로 그 의무 위반에 대하여 세금의 형태로 가하는 행정벌의 성질을 가진 제재이므로 그 의무 해태에 정당한 사유가 있는 경우에는 이를 부과할 수 없다.

(2) 과징금

과징금이란 일정한 행정법상의 의무를 위반하거나 이행하지 않는 것에 대해 제재로서 과하는 금전적 제재이다. 과징금은 1980년대 말 독점규제법을 통해 처음 도입되었는데 위반행위로 인한 경제적 이익의 환수라는 점에서 벌금과 과태료와 다른 성격을 가진다.

과징금의 문제점은 행정법규의 위반기업이 영업의 정지, 취소로 이어지지 않고 단지 금전적 경제적 이익의 환수라는 차원이 과연 정당성이 있는가에 대한 문제점이 등장한다.

과징금 역시 상대방에게 금전적인 부담이 주어지는 하명이므로 개별법의 근거가 있어야만 가능하다.

 대법원 2005.4.29. 선고 2004두3281 판결.

기록에 의하면, 피고는 이 사건 신주인수 당시에는 아직 시행되지 아니하던 공정거래법시행령(1999. 3. 31. 대통령령 제16221호로 개정되어 같은 해 4. 1.부터 시행된 것) 제61조 제1항 [별표 2] 제8호에 기하여 과징금 액수를 정한 것이 아니라, 그 시행 이전의 피고 내부의 사무처리준칙인 위 '과징금산정방법 및 부과지침' 중 '과징금 부과기준'에 기하여 그 신주인수대금의 10/100을 지원금액으로 보고, 지원행위의 내용 및 정도, 기간 및 횟수, 지원의 효과 등 여러 사정을 참작하여 과징금 액수를 정한 것이므로, 위와 같은 방법으로 정한 과징금 액수가 비례의 원칙이나 형평의 원칙에 반하지 아니하는 이상 행위 당시 시행되지 아니하던 법령을 적용하여 과징금을 산정한 위법이 있다고 할 수 없다.

원심의 설시에 일부 적절하지 아니한 부분이 있으나, 피고가 위와 같은 방법으로 이 사건 과징금 액수를 정한 것이 법적인 근거가 없거나 재량권을 일탈·남용하여 위법한 것이라고 할 수는 없다고 한 원심의 판단은 정당한 것으로 수긍이 가고, 거기에 상고이유로 주장하는 바와 같은 과징금의 산정에 관한 법리오해의 위법이 있다고 할 수 없다.

과징금의 부과 처분 자체는 침익적 행정행위로서 처분성이 인정되어 행정쟁송과 손해를 입은 경우, 손해배상 청구의 대상이 된다.

 대법원 2014.10.15. 선고 2013두5005 판결. [과징금부과처분취소]

구 여객자동차 운수사업법(2012. 2. 1. 법률 제11295호로 개정되기 전의 것) 제88조 제1항의 과징금부과처분은 제재적 행정처분으로서 여객자동차 운수사업에 관한 질서를 확립하고 여객의 원활한 운송과 여객자동차 운수사업의 종합적인 발달을 도모하여 공공복리를 증진한다는 행정목적의 달성을 위하여 행정법규 위반이라는 객관적 사실에 착안하여 가하는 제재이므로 반드시 현실적인 행위자가 아니라도 법령상 책임자로 규정된 자에게 부과되고 원칙적으로 위반자의 고의·과실을 요하지 아니하나, 위반자의 의무 해태를 탓할 수 없는 정당한 사유가 있는 등의 특별한 사정이 있는 경우에는 이를 부과할 수 없다.

대법원 2006.12.22. 선고 2004두1483 판결. [시정조치등취소]

공정거래위원회가 부당지원행위에 대한 과징금을 부과함에 있어 여러 개의 위반행위에 대하여 하나의 과징금 납부명령을 하였으나 여러 개의 위반행위 중 일부의 위반행위만이 위법하고 소송상 그 일부의 위반행위를 기초로 한 과징금액을 산정할 수 있는 자료가 있는 경우에는, 하나의 과징금 납부명령일지라도 그 중 위법하여 그 처분을 취소하게 된 일부의 위반행위에 대한 과징금액에 해당하는 부분만을 취소할 수 있다.

(3) 부과금

부과금은 과징금과 유사한 성격의 제재 수단이나 과징금이 국고로 들어가는 것임에 반하여 부과금은 당해 특정된 행정법상의 의무이행을 전체적으로 확보하기 위한 목적으로 그 사용 목적이 제한되는 점에서 구별된다.

부과금의 대표적인 경우는 1981년에 제정된 환경보전법상의 배출 부과금이다.

한편 공영방송의 시청료 역시 특별부과금(Sonderabgabe)의 성격이다.

(4) 범칙금

범칙금은 도로교통법을 위반한 자가 통고처분에 의해 납부하여야 할 금전을 의미한다.

2) 비금전적 제재

(1) 공급거부

공급거부란 행정법상의 의무를 위반하거나 불이행한 자에 대해 일정한 행정상의 서비스나 재화의 공급을 거부하는 행정조치이다.

공급거부는 부담적 행정작용이므로 반드시 개별법적인 근거가 필요하다. 구 건축법상의 전기·수도 공급거부와 공급중단이 있다.

공급거부는 행정 목적을 달성하는 이행강제 수단이 되기는 하지만 생존 배려라는 차원에서 보면 인간의 생존을 위태롭게 한다는 측면이 있다. 특히 부당결부 행위와 관련하여 문제가 된다. 그러나 개별법적인 근거를 가지고 있다고 하더라도 인간의 생명과 연관이 있는 영역에서 공급거부를 통한 행정 목적 이행의 강제는 자제되어야 한다.

(2) 행정상 공표

행정상 공표란 행정법상의 의무 위반 또는 의무 불이행이 있는 경우에 그의 성명·위반 사항 등을 일반에게 공개하는 것을 의미한다. 예를 들어 고액 조세 체납자의 공표와 환경 오염물질 배출업소의 명단공개 등이 그것이다.

행정상 공표는 비권력적 사실행위의 성격이나, 구체적인 경우에는 명예형의 성질을 갖는 간접적 강제 수단으로 활용되는 경우가 있어 권력적 사실행위로 파악되어야 할 때도 있다.[2]

공표와 관련하여 공표 당하는 사람의 인격 침해가 문제가 되고 있다.

 대법원 2003.2.28. 선고 2002두6170 판결. [시정조치명령]
공정거래위원회는 구 독점규제및공정거래에관한법률(1996. 12. 30. 법률 제5235호로 개정되기 전의 것) 제24조 소정의 '법위반사실의 공표'부분이 위헌결정으로 효력을 상실하였다 하더라도 '기타 시정을 위하여 필요한 조치'로서 '법위반을 이유로 공정거래위원회로부터 시정명령을 받은 사실의 공표'명령을 할 수 있다.

헌법재판소 2003.6.26. 2002헌가14.
신상공개제도는 범죄자 본인을 처벌하려는 것이 아니라, 현존하는 성폭력위험으로부터 사회 공동체를 지키려는 인식을 제고함과 동시에 일반인들이 청소년 성매수 등 범죄의 충동으로부터 자신을 제어하도록 하기 위하여 도입된 것으로서, 이를 통하여 달성하고자 하는 '청소년의 성보호'라는 목적은 우리 사회에 있어서 가장 중요한 공익의 하나라고 할 것이다.
이에 비하여 청소년 성매수자의 일반적 인격권과 사생활의 비밀의 자유가 제한되는 정도를 살펴보면, 법 제20조 제2항은 "성명, 연령, 직업 등의 신상과 범죄사실의 요지"를 공개하도록 규정하고 있는바, 이는 이미 공개된 형사재판에서 유죄가 확정된 형사판결이라는 공적 기록의 내용 중 일부를 국가가 공익 목적으로 공개하는 것으로 공개된 형사재판에서 밝혀진 범죄인들의 신상과 전과를 일반인이 알게 된다고 하여 그들의 인격권 내지 사생활의 비밀을 침해하는 것이라고 단정하기는 어렵다.
또한, 신상과 범죄사실이 공개되는 범죄인들은 이미 국가의 형벌권 행사로 인하여 해당 기본권의 제한 여지를 일반인보다는 더 넓게 받고 있다. 청소년 성매수 범죄자들이 자신의 신상과 범죄사실이 공개됨으로써 수치심을 느끼고 명예가 훼손된다고 하더라도 그 보장 정도에 있어서 일반인과는 차이를 둘 수밖에 없어, 그들의 인격권과 사생활의 비밀의 자유도 그것이 본질적인 부분이 아닌 한 넓게 제한될 여지가 있다.
그렇다면 청소년 성매수자의 일반적 인격권과 사생활의 비밀의 자유가 제한되는 정도가 청소년 성보호라는 공익적 요청에 비해 크다고 할 수 없으므로 결국 법 제20조 제2항 제1호의 신상공개는 해당 범죄인들의 일반적 인격권, 사생활의 비밀의 자유를 과잉금지의 원칙에 위배하여 침해한 것이라 할 수 없다.

---
2) 김용섭, 행정상 공표의 법적 문제, 판례월보, 2007.7, 7쪽 이하.

(3) 관허사업의 제한

관허사업의 제한이란 행정법상의 의무를 위반하거나 불이행한 자에 대해 관련 사업에서 인·허가 등의 발급을 거부하거나 취소, 정지, 철회하는 등의 간접적인 의무이행 확보 수단을 의미한다.

현재 국세징수법에서 국세를 체납한 자는 관허사업을 제한하고 있다.

관허사업의 제한은 실효성 있는 행정 의무이행 수단이나 부당결부금지의 원칙과 비례의 원칙과 관련하여 위헌인가에 대한 논란이 있으나 당해 사업과 직접 관련이 없는 국세 체납의 경우까지 확대하여 관허사업을 제한하는 것은 비례의 원칙을 침해하는 것으로 위헌적이다.

판례색인

| 대법원 판례 |

대법원 1963.8.31. 선고 63누101 판결 157, 158
대법원 1964.7.21. 선고 64초3 판결 12
대법원 1969.1.21. 선고 68누190 판결 205
대법원 1969.7.29. 자 69마400 결정 256
대법원 1972.4.28. 선고 72다337 판결 174
대법원 1975.5.13. 선고 73누96,97 판결 80
대법원 1978.4.25. 선고 78누42 판결 163
대법원 1981.6.23. 선고 80다2523 판결 129
대법원 1984.1.31. 선고 83누451 판결 149
대법원 1984.9.11. 선고 84누191 판결 189
대법원 1985.2.8. 선고 83누625 판결 179, 181
대법원 1985.2.28. 선고 85초13 판결 26
대법원 1985.4.23. 선고 84누593 판결 37
대법원 1985.7.9. 선고 83누412 판결 188
대법원 1985.7.23. 선고 84누699 판결 248
대법원 1985.9.10. 선고 85다카571 판결 56
대법원 1986.7.22. 선고 85도108 판결 256
대법원 1986.12.23. 선고 83누715 판결 20
대법원 1989.3.28. 선고 89도149 판결 175
대법원 1989.9.12. 선고 88누8883 판결 218
대법원 1989.9.12. 선고 88누9206 판결 145
대법원 1990.9.11. 선고 90누1786 231
대법원 1990.12.7. 선고 90누5405 판결 249
대법원 1991.2.12. 선고 90누5825 판결 77
대법원 1991.6.25. 선고 90누5184 판결 164
대법원 1991.6.28. 선고 90누4402 판결 222
대법원 1991.8.27. 선고 91누5136 판결 246
대법원 1991.11.22. 선고 91누2144 판결 66, 67
대법원 1991.12.24. 선고 90다12243 전원합의체 판결 163
대법원 1992.3.10. 선고 91누6030 판결 251
대법원 1992.4.24. 선고 91누6634 판결 166

대법원 1992.4.28. 선고 91누9848 판결 260
대법원 1992.5.8. 선고 91누13274 판결 75
대법원 1992.5.8. 선고 91부8 판결 67
대법원 1992.8.18. 선고 90도1709 판결 175
대법원 1992.11.27. 선고 92누3618 판결 128
대법원 1992.12.11. 선고 92누3038 판결 142
대법원 1993.2.9. 선고 92누4567 판결 206
대법원 1993.9.10. 선고 92도1136 판결 257
대법원 1994.3.8. 선고 92누1728 판결 27, 178
대법원 1994.10.11. 자 94두23 결정 127
대법원 1995.1.20. 선고 94누6529 판결 222
대법원 1995.6.13. 선고 94다56883 판결 184
대법원 1995.9.26. 선고 94누14544 판결 76
대법원 1995.11.14. 선고 95누2036 판결 167
대법원 1995.12.12. 선고 95누9051 판결 161
대법원 1996.1.23. 선고 95누13746 판결 39
대법원 1996.3.22. 선고 96누433 판결 136
대법원 1996.4.12. 선고 96도158 판결 259
대법원 1996.5.16. 선고 95누4810 전원합의체 판결 165
대법원 1996.8.20. 선고 95누10877 판결 223
대법원 1996.9.6. 선고 95누12026 64
대법원 1996.9.20. 선고 95누8003 판결 135
대법원 1996.10.11. 선고 96누6172 판결 162
대법원 1996.11.29. 선고 96누8567 판결 112
대법원 1997.2.28. 선고 96누1757 판결 252
대법원 1997.3.11. 선고 96다49650 판결 46, 183
대법원 1997.4.17. 선고 96도3376 전원합의체 판결 9
대법원 1997.4.17.자 96도3376 판결 14
대법원 1997.5.30. 선고 96누5773 판결 98
대법원 1997.6.13. 선고 96다56115 판결 255
대법원 1997.9.12. 선고 96누18380 판결 38
대법원 1997.12.12. 선고 97누13962 판결 85
대법원 1997.12.26. 선고 97누15418 판결 98
대법원 1998.2.13. 선고 97누13061 판결 145
대법원 1998.3.10. 선고 97누4289 판결 158
대법원 1998.6.9. 선고 97누19915 판결 101
대법원 1998.7.10. 선고 96다38971 판결 219

대법원 1998.7.24. 선고 96다42789 판결 236
대법원 1998.9.4. 선고 97누19588 판결 76
대법원 1998.10.23. 선고 97누157 판결 248
대법원 1999.8.20. 선고 99다20179 판결 174
대법원 2000.1.28. 선고 98두16996 판결 145
대법원 2000.3.24. 선고 97누12532 판결 157
대법원 2000.5.12. 선고 98두15382 판결 161
대법원 2000.5.30. 선고 99추85 판결 241
대법원 2000.6.9. 선고 2000다16329 판결 199
대법원 2000.6.23. 선고 98두3112 판결 247
대법원 2000.11.28. 선고 99두3416 판결 9, 11, 12, 13, 14, 15, 20, 25, 26
대법원 2001.1.16. 선고 99두10988 판결 115, 116
대법원 2001.2.23. 선고 2000다68924 판결 252
대법원 2001.3.27. 선고 99두8039 판결 204
대법원 2001.4.10. 선고 99다33960 판결 154
대법원 2001.4.13. 선고 2000두3337 판결 232
대법원 2001.6.29. 선고 99두9902 판결 201
대법원 2001.7.27. 선고 99두9490 판결 151
대법원 2002.10.11. 선고 2001두151 판결 116
대법원 2002.10.25. 선고 2002두6651 판결 157
대법원 2002.12.10. 선고 2001두5422 판결 206
대법원 2003.1.10. 선고 2002다61897 판결 198
대법원 2003.2.28. 선고 2002두6170 판결 263
대법원 2003.5.16. 선고 2002두3669 판결 252
대법원 2003.5.30. 선고 2003다6422 판결 180
대법원 2003.9.23. 선고 2001두10936 판결 118
대법원 2003.10.9.자 2003무23 판결 107
대법원 2003.12.12. 선고 2003두8050 판결 238
대법원 2004.3.26. 선고 2003도7878 판결 10, 15
대법원 2004.4.22. 선고 2000두7735 전원합의체 판결 167
대법원 2004.4.22. 선고 2003두9015 전원합의체 판결 166
대법원 2004.5.28. 선고 2004두1254 판결 232
대법원 2004.12.23. 선고 2002다73821 판결 56
대법원 2005.4.29. 선고 2004두3281 판결 260
대법원 2005.8.19. 선고 2003두9817 판결 81

대법원 2005.8.19. 선고 2004다2809 판결 246
대법원 2005.10.14. 선고 2005두1046 판결 164
대법원 2005.11.10. 선고 2004도2657 판결 257
대법원 2006.6.9. 선고 2004다46 판결 39
대법원 2006.7.28. 선고 2004두4716 판결 75
대법원 2006.7.28. 선고 2004두6716 판결 143
대법원 2006.10.13. 선고 2006두7096 판결 246
대법원 2006.12.22. 선고 2004두1483 판결 261
대법원 2006.12.22. 선고 2006두12883 판결 153
대법원 2007.3.15. 선고 2006두15806 판결 198
대법원 2007.4.12. 선고 2005두1893 판결 111
대법원 2007.4.12. 선고 2005두15168 판결 95
대법원 2007.4.12. 선고 2006두20150 판결 169
대법원 2007.5.11. 선고 2006도1993 판결 258
대법원 2007.6.1. 선고 2006두20587 판결 242
대법원 2007.6.14. 선고 2004두619 판결 93
대법원 2007.8.23. 선고 2005다59475,59482,59499 판결 156
대법원 2007.9.21. 선고 2006두20631 판결 230
대법원 2007.10.26. 선고 2007두9884 판결 92
대법원 2008.3.27. 선고 2007두23811 판결 73
대법원 2008.5.15. 선고 2007두26001 판결 27
대법원 2008.5.29. 선고 2007두18321 판결 152
대법원 2008.7.24. 선고 2007두3930 판결 152
대법원 2008.10.9. 선고 2008두6127 판결 38
대법원 2008.10.23. 선고 2007두1798 판결 238
대법원 2009.6.11. 선고 2009다1122 판결 247
대법원 2009.9.17. 선고 2007다2428 전원합의체 판결 113
대법원 2009.10.29. 선고 2009두14224 판결 241
대법원 2009.12.10. 선고 2009두12785 판결 236, 241
대법원 2009.12.24. 선고 2009두14507 판결 250
대법원 2010.11.18.자 2008두167 판결 84
대법원 2011.5.13. 선고 2009다 26831,26848,26855,26862 판결 42
대법원 2011.9.8. 선고 2010다48240 판결 245
대법원 2012.2.16.자 2010두10907 판결 199
대법원 2013.3.28. 선고 2012도16383 판결 99

대법원 2014.5.16. 선고 2012두26180 판결 231
대법원 2014.7.24. 선고 2013두27159 판결 40
대법원 2014.10.15. 선고 2013두5005 판결 261
대법원 2014.11.27. 선고 2013두18964 판결 128
대법원 2015.1.15. 선고 2013두14238 판결 92
대법원 2015.4.23. 선고 2012두26920 판결 15
대법원 2015.10.15. 선고 2014다77970 판결 234
대법원 2016.12.27. 선고 2014두46850 판결 254
대법원 2017.8.29. 선고 2016두44186 판결 119
대법원 2017.11.9. 선고 2017다228083 판결 80
대법원 2017.12.5. 선고 2016추5162 판결 50
대법원 2018.6.28. 선고 2013두15774 판결 82
대법원 2018.8.30. 선고 2016두60591 판결 68
대법원 2019.1.17. 선고 2015두46512 판결 240
대법원 2019.2.14. 선고 2016두41729 판결 137
대법원 2019.2.14. 선고 2017두62587 판결 41
대법원 2019.4.23. 선고 2018다287287 판결 197
대법원 2019.7.11. 선고 2017두38874 판결 230
대법원 2019.7.11. 선고 2018두47783 판결 113
대법원 2019.8.9. 선고 2019두38656 판결 170
대법원 2020.6.25. 선고 2018두34732 판결 40

| 부산고등법원 판례 |

부산고등법원 2017.5.10.자 2016나55042 판결 62

| 헌법재판소 판례 |

헌법재판소 1990.9.3. 90헌마13 101
헌법재판소 1990.10.15. 89헌마178 96
헌법재판소 1993.5.13. 92헌마80 90
헌법재판소 1995.4.20. 92헌마264등 50, 100
헌법재판소 1996.2.29. 93헌마186 11
헌법재판소 1997.04.24, 95헌마90 256
헌법재판소 1997.5.29. 94헌바33 97
헌법재판소 1999.5.27. 98헌바70 25
헌법재판소 2000.6.1. 99헌마538등 117
헌법재판소 2001.5.31. 99헌마413 44
헌법재판소 2001.11.29. 2001헌바41 229
헌법재판소 2003.6.26, 2002헌가14 263
헌법재판소 2003.6.26, 2002헌마337 219
헌법재판소 2003.10.30. 2002헌마275 257
헌법재판소 2004.2.26, 2001헌바80 249
헌법재판소 2004.2.26, 2001헌바80등 250
헌법재판소 2004.4.29, 2003헌마814 11
헌법재판소 2004.4.29, 2003헌마814 13
헌법재판소 2004.12.16. 2002헌마478 68
헌법재판소 2005.5.26, 99헌마513 235
헌법재판소 2005.5.26. 99헌마513등 234
헌법재판소 2009.5.28. 2007헌마369 15
헌법재판소 2011.6.30. 2009헌마406 33
헌법재판소 2011.7.28. 2009헌마408 71
헌법재판소 2011.8.30. 2009헌바128등 25
헌법재판소 2022.1.27. 2018헌마1162등 240
헌법재판소 전원재판부 2000.6.1.97헌바74 14

사항색인

|ㄱ|

가산금 244
가산세 244, 259
강제력 176
강제집행 244
개인적 공권 70
결정재량 193
경원자 소송 75
경쟁자 소송 75
계약의 무효 215
고권적인 처분 130
고권행위 218
고시 102, 106
공권 및 공의무의 승계 81
공급거부 244, 262
공무수탁사인 61
공법관계 20, 59
공법상 계약 211
공법상의 법인 60
공법상의 영조물법인 7
공·사법의 구별 18
공의무 80
공익 7
공정력 172
공증 166
과징금 244, 260
관리관계 64
관습법 52, 53
관할집중설 113
관허사업의 제한 244, 264
교통표지판 135
교환계약 214
구성요건적 효력 173, 202

구속력 172
국가 60
국고관계 64
국고행위 225
국세징수법 251
국제법규 52
권력관계 64
권력적 사실행위 263
권한의 대리 63
권한의 대행 63
권한의 위임 63
급부소송 215
기본권본질성 26
기속적 행정행위 183
기속행위 148
기한 179

|ㄴ|

남북정상회담의 개최 11
내부의 조직체 행위 137

|ㄷ|

단독기관 126
대집행 245, 248
대체적 작위의무 246
대통령령 90
대통령의 비상계엄선포 11
등록 82

|ㅁ|

명령적 행정행위 142
무하자재량행사청구권 77

색인 269

무효 188, 196
무효인 행정행위 188
민사사건 174

| ㅂ |

반사적 이익 72
범칙금 262
법규명령 89, 90
법규명령에 대한 통제 94
법령보충적 행정규칙 97
법률 49
법률상 이익 72
법률의 우위 23
법률의 유보 23
법률 종속적 행정 17
법률행위적 행정행위 155
법원 1996.11.29. 선고 96누8567 판결 112
법정부관 178
변형된 부담 182
보조기관 126
복효적 행정행위 146, 204
본질성유보이론 24
부과금 262
부관 178
부관의 취소 185
부관의 한계 184
부관의 허용가능성 183
부담 180
부담과 조건의 구별 182
부담부 부관 179
부담유보 181
부담적 처분 146
부당결부금지의 원칙 45
불확정개념 153, 195
비공식적 행정작용 226
비권력적 사실행위 218

비독자적인 준비 내지 부분적 행위 133
비례의 원칙 29

| ㅅ |

사면행위 11
사법관계 20, 59
사법심사 195
사법작용 8
사실의 공표 244
사실의 표명 217
사실적인 업무수행 217
사실행위 131
사인의 공법행위 82
사전적 결정 132
상대방 있는 행정행위 170
선결문제 173
선택재량 193
선행행위 206
수리 168
수익적 처분 146
수익적 행정 17
수익적 행정행위 178
신고 82, 142
신뢰보호의 원칙 36
신주체설 19
실질적 존속력 176
실효성 확보 수단 244

| ㅇ |

위임입법 192
의사무능력자 198
의제된 행정처분 114
의회유보 24
이라크 파병결정 11

이웃소송, 인인소송 76
이익설 19
이행강제금 249
인가 145, 163
입법 8
입법행위설 112

| ㅈ |

자기완결적 사인의 공법행위 83
자치법규 49
재량권의 0으로의 수축이론 78
재량권의 남용 151, 193
재량권의 일탈 151, 193
재량적 행정행위 184
재량준칙 97
재량행위 148
쟁송취소 202
절차상의 하자 191
절차집중설 113
정보공개 233
정보공개의 원칙 238
정지조건부 행정행위 182
제3자효 행정행위 146
조건 179
존속력 176
종속설 19
종속적 계약 213
주관적공권 71
준법률행위적 행정행위 155
중대명백설 197
지방자치단체 60
직권취소 202
직접강제 251
진행 중인 행정행위 132
집중효 113

| ㅊ |

처분 130, 140
처분적 법률(Maßnahmegesetz) 134
철회 202
철회권의 유보 180
청문절차 200
총리령 90
취소 188, 196, 197, 202
침익적 행정 17
침해적 행정행위 190
침해행정 24

| ㅌ |

통고처분 257
통지 167, 171
통치행위 8
특별권력관계 65
특별부과금 262
특허 144, 162

| ㅍ |

판단여지 153, 195
판례법 53

| ㅎ |

하명 142, 156
하자의 승계 205
행정강제 244
행정개입청구권 79
행정계획 111
행정계획변경 118

행정계획의 구속효 112
행정계획존속 118
행정계획준수 118
행정계획집행청구권 118
행정규칙 49, 89, 96
행정규칙위임 99
행정규칙의 대외적 구속력 101
행정기본법 49
행정벌 244, 255
행정법관계 59
행정법의 법원 48
행정사법 224, 225
행정사법관계 59
행정상 강제징수 251
행정상 공표 262
행정상 사실행위 217
행정상 즉시강제 253
행정요건적 사인의 공법행위 83
행정의 개념 6
행정의 자기구속의 원칙 44
행정의 자동결정 226
행정의 합법률성 23, 214
행정입법 49, 89
행정절차 228
행정주체 60
행정지도 218
행정질서벌 244, 258
행정청 126
행정행위 124
행정행위설 112
행정행위의 무효 196
행정행위의 부존재 196
행정행위의 소멸 172, 201
행정행위의 실효 188
행정행위의 전환 205
행정행위의 치유 204
행정행위의 하자 188
행정형벌 244, 256

허가 142, 156
협력적 계약 213
형사사건 174
형성적 행정행위 144
형식적 존속력 176
혼합행위설 112
확약 132, 222
확인 165
확인소송 215
환경영향평가 201
회의제 기관 126
후행행위 206
훈령 102

최우정(崔祐禎)

어린 시절 택시 운전사를 꿈꾸던 저자는 경북대학교 법과대학에서 법학을 전공했고 같은 대학교 대학원 법학과에서 법학석사(헌법) 학위를 받았다. 40개월에 달하는 군복무(공군 학사장교)를 마치고 경북대학교에서 박사과정을 수료했다. 박사과정을 수료한 후, 독일로 유학을 가서 라이프치히대학에서 데겐하르트 교수(Prof. Dr. C. Degenhart)의 지도로 박사학위(Dr.jur)를 받았다. "디지털시대의 인터넷 방송의 헌법상 지위"라는 제목으로 박사학위 논문을 받은 후 2004년 귀국하여 방송법, 언론법 관련하여 연구하고 있다. 2005년 계명대학교 경찰행정학과에 조교수로 부임하여 현재 계명대학교 경찰행정학과 교수로 재직하고 있다.

논문은 방송법과 헌법 관련 논문이 다수 있으며 그동안 저서 '방송법연구1(2006), 헌법학(2007), 헌법총론(2012), 기본권론(2013), 인권과 형사사법절차(2017), 헌법총론(4판, 2023), 법학의 기초(2023)를 세상에 선보였다.

일반행정법

초판발행 / 2025년 2월 28일

글쓴이 / 최우정
펴낸이 / 박준성
펴낸곳 / 준커뮤니케이션즈
등록일 / 2004년 1월 9일 제25100-2004-1호
주   소 / 대구광역시 중구 봉산동 217-16 삼협빌딩 3층
홈페이지 / www.jbooks.co.kr
전   화 / (053)425-1325
팩   스 / (053)425-1326

ISBN 979-11-6296-055-4 93360

값 16,000원

※파본은 바꿔 드립니다. 본서의 무단복제행위를 금합니다.